DESENHO A CORES

D754m Doyle, Michael E.
　　　　　Desenho a cores / Michael E. Doyle ; tradução Renate Schinke.
　　　　– 2. ed. – Porto Alegre : Bookman, 2002.

　　　　ISBN 978-85-7307-850-3

　　　　1. Técnica de desenho – Arquitetura – Design gráfico. I. Título.

　　　　CDU 72.011:744

Catalogação na publicação: Mônica Ballejo Canto – CRB 10/1023

MICHAEL E. DOYLE
CommArts

DESENHO A CORES

Técnicas de desenho de projeto para arquitetos,
paisagistas e designers de interiores

2ª EDIÇÃO

Tradução:
RENATE SCHINKE

Consultoria, supervisão e revisão técnica desta edição:
CLÁUDIO FISCHER
Professor das Faculdades de Arquitetura da UFRGS e da UFPel

Reimpressão 2007

2002

Obra originalmente publicada sob o título
Color Drawing: Design Drawing Skills and Techniques for Architects, Landscape Architects, and Interior Designers, 2/ edition
© 1999, by Michael E. Doyle

ISBN 0-471-29245-1

Todos os direitos reservados. Tradução autorizada da edição em inglês publicada pela John Wiley & Sons, Inc.

Capa: *Mário Röhnelt*

Leitura final: *Daniel Grassi*

Supervisão editorial: *Arysinha Jacques Affonso*

Editoração eletrônica: *Laser House – m.q.o.f*

Reservados todos os direitos de publicação, em língua portuguesa, à
ARTMED® EDITORA S.A.
(BOOKMAN® COMPANHIA EDITORA é uma divisão da ARTMED® EDITORA S.A.)
Av. Jerônimo de Ornelas, 670 - Santana
90040-340 Porto Alegre RS
Fone (51) 3027-7000 Fax (51) 3027-7070

É proibida a duplicação ou reprodução deste volume, no todo ou em parte,
sob quaisquer formas ou por quaisquer meios (eletrônico, mecânico, gravação,
fotocópia, distribuição na Web e outros), sem permissão expressa da Editora.

SÃO PAULO
Av. Angélica, 1091 - Higienópolis
01227-100 São Paulo SP
Fone (11) 3665-1100 Fax (11) 3667-1333

SAC 0800 703-3444

IMPRESSO NO BRASIL
PRINTED IN BRAZIL

Para Ellen

Por seu amor, apoio e capacidade de concentrar-se naquilo que é importante na vida.

Prefácio

Desenho a Cores foi publicado pela primeira vez em inglês em 1981. Baseou-se na premissa de que os projetistas sabem utilizar os materiais secos amplamente disponíveis para colorir, sobre os tipos de papel mais utilizados no dia-a-dia, para criar ilustrações eficientes e objetivas.

Desde aquela época, tive a felicidade de trabalhar como projetista-chefe na CommArts, empresa de projeto cujo trabalho engloba as áreas de arquitetura, desenho urbanístico, paisagismo, *design* de interiores, projeto gráfico e desenho gráfico ambiental. Além de adquirir uma experiência gratificante com inúmeros projetos com os quais estive envolvido, também aprendi algo sobre o nível do ensino de *design* profissional, uma vez que eu e meus colegas freqüentemente avaliamos portfólios de alunos já formados e entrevistamos candidatos a projetista. O número de candidatos recém-formados em *design* que efetivamente demonstram possuir boa capacidade na área diminuiu sensivelmente nos últimos anos. Na verdade, foram tão poucos os que demonstraram entender o uso do desenho tradicional de projeto que este parecia fadado à extinção.

Entretanto, uma vez contratados, boa parte dos projetistas que havia se formado nos últimos cinco anos mostrou uma enorme vontade de aprender justamente estas técnicas. Apesar de sua facilidade no uso do computador, quase todos estes projetistas se dispuseram a aprender e a utilizar as técnicas tradicionais de *design* em seu dia-a-dia. Eles trabalham com perspectiva, planos e elevação usando lápis e canetas de feltro; utilizam hidrocores, lápis de cor e pastéis para explorar cores e iluminação e para desenhar materiais de construção e plantas, móveis e pessoas. Ninguém lhes havia pedido para trabalhar desta forma, e eu fiquei curioso em saber porque o fizeram.

Os motivos são diversos, mas todos se enquadram nos quesitos gerais de rapidez, objetividade e qualidade de imagem. Alguns mencionaram que assim podiam expressar suas idéias com maior rapidez nos estágios iniciais de um projeto, com número bem menor de etapas preliminares e menos distrações causadas por pedidos de dados objetivos. Além disso, devido às limitações reais de tempo e de dinheiro, a rapidez com a qual são capazes de ilustrar idéias e conceitos com o uso dessas técnicas é um grande atrativo.

Outros sentiam que o uso do desenho à mão permitia uma conexão mais direta não só com suas idéias, mas também com o resultado final sobre o papel. Eles gostam de poder tocar fisicamente as imagens que criaram através da aplicação de traços e materiais para colorir, e isso os faz sentir que têm maior controle sobre a evolução do projeto de *design*.

Outros disseram que a qualidade das imagens assim obtidas era mais suave e ambígua que aquelas geradas totalmente pelo computador. Um aspecto importante para eles era a forma pela qual estas qualidades pareciam apontar de maneira firme os membros das diversas equipes de *design* com as quais trabalham e indicar, especialmente para os clientes, que o processo de *design* não é fechado, mas contínuo, e que sua participação ainda é desejada.

Estes Novos Projetistas trabalham de forma inédita, movendo-se com facilidade entre o desenho à mão e por computador, à medida que concretizam suas idéias. Por exemplo, um projetista pode criar à mão aquelas idéias que vão surgindo em sua mente, para então delinear as mais promissoras à mão ou criar no computador uma perspectiva em modelo de arame, no caso de formas e volumes mais complexos. Ele recobre então esta grade com uma camada de papel manteiga e utiliza os métodos tradicionais de traçado e materiais secos para colorir a fim de explorar e desenvolver os níveis mais detalhados de informação em etapas sucessivas, acrescentando maior articulação às formas e volumes, aberturas, iluminação, cores, móveis, bem como materiais de construção e plantas. Ele poderá fazer então uma fotocópia colorida destes esboços ou escanear o desenho novamente para o computador para acrescentar, onde necessário, imagens fotográficas ou texto. O desenho pronto é impresso por uma impressora colorida diretamente a partir do computador.

Esta minha constante interação com estes projetistas indica que o estágio inicial do processo de *design* pode estar destinado a permanecer como um componente manual destas profissões, apesar das enormes e constantes pressões em contrário do mercado. Esta obra foi escrita e ilustrada para ajudar os alunos, jovens profissionais e professores a fazer com que este aspecto de treinamento em *design* possa florescer.

◆ ◆ ◆

Esta obra não teria sido realizada sem a presença em minha vida de muitas pessoas generosas:

Meus filhos, Devin and Trevor, que foram muito pacientes com o jeito eremita de seu pai durante o longo processo de redação.

Os sócios da CommArts – Janet Martin, Richard Foy e Henry Beer, aos quais agradeço pelo apoio constante e entusiasmado.

Os muitos projetistas e funcionários da CommArts, por sua assistência. Jason Howard, Jim Babinchak, Grady Huff, Nat Poomviset, Amy Schroeder, Aaron Howell, Dave Dute, Patty Van Hook, Gary Kushner, Keith Harley, Taku Shimizu, Meg Hansen, Kristin Reddington, Derek Friday e John Bacus, que merecem gratidão especial pela ajuda e pelos conselhos. E um agradecimento especial a Doug Stelling por compartilhar comigo sua técnica especial no uso de pastel.

A Design Communication Association (DCA), em especial William Kirby Lockard, FAIA e Bill Stamm, AIA, da University of Arizona, pelo apoio ao ensino da comunicação através de *design* tradicional e moderno. A DCA tem proporcionado uma interessante troca de opiniões a respeito de como comunicar as nossas idéias de *design* de modo mais eficiente.

James R. DeTuerk, da State University Pennsylvania e Thomas Kachel, da Southwest Missouri State University, que gentilmente se deram ao trabalho de revisar e criticar esta obra em sua edição revisada.

Denise Bertoncino, da University of Arkansas, Eric Strass, da Community College Brookdale e Mary Laham da Kendall College of Arts and Design, por revisar e comentar esta obra.

Frank M. Costantino, Douglas E. Jamieson, Ronald J. Love, Thomas W. Schaller, AIA e Curtis J. Woodhouse, por sua generosidade em permitir-me publicar desenhos de sua autoria. Suas palavras de incentivo foram muito bem-vindas.

Paul Stevenson Oles, FAIA, por sua gentil insistência em afirmar, através de suas obras e suas palavras, que o valor é a chave para um desenho colorido eficiente.

Molly Gough e Aaron Hoffman, por emprestar-me seu equipamento fotográfico.

Kristin Schrepferman, da Sanford Corporation, por sua assistência com as canetas e as hidrocores Prismacolor.

Pat McLaughlin, da Chartpak, por suas informações sobre as canetas e as hidrocores AD.

Elaine Tito, da Macbeth, por sua assistência com os materiais para colorir, da marca Munsell Color.

Terry Stonich, do Departamento Municipal de Desenho, Planejamento e Desenvolvimento da Comunidade, da cidade de Boulder, Colorado.

Douglas Ward, da Art Hardware, de Boulder.

Eight Days A Week Copy Center, de Boulder.

Bradbury & Bradbury Art Wallpapers, de Benicia, Califórnia.

Alex Price, da Canon USA.

Clint Hoffman, da Sony Electronics, Inc.

SUMÁRIO

Introdução 11

PARTE I — O DESENHO A CORES PARA A COMUNICAÇÃO | 13

1 Considerações iniciais 15

Os fenômenos de luz e cor 15 | Os parâmetros da cor 26

2 Materiais para colorir e tipos de papel 33

Materiais para colorir 33 | Tipos de papel 44

3 Técnicas | 51

Como utilizar os materiais para colorir 51 | Impressões de materiais 60
Criando efeitos de luz 62 | A técnica de *retrocolor* 68 | Fundos coloridos 70

4 Elementos, materiais e acabamentos 77

Materiais para interiores 79 | Planos que definem espaços 79 | Móveis e acessórios 101
Iluminação 118 | Acessórios de decoração 128 | Materiais externos 133
Materiais para pisos 134 | Materiais e janelas para o plano da parede 162
O plano superior: telhados e céu 215

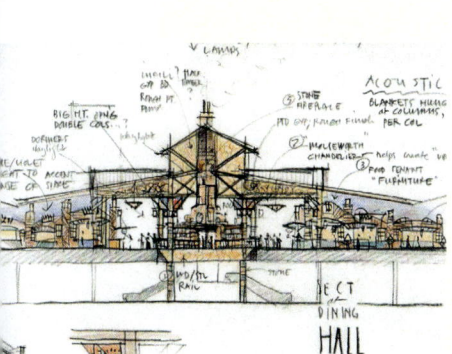

5 Elementos de escala: figuras humanas e automóveis 225

Desenhando figuras em cores 226 | Automóveis 236

SUMÁRIO

PARTE II — O DESENHO A CORES PARA APRESENTAÇÃO 241

6 Cor e composição em ilustração | 243

Como as cores se relacionam entre si: o contraste de cores 244

Contraste de cor e composição de imagens 255

7 A criação de desenhos de projeto a cores 267

Primeira consideração: fazer o desenho a traço 267

Segunda consideração: criar uma estratégia de valor 270

Terceira consideração: a transferência 273

Quarta consideração: papel e cor 275

Informações adicionais 321 | Modificações e correções 326

8 Apresentação e distribuição de desenhos de projeto a cores 335

Apresentação 336

Distribuição de desenhos de projeto a cores: pasta de croquis *sketchpack* 346

Bibliografia 351

Glossário 352

Créditos das ilustrações 357

Índice 360

Introdução

O objetivo desta obra é abordar o desenho a cores durante os estágios iniciais de seu processo. À medida que você se familiariza com esta abordagem, perceberá que sua habilidade para desenhar a cores melhorou consideravelmente e, em razão disso, poderá criar seus estudos gráficos com maior rapidez e eficiência. Você também vai perceber que passará a inventar e preferir utilizar certas maneiras para desenhar a cores. Isto é bom, pois não existe uma técnica certa para criar estes desenhos. Pelo contrário, você verá que sua técnica está constantemente mudando e se adaptando, dependendo daquilo que deseja comunicar através do desenho. Use uma técnica ou uma combinação de várias técnicas – o que melhor se adapta a cada situação.

Com o objetivo de facilitar o manuseio desta obra, há pouca discussão ou ilustração sobre técnicas de perspectiva ou de sombreados. A maioria dos desenhos passo a passo está em perspectiva, mas começa com um traçado completo. Entretanto, você pode estar certo de que, por maior que seja sua habilidade em lidar com cores, isso não irá melhorar em nada um desenho com um traçado malfeito ou com pouca compreensão acerca de luz e sombras. A perspectiva e os sombreados são a linguagem universal utilizada para desenhar. Eles constituem o elo entre você e aqueles para quem deseja transmitir suas idéias conceituais sobre forma, espaço e, em última análise, lugar.

Se você é um novato na área de desenho a cores, comece a ler esta obra pelo início, pois ela foi organizada de forma a aperfeiçoar passo a passo suas habilidades, e cada capítulo se baseia em informações contidas no capítulo anterior. Por outro lado, se você já estiver familiarizado com este tipo de desenho, poderá usar esta obra como um manual para eventualmente conferir materiais, métodos e técnicas.

A Parte I dá uma visão geral dos fenômenos básicos, materiais, tipos de papel e técnicas que podem auxiliá-lo a ilustrar os diversos elementos, materiais e acabamentos que pretende utilizar para dar vida às suas idéias. Você ilustra essas idéias para transmiti-las para si mesmo e para os outros. O Capítulo 1 é uma introdução empírica ao assunto, apresentando os fenômenos de cor e luz que transmitem os efeitos e as técnicas empregadas ao longo desta obra. No Capítulo 2 são discutidos os materiais para colorir e os tipos de papel que melhor se adaptam ao desenho de projeto em cores. São apresentados novos materiais para traçado e para colorir – incluindo pastéis e hidrocores à base de álcool – bem como as novas paletas de hidrocores, lápis de cor e pastéis recomendados. Acrescentamos o papel *Canson* e o papel sulfite à lista de tipos de papel compatíveis com os materiais para colorir descritos aqui. O Capítulo 3 mostra uma série de técnicas utilizadas para a aplicação dos materiais para colorir e para criar impressões de materiais. Os efeitos de luz, inclusive de anoitecer com a nova técnica de "*retrocolor*", são um assunto especial. O Capítulo 4 utiliza estes materiais, os tipos de papel e as técnicas para criar um manual de técnicas passo a passo para a ilustração de elementos, materiais e acabamentos que arquitetos, paisagistas e *designers* de interiores normalmente usam na prática. A maioria destes elementos, materiais e acabamentos fazem parte de novas ilustrações, que utilizam técnicas mais rápidas; neste capítulo também foi incluída uma seção ampliada sobre materiais de interiores. O Capítulo 5 mostra como desenhar a cores os elementos em escala, incluindo técnicas inéditas para desenhar automóveis, bem como uma seção sobre o desenho de figuras humanas.

A Parte II mostra como as habilidades básicas encontradas na Parte I podem ser utilizadas para criar uma série de desenhos para fins de apresentação. Além de olhar para *dentro* de um desenho para obter informações sobre ele, como a Parte I desta obra implicitamente incentiva a fazer, o desenhista é apresentado a algumas maneiras de olhar *para* seu desenho como uma composição gráfica e como dar ao seu desenho organização e impacto visuais.

O Capítulo 6, acrescentado ao livro nesta edição, mostra como considerar seus desenhos a cores como composições de valor próprio. As relações entre as cores são discutidas em termos de contrastes, e unidade, equilíbrio, proporção e ritmo são apresentados como princípios de composição que devem ser usados como ferramentas para avaliar os desenhos à medida que você os prepara para uma apresentação. O Capítulo 7 mostra em etapas como utilizar o material discutido nos seis primeiros capítulos para criar uma série de tipos diferentes de desenhos de projeto a cores – desde rápidos esboços até os desenhos prontos para apresentação. A primeira parte do capítulo aborda novas maneiras de planejar seus desenhos, com ênfase na composição do valor como forma de criar maior impacto. Também são apresentadas novas formas de utilizar uma fotocopiadora em preto-e-branco para rapidamente transferir traçados para o tipo de papel desejado, inclusive papel manteiga branco em rolos. O restante do capítulo apresenta técnicas para criar desenhos de projeto a cores sobre uma série de tipos de papel, incluindo cartolina (*Bristol paper*), papel sulfite, papel manteiga e papéis coloridos, como, por exemplo, papel Canson e heliográfico, utilizando tanto os tradicionais desenhos a traço como diferentes tipos de desenhos criados com ajuda do computador. Também são discutidos outros tipos de informação encontrados em desenhos de projeto, incluindo a fotografia e várias formas de inserção de texto. O capítulo termina mostrando uma série de formas de revisar e corrigir desenhos de projeto a cores.

O desenvolvimento tecnológico que mais afetou o uso de desenho colorido na etapa inicial do processo de *design* não foi o computador em si, mas as fotocopiadoras e impressoras coloridas de alta definição. Isso permite que os projetistas não só trabalhem livremente com cores em qualquer etapa do processo de *design*, mas também que desenhem em uma escala bem menor. Ao fazer um desenho pequeno, podem produzir imagens de *design* mais rapidamente do que há alguns anos, com a certeza de que a fotocopiadora colorida se encarregará não só da tarefa de ampliar seu trabalho até o tamanho desejado para apresentação, mas que também poderá, se necessário, realçar o desenho por meio de uma série de ajustes. Junto com o *scanner* de mesa, ela facilitou o relacionamento entre o desenho tradicional e o computador. O Capítulo 8 mostra formas de utilizar a cópia colorida e a tecnologia computadorizada para apresentar desenhos de projeto a cores em pequenas e grandes apresentações, e como distribuí-los em uma forma portátil e de fácil montagem chamada "pasta de croquis". Uma nova seção, "Como fazer eslaides perfeitos de seus desenhos a cores", foi incluída nesta edição e mostra uma forma de apresentar seus desenhos de projeto a cores em grandes apresentações, bem como arquivá-los corretamente.

Aproveite o que puder deste livro à medida que for desenvolvendo suas próprias técnicas no processo de criação baseado em desenho, o que esperamos que lhe permitirá utilizar ao máximo todo o seu talento. Da mesma forma como qualquer outra ferramenta, esta obra representa um meio para se alcançar um fim. Seu propósito maior é permitir que você, projetista, torne nosso ambiente construído melhor do que jamais imaginamos ser possível.

O DESENHO A CORES PARA A

COMUNICAÇÃO

I

"Apesar de talento para desenho não ser mais um passaporte para admissão a uma carreira de projetista, aqueles que dominam a linguagem do desenho são capazes de ver, pensar e comunicar com mais sofisticação do que aqueles que somente dominam o computador. Entretanto, à parte esta vantagem competitiva, existe uma satisfação mais profunda que pode ser obtida do talento para desenho: o desafio de, munido apenas de um pequeno lápis bem apontado, fazer desaparecer aquele problema de *design* do tamanho de um monstro expelindo fumaça pelas ventas."

| *Marty Neumeier*

Considerações iniciais

C A P Í T U L O   1

Arquitetos, paisagistas, *designers* de interiores e todos aqueles que desenham locais que serão usados por outras pessoas lidam com uma forma especial de comunicação. Eles criam sobre planos bidimensionais as imagens de suas idéias a respeito das formas e dos espaços tridimensionais que compõem estes lugares.

Para fazer isso de maneira eficaz, o projetista deve compreender os fenômenos visuais nos quais esses tipos de imagens se baseiam. Por exemplo, antes mesmo de poder criar um simples desenho a traço para dar uma idéia de lugar, o projetista precisa entender os fenômenos da perspectiva. Uma vez tendo este entendimento básico, ele estará em condições de aprender as técnicas necessárias para recriar estes fenômenos sobre o papel. Ele poderá agora empregar uma linguagem baseada em imagens usando traços, por meio da qual suas idéias a respeito dos lugares poderão ser compreendidas de forma universal.

O mesmo é válido em relação à luz e sua conseqüência natural, a cor. Quando se começa a aprender uma técnica para desenhar suas idéias de projeto a cores, é importante que se observe os fenômenos de luz e cor que nos cercam de dia e à noite. Ao observar estes fenômenos, pergunte-se: "Como eu poderia recriá-los sobre o papel?" Esta obra vai ajudá-lo a responder esta pergunta.

Sendo um projetista, você talvez queira também expressar em palavras as suas idéias e observações sobre cores. Para isso, você precisa entender as três dimensões da cor e como elas se inter-relacionam. A última parte deste capítulo irá apresentar estes termos básicos de cores e a importância de suas relações.

Os fenômenos de luz e cor

Para ilustrar com êxito as idéias de projeto, é educativo e, principalmente, necessário observar os fenômenos de cor que o cercam em seu dia-a-dia. Iremos rapidamente discutir e ilustrar dez desses fenômenos básicos. Você vai descobrir mais fenômenos, mas esses dez vão ajudá-lo a compreender as relações entre o que você vê ao seu redor e as técnicas mostradas mais adiante nesta obra. Esperamos que elas também o inspirem a usar o poder de suas próprias observações individuais.

Tom local

Cada objeto tem uma claridade ou obscuridade intrínseca, independentemente de sua iluminação. Este fenômeno é conhecido como *tom local*, um termo criado pelo artista e professor Nathan Goldstein (1977). Por exemplo, um tijolo comum possui um tom local bem mais escuro do que um bloco de mármore branco. Quando ambos são expostos à luz solar, cada um terá lados mais claros e mais escuros, mas, mesmo assim, as faces iluminadas do tijolo serão mais escuras que as faces sombreadas do mármore (1-1).

Quando você criar desenhos a cores que ilustram formas diversas, quer sejam edifícios ou interiores, cada forma terá um tom local devido à sua escolha de material. Cada forma terá superfícies mais claras e mais escuras, como no exemplo citado anteriormente, dependendo da localização das fontes de luz. O grau de claridade ou obscuridade dessas superfícies será proporcional à claridade ou obscuridade dos tons locais das formas.

Chiaroscuro

O termo *chiaroscuro* refere-se ao sombreado que varia de mais claro a mais escuro em uma forma ilustrada, com o objetivo de fazê-la parecer tridimensional. Seu uso tem uma longa história na Arte; Leonardo da Vinci referiu-se ao *chiaroscuro* da seguinte forma: "Aquele que supera todos os outros neste aspecto da arte merece o maior louvor" (Birren, 1965, 77).

Em um desenho em preto-e-branco, esses sombreados podem variar de cinza claro até preto. Entretanto, com exceção das formas em cinza, isso não se aplica ao desenho colorido, pois nele os sombreados em cinza até preto irão parecer sem brilho e sem vida. Em vez disso, como ilustrado na Figura 1-1, você pode ver que a cor de uma superfície na sombra em geral permanece a mesma que nos lados iluminados, ficando somente um pouco mais escura, e que o grau de obscuridade depende do tom local da forma.

Fig. 1-1 Observe as superfícies do vaso, da mesa e do piso, iluminadas pelo sol e na sombra. Cada um tem sombreados cujo grau de claridade ou obscuridade corresponde ao seu tom local. Por exemplo, o lado do vaso na sombra é claro, enquanto a sombra do vaso sobre a mesa é bastante escura. O piso, de tom intermediário, tem uma sombra igualmente intermediária.

Olhe de perto as cores das sombras sobre o piso. Elas não são nem cinzas nem pretas, mas versões mais escuras das respectivas cores das partes do piso iluminadas pelo sol.

A cor dos sombreados

Sob certas circunstâncias, entretanto, você poderá observar que os sombreados das formas também assumem colorações sutis diferentes das versões mais escuras de suas superfícies iluminadas.

Isto acontece, em geral, quando a superfície sombreada fica em frente a uma fonte de luz colorida. Esta fonte pode ser de luz direta ou luz indireta refletida por alguma forma próxima intensamente iluminada. Um exemplo comum deste fenômeno são as superfícies sombreadas de edifícios em dias de sol. Estas superfícies são iluminadas pela "fonte de luz" de azul brilhante que é o céu, resultando em uma mistura do material da superfície do prédio e do azul do céu (1-2). A face sombreada do prédio de tijolos vermelhos, por exemplo, mostra um leve tom arroxeado. Isso ocorre porque a cor que resulta dessa mistura situa-se no círculo de cores em algum ponto entre o vermelho do tijolo e o azul do céu (veja Figura 1-2).

Este efeito também é bem evidente sobre superfícies neutras, brancas ou cinzas. Observe as cores das sombras sobre neve, concreto, ou asfalto mais antigo (cinza claro) em um dia ensolarado. As sombras destas superfícies parecem azuladas, de fato tão azuis que se pode ver ainda a manifestação de um outro fenômeno da cor. A parte iluminada destas superfícies irá parecer levemente "quente", ou tingida com um laranja rosado. Este efeito, chamado de *contraste simultâneo*, forma-se em nossa percepção quando observamos uma cor próxima a uma superfície neutra. Veremos esta superfície neutra tingida com a cor que ocupa a posição oposta no círculo de cores, sua *cor complementar*. Quanto mais intensa for a cor, mais ela irá tingir as cores vizinhas com a sua cor complementar. Uma maçã vermelha e as folhas verdes que a circundam irão parecer especialmente brilhantes quando comparadas entre si.

Já no século XVI escreveu-se a respeito do contraste simultâneo. M. E. Chevreul, no início do século XIX, foi o primeiro a estudar em profundidade este efeito e o fenômeno foi bastante usado pelos impressionistas no final do século XIX e início do século XX (Hope e Walch, 1990). Este é um princípio estabelecido da linguagem dos artistas e ilustradores atuais. Os contrastes de cor serão discutidos em maiores detalhes no Capítulo 6.

Fig. 1-2 As superfícies sombreadas estão repletas de cor. O reboco rosa fica matizado de arroxeado na parte superior da parede à esquerda por refletir o azul do céu; o piso em primeiro plano e o peitoril da janela em cinza escuro também refletem o céu azul. A parede à direita ganha um tom alaranjado, refletido pelas lajotas do piso iluminadas pelo sol. Observe as cores refletidas nas superfícies sombreadas dos espaços mais ao fundo.

Matizado

Você já percebeu que somente poucas superfícies planas ao seu redor parecem realmente ser coloridas ou iluminadas de maneira uniforme? A maioria não parece uniforme, variando de uma cor para outra e de um nível de claridade ou obscuridade para outro. Este efeito é facilmente observável sobre superfícies amplas como paredes, pisos e tetos, mas, se você olhar bem, verá que ele acontece na maior parte das superfícies (1-3).

Superfícies contínuas variam de tom em seu aspecto devido à sua proximidade com fontes de luz direta e devido à luz e às cores refletidas sobre elas (e para dentro delas) a partir de objetos e superfícies próximas. Estas variações em tom, em geral, aparecem gradualmente sobre superfícies opacas e tornam-se mais nítidas com o aumento do espelhamento ou "polimento" de uma superfície. Uma superfície de concreto ou parede de gesso acartonado vai mostrar matizes, cores e luz mais uniformes do que, digamos, uma superfície de aço polido. A madeira polida ou o vidro irão exibir limites bem mais nítidos entre as mudanças de luz e cor.

Você notará que as variações de tom são uma ferramenta útil na ilustração a cores. Elas fazem as superfícies parecerem mais reais e resultam em ilustrações que são muito mais dinâmicas. Por exemplo, em uma técnica usada por pintores denominada *forçar a sombra*, esta sombra é matizada para mais escuro em direção ao seu limite com a porção iluminada da superfície. Esta porção iluminada é matizada para o mais claro em direção do mesmo limite. O resultado é um efeito de iluminação surpreendentemente brilhante. A mesma técnica é muitas vezes utilizada entre cores de elementos situados no primeiro plano e no fundo de uma ilustração. Um elemento de fundo pode ser gradualmente escurecido e esfriado (tornando-se mais azulado) em seu matiz à medida que se aproxima de seu limite com um elemento em primeiro plano, ao qual se dá um tratamento exatamente oposto: ele é clareado e aquecido (tornando-se mais avermelhado) em matiz à medida que se aproxima do limite referido. Esta é uma forma prática de fazer com que as formas pareçam mais nítidas. Estes efeitos são fáceis de criar e dão movimento e brilho a uma ilustração.

Fig. 1-3 Os matizados de cor e tom ocorrem em praticamente todas as superfícies desta ilustração, como resultado da iluminação e da cor refletida. Os matizados são especialmente indicados para fazer as ilustrações de ambientes internos parecerem vivas e reais.

Multiplicidade de cor

Você percebe ao seu redor uma variedade de cores. Uma árvore verde, uma parede de tijolos vermelhos, uma rocha marrom, uma campina amarelada são objetos comuns cujas cores lhe são familiares. Porém, a maioria das cores que você enxerga são, na verdade, médias ou misturas visuais de um grande número de cores. A área coberta de capins de inverno que, vista de longe, parece amarelada, em uma inspeção mais detalhada, mostrará que é composta de cores como magenta, ocre, cinza e verde, bem como uma série de diferentes tons de amarelo.

Quando você observa mais atentamente o ambiente, poderá achar que estas sutis variações de cor nos ambientes naturais e de arquitetura exterior são difíceis de descrever ou ilustrar de modo satisfatório. Isto em parte se deve a essas médias visuais, chamadas de *misturas mediais* (1-4). Deve-se também ao fato de que muitos materiais naturais *refratam* a luz por causa de seu teor de água, de minerais e de celulose, decompondo a luz, em uma escala microscópica, nas cores que a compõem. Como mencionado anteriormente, os materiais fabricados pelo homem, de uso interno ou externo, também são raramente de uma cor única e uniforme, devido às variações de tom, à reflexão da luz e ao impacto destes fenômenos em um contraste simultâneo.

Uma observação mais detalhada de seu meio ambiente o levará a perceber que seu mundo literalmente cintila com cores. Os pintores impressionistas Seurat, Signac, van de Velde e muitos outros utilizaram estas observações em suas pinturas. De longe, as cores de suas formas parecem suaves e sutis, mas, ao se olhar de perto, revelam que cada área de cor é composta de muitas cores diferentes. Estas cores não são misturadas, mas justapostas por minúsculas pinceladas, o que confere uma incrível riqueza à pintura e permite, muito mais ao observador que ao pintor, criar as cores finais das imagens. Mais tarde, na Parte II, você vai explorar técnicas semelhantes na ilustração a cores, ao *misturar* uma série de materiais para colorir, incluindo hidrocores, pastéis e lápis de cor para criar suas imagens coloridas.

Fig. 1-4 As cores desta ilustração são compostas de uma mistura de muitas cores diferentes feitas com hidrocor, pastel e lápis de cor – tudo sobre papel Canson verde pálido. A cor do capim em primeiro plano, por exemplo, foi feita com três hidrocores, dois pastéis e cinco lápis de cor.

Perspectiva atmosférica

Formas que se perdem na distância sofrem uma mudança de cor. Em geral, tornam-se mais claras, mais frias (mais azuladas) e acinzentadas. Isto se deve em parte às camadas de umidade, poeira e poluentes que se acumulam em proporção à distância entre a forma e o observador (1-5). Este fenômeno é conhecido como *perspectiva atmosférica*.[1]

O seu condicionamento subconsciente pela experiência de uma vida inteira com a perspectiva atmosférica pode estar por trás de um fenômeno relacionado a ela. As cores frias – verdes azulados, azuis e azuis arroxeados – parecem recuar para longe do observador. Da forma inversa, as cores situadas no lado oposto do círculo de cores, as cores quentes – vermelhos, vermelhos amarelados e amarelos – tendem a avançar em direção ao observador, especialmente quando usadas em conjunto com cores frias. Uma outra explicação para nosso aparente posicionamento espacial das cores pode estar na maneira como as lentes de nossos olhos refratam a cor. As cores avermelhadas são focadas em um ponto atrás da retina, enquanto que as cores azuladas são focadas em um ponto à frente dela. A lente se torna convexa para focar uma imagem avermelhada, "puxando-a para perto", e se achata para focar uma imagem azulada. Este achatamento da lente "empurra a imagem (azulada) para trás e faz com que pareça menor e mais distante" (Birren, 1965, 130).

Reflexos

Superfícies refletoras enviam as cores que "vêem" de volta para o observador. Na maioria dos casos, entretanto, as cores refletidas sobre alguns tipos de superfície, tais como vidro, água e móveis polidos são menos intensas que aquelas dos objetos refletidos. Quando uma superfície refletora é mais escura que o ambiente que a cerca, como por exemplo uma janela em uma parede ensolarada, pode-se observar que as cores que ela reflete são menos intensas e mais escuras que aquelas dos objetos refletidos.

Superfícies espelhadas, cromadas ou de aço polido, geralmente distorcem o *formato* dos objetos refletidos, mas refletem as cores corretamente (1-6).

Fig. 1-5

---

[1] O mundo das artes às vezes se refere a esse fenômeno como *perspectiva aérea*. O uso deste termo nesta obra poderia gerar confusão, uma vez que a perspectiva aérea em arquitetura e paisagismo refere-se à visão de um objeto em perspectiva a partir do alto. Estas vistas também são conhecidas como vistas a "olho-de-pássaro".

Fig. 1-6

Fig. 1-5 Em cada camada sucessiva de edificações e de formas da paisagem, tomou-se o cuidado de clarear as cores, trazê-las mais dos tons azulados para roxo pálido e deixá-las mais fracas (mais cinzas). Estes efeitos de cor reforçam a diminuição do tamanho das formas criando a ilusão de distância. Para reforçar ainda mais este efeito, os elementos em primeiro plano foram deixados em cores mais quentes (amarelo-avermelhadas).

Fig. 1-6 As cores refletidas na janela e na mesa com tampo de vidro são mais fracas que aquelas dos objetos refletidos, mas não aquelas refletidas sobre a coluna de aço inox polido. À medida que as janelas do prédio ficam mais altas e oblíquas em relação à linha de visão do observador, elas refletem mais o céu.

Observe a sombra forçada sobre a superfície do terraço e o matizado da cor da parede.

Luminosidade

Cores claras e cores fortes e vivas parecem iluminadas ou brilhantes quando cercadas por valores mais escuros, aplicadas sobre fundos tonalizados ou vistas contra eles. Quanto mais escuro o fundo, tanto mais *luminosa* parecerá a cor (1-7). Este fenômeno pode ser usado para criar efeitos de iluminação, como mostraremos em muitas ilustrações ao longo desta obra (1-8).

Fig. 1-7

Fig. 1-7 Observe como a cor do retângulo parece cada vez mais luminosa à medida que o fundo fica mais escuro.

Fig. 1-8 Este estudo utiliza o efeito luminoso de cores claras sobre fundos escuros para ilustrar uma idéia de projeto em iluminação.

A imagem foi feita tirando-se primeiramente uma fotografia Polaroid de um modelo usado para estudar as formas e os espaços do projeto. A fotografia foi simultaneamente ampliada e copiada sobre acetato fotossensível usando uma fotocopiadora preto-e-branco padrão. Em seguida, esta imagem em acetato foi impressa sobre papel heliográfico de linhas pretas, com a fotocopiadora trabalhando em uma velocidade maior que a normal para criar um fundo bastante escuro. Aplicaram-se, então, detalhes com lápis de cor e guache branco para criar os efeitos de iluminação. O texto foi feito com lápis *French Grey 50%*, o que diminui seu contraste com o fundo e evita que entre visualmente em choque com os efeitos de iluminação.

DESENHO A CORES

"Janelas" translúcidas, iluminadas por dentro com cores frias – violeta, azul-água, etc. Isso dá contornos às pessoas, tornando-as visíveis de baixo.

"Elementos de fundo" – iluminar com cores frias (azul esverdeado, azul, violeta, etc.) com luminárias na parede.

Toldos – iluminar com luz quente, pois serão de cores quentes – situar a luz acima ou próximo dos acessórios decorativos.

Fig. 1-8

Luzes decorativas – luz quente.

Teto virtual de microlâmpadas brancas, localizado entre os toldos e a parede – ilumina os clientes com luz suave e agradável. Além disso, pontos de luz colorida e quente lançados sobre a multidão a partir deste nível de "teto virtual".

Iluminar externamente cada nova coluna de treliça com luz quente (âmbar).

Cor e nível de luz

Nossa percepção de cor depende de um tipo de reflexo diferente do discutido anteriormente. As diversas formas e objetos coloridos que compõem o ambiente absorvem determinados comprimentos de luz, ou seja, absorvem determinadas cores e refletem as demais. Uma banana em uma cesta de frutas absorve a maioria dos comprimentos de luz *exceto* o amarelo, o qual ela reflete de volta para o observador.

À medida que a luz diminui, diminui também a quantidade de luz disponível para ser refletida pelos objetos. A banana parece ser menos amarela e mais neutra, mas continua amarela em relação às cores das outras frutas na cesta: "Avaliamos uma cor pelas outras cores que estão ao seu redor. Comparando-as entre si, fazemos uma avaliação de acordo com a hora do dia, a fonte de luz e nossa memória" (Ackerman, 1991, 252).

Entretanto, na escuridão quase total ou em uma noite enluarada, a cor parece desaparecer totalmente. Nossas únicas fontes de cor provêm daqueles objetos e superfícies suficientemente iluminados para refletir luz (1-9). Em um passeio noturno, você irá encontrar cor somente em alguns locais, tais como as janelas, que permitem ver para dentro de um ambiente iluminado, ou sob os postes de luz e sinais luminosos. A maioria das outras formas e superfícies reflete somente uma quantidade de luz suficiente para que você as interprete como sendo de baixo nível de luz e sombra.

Fig. I-9 Nesta ilustração de anoitecer, os prédios praticamente não têm nenhuma cor local. As únicas áreas de cor são encontradas nas janelas que permitem ver o interior dos prédios, as partes iluminadas da área de circulação e as placas luminosas. O clarão da cor do pôr-do-sol é captado pela fumaça das chaminés e, em parte, pelos prédios à direita.

Arranjos de luz e sombra

Existe uma série de tons em seu meio ambiente que variam desde o branco mais luminoso até o mais preto dos pretos. Se você fechar os olhos quase que totalmente à medida que olha ao seu redor, irá perceber menos tons que vão do claro para o escuro. Na verdade, cada grupo de tonalidades que você pode ver na cena faz parte de uma das seguintes categorias: claro, médio, escuro.

Esta forma de olhar para seu meio ambiente é importante, pois fornece uma compreensão do arranjo tonal subjacente ao seu meio e também oferece uma maneira de abordar as composições de tons fortes em suas ilustrações de projeto. Quando o brilhante paisagista Ted Kautzky preparava uma cena, ele inicialmente a reduzia a três planos espaciais: primeiro plano, segundo plano e fundo. A cada um dos planos ele aplicava um dos tons mencionados anteriormente: claro, médio e escuro, o que produzia seis possibilidades de composições tonais básicas (Kautzky, 1947). Esta técnica não só permitia que suas ilustrações fossem bem mais fáceis de criar, mas inseria em cada uma delas um grau surpreendente de impacto visual. Nos Capítulos 6 e 7, você poderá estudar melhor as composições tonais.

Uma destas composições, que são mais úteis e poderosas, é freqüentemente utilizada para vistas externas noturnas ou de entardecer. A maior parte do fundo é ilustrada em um tom médio, enquanto o segundo plano é o mais claro, principalmente as janelas, uma vez que devem parecer iluminadas por dentro. Quando os elementos em primeiro plano, tais como árvores ou pessoas, são bem escuros, eles parecem silhuetas, reforçando ainda mais o *brilho* e a luminosidade do segundo plano (1-10).

Fig. 1-10 Esta ilustração mostra o fundo e a superfície do prédio em tom médio e o primeiro plano em tons bem escuros, de forma que as cores claras e quentes, usadas para o interior do prédio, façam-no parecer iluminado. Observe como as camadas de tons escuros, médios e claros também ajudam a criar a ilusão de profundidade.

OS PARÂMETROS DA COR

Certos grupos e empresas, desde fabricantes de tinta até estilistas de moda, dão nomes descritivos às cores e eles são geralmente compreendidos dentro de um grupo específico. Alguém poderá chamar uma certa cor de "Butterscotch" (caramelo), enquanto que outro poderá referir-se a uma cor semelhante como "Goldenrod" (amarelo-ouro). Ambos os nomes evocam uma noção de um amarelo com um tom de vermelho, nem muito claro, nem particularmente vivo (1-11). Nomes descritivos de cores funcionam bem em circunstâncias nas quais as cores podem ter um nome mais informal ou quando o usuário quer provocar determinadas associações ou emoções em outras pessoas, como na área de *marketing*, por exemplo.

Entretanto, quando se pede a um projetista que acerte uma cor ou compare cores semelhantes, como Butterscotch (caramelo) e Goldenrod (amarelo-ouro), ele deverá utilizar uma terminologia capaz de descrever a cor de forma mais precisa. Ele utiliza três dimensões para descrever cores, da mesma forma como quando usa os parâmetros de altura, largura e profundidade para descrever quantitativamente as formas e os espaços.

O termo *matiz* indica o *nome da cor*, como "vermelho", "amarelo" ou "verde azulado". Quando uma luz de espectro completo, tal como a luz do sol, é decomposta em arco-íris por uma nuvem de vapor d'água ou por um prisma, o que se vê são as cores que compõem a luz. Você verá que estas cores se fundem ou se matizam uma para dentro da outra. Visto que as duas cores que se situam nas pontas do arco-íris também se relacionam uma com a outra, todas as cores juntas estão inter-relacionadas circularmente. Esta relação é chamada de *círculo de cores* ou, mais precisamente, *círculo de matizes*, visto que a maioria das rodas de cores mostram somente uma cor representativa (em geral bem viva) para cada matiz (1-12). Os termos *matiz* e *cor* muitas vezes são usados como sinônimos. Porém, o matiz representa somente uma das três dimensões necessárias para se compor uma cor.

O grau de "obscuridade ou claridade" de uma cor é chamada de *valor*. O grau de luminosidade de uma cor pode variar de "muito baixo" até "muito alto", ou seja, de muito escuro até muito claro. Você verá outros termos para valor, tais como *luminosidade* e *brilho*, usados em outros sistemas para descrever cores (1-13).

Fig. 1-11 "Butterscotch" (*esquerda*) e "Goldenrod" são os nomes descritivos informais para estas cores, mas os nomes praticamente não têm significado quando são usados para comparar uma cor com a outra.

DESENHO A CORES 27

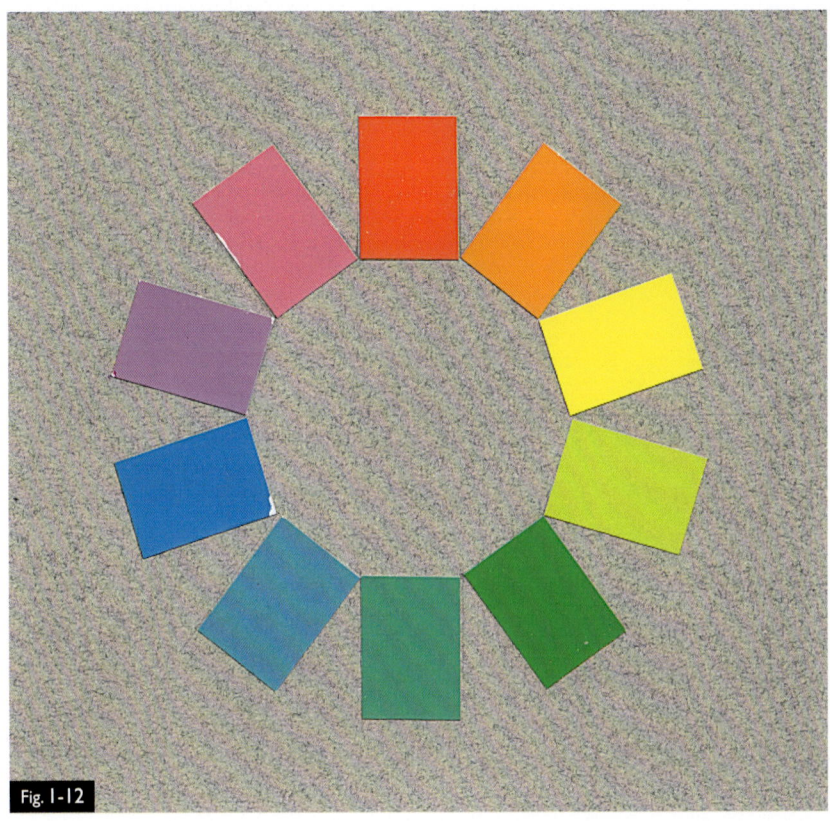

Fig. 1-12 Um círculo de matizes ou "círculo de cores" mostra a relação dos matizes entre si.

Fig. 1-13 As cores vermelho-roxo e verde-amarelo arranjadas verticalmente de acordo com o valor. Uma escala neutra de cinza correspondente aparece à esquerda. Observe que, apesar de as cores mudarem em termos de valor em cada coluna vertical, seu croma permanece o mesmo.

Os termos *vividez* e *grau de cinza* são conceitos que descrevem a força de uma cor. Esta qualidade é chamada de *croma* da cor e pode variar de "muito fraco" (acinzentado) até "muito forte" (vivo). Outros termos usualmente empregados para croma são *pureza* e *saturação* (1-14).

Teoricamente, cada uma destas três dimensões de cor pode ser modificada *sem afetar as outras duas*. Por exemplo, o valor de uma cor pode ser modificado sem afetar seu matiz ou saturação, ou o matiz de uma cor pode ser mudado de verde para azul enquanto seu valor e croma permanecem os mesmos.[2] Observe que as qualidades de matiz e croma não podem existir por si mesmos; não se pode criar uma imagem com *somente* matiz ou *somente* saturação. Entretanto, você *pode* criar uma imagem exclusivamente com valor, como muitas vezes acontece ao fazer-se um desenho ou uma fotografia em preto-e-branco. Apesar de os termos *matiz, valor* e *croma* serem usados no decorrer desta obra para descrever os parâmetros da cor, a sua escolha de quais termos usar para estes parâmetros é importante somente na medida em que aqueles com os quais você se comunica estiverem familiarizados com eles.

[2] Na verdade, valor e croma estão inter-relacionados nas cores de croma forte. Se você tentar modificar significativamente o valor de uma cor de croma forte, você verá que para isso terá que diminuir drasticamente a saturação. Isso ocorre porque cada matiz alcança seu croma mais forte em um determinado valor, denominado seu *valor de espectro*. Por exemplo, imagine um amarelo escuro de croma forte. É impossível imaginar isso, pois essa cor não existe. À medida que um amarelo fica mais escuro, seu croma diminui. Simplesmente não se pode obter determinadas cores.

Fig. 1-14 Em cada uma das fileiras horizontais de cores, o matiz e o valor das cores permanecem constantes. Somente o croma das cores muda, progredindo desde o cinza, à esquerda, até um croma mais forte, à direita.

Estojo de cores Munsell para estudantes

O conhecimento detalhado de um sistema de cores específico e a classificação alfanumérica de suas cores não é importante para os objetivos desta obra. O importante é que você tenha uma compreensão do relacionamento entre os parâmetros das cores e que saiba identificar e comunicar as semelhanças e diferenças entre as cores de uma composição onde são vistas juntas.

Talvez seja interessante comprar um Estojo de Cores Munsell[3] para Estudantes (*Munsell Student Set*) para explorar as relações entre os parâmetros de cor. O conjunto vem com um círculo de cores, escala de valores, 10 cartelas de matiz (um para cada um dos 10 matizes do círculo de cores) e um pacote de pedacinhos coloridos soltos). Você terá que montar o círculo de cores, escalas e cartelas de matiz, inserindo os pedacinhos coloridos em seus lugares correspondentes. Neste processo, cada pedacinho colorido deverá ser avaliado de acordo com seu matiz, valor e croma, aperfeiçoando dessa forma sua capacidade em discernir as três dimensões da cor e avaliar diferenças sutis entre uma dimensão específica.

O estojo do estudante também pode ser usado para explorar as diversas combinações de cor ao combinar os pedacinhos coloridos soltos em pequenas composições antes de inseri-los em seus lugares definitivos nas escalas e cartelas, semelhantes àquelas nas Figuras 6-4 e 6-11. Uma vez que você conseguir visualizar como as três dimensões de uma cor podem ser manipuladas, uma independentemente das outras, ficará mais fácil lidar com as diversas relações possíveis que podem ser estabelecidas *entre* as cores. As cores *formam relações quando suas características parecem associar-se ou interagir umas com as outras*. Levando em consideração que cada cor possui as mesmas três dimensões, é a combinação criativa das relações entre os parâmetros das cores em uma composição específica que estabelece o clima ou a expressividade do esquema. Quando se estabelecem estas relações, introduz-se uma ordem perceptível no esquema. A harmonia de cores baseia-se na ordem, quer a cor seja combinada para expressar uma idéia de lugar ou para *ilustrar* uma idéia. Por exemplo, um exercício pode explorar a combinação de cinco matizes diferentes com cromas variados, mas todos com os valores iguais (ou semelhantes). Você irá perceber que é a semelhança dos valores das cores que atua como agente unificador de uma composição. Estes simples exercícios de combinação dos pedacinhos coloridos podem ajudá-lo a aumentar sua habilidade em organizar as cores em combinações adequadas, especialmente usando o Capítulo 6 como guia.

Uma vez montado o estojo para estudantes, ele se torna uma excelente ferramenta de referência para avaliar e comparar uma série de matizes, valores e saturações de cores.

Descrições simplificadas das cores

Ao trabalhar com o Estojo de Cores Munsell para Estudantes, você vai se dar conta de sua importância para o projetista. Entretanto, o seu sistema de numeração, apesar de simples, tem pouca importância para um projetista que queira descrever uma cor para seu cliente ou colega com precisão maior do que os nomes comuns citados anteriormente. Na Figura 1-15, mostramos uma *Cartela de Cores Munsell para Estudantes* comum com as designações numéricas para valor e saturação seguidas de uma descrição verbal de cada cor. Assim, uma cor 5R 3/4 pode ser descrita como "um vermelho de valor escuro e croma fraco", cujas relações com todas as outras possibilidades para o vermelho podem ser imaginadas a partir de sua imagem mental da cartela. A descrição verbal situa-se entre a descrição bem precisa ("5R 3/4") e a descrição informal ("vermelho-vinho"). A propósito, você pode ver na Figura 1-11 que a cor Goldenrod é um vermelho ligeiramente mais amarelo, de valor baixo e com praticamente o mesmo croma médio-forte como a cor Butterscotch.

O controle das cores com auxílio do computador

Ao criar ilustrações e estudos de cores com o computador, você deverá ser capaz de entender e manipular estas mesmas três dimensões de cor. Na Figura 1-16, vemos um controle de cor no computador. Seleciona-se um matiz na roda de "cores" (matizes) e corrige-se o mesmo com os controles de *luminosidade* (valor) e *saturação* (croma). Uma vez que o computador cria cada uma das cores através de uma mistura de luz vermelha, verde e azul, a cor do objeto também pode ser corrigida variando-se as quantidades destas cores (1-17). Observe que estes dois tipos de controles de cor estão interligados, de modo que a cor de um objeto pode ser criada e corrigida usando-se qualquer um deles.

---

[3] O Estojo Munsell para Estudantes pode ser adquirido através do endereço:
Fairchild Books
7 West 34th Street
New York, NY 10001 EUA
Tel: (800) 247-6622 ou (212) 630-3880, Fax: (212) 630-3868, ligação internacional.

Informações sobre o Sistema Munsell de Cor e seus produtos podem ser obtidas com:
Macbeth
405 Little Britain Road
New Windsor, NY 12553-6148 EUA
Tel: (800) 622-2384 ou (914) 565-7660, ligação internacional.

Fig. 1-15 Uma Cartela de Cores Munsell para Estudantes para o matiz vermelho (5R) acompanhada das descrições das indicações numéricas para os incrementos dos índices de valor e croma. As descrições foram feitas pelo autor.

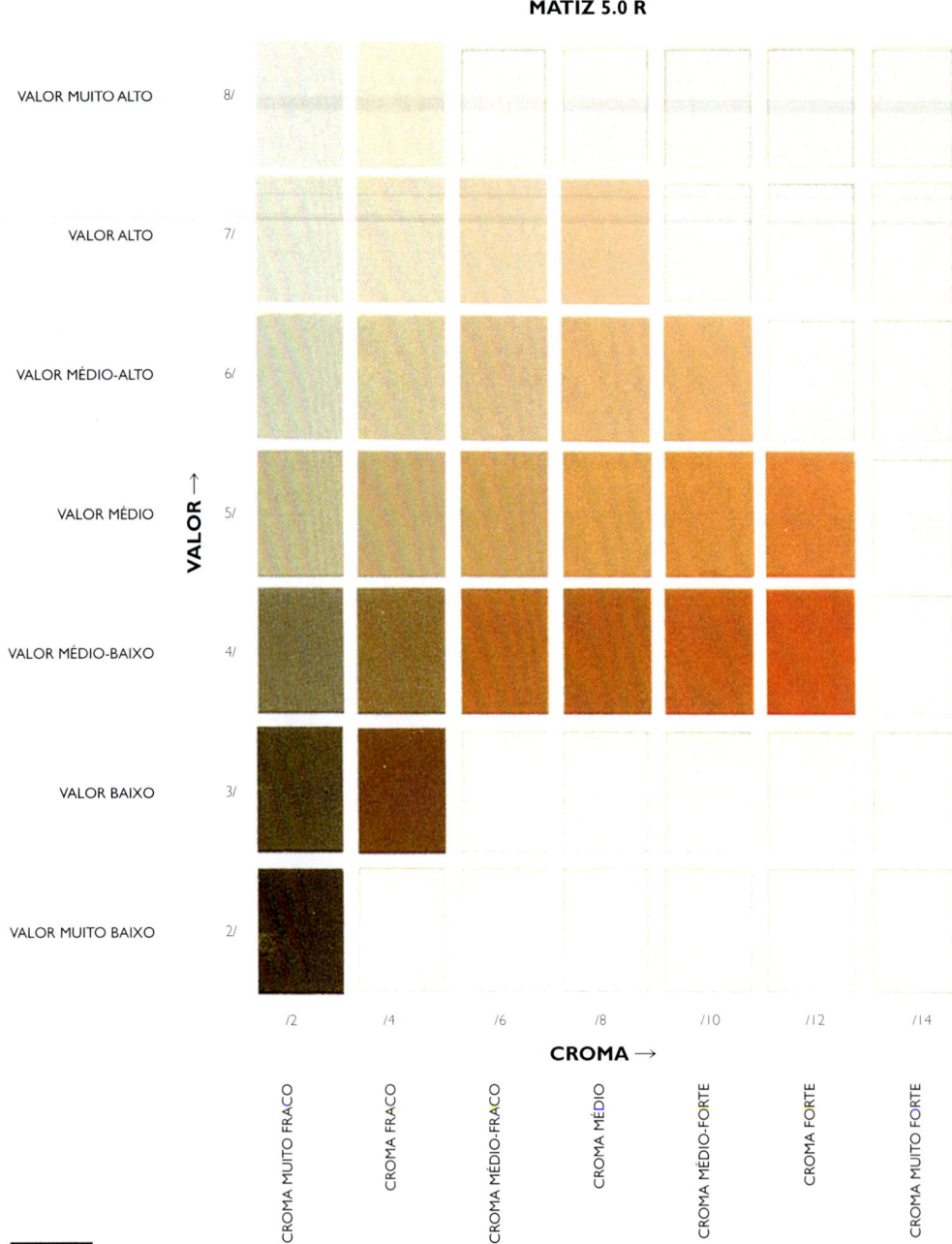

Fig. 1-15

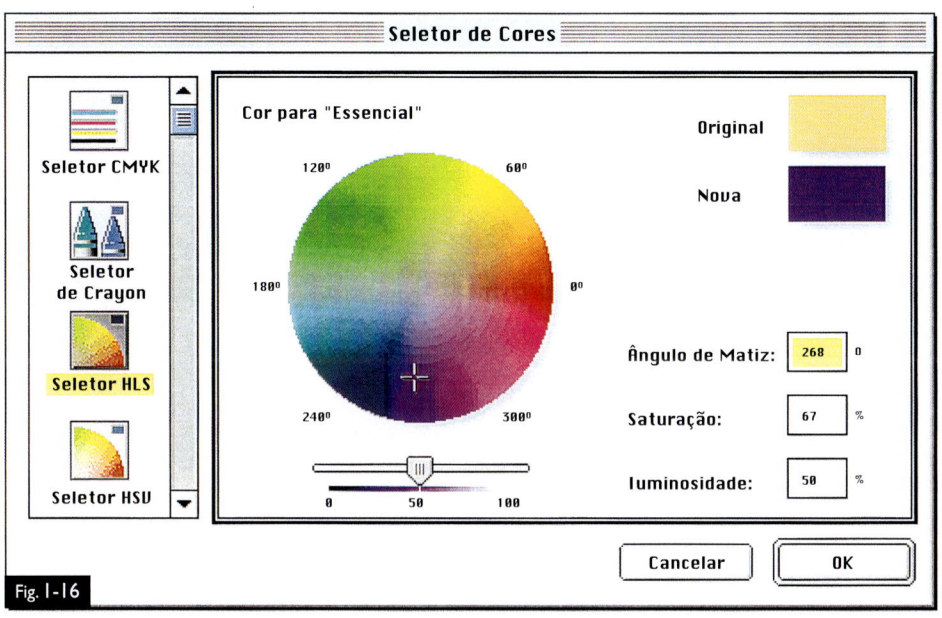

Fig. 1-16 Painel de controle de cor por computador. A cor do objeto selecionado dentro de uma ilustração computadorizada pode ser localizada movendo-se a pequena cruz sobre o círculo de matizes. As cores com croma mais forte estão situadas na borda externa do círculo. Elas tornam-se gradualmente mais fracas em direção ao centro. O valor da cor pode ser controlado pelo cursor localizado abaixo do círculo. Os parâmetros da cor podem ser quantificados e mais bem corrigidos usando-se os controles à direita: o matiz é quantificado em número de graus iniciando em sentido anti-horário a partir de 0; o valor ("luminosidade") e o croma ("saturação") são expressos em percentuais. (Cortesia da Apple Computer Inc.)

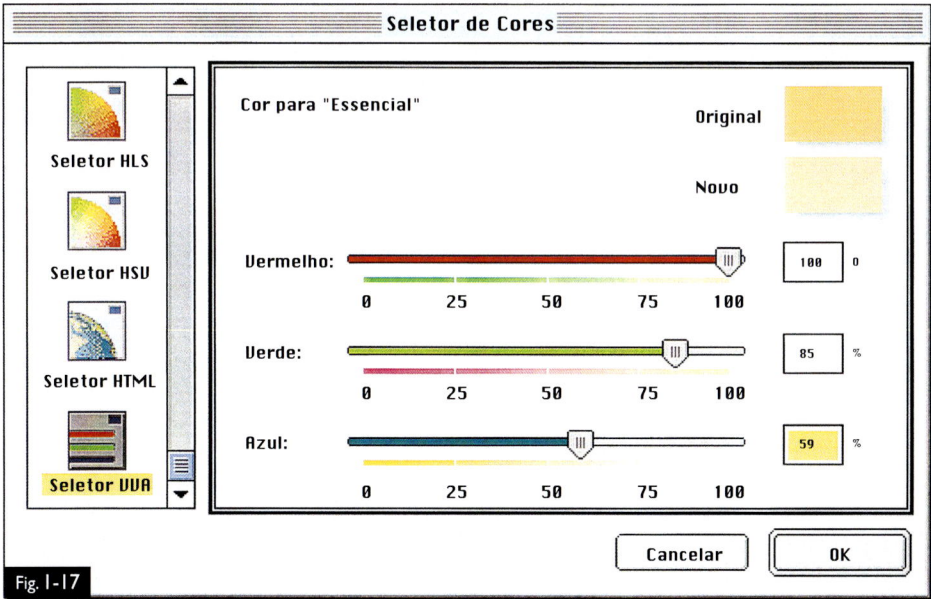

Fig. 1-17 Este controle computadorizado de cores utiliza uma técnica diferente. Em vez de ajustar os parâmetros de uma cor como tal, ele controla as quantidades de cada uma das três cores da luz para criar uma cor específica na tela do monitor. Aqui as quantidades também são expressas em percentuais. Este controle e o mostrado na Figura 1-16 estão interligados e, quando se fazem alterações em um deles, elas são automaticamente mostradas no outro. (Cortesia da Apple Computer Inc.)

MATERIAIS PARA COLORIR E TIPOS DE PAPEL

Você provavelmente está familiarizado com os diversos materiais para colorir e tipos de papel utilizados no desenho a cores, uma vez que seu primeiro contato com estes materiais, tais como lápis de cor, pastéis e hidrocores, provavelmente aconteceu durante a infância. O fato de as crianças lidarem com estes materiais nos primeiros anos de vida é a prova não só da facilidade de seu uso, mas também de sua capacidade de ajudar a pessoa a atuar como uma conexão visceral entre o objeto observado (quer seja visualmente ou na imaginação) e a imagem resultante, criada a partir desta observação e lançada sobre uma superfície bidimensional. De fato, a abordagem ao desenho de projeto a cores apresentada nesta obra é, na verdade, uma abordagem mais refinada de um "caderno de colorir", no qual, depois de feito um desenho a traço, aplicam-se as cores sobre o mesmo. Assim, talvez você tenha uma vivência maior com esta técnica de ilustração e estes materiais do que possa imaginar. Este capítulo e o próximo pretendem refrescar sua memória.

Materiais para Colorir

Os materiais discutidos neste capítulo apresentam uma série de vantagens. Relativamente falando, eles não são caros. Com um investimento inicial de umas poucas centenas de dólares, você pode adquirir uma quantidade suficiente de materiais para colorir com qualidade profissional para criar ilustrações como as mostradas nesta obra. Muitos deles irão durar anos. Estes materiais também são camaradas, ou seja, a maioria dos erros feitos com eles pode ser facilmente corrigida, de forma que o projetista pode manter-se atento ao que está criando. Eles são secos, portanto não irão enrugar a maioria dos papéis usados durante o processo conceitual e esquemático do projeto. Além disso, eles podem ser usados em todas suas ilustrações, desde os esboços mais simples até os desenhos de acabamento impecável.

Em muitas situações de *design* e de apresentação, nós, da CommArts, usamos processos manuais ao invés de digitais, pois são mais rápidos e simples, oferecendo uma forma mais direta de criar ilustrações de projeto coloridas. Em termos de pessoa-hora, estas ilustrações apresentam melhor custo-benefício. Muitos efeitos e ilusões podem ser criados com alguns poucos passos, como veremos mais adiante. Entretanto, eles são totalmente compatíveis com tecnologias digitais. Desenhos à mão podem ser escaneados e digitalizados para serem posteriormente manipulados no computador: para editar e fazer ajustes de cores, importar outras figuras para dentro do desenho, incluir documentos, transmissão eletrônica e até mesmo ampliação em tamanho de cartazes.

O surgimento de tecnologia de alta qualidade de reprodução a cores permite que os projetistas criem desenhos a cores bem menores, portanto muito mais eficientes em termos de tempo que seus antecessores. Antigamente, um desenho original para uma reunião ou uma apresentação ao público tinha que ser feito em tamanho grande o suficiente para poder ser visto do outro lado de uma sala, muitas vezes com dimensões mínimas de 24" x 36" (609 x 914 mm) a 30" x 42" (762 x 1066 mm). Agora, é possível ilustrar idéias em um tamanho de 8 $^1/_2$" x 11" (215 x 279 mm) a 11" x 17" (279 x 431 mm) muito mais rapidamente, usar então uma série de técnicas de reprodução colorida disponíveis para ampliar até um tamanho adequado para uma apresentação em sala de aula. Estas técnicas serão mais bem discutidas no Capítulo 8. Os materiais e papéis descritos nas seções seguintes são amplamente utilizados pelos projetistas na CommArts, pois sua utilidade e versatilidade permitem produzir efeitos de desenho a cores de maneira fácil e rápida.

Materiais para traçado

A linha é uma "necessidade abstrata" utilizada por todos os artistas e desenhistas para delinear contornos e silhuetas de formas e volumes. As linhas não existem na realidade como a percebemos; você as utiliza como uma convenção para descrever os contornos de suas idéias de forma bem econômica. Se você tem pouco tempo, é o desenho a traço – sem cores nem tonalidades – que serve como instrumento gráfico padrão para comunicar idéias a respeito de lugares.

É importante ter à sua disposição uma série de espessuras diferentes de materiais para traçado para a criação de *desenhos de projeto*; praticamente qualquer tipo serve, desde que você se sinta à vontade trabalhando com ele. Estes materiais devem permitir traçar linhas bem escuras, possuir uma boa qualidade de reprodução em fotocopiadoras e copiadoras heliográficas e, se possível, ser facilmente apagáveis, de forma que eventuais resíduos não possam ser percebidos no desenho acabado.

Os materiais para traçado que mais usamos na CommArts são mostrados na Figura 2-1. As canetas Pigma Micron 005 e Micron 01 são ótimas canetas de feltro para pequenos desenhos que exigem um traçado fino, pois, quando se ampliam os desenhos, suas *linhas são ampliadas tanto na largura como no comprimento*. A caneta Micron 005 tem espessura de linha de 0,20 mm, e a Micro 01, uma espessura de 0,25 mm. A tinta destas canetas não borra facilmente quando se aplica água ou hidrocor sobre ela, e as linhas podem ser apagadas facilmente quando se usa uma tira apagadora rosa no apagador elétrico. Sua única desvantagem é que costumam entupir quando utilizadas por cima de lápis de cor.

Fig. 2-1 Uma série de materiais indicados para traçado.

A caneta Pilot Razor Point é uma caneta de feltro multiuso excelente para usar com os materiais para colorir mostrados neste capítulo. O seu traço é ligeiramente mais largo que o da caneta Micron 01. Apesar de não ser à prova d'água (ela borra se for molhada), pode ser usada com hidrocor e desenha bem sobre lápis de cor sem entupir muito. Porém, ela é mais difícil de apagar com o apagador elétrico do que as canetas Micron, mas seus traços podem ser parcialmente apagados com o uso de uma tira apagadora rosa no apagador elétrico. Os resquícios do traçado podem ser disfarçados com lápis de cor durante o processo de colorir.

A ponta "afilada" da caneta preta Eberhard Faber Design Art Marker 229-LF torna essa hidrocor ideal para fazer traços mais grossos, para acrescentar pequenas áreas de preto a um desenho e criar esboços de diagramas conceituais. Ela não deve ser usada sobre lápis de cor, pois o diluente nela utilizado pode dissolver e borrar o pigmento do lápis. Todas as hidrocores devem ser tampados imediatamente após o uso, pois secam com rapidez.

Um dos instrumentos mais versáteis entre os materiais mostrados na Figura 2-1 é o lápis Prismacolor *Black*. O seu traço é bem escuro e varia em espessura. Muitas vezes é usado juntamente com uma régua quando os traços devem sair bem finos. A qualidade de reprodução em fotocopiadora é boa, principalmente em comparação com os traços feitos com lápis de grafite que usam grafite mais duro que o tipo "H". É fácil de apagar com apagador elétrico, mas não desaparece totalmente. Apresenta um tom bem uniforme devido ao seu aspecto ligeiramente encerado e é muito bom para criar sombreados.

Materiais para colorir

Hidrocores

As hidrocores são usadas para aplicar uma camada de cor transparente semelhante à aquarela. A maioria das hidrocores utiliza um corante concentrado, geralmente *anilina*, misturado com um diluente volátil à base de álcool ou xileno. Suas pontas, antigamente de feltro, são feitas agora de plásticos patenteados. Entretanto, a maioria dos projetistas ainda as chamam de hidrocores de "ponta de feltro". As hidrocores não enrugam o papel como os materiais aquarelados à base de água costumam fazer, pois o diluente evapora rapidamente. Esta característica as torna um excelente material de colorir para projetistas, uma vez que é compatível com a maioria dos tipos de papel que costumam ser usados nessa área (2-2).

Em nosso trabalho de projeto, muitas vezes usamos hidrocores para criar as cores de "base", ou subjacentes, em desenhos que posteriormente são modificados pela aplicação de lápis de cor, pastel e, até mesmo, canetas para traçado para obter a ilusão de materiais, padrões e luz. Com elas, pode-se criar muitos efeitos interessantes de modo rápido e fácil, como você verá ao

Fig. 2-2 Existe uma série de marcas e tipos de hidrocores disponíveis no mercado. As hidrocores Design 2 Art Marker, a AD Marker Spectrum e a Prismacolor são todas à base de álcool. A AD Marker e a Design Art Marker são à base de xileno.

longo deste livro. É preciso observar que muitos tipos de hidrocores não são compatíveis com alguns materiais usados para traçado. As hidrocores não deveriam ser usadas sobre lápis de cor, pois este não só vai borrar devido ao diluente, mas o pigmento do lápis vai grudar na ponta da hidrocor, o que poderá causar também uma surpresa desagradável quando a cor de uma hidrocor não sair como você espera. Além disso, *sobre fotocópias em preto-e-branco só se deve usar hidrocores à base de álcool*. As hidrocores à base de xileno dissolvem e borram o *toner* preto que cria a imagem da cópia. Já as hidrocores à base de álcool, *se aplicadas com uma pressão muito forte da mão*, podem borrar ligeiramente certos tipos de linhas feitas com caneta de feltro e de linhas das cópias heliográficas. Entretanto, na prática, tanto as hidrocores à base de álcool como à base de xileno podem ser usadas com segurança sobre a maioria das canetas de feltro, sobre cópias heliográficas, sobre todos os tipos de papel, ou até mesmo um sobre o outro, desde que usadas com cuidado.

Uma vez que o corante da hidrocor é anilina, ele tende a desbotar pela exposição contínua à luz ultravioleta, até mesmo as pequenas quantidades desse tipo de luz em ambientes fechados. Se você pretende expor um desenho de projeto a cores, faça uma fotocópia colorida, mais resistente à luz, ou uma cópia impressa em impressora jato de tinta. Arquive o desenho original em local escuro. Os métodos modernos de reprodução colorida, como os da copiadora jato de tinta, podem fornecer uma versão de alta qualidade do trabalho original.

Sempre que for trabalhar com hidrocores, certifique-se de que o local tenha ventilação adequada. A inalação prolongada do diluente da hidrocor, especialmente o xileno (dos dois tipos, o que possui o cheiro mais forte e irritante), pode causar dor de cabeça e náusea. Isso também pode acontecer se você trabalhar com o rosto muito próximo ao papel e se as hidrocores ainda forem novas.

Juntas, as marcas mais vendidas de hidrocores oferecem centenas de cores a escolher, mas você pode criar a maioria de seus desenhos com um número limitado delas. Existem duas paletas básicas de hidrocores que podemos recomendar: uma paleta de cinzas e uma paleta de cores gerais. Ambas as paletas, à base de álcool ou xileno, são descritas nas Figuras 2-3 e 2-4. Elas são indicadas como as paletas mínimas para iniciantes, arquitetos, *designers* de interiores e paisagistas. Estas paletas foram compostas pela freqüência da escolha destas cores de hidrocores pelos projetistas da CommArts. Em seu próprio trabalho profissional ou busca de novas soluções de cor, você poderá preferir substituir algumas dessas cores por outras ou aumentar o número daquelas apresentadas aqui.

A mais importante é a paleta de cinzas, pois são as hidrocores mais utilizadas (2-3). O cinza define o valor de uma cor, cujo matiz e croma podem ser determinados com aplicações subseqüentes de lápis de cor ou pastel. O matiz dos cinzas *French Grey* é levemente amarelo-avermelhado, o dos *cinzas quentes* é levemente avermelhado e o dos cinzas frios têm um toque azulado. O mesmo se aplica aos lápis de cor cinza.

As hidrocores mostradas na paleta de cores gerais (2-4) foram selecionadas entre aquelas que sistematicamente escolhemos para ilustrar materiais comuns em nosso meio (madeira, pedra, metal, vidro), bem como aqueles em exteriores de prédios e materiais de paisagismo. Cores especiais de hidrocores, especialmente para desenhar interiores, podem ser escolhidas de uma paleta geral para projetos específicos.

As hidrocores à base de xileno parecem ser capazes de proporcionar cores ligeiramente mais ricas e suaves, especialmente sobre cópias heliográficas. Em geral, elas também duram mais tempo que as hidrocores à base de álcool. Mas se você tiver que optar entre um dos dois tipos, o sistema mais completo e versátil é o de hidrocores à base de álcool, pois pode ser usado tanto sobre cópias heliográficas como sobre fotocópias. Se você dispuser de um orçamento limitado para a aquisição de materiais de desenho, compre primeiro uma paleta de cinzas, visto que os cinzas podem definir o valor das cores e outros tipos de materiais para colorir menos caros podem ser usados para dar matiz e saturação, como veremos nos Capítulos 3 e 7.

Fig. 2-3 Esta é uma paleta de hidrocores cinza de recomendável aquisição. Você pode escolher entre hidrocores cinzas **AD** (à base de xileno) ou **Prismacolor** (à base de álcool), ou um conjunto deles. Não é necessário comprar os dois tipos.

DESENHO A CORES | 37

HIDROCOR AD **HIDROCOR PRISMACOLOR**

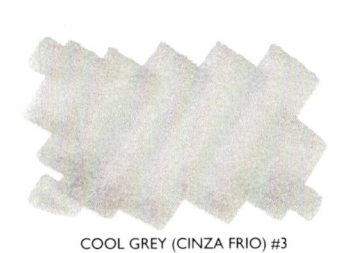

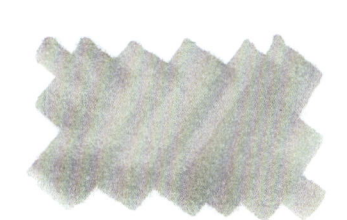

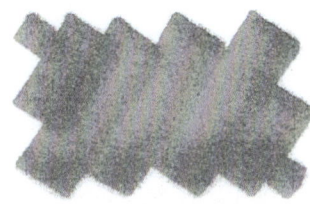

WARM GREY (CINZA QUENTE) #1   COOL GREY (CINZA FRIO) #1   FRENCH GREY (CINZA FRANCÊS) 10%   COOL GREY (CINZA FRIO) 10%

WARM GREY (CINZA QUENTE) #3   COOL GREY (CINZA FRIO) #3   FRENCH GREY (CINZA FRANCÊS) 30%   COOL GREY (CINZA FRIO) 30%

WARM GREY (CINZA QUENTE) #5   COOL GREY (CINZA FRIO) #5   FRENCH GREY (CINZA FRANCÊS) 50%   COOL GREY (CINZA FRIO) 50%

WARM GREY (CINZA QUENTE) #7   COOL GREY (CINZA FRIO) #7   FRENCH GREY (CINZA FRANCÊS) 70%   COOL GREY (CINZA FRIO) 70%

WARM GREY (CINZA QUENTE) #9   COOL GREY (CINZA FRIO) #9   FRENCH GREY (CINZA FRANCÊS) 90%   COOL GREY (CINZA FRIO) 90%

Fig. 2-3

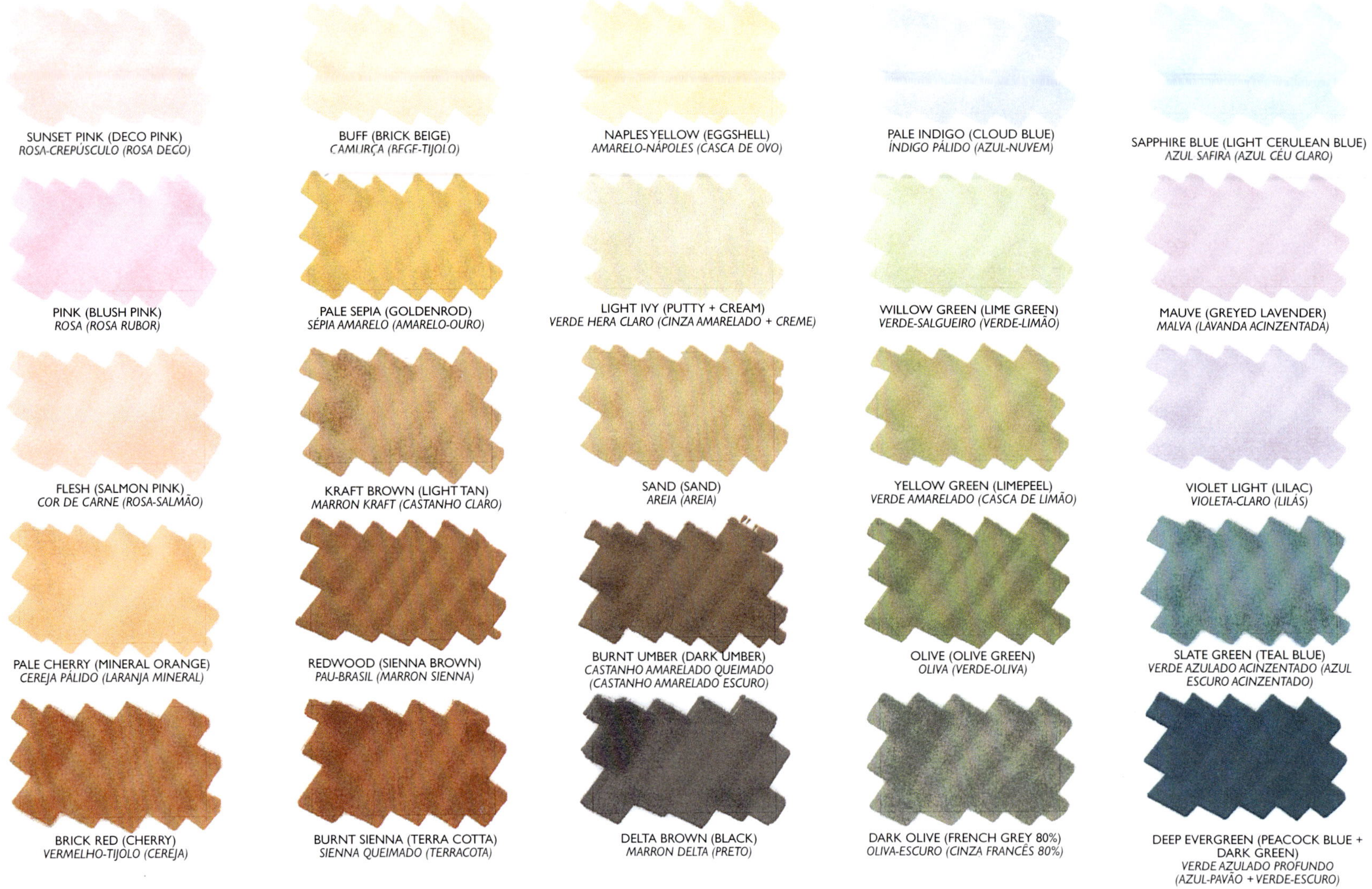

Materiais para colorir e tipos de papel

SUNSET PINK (DECO PINK) *ROSA-CREPÚSCULO (ROSA DECO)*	BUFF (BRICK BEIGE) *CAMURÇA (BEGE-TIJOLO)*	NAPLES YELLOW (EGGSHELL) *AMARELO-NÁPOLES (CASCA DE OVO)*	PALE INDIGO (CLOUD BLUE) *ÍNDIGO PÁLIDO (AZUL-NUVEM)*	SAPPHIRE BLUE (LIGHT CERULEAN BLUE) *AZUL SAFIRA (AZUL CÉU CLARO)*
PINK (BLUSH PINK) *ROSA (ROSA RUBOR)*	PALE SEPIA (GOLDENROD) *SÉPIA AMARELO (AMARELO-OURO)*	LIGHT IVY (PUTTY + CREAM) *VERDE HERA CLARO (CINZA AMARELADO + CREME)*	WILLOW GREEN (LIME GREEN) *VERDE-SALGUEIRO (VERDE-LIMÃO)*	MAUVE (GREYED LAVENDER) *MALVA (LAVANDA ACINZENTADA)*
FLESH (SALMON PINK) *COR DE CARNE (ROSA-SALMÃO)*	KRAFT BROWN (LIGHT TAN) *MARRON KRAFT (CASTANHO CLARO)*	SAND (SAND) *AREIA (AREIA)*	YELLOW GREEN (LIMEPEEL) *VERDE AMARELADO (CASCA DE LIMÃO)*	VIOLET LIGHT (LILAC) *VIOLETA-CLARO (LILÁS)*
PALE CHERRY (MINERAL ORANGE) *CEREJA PÁLIDO (LARANJA MINERAL)*	REDWOOD (SIENNA BROWN) *PAU-BRASIL (MARRON SIENNA)*	BURNT UMBER (DARK UMBER) *CASTANHO AMARELADO QUEIMADO (CASTANHO AMARELADO ESCURO)*	OLIVE (OLIVE GREEN) *OLIVA (VERDE-OLIVA)*	SLATE GREEN (TEAL BLUE) *VERDE AZULADO ACINZENTADO (AZUL ESCURO ACINZENTADO)*
BRICK RED (CHERRY) *VERMELHO-TIJOLO (CEREJA)*	BURNT SIENNA (TERRA COTTA) *SIENNA QUEIMADO (TERRACOTA)*	DELTA BROWN (BLACK) *MARRON DELTA (PRETO)*	DARK OLIVE (FRENCH GREY 80%) *OLIVA-ESCURO (CINZA FRANCÊS 80%)*	DEEP EVERGREEN (PEACOCK BLUE + DARK GREEN) *VERDE AZULADO PROFUNDO (AZUL-PAVÃO + VERDE-ESCURO)*

Fig. 2-4

Fig. 2-4 Esta é uma paleta de hidrocores indicada para tarefas gerais de colorir. Aqui são reproduzidas as cores das hidrocores **AD**. Os nomes da linha de hidrocores **Prismacolor** que mais se aproximam são citados entre parênteses e foram traduzidas para o português. Quando não foi encontrada uma equivalência aproximada para uma hidrocor **AD**, indicou-se uma mistura de duas hidrocores **Prismacolor** com um sinal de *mais* (+) entre as duas cores.

Lápis de cor

Os lápis de cor são a base dos desenhos a cores mostrados nesta obra. Eles são os materiais usados para colorir mais usados, mais flexíveis (podem ser aplicados de leve ou com pressão) e os mais precisos. Em desenhos pequenos, a hidrocor é bem menos usada como base colorida, pois os desenhos coloridos somente exigem um material de colorir que possa ser aplicado de forma precisa sobre uma determinada área, e ser removido se o projetista cometer algum erro ou mudar de opinião. Na verdade, o lápis de cor é muitas vezes o único material de colorir necessário para completar desenhos pequenos, especialmente aqueles que possuem muitos detalhes.

Os lápis Sanford Prismacolor e Design Spectracolor são duas das melhores marcas a serem usadas nos tipos de desenho colorido que discutimos neste livro. Os lápis de ambas as marcas têm grande variedade de cores, são suficientemente macios para serem aplicados de forma fácil e suave e conseguem dar uma cor sólida e brilhante quando preciso. Os lápis de cor Bruynzeel Design Fullcolor (da Holanda), e os lápis de cor Derwent Studio, da empresa britânica Rexel Cumberland, são ligeiramente mais duros que os lápis Prismacolor e Spectracolor, sendo mais difícil criar cores brilhantes sem marcar a superfície do papel. Porém, tanto os lápis Bruynzeel como os Derwent oferecem cores que estão disponíveis nas marcas americanas (2-5).

Neste livro, utilizamos os lápis Prismacolor para fazer os desenhos. Nas Figuras 2-6 e 2-7, são representadas as paletas de cinza e de cores gerais mais indicadas. Da mesma forma como as hidrocores mais indicadas, estes lápis não são os únicos que utilizamos na CommArts, mas são os mais escolhidos para uma série ampla de tarefas de ilustração.

Fig. 2-5 Estas marcas de lápis de cor de alta qualidade podem ser facilmente adquiridas em grande variedade de cores.

Fig. 2-6 Esta paleta de lápis cinzas é indicada para a maioria das tarefas de desenho que exigem seu uso.

Materiais para colorir e tipos de papel

Fig. 2-7 Uma paleta geral de lápis Prismacolor (e um lápis Derwent), indicados para ilustrar uma série de materiais.

BLUSH PINK (ROSA-RUBOR)
LIGHT PEACH (PÊSSEGO CLARO)
CREAM (CREME)
DECO AQUA (DECO AQUA)
CLOUD BLUE (AZUL-NUVEM)

ROSY BEIGE (BEGE ROSADO)
DECO ORANGE (LARANJA DECO)
CANARY YELLOW (AMARELO-CANÁRIO)
CELADON GREEN (VERDE PÁLIDO)
GREYED LAVENDER (LAVANDA ACINZENTADO)

PINK (ROSA)
PEACH (PÊSSEGO)
YELLOW CHARTREUSE (AMARELO CHARTREUSE)
LIMEPEEL (CASCA DE LIMÃO)
BLUE SLATE (AZUL-ARDÓSIA, AZUL-CINZA ESCURO)

CARMINE RED (VERMELHO CARMIM)
MINERAL ORANGE (LARANJA MINERAL)
JASMINE (JASMIM)
APPLE GREEN (VERDE-MAÇÃ)
LIGHT CERULEAN BLUE (AZUL CÉU CLARO)

POPPY RED (VERMELHO-PAPOULA)
BURNT OCHRE (OCRE QUEIMADO)
YELLOW OCHRE (OCRE AMARELADO)
OLIVE GREEN (VERDE-OLIVA)
DERWENT BLUE VIOLET LAKE 27 (AZUL-VIOLETA LAGO 27 DA DERWENT)

TUSCAN RED (VERMELHO-TOSCANA)
TERRA COTTA (TERRACOTA)
BRONZE
PEACOCK GREEN (VERDE-PAVÃO)
COPENHAGEN BLUE (AZUL-COPENHAGEN)

DARK UMBER (CASTANHO AMARELADO ESCURO)
DARK GREEN (VERDE ESCURO)
INDIGO BLUE (AZUL-ÍNDIGO)

Fig. 2-7

Pastéis

Entre os materiais para colorir apresentados neste livro, os *pastéis* são os mais rápidos e fáceis de usar (podem ser trabalhados com os dedos), mas também são os mais difíceis de controlar nas bordas das formas, ou seja, apresentam maior tendência a "sair da linha" do que outros materiais. Indicados para serem usados livremente, são rápidos de aplicar a um *esboço* ou estudo, muito bons de misturar e são mais adequados em combinações de cor "alto grau" – aqueles que se situam no âmbito de valor mais claros. São especialmente indicados para criar cores mais claras e sutis.

O projetista pode obter bom resultado ao criar ilustrações sem usar pastéis. No entanto, áreas grandes com ilustrações, que utilizam diversos materiais para colorir (hidrocores e lápis de cor), podem ser rapidamente coloridas com este material. O céu e as nuvens se prestam bem a desenhos em pastel.

Os pastéis são feitos através da mistura de pigmento seco com um aglutinante de metilcelulose. Devido à sua composição seca e em pó, são fáceis de remover de qualquer tipo de papel. Para colorir áreas maiores, use pastel seco macio e de boa qualidade (2-8). Estes pastéis situam-se em uma faixa de preço mais cara, mas o valem, visto que os tipos mais baratos tendem a deixar listras de cor e não se misturam bem. Os pastéis secos marca Rembrandt podem ser encontrados na maioria das lojas de suprimentos para artes e foram utilizados nesta obra para as ilustrações que requerem uso de pastel.

Se quiser usar pastel em desenhos pequenos, use os lápis pastéis. São um pouco mais duros e têm mais ponta do que os pastéis secos, permitindo ao projetista colorir pequenas áreas do desenho com maior precisão. Recomenda-se também usar lápis pastel de alta qualidade. Os da marca Schwan Stabilo são facilmente encontrados e aparecem em diversas ilustrações neste livro.

Se inicialmente você quiser se limitar a poucas cores de pastéis, na Figura 2-9 mostramos uma paleta de cores bastante útil. Sendo um arquiteto ou paisagista, compre pelo menos os pastéis secos azuis para poder criar tons do céu em suas ilustrações. Posteriormente, o céu pode adquirir tonalidades mais intensas de pôr-do-sol pela inclusão de cores pastéis na faixa do rosa e do laranja. Como *designer* de interiores, poderá optar primeiramente por experimentar várias cores pastéis antes de escolher aquelas poucas cores com as quais vai trabalhar mais freqüentemente em seu dia-a-dia.

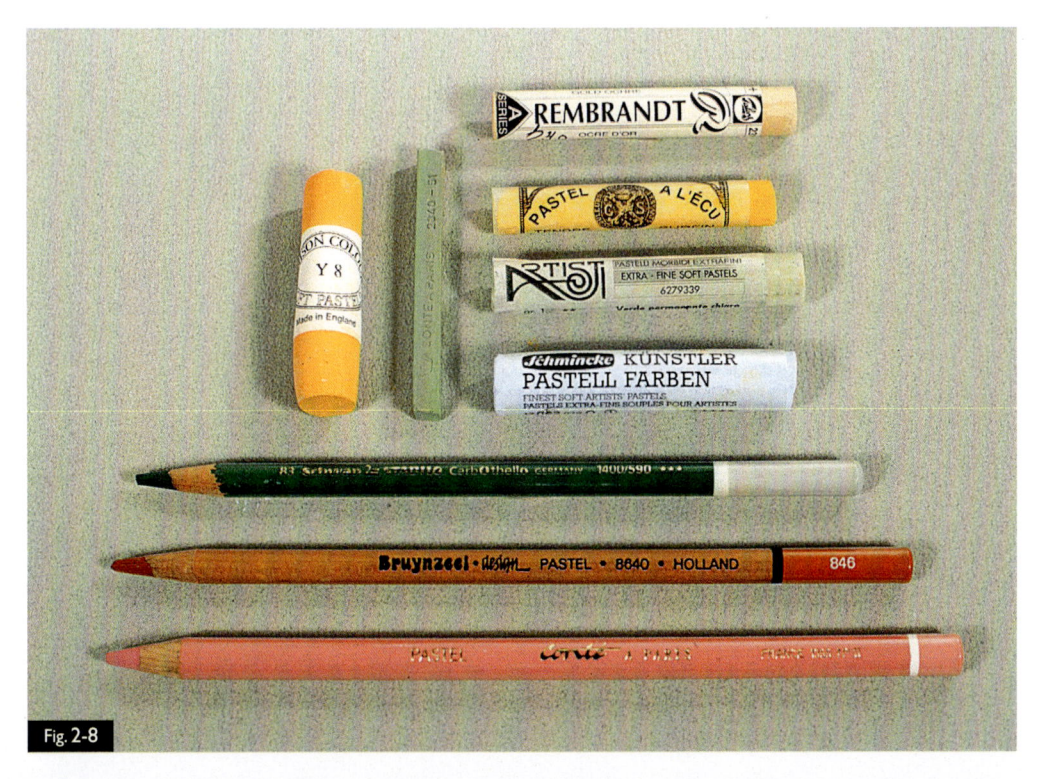

Fig. 2-8 Uma seleção de pastéis de alta qualidade. Os pastéis secos na horizontal são, de cima para baixo: Rembrandt da Royal Talens (Holanda), Pastel a l'Écu da Sennelier (França), Artisi da Maimeri (Itália) e Künstler Pastell Farben da H. Schmincke & Co. (Alemanha). Os dois pastéis secos na vertical são os gizes Conté da Conté a Paris (*direita*) e Unison Colour, fabricado na Inglaterra (*esquerda*). Os lápis pastéis são, de cima para baixo, Schwan Stabilo (Alemanha), pastel de *design* da Bruynzeel (Holanda) e o pastel Conté a Paris (França). Observe que o pastel Conté a Paris tem um diâmetro maior que a maioria dos lápis e muitas vezes não cabe nos apontadores de lápis elétricos, tendo que ser apontado com canivete ou estilete.

Materiais para colorir e tipos de papel

Fig. 2-9 Duas boas paletas: de pastéis secos e lápis pastéis, as quais podem ser adaptadas ou complementadas, de acordo com suas necessidades específicas de um desenho a cores.

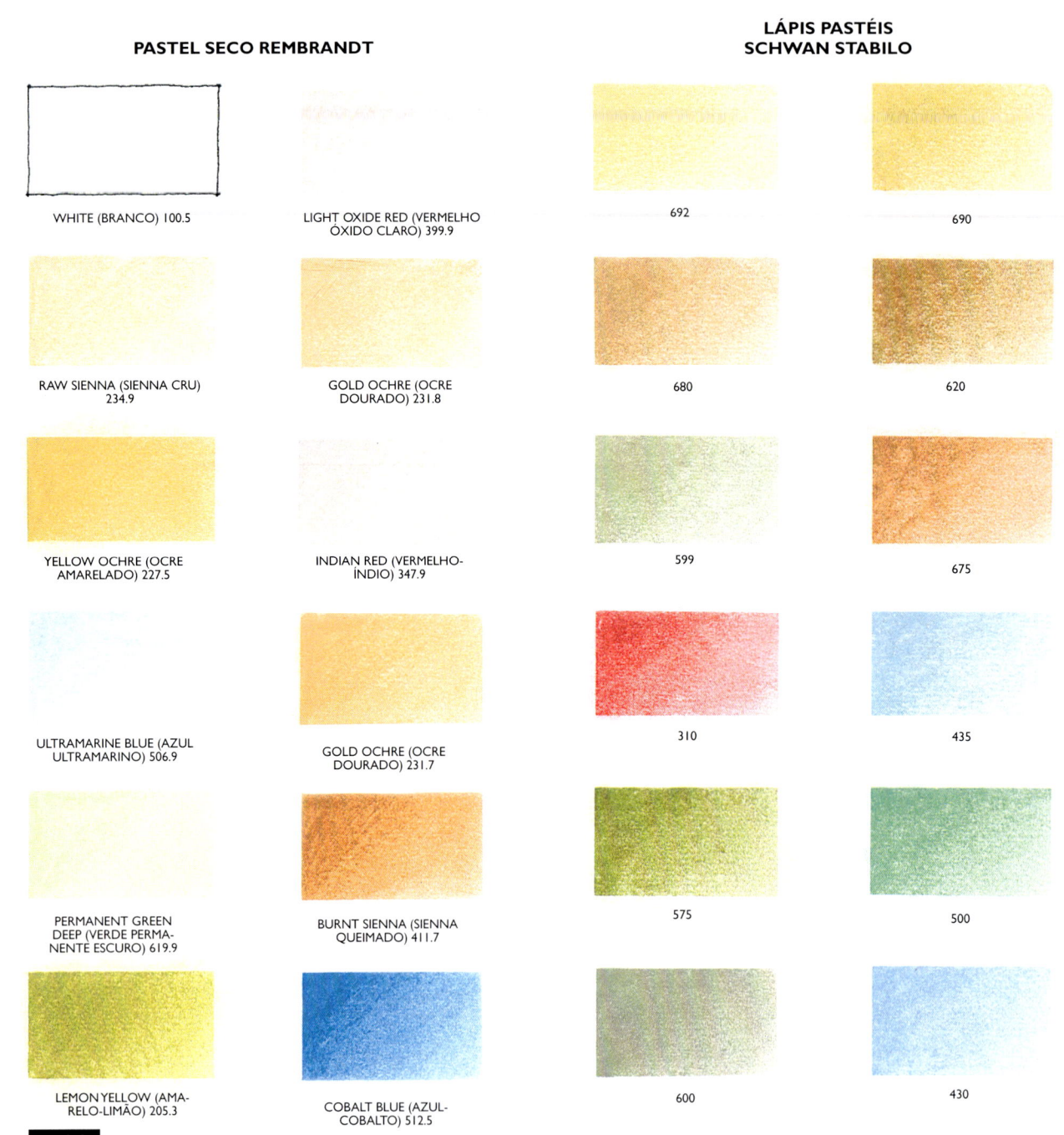

PASTEL SECO REMBRANDT

WHITE (BRANCO) 100.5

LIGHT OXIDE RED (VERMELHO ÓXIDO CLARO) 399.9

RAW SIENNA (SIENNA CRU) 234.9

GOLD OCHRE (OCRE DOURADO) 231.8

YELLOW OCHRE (OCRE AMARELADO) 227.5

INDIAN RED (VERMELHO-ÍNDIO) 347.9

ULTRAMARINE BLUE (AZUL ULTRAMARINO) 506.9

GOLD OCHRE (OCRE DOURADO) 231.7

PERMANENT GREEN DEEP (VERDE PERMANENTE ESCURO) 619.9

BURNT SIENNA (SIENNA QUEIMADO) 411.7

LEMON YELLOW (AMARELO-LIMÃO) 205.3

COBALT BLUE (AZUL-COBALTO) 512.5

LÁPIS PASTÉIS SCHWAN STABILO

692

690

680

620

599

675

310

435

575

500

600

430

Fig. 2-9

Os pastéis são bons de usar sobre hidrocor e dão um aspecto mais suave à medida que modulam sua cor. Os lápis de cor também podem ser usados sobre pastel. Porém, evite usar pontas de feltro de canetas ou de hidrocores sobre o pastel, pois, com o tempo, o pastel irá entupi-los e fazê-los secar.

Depois de aplicar pastel sobre uma determinada área do desenho, evite tocar essa parte, pois o pastel pode sair, borrar ou ficar com marcas de dedos. Caso for necessário apoiar sua mão sobre uma parte do desenho onde foi usado pastel, coloque um pedaço de papel sulfite sob a sua mão enquanto desenha. Quando estiver pronto com o desenho, aplique uma leve camada de *fixador* em *spray* para conservar o pastel. No entanto, como o uso de *spray* pode diminuir um pouco a aparência luminosa do pastel, se possível, evite usá-lo. Em vez disso, faça uma cópia colorida do seu desenho para usar em apresentações e guarde o original em lugar seguro e entre duas folhas de papel novas.

Realces

Às vezes é preciso dar "toques finais" ou realces para dar vida a um desenho (2-10). Alguns toques de *guache* branco são ótimos para dar efeitos de *realces* ou "brilhos" sobre cromados, água, aço polido e as bordas de objetos de vidro – onde quer que possa haver reflexo espelhado. Quando se desenham acessórios de iluminação, pequenos toques de guache também são ótimos para dar a idéia de lâmpadas acesas.

Às vezes também é preciso dar toques metálicos de ouro ou prata em um desenho. Eles podem ser facilmente feitos com hidrocores de ponta fina; assim, os destaques brilham de forma convincente quando a luz incide sobre eles. Entretanto, os melhores resultados com detalhes metálicos se obtêm com pequenos pontos ou traços; o projetista não deve usar essas hidrocores para ilustrar grandes áreas de metal polido (veja Figuras 4-60 até 4-63). Além disso, estes realces, com caneta de tinta metálica, não saem bem em cópias coloridas ou cópias feitas na copiadora jato de tinta; assim, eles deverão ser acrescentados a cada cópia individual, quando necessário.

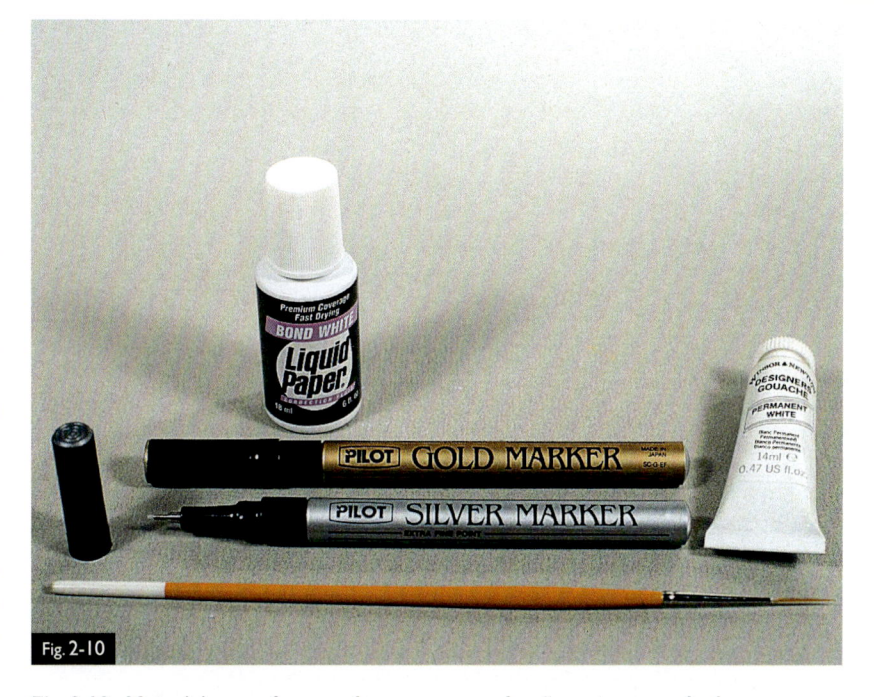

Fig. 2-10 Materiais para fazer realces em desenhos. Um pequeno tubo de guache branco *Permanent White*, da Windsor & Newton, e um pincel comprido e fino para traços são úteis para fazer pontos e traços de realce branco. Os pontos podem ser aplicados sem diluir o guache, mas para os traços é preciso diluí-lo um pouco com água em uma bandeja de metal. Em uma "emergência", quando não se tem guache branco, o corretivo *Liquid Paper* é ótimo para fazer realces brancos, mas ele pode absorver a cor de alguns tipos de hidrocor e ficar levemente colorido.

As hidrocores **Gold Marker** e **Silver Marker**, da **Pilot**, têm ponta extrafina, indicada para dar toques de realce metálico.

TIPOS DE PAPEL

A grande variedade de tipos de papel, normalmente usados nas profissões de *design*, pode ser usada com bom resultado em desenhos de projeto a cores. Cada um destes papéis – até mesmo o papel manteiga branco – pode ser usado em fotocopiadora em preto-e-branco. Isso permite a fácil transferência de desenhos a traço, por exemplo, do papel manteiga para o papel Canson, para obter um desenho a cores com melhor acabamento. Essa possibilidade também permite ao projetista fazer mais de uma cópia de um desenho a traço quando uma ilustração tiver que ser refeita ou corrigida.

Papel manteiga

O papel manteiga branco em rolo é o tipo de papel mais usado nos escritórios de *design* profissional para a ilustração e o desenvolvimento de idéias na fase inicial do processo de *design* (2-11). Ele pode ser usado para diversos tipos de desenhos, desde rabiscos de idéias até ilustrações coloridas acabadas.

O papel manteiga é uma excelente superfície para projetos de desenhos a cores. Ele aceita bem todos os tipos de lápis, materiais secos e materiais com ponta de feltro, e é fácil de apagar. A tinta das hidrocores não se espalha muito e a cor parece ficar menos forte – o que, em geral, é uma vantagem. Sua transparência é menos refinada que a do papel sintético *mylar* ou velino, o que também é bom, pois quando se aplica lápis de cor no verso do desenho a traço sobre papel manteiga branco, ele parece mais suave e uniforme, menos manchado ou listrado quando visto do lado direito. Quando se coloca papel colorido por trás de um desenho colorido feito sobre papel manteiga branco, as cores dos lápis mais claros parecem mais luminosas. Esta qualidade, também transmitida às cópias coloridas que utilizam essa técnica, é uma vantagem quando se quer criar efeitos de iluminação tanto em ilustrações de interior como de exterior.

Normalmente, usamos o papel manteiga branco da marca Bienfang, Nº 106, em rolos de 12" ou 18" (304 ou 457 mm). Uma das poucas desvantagens do papel manteiga branco é sua espessura fina, o que o torna muito frágil. Ele pode furar com o apagador elétrico, principalmente quando se utilizam as tiras mais grossas para apagar. Como gordura e suor das mãos podem enrugá-lo, coloque um pedaço de papel sob a mão quando apoiá-la por mais tempo sobre o papel manteiga enquanto desenha.

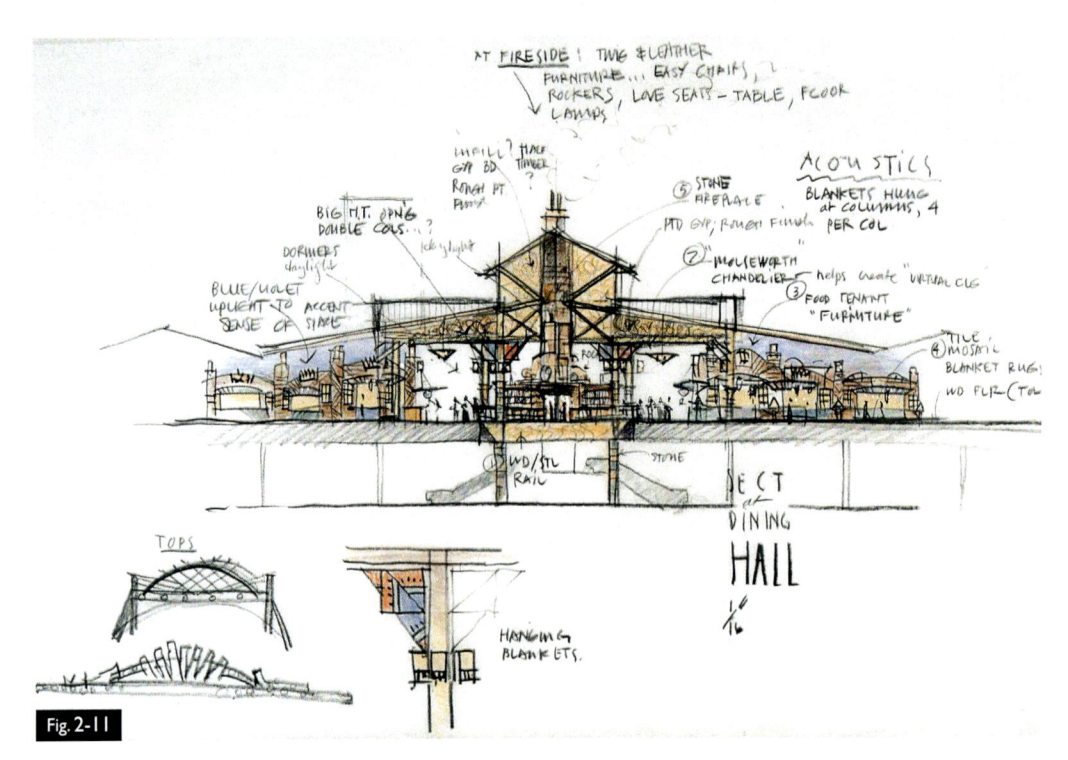

Fig. 2-11 Desenho característico sobre papel manteiga branco explorando um conceito de *design*. O traçado foi feito com Prismacolor *Black* no lado direito da folha e no verso dela aplicou-se o lápis de cor. Observe os realces brancos aplicados no lado direito com corretivo líquido Liquid Paper.

Papéis coloridos

Uma das grandes vantagens do *papel colorido* é que permite ao projetista terminar rapidamente o desenho de um projeto a cores, pois só o foco de atenção precisa ser colorido para que a ilustração ganhe impacto visual. Isso ocorre provavelmente porque os maiores contrastes irão ocorrer dentro da área colorida. Sobre o papel branco, os contrastes mais fortes geralmente são criados, por descuido, nas *bordas* da área colorida, freqüentemente onde termina a hidrocor e começa o papel branco. Esta área entra, então, em competição com o foco de atenção. Não quer dizer, no entanto, que não se possa fazer desenhos parcialmente coloridos sobre papel branco, mas o projetista tem que ter cuidado redobrado quando diminuir gradualmente a cor no desenho, passando da área colorida para a área sem cor.

O papel colorido também permite que o projetista facilmente crie efeitos intensos com bons resultados. Sem muito esforço, os realces se tornam nítidos e as cores em pastel e em lápis de cor parecem luminosas. Onde necessário, podem-se fazer áreas escuras, sendo somente preciso dar um leve colorido aos tons intermediários, ou até mesmo deixá-los sem colorir. O esforço despendido para cobrir adequadamente o branco do papel é bem menor para ilustrar combinações de cores de grau médio ou baixo.

Os dois tipos de papel colorido que mostraremos a seguir, papel heliográficos e papel Canson, são bastante usados e bem adequados para trabalhar com os materiais para colorir discutidos nesta obra.

Papel para impressão heliográfica

O processo de reprodução heliográfica* é muito utilizado nas profissões de *design*. As reproduções heliográficas ou *cópias* de desenhos originalmente criados sobre estas superfícies translúcidas, tais como papel velino, papel sintético *mylar* e papel manteiga são facilmente feitas na maioria dos escritórios de projeto, escolas de *design* e lojas de cópias (2-12). As reproduções dos desenhos são em geral feitas sobre papel com linhas azuis e fundo azul, mas os papéis em preto e sépia também estão disponíveis. O papel em preto é o mais utilizado para desenhos a cores, pois suas linhas pretas e a cor de fundo, em um cinza frio, tem matiz relativamente neutro.

O papel para impressão heliográfica possui uma ótima capacidade de obter tons ou depósitos de cor suaves e ricos dos materiais para colorir secos, tais como lápis ou pastel, mas uma textura suave. Ele aceita bem a hidrocor, apesar da tendência das hidrocores novas de se espalhar devido à pouca densidade do papel.

Fig. 2-12 Um estudo da popa de um barco-gaiola. Aqui foram usados hidrocor, lápis de cor e guache branco sobre papel heliográfico azul. (Desenho: Bryan Gough)

*N. de T. Diazo printer, no original.

Além de reproduzir bem a imagem do desenho original, uma das grandes vantagens da *cópia heliográfica* é que o valor do fundo pode variar, desde fundo nenhum (branco, portanto) até quase preto total. Quanto maior o ajuste de velocidade da máquina, mais escura será a cópia resultante. Os fundos que vão de tons médios a médio-claros dão luminosidade às cores a lápis e a pastel, enquanto os fundos bem escuros são ótimos para criar cenas noturnas. Se a velocidade da fotocopiadora for modificada *durante o processo de cópia*, o fundo irá gradativamente passar de mais claro para mais escuro. Um fundo matizado pode criar um efeito muito dinâmico e ser usado para criar diversos efeitos de iluminação no desenho (2-13).

Fig. 2-13 Neste estudo de uma cena de rua, fez-se um desenho a lápis sobre papel velino, o qual foi impresso sobre papel heliográfico de linhas pretas. O papel velino foi introduzido na copiadora pelo lado inferior e a velocidade da copiadora foi gradativamente aumentada até o máximo, à medida que o lado superior (o céu) entrava na máquina. O lado inferior da cópia resultante parece iluminada pelas luzes da rua. Observe que é preciso usar pouquíssima cor – hidrocor, lápis de cor ou guache branco – para criar essa impressão.

Fig. 2-13

Papel Canson

Neste livro, o que chamamos de *papel Canson* é a linha de papéis Mi-Tienes fabricada pela Canson-Talens. É um papel colorido, texturizado e de alta qualidade usado para artes e oferecido em uma ampla variedade de cores suaves e diversos tons de cinza. Ele faz um excelente fundo para desenhos de projeto a cores e tem boa aceitação de hidrocor, lápis de cor e pastel (2-14). O papel Canson tem uma textura mais acentuada que outros tipos de papel descritos neste capítulo e esta sua qualidade ajuda a disfarçar erros e os listrados característicos no uso de lápis. Na verdade, a textura de um desenho acabado é fator de união dos elementos da ilustração. Você pode notar que a textura do papel é ligeiramente mais pronunciada em um dos lados do papel, podendo-se, no entanto, usar qualquer um deles.

Desenhos a traço podem ser transferidos para as cores mais claras de papel Canson por meio do uso de uma mesa de luz, o que é muito útil, especialmente quando se quer traços bem finos. Quando a qualidade dos traços não for muito importante, é bem mais fácil e rápido transferir o desenho com uma fotocopiadora em preto-e-branco. Depois de transferido para o papel Canson, é preciso passar uma leve camada de *spray* Krylon Crystal Clear sobre o desenho, pois o *toner* da fotocopiadora às vezes não adere completamente a este papel áspero. Esta camada acrílica transparente seca em poucos minutos e evita que os traços borrem durante o manuseio do papel. Lembre-se de usar somente hidrocores à base de álcool sobre as cópias.

Fig. 2-14 Este é um estudo com sugestões para a reforma de um prédio já existente. O desenho a traço foi reproduzido sobre papel Canson e posteriormente usou-se lápis de cor para realçar as modificações.

Papéis brancos

Papel sulfite

Durante o processo de *design*, para correções ou reuniões imprevistas, pode acontecer de você querer fazer uma cópia em preto-e-branco de um desenho a traço para então rapidamente acrescentar um pouco de cor. As fotocopiadoras geralmente utilizam *papel sulfite* comum, variando desde tamanho carta (8 ½" x 11" – 215 x 279 mm) até tamanho duplo-carta (11" x 17" – 279 x 431 mm). As copiadoras em preto-e-branco de grande porte, como o modelo Xerox 2080 ou o modelo OCÉ Bruning 9400, podem produzir ampliações em folhas de tamanho de até 36" (914 mm) de largura e de qualquer comprimento.

O papel sulfite usado em fotocopiadoras de grande porte é um pouco mais grosso que aquele usado em copiadoras comuns de escritório, mas a qualidade do papel é parecida. É relativamente macio, mas possui *veios* (textura) suficientes para permitir o uso de lápis de cor e lápis pastel (2-15). As hidrocores também podem ser usadas sem receio sobre o papel sulfite, mas elas se espalham mais do que sobre os outros tipos de papel descritos neste capítulo, devido à sua grande capacidade de absorção (veja Figuras 3-9(a) e 3-9(b)). Se possível, use um papel de alta qualidade e mais espesso (p.ex., gramatura 90) quando for usar papel sulfite para desenho a cores.

Fig. 2-15 Fotocópia de desenho a traço sobre papel sulfite comum 8 ½" x 11" (215 mm x 279 mm), colorido com hidrocor à base de álcool, lápis de cor e alguns toques de guache branco.

Cartolina

A *cartolina* (*Bristol paper*) é um papel espesso, de alta qualidade, que dá excelentes resultados quando usado com os materiais para colorir descritos nesta obra. Possui a medida certa de textura, aceitando muito bem lápis e pastel e, devido à sua densidade e composição, a tinta das hidrocores se espalha muito pouco sobre o mesmo (2-16).

Este papel branco extremamente versátil pode ser usado na maioria das fotocopiadoras preto-e-branco, e o *toner* adere bem sobre a sua superfície. Por ser bastante translúcido quando colocado sobre uma mesa de luz, os desenhos podem ser traçados sobre ele com muita facilidade. Se preferir traços bem sutis, trace o desenho original sobre cartolina usando um lápis de grafite 6H de 0,5 mm.

A maioria das lojas de desenho oferece uma série de marcas de cartolina de alta qualidade. Algumas das melhores marcas para ilustração de projeto a cores são o Strathmore Bristol 100 e o Canson Bristol. Ambos são de duas camadas* e possuem *acabamento velino.* O tamanho bloco 11" x 14" (279 mm x 355 mm) é adequado para a maioria das tarefas de ilustração. Semelhante ao papel Canson tonalizado, a cartolina também possui um lado com textura ligeiramente mais áspera que o outro. Apesar de poder usar qualquer um dos lados, sua textura é tão sutil que normalmente se usa o lado mais áspero.

Fig. 2-16 Este estudo de *design* de um conjunto de letreiro com luminária foi feito com hidrocor e lápis de cor sobre cartolina. A sombra da luminária foi sutilmente colorida com duas cores pastéis que passam de quente para frio. Observe também os leves realces em guache branco. (Desenho: Henry Beer)

---

*N. de R. T. Two-ply, no original.

Técnicas

Os projetistas em geral trabalham com prazos curtos. Os motivos são muitos, desde honorários baixos até a iminência do início das obras. Esta pressão de tempo obviamente permeia todas as partes do processo de *design*, inclusive a ilustração das idéias de projeto.

As técnicas discutidas e ilustradas neste capítulo formam a base para a abordagem ao desenho de projeto a cores apresentado neste livro. Elas evoluíram porque ajudam a tornar o processo de ilustrar idéias mais produtivo e eficiente durante a evolução de um projeto – desde sua concepção até seu desenvolvimento.

Se você não estiver acostumado com os materiais e papéis apresentados no Capítulo 2, faça várias experiências. À medida que se tornar mais familiarizado com eles, descobrirá que poucas regras norteiam seu uso. Este capítulo oferece alguns procedimentos para você tirar o máximo proveito destes materiais e papéis. Sinta-se à vontade para modificá-los da forma que melhor se adaptar à sua abordagem específica para a ilustração de suas idéias de projeto.

Como utilizar os materiais para colorir

As técnicas a seguir mostram diversas maneiras de utilizar os materiais para colorir. Uma vez familiarizado com eles, você poderá fazer adaptações que melhor se aproximem de sua própria abordagem ao desenho de projeto.

Coberturas coloridas

Cobertura, um termo originalmente utilizado em aquarela, descreve a deposição de cor sobre papel. Existem dois tipos de coberturas coloridas que você usará com maior freqüência na ilustração a cores: a cobertura *uniforme* e a cobertura *matizada*.

A cobertura uniforme

Uma *cobertura uniforme* é freqüentemente usada como a cor básica em muitas partes da ilustração do projeto, como uma parede ou o céu. Alguns materiais descritos no Capítulo 2 se prestam melhor como coberturas uniformes do que outros. As hidrocores, por exemplo, geralmente deixam um leve efeito listrado. Na maioria das ilustrações, isso não representa um problema, mas, se necessário, há formas de minimizar este efeito (3-1). Quanto mais rápido você trabalhar com a hidrocor, mais uniformes serão os resultados, pois o diluente (álcool ou xileno) permanece úmido, permitindo aplicações sucessivas de cor para misturar de maneira mais uniforme com as cores vizinhas.

As coberturas com lápis ou pastel são mais fáceis de fazer, uma vez que estes materiais não "escorrem" e, portanto, são mais fáceis de controlar (3-2 a 3-5). Apesar de alterarem a cor da hidrocor, como se vê na figura 3-10, eles tendem a suavizar seu aspecto.

Neste livro, chamamos de *temperar* uma cor a aplicação de uma cobertura colorida muito sutil, geralmente com pastel ou lápis sobre hidrocor.

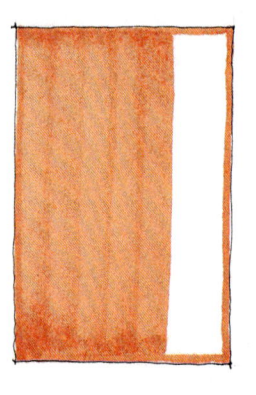

Fig. 3-1 Quando você aplicar a hidrocor, delineie com a ponta primeiro o contorno da área que você pretende colorir (*esquerda*). Depois, quando você preencher o contorno com cor, correrá menos risco de a cor escorrer para fora.

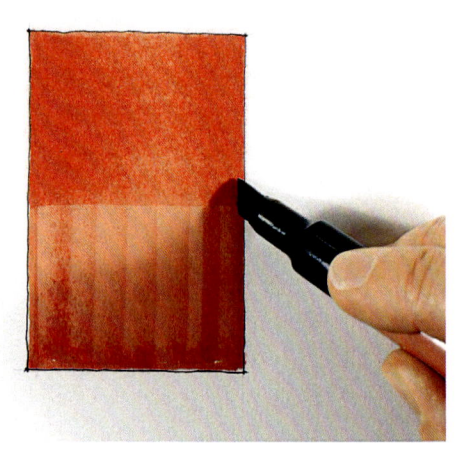

Se for preciso que a cor da hidrocor pareça mais suave que o normal, aplique uma segunda camada de hidrocor em movimentos perpendiculares aos da primeira camada (*direita*).

Fig. 3-2 Para obter uma aplicação mais uniforme, use a lateral da ponta ao aplicar uma cobertura a lápis. Erros cometidos com lápis podem ser facilmente removidos com um apagador elétrico.

Fig. 3-3 Use a lateral de pastel seco (*acima*) ou a lateral de um lápis pastel (*direita*) para aplicar estes materiais sobre papel. Mantenha a pressão da mão bem suave para não criar listras. Você também pode raspar o lado de um pastel seco com um estilete (*esquerda*).

DESENHO A CORES | 53

Fig. 3-4 Depois de depositar a cor pastel sobre o desenho, pode-se distribuí-la de diversas formas. Você pode usar o dedo (a), o que resultará em um depósito de cor menos uniforme, porém mais escuro. Enrolando um lenço de papel sobre o dedo, você poderá deixar a cor pastel mais uniforme e um pouco mais clara (b). A utilização de um pedaço de camurça bem macia (do tipo usado para polir carros) fará a aplicação de pastel parecer ainda mais uniforme e clara (c). Esse tipo de camurça pode ser adquirida em lojas de acessórios para automóveis.

Fig. 3-5 Para limpar mais facilmente a cor pastel que ultrapassou as bordas do desenho, pode-se usar um apagador elétrico com tira branca macia.

A cobertura matizada

Uma cobertura colorida, que progressivamente muda de parâmetro de cor sobre determinada superfície, é chamada de *cobertura matizada*. Esta cobertura matizada pode mudar de matiz, por exemplo, de vermelho para amarelo; de valor, de mais claro para mais escuro; ou de croma – por exemplo, de acinzentado para saturado. No ambiente que nos cerca, muitas vezes uma superfície muda mais de um parâmetro ao mesmo tempo, como quando os matizes do céu mudam de um leve toque de violeta no horizonte para um azul mais saturado no zênite.

Poucas superfícies possuem cor uniforme, em geral devido ao jogo de luz direta e refletida. Você verá matizes de cor em toda parte, desde as superfícies da sala onde você se encontra agora até o modo pelo qual a luz influencia as cores de uma árvore. Os matizes de cor deixam uma ilustração muito mais real e intensa. Podem ser usados para criar contrastes de forma sutil, quase imperceptíveis. Estas coberturas podem ser feitas com hidrocor, lápis de cor e pastel (3-6).

Fig. 3-6a

Fig. 3-6b

Fig. 3-6c

Fig. 3-6 Coberturas matizadas com hidrocor são, em geral, feitas com cinza, visto que suas designações progressivas de valor os tornam indicados para este uso (a). Aplicações que variam de escuro para claro são as mais fáceis de fazer.

É importante trabalhar rapidamente. Se, por exemplo, você iniciar com hidrocor *Warm Grey # 5*, esfregue ligeiramente a borda principal de cor feita com hidrocor com uma hidrocor no tom mais claro seguinte para mesclar a borda entre ambos. O mais provável é que seja *Warm Grey # 3*. Continue usando *Warm Grey # 3* até começar com *Warm Grey # 1* e repita o procedimento até a borda. Se quiser matizar até voltar à cor original do papel, use hidrocor incolor para esfumaçar as cores, repetindo na borda o tratamento dado à borda de *Warm Grey # 1*. Depois de fazer diversas experiências com este tipo de matizado, a técnica torna-se bastante fácil.

Para fazer uma cobertura matizada a lápis (b), obtém-se melhor resultado com a lateral da ponta do mesmo. Aqui foram usados os lápis *Blue Violet Lake # 27*, *Mineral Orange* e *Jasmine*, da marca Derwent, para progressivamente mesclar uma cor na outra. Cada cor adentrou a outra o suficiente para permitir um matizado uniforme.

A cobertura matizada em pastel (c) foi criada raspando-se os pastéis secos, marca Rembrandt, cor *Permanent Green Deep 619.9* sobre o teto à esquerda, *Ultramarine Deep 506.9* no centro e *Raw Sienna 234.9* no lado direito. As três cores foram distribuídas com o dedo, depois uniformizadas e esfumadas com uma camurça.

Como modificar as cores

A concepção do projeto é um processo repetitivo. Na maioria dos casos, você descobrirá que assim que uma idéia começa a tomar forma no papel, você imediatamente iniciará um diálogo consigo mesmo: mova isso para cá, mude isso para lá, acrescente isso, apague aquilo. Todos estes pensamentos e sentimentos acontecem na velocidade de um raio, sem usar palavras e praticamente sem dar-se conta disso.

Um dos elementos iniciais das ilustrações de projeto ao qual você vai certamente querer se adaptar mais rápido é a cor. Você vai querer "massageá-la", alterar seus parâmetros, às vezes só um pouco, outras vezes de forma mais radical, à medida que progredir na tarefa do seu projeto.

Qualquer combinação de materiais para colorir, quer sejam semelhantes, tais como lápis sobre lápis, quer sejam diferentes, como pastel sobre hidrocor, é válida para a intenção de mistura e combinação de cores, desde que os materiais sejam compatíveis. Ao tentar modificar uma cor, você obterá melhores resultados se para isso usar uma outra cor. O uso excessivo de *cores neutras* (cinza, preto ou branco), aplicadas sobre outras cores para modificá-las, poderá deixar seu desenho com aspecto opaco e sujo.

Lembre-se de que, de modo geral, quando se misturam duas cores, a cor resultante será um meio termo entre ambas. Uma exceção a essa regra são as hidrocores. Uma vez que as hidrocores são transparentes, as cores mais escuras irão dominar e suplantar as cores mais claras. Porém, com a maioria dos materiais, inclusive hidrocores de tons similares, vale o que a prática nos ensina. Se, por exemplo, aplicarmos lápis vermelho sobre uma hidrocor azul-escura, a cor resultante será um roxo de valor médio. Se aplicarmos lápis de cor com matiz azul-esverdeado, por exemplo *Deco Aqua*, como cobertura sobre uma cor de lápis (de valor semelhante) de matiz verde-amarelado, por exemplo *Yellow Chartreuse*, a cor resultante ficará em algum ponto entre as duas cores dentro da escala dos matizes de verde.

Quanto mais distantes duas cores estiverem uma da outra no círculo de cores, mais acinzentado será o matiz resultante. Observe o círculo de cores na Figura 1-12. Se usarmos lápis *Deco Blue* (matiz azul) para desenhar sobre seu complemento visual, de matiz amarelo-avermelhado, com uma hidrocor *Pale Cherry*, o resultado será um cinza. No entanto, este cinza será mais vivo e mais interessante que um cinza absolutamente neutro e muito mais adequado para o propósito do desenho de projeto a cores (3-7).

Ainda que lápis e pastéis podem e devem ser misturados entre si para criar cores mais interessantes, outras combinações menos comuns de materiais para o desenho a cores também podem proporcionar cores ricas, embora sutis. Estas combinações serão discutidas e ilustradas nos parágrafos seguintes.

Fig. 3-7 Aqui foi aplicado lápis *Deco Blue* (azul Munsell, acima à esquerda) sobre hidrocor *Pale Cherry* (vermelho amarelado Munsell, *embaixo à esquerda*). Como as cores são complementares, o resultado é o cinza mostrado à direita.

Hidrocor sobre hidrocor

A melhor forma de iniciar um desenho a cores que exija hidrocor é aplicar uma cor *básica de hidrocor* que mais se aproxime da cor que você deseja. Se você quiser modificá-la – ajustar o matiz, o valor ou o croma – você poderá fazê-lo aplicando outras cores com hidrocor, pastel, e/ou lápis de cor sobre a cor feita com a hidrocor original (Figura 3-8 até 3-11). Se suas cores feitas com hidrocor tiverem a tendência de "vazar" além dos limites, veja na Figura 3-9 como controlar isso. As hidrocores costumam vazar mais sobre papéis mais espessos, tais como sulfite ou cópias heliográficas. Isso em geral acontece quando as hidrocores são novas, devido a um excesso de diluente álcool ou xileno. Este problema se corrige à medida que você as for usando.

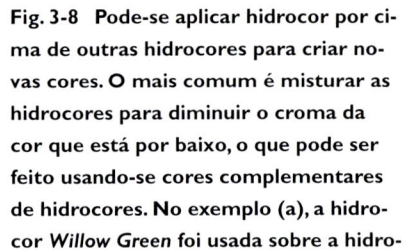

Fig. 3-8 Pode-se aplicar hidrocor por cima de outras hidrocores para criar novas cores. O mais comum é misturar as hidrocores para diminuir o croma da cor que está por baixo, o que pode ser feito usando-se cores complementares de hidrocores. No exemplo (a), a hidrocor *Willow Green* foi usada sobre a hidrocor *Burnt Sienna*. Outra forma de obter um resultado parecido é simplesmente aplicar hidrocor cinza sobre a primeira cor. No exemplo (b), a hidrocor *Warm Grey # 3* está sendo aplicada sobre a cor *Burnt Sienna*.

DESENHO A CORES   57

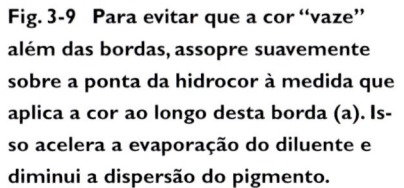

Fig. 3-9a

Fig. 3-9b

Fig. 3-9 Para evitar que a cor "vaze" além das bordas, assopre suavemente sobre a ponta da hidrocor à medida que aplica a cor ao longo desta borda (a). Isso acelera a evaporação do diluente e diminui a dispersão do pigmento.

Se a cor já vazou, as bordas das cores podem ser "corrigidas" com lápis de cor de cor parecida à da hidrocor. Os lápis semi-opacos disfarçam muito bem o vazamento. No exemplo dado, o lápis *Cloud Blue* é aplicado com régua no ponto onde a hidrocor *Sapphire Blue* se encontra com a hidrocor *Flesh*, e o lápis *Light Peach* é usado para cobrir as áreas onde a cor *Sapphire Blue* vazou para dentro da cor *Flesh*.

Pastel sobre hidrocor

Pode-se aplicar pastel sobre hidrocor com bons resultados. A cor assim obtida é uma mistura visual da cor subjacente feita com hidrocor e a cobertura feita com pastel. Sem dúvida que, quanto mais pastel você aplicar, mais a cor resultante tenderá para a cor do pastel (3-10).

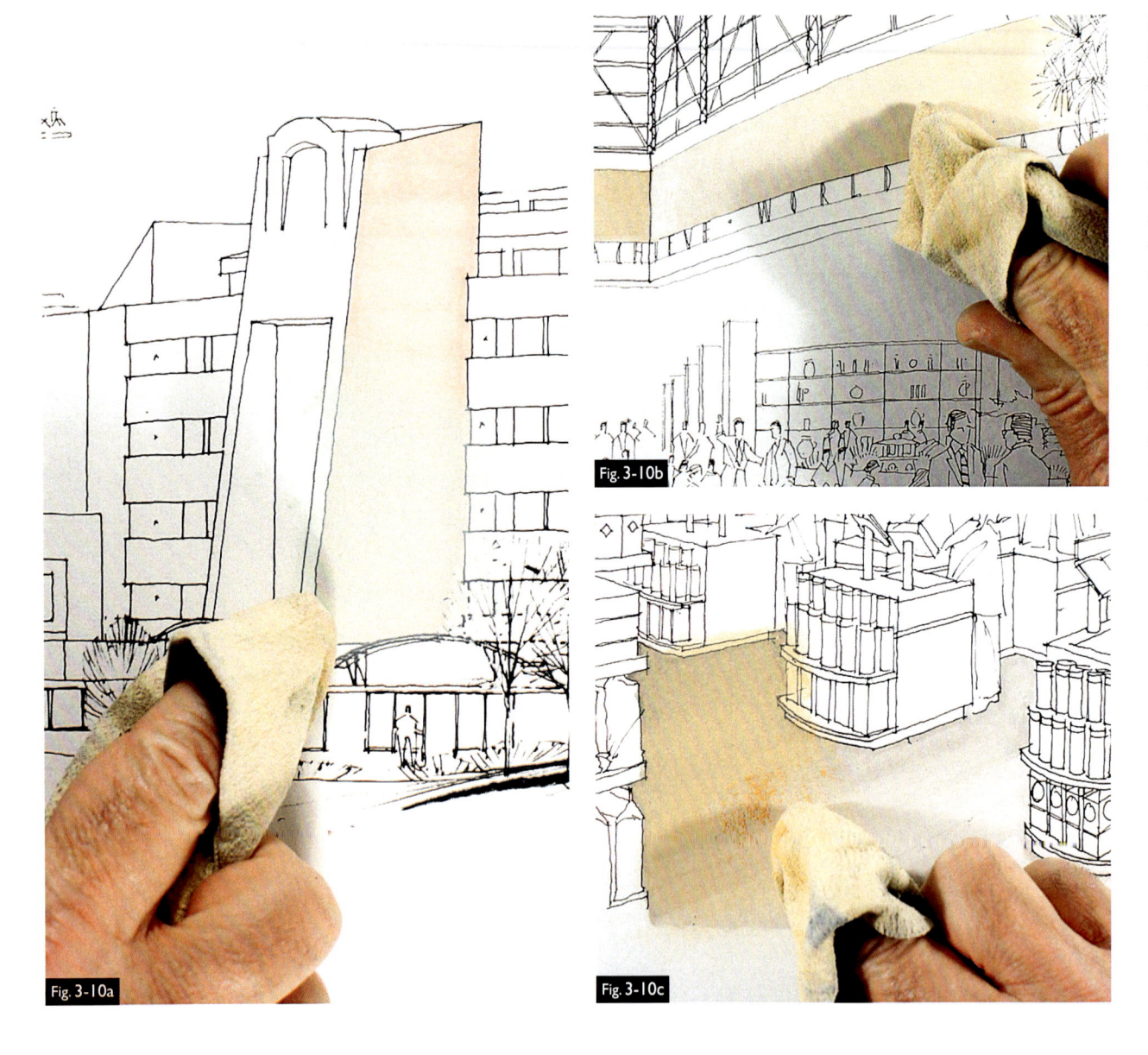

Fig. 3-10 O pastel suaviza o aspecto listrado da base feita com hidrocor, pois ele também altera os parâmetros da cor deste. Em (a), aplicou-se pastel *Permanent Green Deep 619.9* sobre hidrocor *Flesh*, o que resultou em um verde acinzentado. À medida que se retirar cada vez mais a cor pastel de cima da hidrocor, mais ela vai aparecer.

As cores em hidrocor podem ser tingidas com pastel. Em (b), aplicou-se pastel *White* sobre hidrocor *Light Ivy* na marquise curva à direita.

O pastel pode ser usado para "trazer à tona" a cor no cinza, como se pode observar em (c), onde o pastel *Raw Sienna 234.9* foi aplicado sobre a cobertura matizada de hidrocores *Warm Grey* mostrada na **Figura 3-6a**.

Lápis sobre hidrocor e pastel

Lápis de cor resulta bem sobre hidrocor e pastel. Ele não só altera os parâmetros da cor da hidrocor, mas ao mesmo tempo acrescenta textura (3-11). Como veremos no Capítulo 4, isso é muito bom, especialmente quando se desenham materiais.

Figura 3-11 Lápis de cor sobre hidrocor pode ao mesmo tempo mudar a cor da hidrocor e criar textura e padrões. A Figura 3-11 (a) mostra *Celadon Green* sendo aplicado sobre hidrocor *Mauve*. Estas cores quase complementares resultam em um cinza vivo. Em (b), foi aplicada uma cobertura matizada de lápis de cor com *Light Peach* e *Terra Cotta* sobre hidrocor Prismacolor *French Grey 30%*. Apesar de o grão do papel fazer o lápis criar uma textura, a hidrocor cinza subjacente diminui seu impacto. Em (c), o lápis *Light Peach* é usado para aplicar um desenho de veios de madeira sobre a viga, inicialmente colorida com hidrocor *Kraft Brown*. Em (d), utiliza-se lápis branco sobre pastel e hidrocor *Warm Grey* para desenhar as juntas de argamassa no chão de lajotas.

Impressões de materiais

Muitos principiantes em desenho de projeto freqüentemente sentem-se desestimulados quando tentam criar uma ilustração que mostre uma infinidade de materiais diferentes. Isso acontece porque eles partem do princípio do que cada material deve ser ilustrado com muitos detalhes para transmitir adequadamente suas características, tarefa que consome tempo precioso. Mas isso é o mesmo que confundir ilustração de projeto com fotografia.

A maioria de nós obtve muitas das impressões sobre seu meio ambiente através de imagens fotográficas – imagens nas quais cada detalhe está bem nítido. Não nos surpreende, portanto, que projetistas novatos achem que devam trabalhar com o mesmo nível de detalhamento para poder transmitir suas idéias. Entretanto, não vemos isso sob o mesmo prisma.

Levante os olhos do livro e focalize algo perto ou longe em seu campo de visão. Sem tirar os olhos desse objeto, observe como você percebe tudo aquilo que cerca este objeto com muito menos detalhes. De fato, à medida que fixar seus olhos em algo à sua frente, as bordas de seu campo de visão perdem tanta nitidez que parecem meros borrões de luz e sombra. O conteúdo geral de seu campo de visão é muito mais impressionista do que uma fotografia.

Nos estágios iniciais do processo de *design*, uma de suas tarefas é utilizar a linguagem da ilustração para rapidamente transformar as muitas decisões a respeito de forma, espaço, proporção, escala e atmosfera de um projeto em imagens – normalmente chamadas de estudos ou *esboços* – para sua própria avaliação e para revisão feita por terceiros. Algumas dessas imagens podem ser perfeitamente transmitidas através de meros croquis. No entanto, é a comunicação visual da informação complementar a respeito do caráter do espaço – cor, luz, materiais, padrões, texturas e acessórios – que vai transformar um *espaço* em um *ambiente*.

Uma vez que muito do que se vê é impressionista, as ilustrações dos esboços de suas idéias a respeito destes ambientes também podem ser igualmente impressionistas sem parecerem inadequadas. Além disso, essas impressões de materiais podem ser criadas muito mais rapidamente do que ilustrações detalhadas (3-12). Tente criar impressões de materiais que sejam facilmente compreensíveis para um observador menos treinado.

O Capítulo 4 oferece ótimas propostas para ilustrar uma série de materiais que são normalmente utilizados por arquitetos, paisagistas e *designers* de interiores. Faça experiências até encontrar a que lhe pareça melhor.

Fig. 3-12a

Fig. 3-12b

DESENHO A CORES

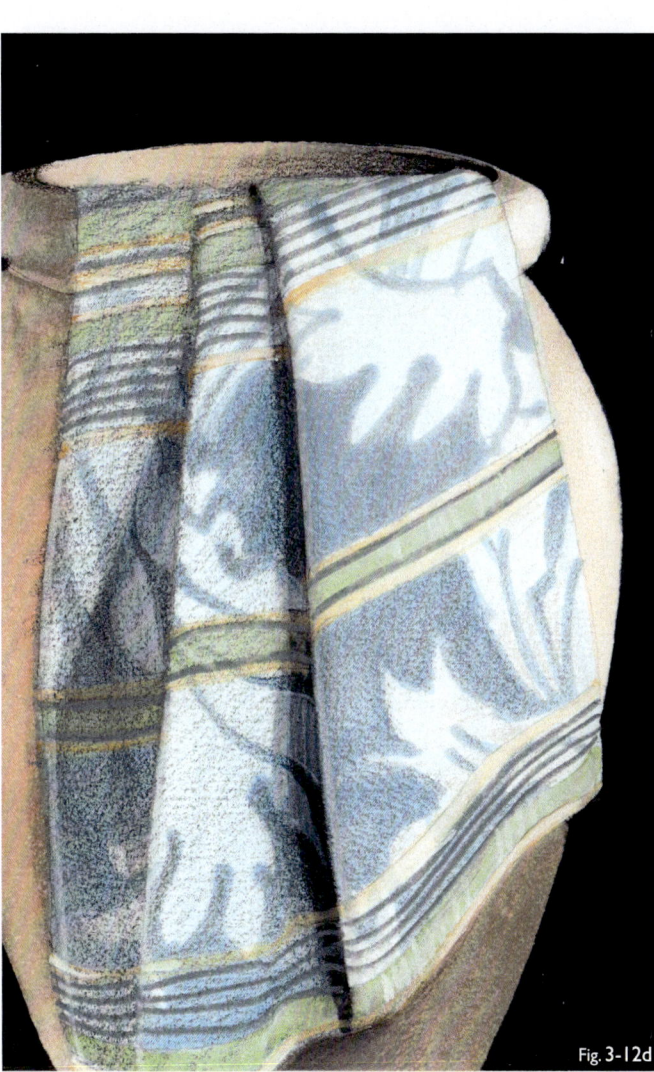

Fig. 3-12 As impressões de materiais quase sempre começam com um traçado para guiar a aplicação das cores. Estes traçados podem ser rápidos e soltos, uma vez que a cor dará maior definição às imagens.

A impressão de pedra em (a) foi criada em (b) misturando rapidamente as hidrocores *Sand*, *Kraft Brown*, *Willow Green*, *Flesh* e *French Grey 30%*. Os lápis *Light Peach*, *Yellow Ocher*, *Celadon Green* e *French Grey 30%* foram usados para fazer uma leve cobertura sobre as hidrocores. Para completar a ilustração, a sombra entre as pedras foi aplicada por último com hidrocor *Black*.

O tecido em (c) foi copiado em (d) desenhando-se primeiro as sombras difusas com as hidrocores *Cool Grey # 1, # 3 e # 5*. Então, toda a superfície do tecido foi coberta com hidrocor mais clara *Sapphire Blue* e o desenho foi detalhado desenhando-se os rebaixamentos com hidrocor mais escura *Ice Blue*. Os lápis *Celadon Green* e *Jasmine* foram usados para acrescentar as listras coloridas e o lápis *Cool Grey 70%* para desenhar as listras finas. O sombreado foi suavizado ainda mais com lápis *Indigo Blue* e as partes mais escuras foram ligeiramente cobertas com a lateral do lápis *Cool Grey 70%*.

Fig. 3-12c

Fig. 3-12d

Criando efeitos de luz

Além de criar impressões convincentes de materiais, um desenhista também transmite a atmosfera dos ambientes propostos ao desenvolver sua técnica na ilustração de efeitos de luz. Esta também é uma forma convincente de revelar as formas e os espaços que se quer transmitir para o observador de uma ilustração.

Neste livro, partimos do princípio de que você domina os fundamentos básicos de como criar e "lançar" sombras típicas de interior e exterior. Esta é uma habilidade crucial (mas de fácil aprendizado) para todos que desenham ambientes, pois a compreensão profunda de como a luz trabalha sobre formas e espaços irá, em última análise, influir nas suas decisões de *design*. Como mencionado no Capítulo 1, pode-se aprender muito sobre o comportamento da luz sobre formas e espaços através da observação do mundo que nos rodeia.

Existem duas qualidades importantes que você deve entender a respeito de sombras antes de tentar ilustrá-las em cores. Primeiramente, as sombras deveriam parecer *transparentes* (através de "aplicadas") e, em segundo lugar, a *nitidez dos contornos* das sombras deve ser adequada às condições de iluminação.

Nos desenhos de cenários externos, as sombras em geral possuem contornos *nítidos*, já que normalmente se ilustram situações iluminadas pelo sol. De fato, o contraste nestes contornos pode ser intensificado pelo uso de graduação de valor. Isso também é chamado de "forçar uma sombra". As sombras em ambientes internos são, em geral, causadas por fontes de luz difusa ou indireta e elas possuem contornos *pouco nítidos*. Sombras pouco nítidas também podem ser causadas por luz refletida de fontes de luz "secundárias", como a luz do sol refletida por uma parede. Ao contrário das sombras externas, as *sombras internas são normalmente mais sutis* e fazem menor contraste com as superfícies iluminadas em suas proximidades. Objetos em ambientes internos muitas vezes lançam sombras múltiplas, já que os ambientes internos normalmente possuem fontes múltiplas de luz. Observe também que as sombras internas parecem ter uma graduação em valor maior que sombras externas, parecendo mais escuras na base do objeto que lança a sombra e tornando-se mais claras à medida que se afastam deste objeto. Faça estudos de sombras internas, utilizando os materiais para colorir descritos neste livro, a fim de aperfeiçoar sua técnica de ilustrar sombras internas. Não se sinta desestimulado pela aparente complexidade da tarefa. Nas ilustrações de ambientes internos, criar as sombras, não muito escuras e nos pontos certos, na maioria das vezes, é suficiente para "ancorar" os objetos sombreados ao papel, ajudando a transmitir suas idéias de projeto (3-13).

Áreas sombreadas vão parecer transparentes se forem criadas com um valor adequado à porção iluminada pelo sol desta mesma área. Quer dizer que as sombras sobre áreas de valor claro serão mais claras do que aquelas sobre áreas escuras (veja também a Figura 1-1). Além disso, as texturas e os padrões que aparecem sobre as partes ensolaradas de uma superfície devem ser conservadas sobre as partes desta mesma superfície que estejam na sombra. Caso isso não aconteça, estas partes da superfície vão parecer escuras e sujas, como se tivessem sido pintadas com tinta preta ou cinza (3-14).

As sombras internas têm contornos mais difusos do que nítidos.

Sombras internas freqüentemente mudam de valor, tornando-se mais escuras em direção ao seu ponto de origem.

Em ambientes internos, normalmente se vêem sombras dentro de sombras, assim como sombras múltiplas lançadas pelo mesmo objeto.

Fig. 3-13

Estas sombras foram desenhadas com cinzas quentes nº 3 e nº 1: lápis de cor foram usados tanto para criar cores como suavizar os contornos. As hidrocores cinzas são boas para ilustrar sombras difusas, visto que podem ser fabricadas em qualquer cor e possuem valor previsível.

Fig. 3-13 Sombra de interior bem característica.

Fig. 3-14 Os fundamentos básicos de iluminação e cores externas serão explicados em termos de erros mais comuns (a) e sugestões para uma correção adequada (b).

CÉU
Uma só cor de hidrocor (*Sapphire Blue*) para colorir o céu gasta muito tempo e dá um aspecto de "desenho em quadrinhos".

MODELAGEM
A falta de áreas claras e escuras nas árvores lhes dá um aspecto chapado.

MATIZADO
A falta de matizado de cor resulta em ilustrações lisas, "sem vida".

MISTURA
Cores não "mescladas" resultam em cores muito fortes e falta de coesão no desenho.

MATERIAIS
A indicação de materiais está muito detalhada e exige muito tempo.

TRANSPARÊNCIA DAS SOMBRAS
A hidrocor *Cool Grey # 3* foi aplicada diretamente sobre a cor de hidrocor que define a superfície iluminada pelo sol, resultando em uma péssima combinação de matizes. A falta da indicação de material dá à sombra um aspecto "pintado".

REFLEXOS
Janelas sem indicação de reflexos parecem "mortas".

VALOR DA SOMBRA
A mesma hidrocor (*Cool Grey # 3*) foi usada para as sombras, sem considerar o valor do material, criando uma péssima combinação entre o valor de cada material, nas áreas de sombra ou iluminadas pelo sol.

Fig. 3-14a

CÉU
O céu foi feito com matizado a lápis (*Light Peach* a *Light Cerulean Blue*).

MODELAGEM
As árvores foram modeladas com claros e escuros, dando-lhes um aspecto mais consistente.

GRADAÇÃO
Valores de cor, de claro a escuro, ajudam a "forçar" as sombras.

MISTURA
As cores, quando bem misturadas, ajudam a unir a ilustração e ao mesmo tempo reduzem o croma das mesmas. Por exemplo, os lápis *Limepeel* e *Light Cerulean Blue* foram usados sobre os tijolos; e o lápis *Terra Cotta* foi usado sobre a grama.

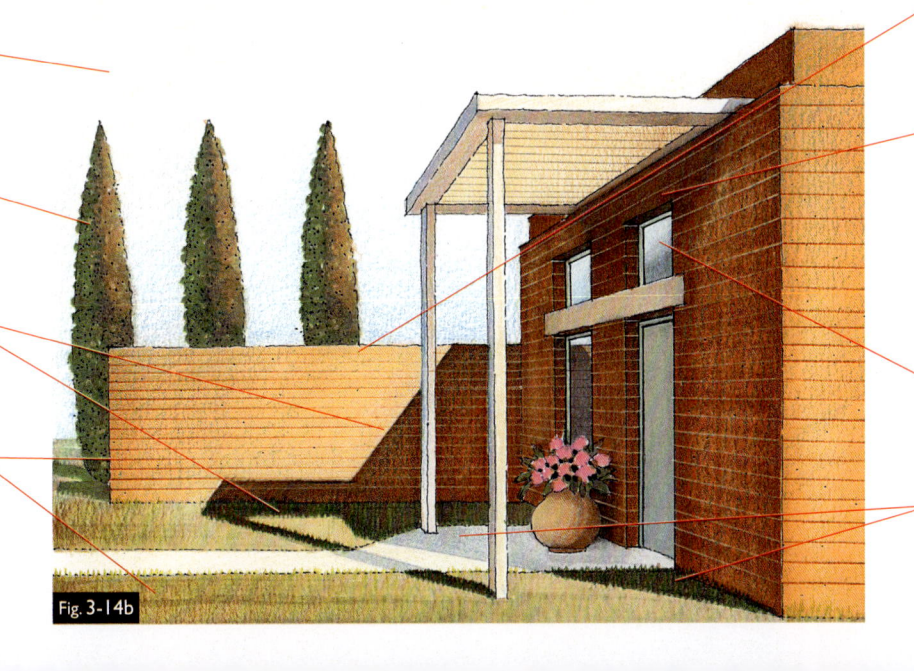

MATERIAIS
Os materiais são desenhados como impressões, em vez de literalmente.

TRANSPARÊNCIA DAS SOMBRAS
A cor da sombra tem um valor menor, mas matiz e croma são iguais às cores das áreas iluminadas pelo sol. (Observe a exceção nas árvores – feita para criar a impressão de luz do pôr-de-sol.) As indicações de materiais, texturas de grama e árvores aparecem tanto em áreas sombreadas como em áreas iluminadas pelo sol. Observe como o valor do rejunte de argamassa é claro na sombra, permanecendo bem visível.

REFLEXOS
Reflexos simples nas janelas fazem com que elas pareçam mais vivas.

VALOR DA SOMBRA
Os valores dos diversos materiais se relacionam entre si tanto no sol como na sombra. Materiais escuros têm sombras escuras; materiais claros têm sombras mais claras.

Fig. 3-14b

Situações de iluminação

Existe uma série de situações de iluminação que pode facilmente ser criada com os materiais e papéis mostrados neste livro, incluindo luz natural do dia (3-15), luz interior (3-16), luz de crepúsculo – ou amanhecer – (3-17) e luz noturna (3-18). As abordagens para ilustrar estes tipos de situações de iluminação serão explicadas detalhadamente nos Capítulos 4 e 7.

Fig. 3-15 Este estudo inicial para um projeto de loja de varejo mostra uma situação de iluminação com luz natural do dia bem característica. Observe como a sombra no prédio foi "forçada". O lápis *White* foi usado para matizar a parte ensolarada da parede para dar-lhe um valor maior e a sombra foi escurecida em direção à mesma borda.

Cópia em jato de tinta de desenho feito com caneta de feltro, hidrocor, lápis de cor e guache branco sobre papel manteiga branco. 8"x 12" (203 x 304 mm). (Desenho: Bryan Gough)

DESENHO A CORES | 65

MAIOR LEVEZA E FRESCOR

O uso de clarabóias aumentaria a sensação de frescor na praça de alimentação. Um piso mais claro, de manutenção mais fácil, poderia ser obtido com lajotas tipo granilito.

Fig. 3-16

Fig. 3-16 As sombras neste estudo de interior têm contornos difusos e seu valor varia. A cor foi acrescentada somente sobre o centro de atenção e, então, foi matizada de volta para dentro do desenho a traço e do papel branco para economizar tempo de ilustração. Algumas figuras foram ligeiramente escurecidas para fazer os clientes das lanchonetes parecerem em mais luminosos.

Hidrocor à base de álcool e lápis de cor sobre fotocópia em preto-e-branco sobre papel sulfite. 11"x 17" (279 x 431 mm).

Fig. 3-17 Esta versão em crepúsculo do estudo da construção foi feita com caneta **Micron 005** de feltro sobre papel manteiga branco. O lápis Prismacolor *Black* foi usado para escurecer o telhado, as partes da frente da construção, as árvores e a parte inferior do desenho, a fim de acentuar o brilho interno da construção por meio de contraste de valor. O verso do desenho foi colorido com lápis de cor, e na frente, como toque final sobre o desenho, foram feitos alguns realces com guache branco.

Fotocópia colorida sobre papel Canson cinza colocado por baixo do original. 11" x 17" (279 x 431 mm).

DESENHO A CORES | 67

Fig. 3-18 Esta cena noturna começou como um desenho a traço sobre papel velino, alimentado diagonalmente através de uma copiadora heliográfica. A parte inferior direita do desenho foi introduzida primeiro na máquina e a velocidade foi gradativamente aumentada até o máximo à medida que o desenho progredia para a parte superior direita. As cores foram feitas com lápis de cor sobre a cópia. Usou-se pastel sobre os painéis em forma de cunha na fachada do prédio para deixá-los mais luminosos. Depois, aplicou-se uma cobertura de pastel branco sobre o piso na entrada e este foi matizado com camurça. Neste caso específico, os vultos das pessoas foram feitos com hidrocor preta sobre o pastel – o que é muito mais fácil do que tentar contornar cada uma das figuras. Uma hidrocor preta larga foi usada para escurecer o céu, de forma que o efeito holofote (aplicado com pastel branco sobre camurça, usando molde vazado recortado em papel) ficasse mais nítido. Depois de pronto, aplicou-se guache branco sobre o desenho para criar estrelas e luzes e iluminar o interior do prédio. 18" x 24" (457 x 609 mm). (Desenho: Henry Beer)

Fig. 3-18

A TÉCNICA DE RETROCOLOR

Retrocolor é uma técnica de ilustração a cores rápida e muito eficiente, usada regularmente na CommArts, pois tem um ótimo resultado sobre papel manteiga branco comum em rolo. Esta técnica permite que se criem rapidamente ilustrações de projeto a cores, presta-se bem a uma série infinita de situações de iluminação e permite facilmente fazer modificações, podendo-se fazer ótimas cópias (e ampliações).

Estas ilustrações são fáceis de fazer. O traçado é feito (ou fotocopiado – veja Figuras 7-5 a 7-9) sobre papel manteiga como de costume (3-19). O sombreado é aplicado sobre o mesmo lado do papel que o traçado (3-20). No entanto, a cor é aplicada do *outro* lado do papel, onde não poderá desbotar, apagar ou borrar o traçado e a aplicação de sombreados (3-21). Esta técnica abre novas possibilidades de combinações de materiais. Por exemplo, o Prismacolor *Black* – que pode ser facilmente apagado e que produz lindos sombreados suaves – pode ser usado com hidrocor. As fotocópias podem ser coloridas com hidrocores à base de xileno. Traços feitos com canetas de feltro podem ser aplicados de forma muito mais fácil e solta, uma vez que quando se vira o desenho para o lado direito, o traçado nítido continua organizando e dando coerência à ilustração (3-22). A cor também parece mais suave e uniforme. Além disso, tanto cor como traçado podem facilmente ser modificados sem interferir um com o outro. Finalmente, explicaremos a seguir como se pode obter, com pouco ou nenhum esforço extra, desenhos de projeto em técnica retrocolor com efeitos de iluminação de grande impacto.

Fig. 3-19 Traçado feito com lápis Prismacolor *Black* e régua sobre papel manteiga branco. A régua permite que o projetista "aponte" as linhas mais facilmente em direção aos pontos de fuga, mantenha os traços bem finos e que possa traçá-los mais rapidamente.

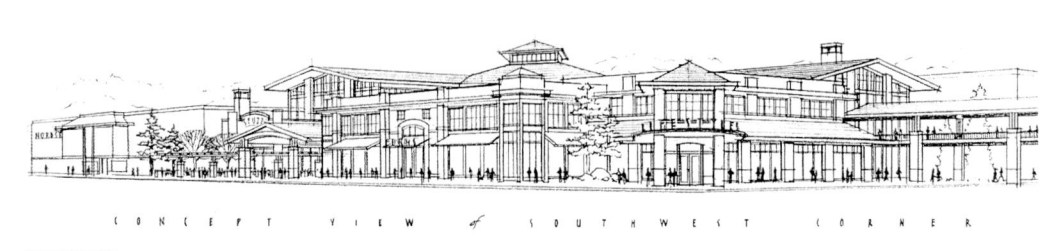

Fig. 3-20 Este sombreado também foi feito com lápis Prismacolor *Black*, no mesmo lado do papel que o traçado.

Fig. 3-21 A cor foi aplicada com lápis de cor sobre o verso do desenho. Essa etapa deve ser feita sobre uma superfície colorida, como papel *kraft*, pois o desenho precisa ser virado diversas vezes do avesso para avaliar o resultado. Levou-se cerca de uma hora para aplicar a cor sobre essa ilustração.

Fig. 3-22 O desenho terminado. Observe como o traçado não foi afetado pela aplicação da cor e como organiza as cores. Para as janelas foram usadas cores mais claras, já que o desenho será transformado em cena noturna nas etapas seguintes. 4" x 17" (101 x 431 mm).

Fundos coloridos

As ilustrações com fundo colorido apresentam três grandes vantagens em relação àquelas criadas sobre papel branco sem brilho. Primeiro, são mais rápidas de fazer, já que se perde menos tempo e despende-se menor esforço "lutando contra o branco", que muitas vezes transparece no meio da aplicação dos materiais de colorir. O motivo é que, a não ser que se esteja propositadamente criando uma ilustração bem clara, o valor médio de uma ilustração normal é menor que a do papel branco. Segundo, você pode "aplicar" – e portanto manipular com maior cuidado – a iluminação e o sombreado sobre a ilustração. E por último, papéis coloridos oferecem um amplo leque de oportunidades para criar facilmente impacto nas ilustrações de projeto. Em diversas ilustrações com fundos coloridos, as hidrocores são aplicadas em primeiro lugar, criando os tons mais escuros que o papel. Aplicam-se, então, os lápis de cor e os pastéis para criar efeitos de luz e cores mais claros que o papel. *Todos os fundos coloridos são mais indicados para fazer aquele tipo de ilustração no qual o observador, a partir de um ponto de vista mais amplo e mais escuro, está olhando para dentro de áreas menores e mais claras.*

As cópias heliográficas, mencionadas no Capítulo 2, podem ser feitas tanto com tons de fundo uniforme quanto de fundo matizado. O projetista só precisa inserir os focos de luz direta e de luz suave no centro de interesse para dar vida ao desenho (3-23).

Fig. 3-23 Este estudo de restaurante utiliza cópia heliográfica em preto, obtida com a copiadora ajustada para uma velocidade maior que a normal, para ilustrar o impacto de uma cena externa. Usou-se hidrocor para fazer os tons escuros e lápis de cor para fazer os tons mais claros. 18" x 24" (457 x 609 mm).

O papel Canson pode ser usado de forma parecida às cópias heliográficas, mas oferece maior variedade de cores de fundo que podem ser usadas para complementar o esquema de cores utilizado em uma ilustração (3-24).

Ilustrações de projeto em técnica *retrocolor* podem ser transformadas em ilustrações com fundo colorido simplesmente inserindo-se papel colorido (papel *kraft*, Canson ou Pantone) por baixo da ilustração, a fim de obter um valor maior (3-25 e 3-26). Muitas vezes, aplica-se cor no verso destas ilustrações enquanto o projetista trabalha sobre uma superfície colorida, como papel *kraft*, a fim de avaliar onde e que quantidade de lápis de cor e pastel deverá aplicar.

Quando parte do verso do desenho estiver colorido, pode-se virá-lo para cima e colocá-lo sobre o papel *kraft* para fazer uma avaliação. Estas ilustrações, em particular, são excelentes para efeitos dramáticos de luzes da aurora, do entardecer e do início da noite, pois é nessas horas do dia que as superfícies externas, a iluminação externa e a interna ficam em evidência simultaneamente (3-27 e 3-28).

Fundos pretos também são utilizados para criar impacto em ilustrações de projeto diferentes das cenas noturnas, tal como na ilustração de letreiros luminosos (3-29) e de objetos de alto brilho (3-30).

Fig. 3-24 Os sombreados foram aplicados sobre este traçado à caneta de feltro com o uso de linhas horizontais para criar os tons, já que às vezes a cópia de tons uniformes feita em uma fotocopiadora em preto-e-branco não sai muito boa. O desenho foi depois copiado sobre papel Canson (# 343, "Pearl"), sobre o qual se passou um ligeiro *spray* de Krylon Crystal Clear, e o acabamento foi dado com lápis de cor. O valor mais alto foi feito com lápis Prismacolor *White*; a cor do sombreado foi feita com lápis *Blue Violet Lake # 27* da Derwent. 10" x 12" (254 x 304 mm).

Fig. 3-25 Este desenho em *retrocolor* sobre papel manteiga branco utiliza lápis Prismacolor *Black* na frente para fazer os traços e o sombreado; a cor foi aplicada no verso. O papel Pantone azul (# 18-4051, "Strong Blue") colocado no verso da metade superior esquerda ressalta as partes mais claras do desenho, conferindo-lhe uma áurea de luar. 12" x 18" (304 x 457 mm).

DESENHO A CORES | 73

Fig. 3-26

Fig. 3-26 Esta é uma cópia-teste em copiadora jato de tinta de desenho em técnica *retrocolor*, no verso de cujo original foram colocadas tiras de papel Canson "Pearl" (*esquerda*), papel heliográfico azul escurecido (*centro*) e papel *kraft* (*direita*). A cópia foi usada para avaliar qual a melhor cor de papel de fundo para criar um efeito de "entardecer". A cor azul foi escolhida para fazer a cópia final ampliada. 11" x 17" (279 x 431 mm).

Fig. 3-27 A ilustração mostra a Figura 3-22 com papel *kraft* colocado por baixo. Observe como as janelas parecem iluminadas.

Fig. 3-28 A ilustração mostrada na Figura 3-27, agora com papel Pantone (# 18-4051, "Strong Blue") colocado por baixo, na linha de base do prédio. Este papel escuro intensifica as cores claras a lápis muito mais que o papel *kraft*, rapidamente criando uma cena noturna. Fazendo-se um matizado com lápis Prismacolor *Black* na parte inferior restante do papel *kraft*, obtem-se um leve "brilho" vindo do prédio. O processo de cópia em jato de tinta, mostrado aqui, reforçou este efeito.

Fig. 3-29 Esta ilustração em fundo preto foi obtida passando-se um "negativo" em acetato (fundo preto, linhas claras) de um desenho a caneta de feltro através da copiadora heliográfica. A cópia em preto tem o fundo preto com linhas brancas. A luz neon foi criada aplicando-se guache branco sobre lápis de cor (veja também as Figuras 4-76 a 4-78). 12" x 14" (304 x 355 mm). (Desenho: Henry Beer)

Fig. 3-30 A criação de uma fotocópia em preto de um desenho a traço de valor médio foi o primeiro passo para criar esse conjunto cromado de alto-falantes com relógios. O fundo foi rapidamente recoberto com hidrocor preta. Acrescentaram-se os focos de luz direta e suave com hidrocor cinza, caneta de feltro, lápis de cor e guache branco. 12" x 14" (304 x 355 mm). (Desenho: Henry Beer)

Elementos, materiais e acabamentos

Este capítulo apresenta um conjunto de técnicas para ilustrar uma grande variedade de elementos, materiais e acabamentos bastante usados para criar ambientes. Elas ilustram cenas em plano intermediário que, apesar de serem mais difíceis, são as mais utilizadas; as cenas de longe praticamente não têm detalhes e dificilmente são feitas cenas de perto, geralmente em silhueta.

Aqui, seguimos a mesma abordagem. Primeiro, seleciona-se o tipo de papel branco mais indicado como fundo para a ilustração. Para a maioria das técnicas, utilizamos papel branco quando queremos criar efeitos normais de luz. Neste capítulo, usamos cartolina em lugar do papel branco, pois é o que melhor mostra estas técnicas. No entanto, elas podem muito bem ser feitas sobre papel sulfite, manteiga e heliográfico comumente usados no dia-a-dia do profissional. Você verá que, para as técnicas que criam efeitos diversos de luz, usamos papéis coloridos, como o papel Canson e o papel heliográfico, sendo o último passado na copiadora heliográfica em velocidade maior que a normal.

Segundo: depois de feito o traçado sobre o papel, acrescentam-se os sombreados. Nos exemplos que vamos mostrar, os sombreados, em geral, são feitos com hidrocores em diversos tons de cinza, pois é fácil escolher o valor dos mesmos. A técnica *retrocolor* é uma exceção, pois pelo tipo de papel usado (manteiga branco) e tamanho reduzido da ilustração, é mais fácil aplicar o sombreado com lápis Prismacolor *Black* obtendo-se melhor resultado.

Depois de desenhados os sombreados, aplica-se base com hidrocor e, por cima dela, pastel e/ou lápis de cor. A caneta de feltro de traço fino (normalmente uma caneta Pilot Razor Point) é utilizada para fazer o contorno final e aperfeiçoar desenhos e texturas. Os toques finais normalmente são feitos com guache branco. Quando necessário, acrescentam-se alguns toques com hidrocor prateada ou dourada sobre a *cópia* final da ilustração, pois a fotocopiadora não reproduz estas cores.

Neste capítulo, ilustramos um tipo de material, acabamento ou elemento de cada vez. Entretanto, quando se faz um desenho completo, todas estas partes são criadas *ao mesmo tempo*, como veremos nos Capítulos 6 e 7. No início, os seus desenhos podem não parecer grande coisa depois das primeiras etapas, mas não desanime; normalmente, eles só vão parecer "vivos" depois das etapas finais ou, às vezes, só depois de aplicados os toques finais.

Elementos, materiais e acabamentos

Para criar suas ilustrações de projeto, talvez seja interessante ter uma grande variedade de referências visuais sempre à mão. Este *banco de informações,* formado por livros de fotografias, revistas, etc., permitir-lhe terminar seus desenhos mais rapidamente. Ele pode incluir imagens de pessoas (de pé, sentadas, recostadas, caminhando), materiais de construção, elementos paisagísticos (árvores, arbustos, pisos, paisagens distantes, silhuetas de edifícios), veículos (inclusive bicicletas), situações diversas de iluminação (interna e externa), materiais refletores (águas corrente ou tranqüilas, vidros, janelas, metais), materiais de decoração (acabamentos, móveis e objetos) e uma coletânea de tudo aquilo que você possa precisar, caso seu projeto seja especializado, como animais, barcos ou aviões.

Este capítulo foi organizado em torno dos planos que definem os espaços de ambientes internos e externos e dos elementos que normalmente os acompanham. A técnica de ilustrar pessoas e automóveis será discutida em separado no Capítulo 5.

Seus desenhos e ilustrações não precisam necessariamente ter nitidez fotográfica, mas devem transmitir uma impressão coerente da infinidade de idéias que lhe vêm à mente em resposta às diretrizes que guiam o desenvolvimento de seus projetos. Em seus próprios desenhos a cores, você não precisa inserir o mesmo nível de detalhamento utilizado nas ilustrações a seguir. Lembre-se de que o objetivo básico do desenho de projeto, desde a concepção até sua execução, é dar ênfase à idéia geral. Só inclua nele os detalhes indispensáveis para transmitir as características gerais destas idéias. Deixe que, nas fases iniciais do processo de *design,* algumas fotos de elementos específicos, tais como móveis e as cartelas de amostras que acompanham seus desenhos, forneçam os detalhes.

Quanto aos nomes das cores em hidrocor: as que são citadas primeiro são hidrocores AD à base de xileno, vindo entre parênteses os nomes das hidrocores Prismacolor à base de álcool. Quando recomendamos usar somente um ou outro tipo, o nome da hidrocor aparece sozinho. Os lápis de cor que utilizamos são da marca Prismacolor.

MATERIAIS PARA INTERIORES

Planos que definem espaços

Cada um dos três planos que constituem o conjunto de planos internos – plano do chão, plano da parede e plano do teto – possuem elementos, materiais, acabamentos, texturas e formas de refletir luz típicos, dando a estes planos, e por conseguinte ao interior como um todo, suas características próprias.

Por um lado, as técnicas mostradas passo a passo nas páginas seguintes servem de referência a pelo menos uma maneira de ilustrar os diversos elementos que compõem estes planos. Por outro lado, esta abordagem visa ao desenvolvimento de sua própria forma de ilustrar um projeto. A partir destas técnicas, você pode facilmente partir para a ilustração de outros elementos que vão surgir em seu trabalho com *design* de interiores.

ACABAMENTOS DE PISOS

As questões básicas com as quais irá se defrontar na ilustração de acabamentos de pisos são o leiaute do desenho, cor, jogo de luz (sombras e matizados), textura (suavidade, rugosidade etc.), reflexos e a definição do desenho do piso – basicamente nesta ordem. A maioria dos acabamentos de piso pode ser ilustrada utilizando-se a abordagem básica mostrada aqui.

Madeira (4-1, 4-2)

1 **Aplique base com hidrocor.** As hidrocores *Sand (Sand)*, *Kraft Brown (Light Tan)* e pinceladas esparsas de *Redwood (Sienna Brown)* foram usadas como cores de base, seguindo as linhas auxiliares feitas com lápis.

Fig. 4-1

Elementos, materiais e acabamentos

Fig. 4-2

2 **Aperfeiçoe as cores da madeira com lápis de cor.** Os lápis *Jasmine* e *Cream* foram utilizados em movimentos horizontais aleatórios, seguindo as linhas auxiliares. Uma leve cobertura com lápis *Peach* foi aplicada uniformemente sobre todo piso de madeira.

3 **Acrescente sombras e reflexos difusos.** Foi utilizado lápis *Dark Umber* para adicionar sombras difusas sob a mesa e as cadeiras. Os reflexos das janelas foram feitos com lápis *White*; os reflexos ficam mais visíveis perto de sua fonte de origem.

Tapetes (4-3, 4-4)

É muito simples criar impressões de padrões para ilustrar tapetes e carpetes. Sua textura deve permanecer sutil.

1 **Delineie o desenho do tapete** a lápis.

2 **Aplique base com hidrocor.** Defina o desenho do tapete (*esquerda*) com a ponta da hidrocor. Aqui usamos hidrocores *Sapphire Blue (Light Cerulean Blue)* e *Deep Salmon (Carmine Red)* para fazer o desenho. A hidrocor *Buff (Brick Beige)* foi usada na parte interna, com pinceladas em direção ao ponto de fuga.

O tapete (*direita*) também foi colorido com hidrocor *Buff (Brick Beige)* e as bordas com *Light Ivy (Putty + Cream)*. Os sombreados foram feitos com hidrocores *French Grey 30%* e *French Grey 50%*.

Fig. 4-3

3 **Aprimore as cores com lápis de cor.** Neste tapete, foram acrescentados toques de amarelo com lápis *Yellow Ochre*, também usado para fazer uma leve cobertura na parte interna do tapete, usando a lateral da ponta do lápis. Isso trouxe à tona a textura do papel, dando uma certa rugosidade ao tapete. A leve cobertura matizada com lápis *Terra Cotta* e *Olive Green* foi levada até a direita sobre o tapete. As bordas azul e vermelha, bem como os desenhos, foram recobertos com uma leve cobertura de lápis *Terra Cotta*. O vermelho foi apenas esmaecido com lápis *Olive Green*.

O tapete (*direita*) recebeu uma cobertura leve de lápis *Bronze, Peach* e *Burnt Umber*. O desenho suave na borda do mesmo foi feito com lápis *White* e posteriormente temperado com lápis *Bronze*.

Fig. 4-4

Granilito (4-5, 4-6)

O granilito possui uma série de características bem específicas: pode ser feito em praticamente qualquer cor, os desenhos podem ser grandes e complexos, e muitas das cores – mas não todas – têm uma inconfundível textura granulosa devido à mistura de granilha com aglutinante que compõe o material. Ele, em geral, dá um pouco de reflexo, devido a seu polimento na fase final da colocação.

1 **Faça o contorno do desenho** a lápis, com traços bem suaves. Aqui foi usado lápis 0,5 mm com grafite 6H.

2 **Acrescente as cores em hidrocor** sobre o desenho do granilito. Para este desenho, foram usadas as cores *Cool Grey # 1 (Cool Grey 10%)*, *Cool Grey # 3 (Cool Grey 30%)*, *Brick Red (Cherry)*, *Pale Cherry (Mineral Orange)*, *Flesh (Salmon Pink)*, *Buff (Brick Beige)* e *Warm Grey # 1 (French Grey 10%)*.

3 **Aplique uma leve cobertura a lápis matizada.** O lado direito foi matizado com uma mistura de lápis *Light Peach* e *Jasmine*, e o lado esquerdo com lápis *French Grey 90%*. Os dois lados foram matizados um para dentro do outro. Observe como a fina camada à esquerda trouxe à tona o grão do papel, criando uma textura semelhante a granilito.

4 **Pontilhe** as áreas de granilito que sugerem alto teor de granilha (quando a cor da granilha difere muito da cor do aglutinante). As áreas centrais e mais externas em cinza foram pontilhadas com lápis *White* de ponta bem fina. Gira-se rapidamente o lápis enquanto a ponta toca levemente sobre a superfície do papel deixando uma marca sobre este. As áreas rosadas foram pontilhadas com lápis *Terra Cotta*, utilizando a mesma técnica.

5 **Acrescente reflexos** com guache branco levemente diluído e aplicado com auxílio de pincel de ponta larga (veja Figura 2-10).

6 **Defina o desenho.** A parte do desenho mais próxima ao observador foi "realçado" (delineado novamente) com caneta de feltro Micron 005.

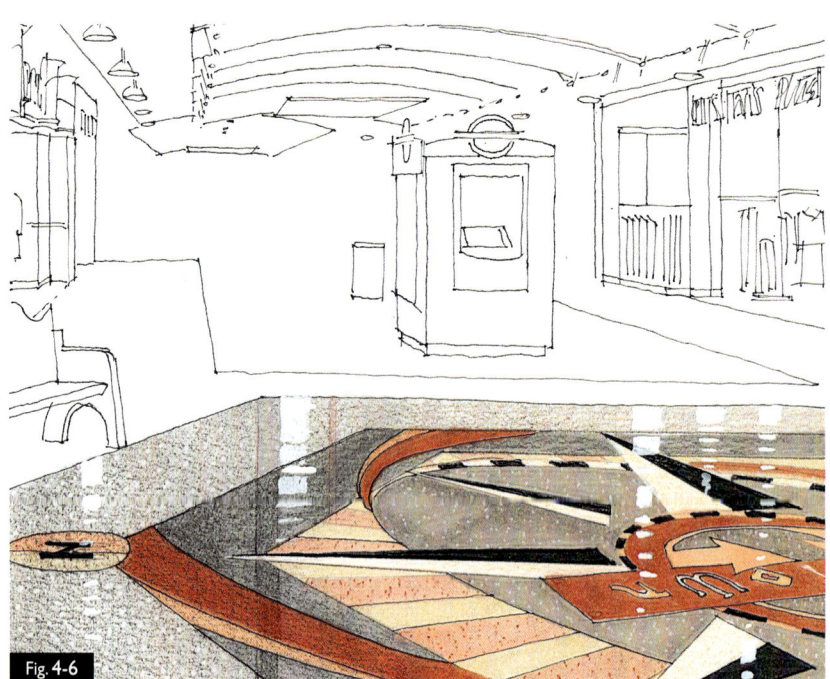

Fig. 4-5

Fig. 4-6

Pedra, talhada e polida (4-7, 4-8)

Normalmente, é melhor deixar para desenhar o piso por último, principalmente quando sua superfície dá reflexos. Assim, você saberá para quais cores terá que criar reflexos.

1 **Aplique cor sobre a pedra.** A hidrocor *Cool Grey # 1 (Cool Grey 10%)* foi usada sobre as faixas no piso e o pastel *Raw Sienna 234.9* nas áreas restantes. Nos locais em que o pastel ultrapassou o limite das áreas amarelas do piso, ele foi removido com apagador elétrico.

2 **Faça os reflexos e as sombras.** Os reflexos sobre piso de pedra talhada são mais suaves e menos nítidos que sobre um piso polido. Eles também não "se estendem" tanto para dentro do piso. Os reflexos de valor claro foram feitos com pastel *White* e os reflexos escuros e pouco nítidos a lápis. Usou-se lápis *Cool Grey 50%* para os reflexos e as sombras sobre a faixa mais escura de pedra de cor fria, e lápis *French Grey 30%* sobre a pedra de cor quente.

Os reflexos sobre o piso polido (*direita*) têm bordas mais nítidas, *mas não devem ter um contorno visível*. Eles foram delineados muito suavemente com um lápis duro. As cores também refletem sobre as superfícies polidas, sendo, porém, mais apagadas que os objetos em si. Aqui usaram-se as mesmas cores de lápis tanto para os objetos como para seus reflexos, apesar que estes foram coloridos exercendo-se uma pressão *mais* suave sobre o lápis. Os reflexos brancos foram feitos com apagador elétrico e gabarito vazado para remover a cor pastel amarela.

Fig. 4-7

3 **Acrescente textura da pedra, colorido e rejuntes.** Os lápis *Burnt Ochre* e *French Grey 30%* criaram uma cor sutil e os veios sobre as pedras do piso, e os pontilhados que se vêem em primeiro plano foram feitos com caneta de feltro Micron 005. Uma última e importante etapa da criação foi desenhar os rejuntes das lajotas do piso, com lápis 0,5 mm com grafite 6H. Estes rejuntes foram traçados por cima de todo desenho: reflexos, sombras e realces.

Fig. 4-8

Piso de ladrilhos (4-9, 4-10)

Os ladrilhos podem ser encontrados em uma variedade de materiais, cores e acabamentos, desde vinil até cerâmica, podendo ser foscos ou com brilho. Para desenhá-los, utilize as mesmas técnicas mostradas com os diversos materiais para piso. Por exemplo, se estiver ilustrando um piso cerâmico de alto brilho (mas não polido), você poderá acrescentar realces parecidos àqueles mostrados no desenho do piso granilito.

O piso de ladrilhos apresentado abaixo deverá parecer um tipo simples de ladrilhos de vinil com acabamento fosco, mas a maioria dos acabamentos de pisos duros têm um *certo* grau de reflexo, já que muitas vezes são encerados durante sua manutenção.

1 **Desenhe os ladrilhos** levemente a lápis. A distribuição dos ladrilhos deve ser feita usando-se uma perspectiva adequada, pois qualquer erro dará um aspecto deformado ou inclinado ao piso. O leiaute pode ser rapidamente obtido com computador, principalmente em casos, como aqui, em que se usam pontos de fuga diferentes daqueles usados no restante da ilustração.

2 **Faça o colorido com hidrocor.** Em primeiro lugar, faça uma leve cobertura com hidrocor *mais clara* sobre todo piso. Aqui foram usadas primeiro hidrocor *Naples Yellow (Eggshell)* e depois hidrocor *Light Ivy (Putty + Cream)* para criar tons alternados aos ladrilhos. As sombras embaixo das mesas foram feitas com hidrocores *French Grey 10%* e *French Grey 30%*.

3 **Aplique uma leve cobertura a lápis** sobre o piso. No lado direito deste desenho foi usado lápis *Light Peach,* matizado para dentro do lápis *Burnt Ochre.*

4 **Acrescente os realces.** Devido ao acabamento fosco do piso, foram feitos realces difusos com lápis *White.*

5 **Acerte as bordas** dos ladrilhos em primeiro plano. Neste exemplo, foi usado um lápis de grafite 0,5 mm para delinear ou "acertar" os ladrilhos em primeiro plano. Quando for desenhar piso cerâmico, estas bordas podem ser feitas com lápis de cor, parecendo então como juntas de argamassa; nesse caso, deve-se usar lápis de cor clara sobre piso cerâmico escuro, e vice-versa.

Fig. 4-9

Fig. 4-10

Elementos, materiais e acabamentos

Plantas internas de pisos (4-11, 4-12, 4-13)

A planta baixa é um instrumento abstrato usado para organizar a circulação, bem como os elementos arquitetônicos e de decoração de um determinado ambiente. O observador pode captar a informação melhor e mais rapidamente – mesmo a cor diagramática – quando se acrescenta cor a uma planta baixa.

Ao coordenar cor e desenho de uma planta baixa com as cenas em perspectiva do projeto, o observador pode orientar-se com mais facilidade. As impressões de materiais e padrões do piso não só tornam o piso mais real e mais plausível, como também atraem o olhar do observador diretamente para ele. Sombreados difusos, feitos rapidamente, ajudam a "ancorar" os diversos elementos da planta. Escolha somente técnicas fáceis e rápidas para dar cor à planta, já que você está apenas criando impressões na tentativa de transmitir sua idéia de projeto.

1 **Desenhe a planta, preencha as paredes com cor.** A planta foi desenhada com uma caneta de feltro Micron 005 e as paredes preenchidas com hidrocor *French Grey 70%* (4-11).

2 **Faça a cor com hidrocor.** Na Figura 4-12, usou-se hidrocor para colorir os materiais do piso. Os desenhos do tapete foram pontilhados com a ponta de hidrocor. Lembre-se de que os desenhos do tapete devem ser apenas aproximados; você pode guardar uma foto ou amostra do tapete na pasta do projeto para maiores detalhes. As sombras difusas foram feitas com hidrocores *French Grey 10%, 30% e 50%*. Observe como elas ajudam a dar características tridimensionais à planta e a ancorar os elementos sobre o piso.

3 **Desenhe os detalhes com lápis de cor.** As cores de hidrocor usadas sobre o piso externo do terraço e sobre o tapete da sala de estar foram ambas esmaecidas com uma leve cobertura de lápis *French Grey 30%*, e a cor da hidrocor *Buff (Brick Beige)* sobre o piso branqueado de carvalho foi ao mesmo tempo texturizada e esmaecida com linhas feitas com lápis *Blue Slate* e régua. Outras coberturas leves com lápis de cor foram feitas para corrigir as cores dos móveis e dos ladrilhos do piso da cozinha. Usou-se lápis *Deco Aqua* sobre o traço que indica as vidraças para dar ênfase à localização das janelas.

Fig. 4-11

Fig. 4-12

DESENHO A CORES

Fig. 4-13

ELEMENTOS DO PLANO DA PAREDE

Acabamentos de parede

Antes de mais nada, é preciso levar em consideração dois aspectos importantes. Primeiro, mantenha sua interpretação destas superfícies bem sutil e esmaecida, uma vez que as paredes formam o *pano de fundo* de um ambiente. Da mesma forma que no mundo real, paredes de cores muito fortes e contrastantes oprimem não só o ambiente em si, como também as pessoas dentro dele. É bem mais fácil fazer a cor de uma parede parecer mais intensa, caso pareça muito apagada, do que esmaecer uma cor de parede muito forte.

Segundo, considerando que normalmente as paredes são suaves, procure não criar rugosidades quando fizer as leves coberturas a lápis. Isso ocorre quando o lápis acentua a própria rugosidade do papel. Quando fizer uma leve cobertura matizada a lápis sobre uma parede clara, procure usar somente lápis de cores claras; para as paredes escuras, use lápis escuros.

Paredes pintadas (4-14, 4-15)

1 Aplique base com pastel. Neste exemplo (4-14), diminuiu-se o valor da parede mais escura ao fundo com hidrocor *French Grey 10%*. No entanto, somente no caso de você também se deparar com esse tipo de situação específica, prefira utilizar pastel para fazer uma base colorida bem suave sobre a parede. Um pouco do pastel seco *Raw Sienna 234.9* foi raspado com estilete sobre a área da parede; em seguida, a cor foi esfregada com lenço de papel e, por último, foi dado acabamento com camurça. O pastel seco *Gold Ochre 231.7* foi usado da mesma forma sobre a parede escura ao fundo.

2 Corrija o desenho; faça matizados. Onde necessário, o excesso de pastel foi retirado ou "corrigido" com apagador elétrico usando-se tira apagadora branca macia.

Usou-se lápis *French Grey 20%* nas leves coberturas matizadas (4-15) que dão destaque aos sombreados suaves e difusos e às gradações de luz. Estas gradações foram então temperadas com lápis *Jasmine* e *Mineral Orange*.

Sobre a parede escura ao fundo foi dado um tipo de tratamento parecido com lápis *French Grey 30%* e *Mineral Orange*. Alguns toques de valor bem escuro foram feitos com lápis *Terra Cotta*.

Fig. 4-14

Fig. 4-15

Acabamento em pintura decorativa (4-16, 4-17)

Existem muitos tipos de acabamentos em pintura decorativa que podem criar detalhes e enriquecer a superfície de paredes, como esponjado, texturizado, pontilhado, cobertura matizada e manchado. O exemplo mostrado nestes desenhos simula uma técnica de acabamento colorido em leve cobertura chamada de "aguada de pincel" em várias cores.

O livro *Recipes for Surfaces*, de Drucker e Finkelstein (New York: Fireside, 1990) é uma excelente fonte de consulta para a ilustração de acabamentos em pintura decorativa. Antes de tentar fazer uma ilustração, faça alguns testes com misturas de lápis pastel e lápis de cor para encontrar as combinações de cores mais adequadas.

1 **Aplique pastel; atenue com apagador elétrico.** Primeiro, com um estilete, raspou-se um pouco de pastel seco *Cobalt Blue 512.5* sobre o papel. Depois, o pastel foi espalhado com lenço de papel e suavizado com camurça. Veja que foi usada menor quantidade de pastel nas áreas mais iluminadas das paredes. Depois, usando-se apagador elétrico com tira branca macia (4-16) para esmaecer o acabamento azul uniforme. Também se usou um gabarito de apagar para delinear as sombras.

2 **Acrescente mais cores pastéis; faça correções e matizados.** Raspas de pastel seco *Permanent Green Deep 619.9* foram usadas sobre a parede e esfregadas por cima do azul usando-se lenço de papel e retirando-se depois um pouco de cor com camurça. A seguir, usou-se a mesma técnica com pastel seco *Light Oxide Red 339.9*. Essas cores não só modificam e atenuam o azul, como também suavizam as marcas do apagador.

Os matizados foram realçados aplicando-se lápis *Cool Grey 30%* de leve com a lateral da ponta e, a seguir, foram temperados com lápis *Blue Slate*. Alguns toques de lápis *Peach* e *Light Peach* foram acrescentados com a lateral das pontas para trazer a cor quente ligeiramente à tona (4-17).

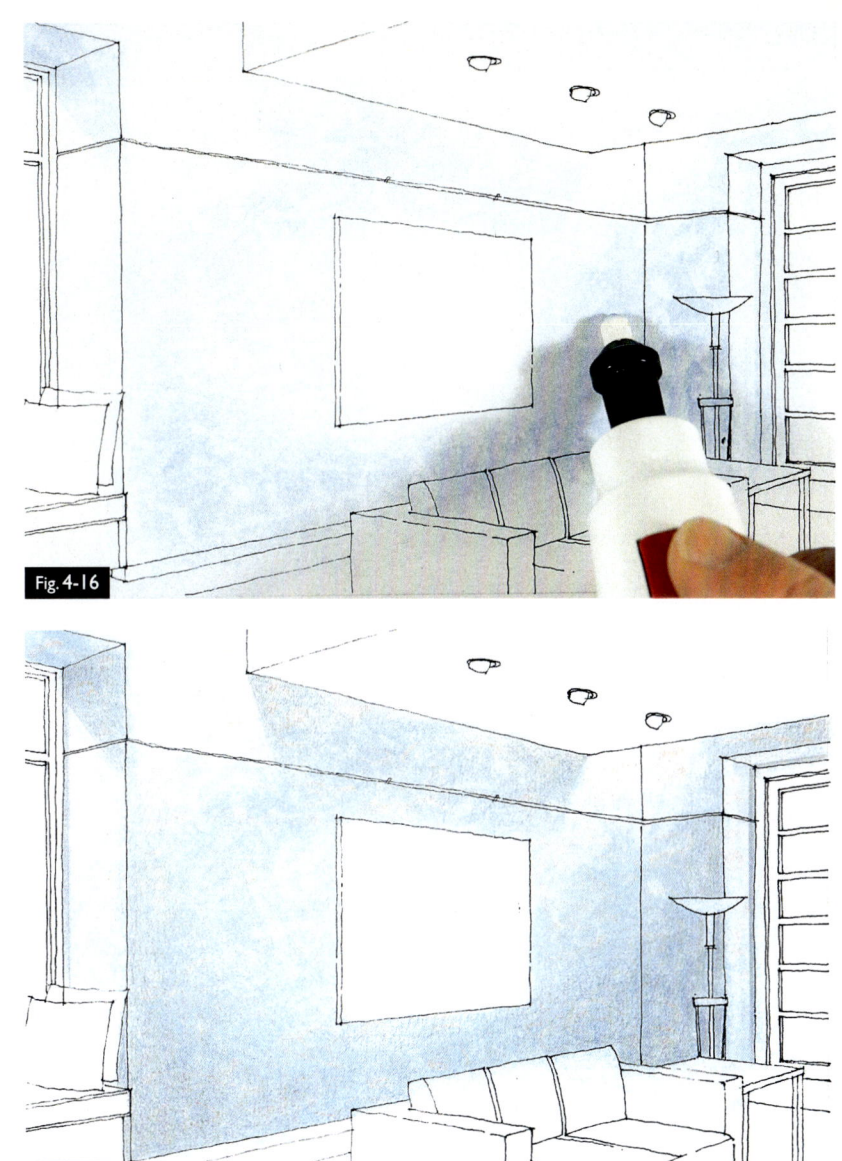

Fig. 4-16

Fig. 4-17

Acabamentos estampados (4-18, 4-19)

Este tipo de acabamento de paredes em geral é feito com papel de parede ou pintura estêncil. As técnicas mostradas a seguir podem ser usadas para criar um e outro.

Os estampados que ilustramos aqui seguem aqueles fabricados pela Bradbury and Bradbury Art Wallpapers para sua coleção Arts & Crafts. Aqui usou-se o papel de parede "Springfield Stripe" para o corpo da parede, com um friso "Vienna Check Border" acima e embaixo. O friso "Thornberry Border" é usado bem no alto da parede como remate.

1 **Faça o desenho dos estampados a lápis; use hidrocor para fazer a cor base.** Primeiro, os estampados foram desenhados de leve com lápis 0,5 mm com grafite 6H. Depois, aplicaram-se hidrocores de cores claras de modo que o desenho do estampado aparecesse no fundo (4-18). A seguir, usou-se hidrocor *Naples Yellow (Eggshell)* para as listras escuras, bem como para o ramo sinuoso no friso de remate no alto da parede. Depois, com hidrocor *Light Ivy (Putty + Cream)*, fizeram-se as folhas no friso e os pequenos quadrados nas bordas xadrezes. A hidrocor *French Grey 10%* foi usada para fazer as listras de acabamento dos dois frisos e do remate superior.

Observe que *não* foram usadas canetas de feltro para desenhar os estampados, para que os contornos permanecessem suaves e discretos.

2 **Aplique uma leve cobertura com pastel.** Depois de aplicar hidrocor, raspou-se pastel seco *Raw Sienna 234.9* com estilete sobre a área de papel de parede, sendo então esfregado com os dedos e suavizado com camurça. Isso não só deu cor de fundo à parede, mas também esmaeceu, suavizou e uniformizou as cores de hidrocor.

O pastel foi apagado da área das frutinhas do friso e foi dado um toque final com hidrocor *Pale Indigo (Cloud Blue)* (4-19).

Fig. 4-18

Fig. 4-19

Lambris de madeira (4-20, 4-21)

Os lambris em madeira de carvalho mostrados são do tipo usado com os papéis de parede apresentados na Figura 4-19. Eles podem ter mais ou menos detalhes e, normalmente, têm uma rugosidade menos aparente do que aqui.

1 **Faça base com hidrocor.** Utilizaram-se hidrocores *Kraft Brown (Light Tan)* e *Pale Cherry (Mineral Orange)* nos lambris e na porta (4-20).

2 **Acrescente veios com lápis.** Foram aplicados traços de lápis *Terra Cotta*, *Mineral Orange* e *Jasmine* com movimentos na direção dos veios da madeira, usando as *laterais* das pontas dos lápis. Depois, desenharam-se linhas finas com lápis de grafite 0,5 mm com grafite 2H.

3 **Faça os realces, sombreados e rebaixamentos.** Os realces foram feitos com lápis *White* nas bordas que seguem em direção a uma provável fonte de luz. Nos mesmos pontos, também foi usado guache branco. Observe que os realces são compridos, suaves e têm bordas convexas. Eles foram levemente esmaecidos com lápis *Jasmine*. Os rebaixamentos e sombreados foram feitos com lápis *Dark Umber* e régua (4-21).

Fig. 4-20

Fig. 4-21

Janelas

Uma vez que as janelas são elementos importantes no projeto de interiores, elas não devem parecer vazias, mas tampouco podem chamar demais a atenção. Evite criar cenas muito detalhadas do lado de fora das janelas, a não ser que queira ilustrar relações específicas entre os ambientes interno e externo. Em vez disso, procure dar somente uma quantidade suficiente de informação visual que dê a impressão de haver algo além da janela, mas de forma que a atenção do observador permaneça voltada para o ambiente interno.

Quando se observa uma foto profissional tirada de um ambiente interno, a iluminação parece normal, mas muitas vezes falta nitidez à cena do lado de fora. O mesmo vale para a imagem desenhada. A parede da janela deve ser mais escura que o exterior – mesmo que só um pouco. Se o seu desenho de ambiente interno incluir janelas, você quiser ilustrar um ambiente bastante claro, talvez seja melhor criar uma cena noturna do lado de fora.

Cena diurna sobre papel branco (4-22, 4-23)

1 **Faça o colorido sobre a parede da janela.** Paredes de valor claro – ou mesmo brancas – vão parecer mais escuras que as janelas. Nesta ilustração, aplicou-se hidrocor *Warm Grey #1 (French Grey 10%)* verticalmente, seguida de hidrocor *Sunset Pink (Deco Pink)* na horizontal, para esmaecer as marcas listradas. Aplicou-se pastel seco *Raw Sienna 234.9* com o dedo, suavizando-se com camurça e fazendo-se correções com apagador elétrico (4-22).

2 **Faça o colorido da cena externa.** Uma vez colorida a parede, você saberá o quanto de cor deve usar para criar a cena externa sem deixá-la muito escura. Uma boa combinação começa com lápis *Cool Grey 20%* usado de forma bem suave com a lateral da ponta, em movimentos aleatórios e abstratos. Em seguida, lápis *Yellow Chartreuse*, também aplicado bem levemente e com a lateral da ponta. Depois, aplica-se lápis *Cloud Blue* sobre o lápis cinza e sobre as áreas em branco restantes. Se necessário, podem-se misturar as cores com lápis *White*. Todas as três cores aqui foram aplicadas de modo bem rápido e suave sobre os caixilhos das janelas. Lembre-se de que o resultado final tem que ser uma cor mais clara que a da parede interna.

3 **Acrescente cor aos caixilhos, às molduras e ao remate das janelas.** Nesta ilustração, estas partes foram coloridas com hidrocores *Cool Grey #1 (Cool Grey 10%)* e *Pale Indigo (Cloud Blue)*, uma por cima da outra. Já que a intenção era criar um remate mais claro que as paredes, este ainda foi colorido com lápis *Cool Grey 20%* e depois temperado com lápis *Blue Slate*. Por estarem em silhueta contra o lado de fora mais claro, as molduras e os caixilhos foram escurecidos com lápis *Cool Grey 50%* e temperados com lápis *Blue Slate*.

Neste ponto, o exterior apresentava um valor muito escuro, então retirou-se um pouco da sua cor com apagador elétrico, sem tocar nos caixilhos (4-23).

Fig. 4-22

Fig. 4-23

Cena diurna sobre papel colorido (4-24, 4-25)

1 **Aplique cor à "cena" externa.** Quando se utiliza papel colorido (neste caso, papel Canson "Pearl"), podem-se aplicar tanto as cores claras como as escuras, proporcionando um maior controle ao projetista. Primeiro, aplicaram-se lápis *Yellow Chartreuse* e *Cloud Blue* com pressão bem leve de mão. A hidrocor *French Grey 10%* foi usada para os troncos das árvores. Depois, usou-se lápis *White* sobre toda área externa, com pressão mais forte da mão para criar a impressão de exterior iluminado, conforme mostrado na janela à direita (nos troncos das árvores, usou-se menos pressão) (4-24).

2 **Aplique cor sobre as molduras e os caixilhos.** Sobre as molduras e os caixilhos das janelas foi usada hidrocor *Pale Indigo (Cloud Blue)*. Depois, usou-se lápis *Blue Slate* para temperar a cor da hidrocor. Então, aplicou-se lápis *White* com régua para criar um realce junto ao lado interno do remate da janela.

3 **Dê cor à parede.** Agora você já sabe qual cor clara usar na parede sem diminuir o efeito de exterior mais claro (ou seja, se você fizer a parede *muito* clara, o exterior não irá mais parecer iluminado). Nesta ilustração, a parede foi parcialmente coberta com lápis *Peach* e *Mineral Orange* (4-25).

Obs.: nesta ilustração, não se usou pastel sobre a parede, porque o *toner* da fotocopiadora não adere muito bem ao papel com texturas muito pronunciadas. Quando se apaga o excesso de pastel neste tipo de papel, os traços também são apagados.

Fig. 4-24

Fig. 4-25

Cena noturna (4-26, 4-27)

1 **Aplique hidrocor bem escura.** Para começar a colorir uma cena noturna simples, pode-se aplicar hidrocor *Black* ou azul bem escuro (como hidrocor AD *Prussian Blue* ou Prismacolor *Navy Blue*) sobre as janelas, inclusive sobre os caixilhos. Na Figura 4-26, usou-se hidrocor *Black* para começar a fazer uma cena noturna mais complexa, desenhando árvores e arbustos em primeiro plano. Usaram-se então as hidrocores *Cool Grey # 7 e # 9 (Cool Grey 70% e 90%)* para desenhar a paisagem ao fundo. A hidrocor *Mauve (Greyed Lavander)* foi usada para colorir o céu.

2 **Desenhe os caixilhos com lápis bem claro.** Os caixilhos das janelas foram refeitos com lápis *White* e régua. Se necessário, eles também podem ser temperados com outras cores de lápis.

3 **Se desejar, acrescente realces.** Aqui acrescentaram-se luzes da cidade ao longe com guache branco (4-27). O acabamento do ambiente interno pode ser feito como de costume.

Fig. 4-26

Fig. 4-27

Cortinas (4-28, 4-29)

1 **Desenhe pregas, sombras e os detalhes principais do estampado da cortina com hidrocor.** O fundo das pregas foi feito com hidrocor *French Grey 30%*, como mostram as cortinas à direita (4-28). Os detalhes principais do estampado foram pontilhados de maneira uniforme com hidrocor *Pale Cherry (Mineral Orange)*. As sombras na parede foram feitas com hidrocor *Cool Grey # 1 (Cool Grey 10%)*.

2 **Dê uma leve** cobertura matizada. As cortinas receberam uma leve cobertura de pastel seco *Lemon Yellow 205.3* e *Yellow Ochre 227.5* e a cor foi esbatida com camurça. Esta leve cobertura pode ser feita com lápis de cor, o que dá um efeito ligeiramente mais texturizado. Depois da leve aguada de cor, as cortinas ficarão parecidas como aquelas à direita acima (4-29). O excesso de cor pastel foi corrigido com apagador elétrico, retirando um pouco de cor do corpo da cortina próxima à janela. Isso cria o efeito de luz natural iluminando a borda da cortina.

3 **Faça o estampado secundário.** Um segundo padrão estampado, "emaranhado", sugere detalhes mais finos ou então bordados. O mesmo foi feito com lápis *Bronze*, como se vê no canto inferior direito da Figura 4-29.

4 **Acentue o fundo das pregas.** O fundo das pregas, inicialmente desenhados com hidrocor, foi realçado com lápis *Bronze* seguido de um traço fino de lápis *Dark Umber*, como se pode ver nas cortinas prontas. O mesmo lápis também foi usado para criar as pregas no alto das cortinas.

Fig. 4-28

Fig. 4-29

Cortinas transparentes (4-30, 4-31)

A ilustração de cortinas transparentes pode ser um pouco complicada, porque elas podem ficar facilmente com um aspecto pesado. Os passos a seguir ajudarão a diminuir o risco de que isso aconteça.

1 **Desenhe o ambiente ao redor das cortinas.** Primeiro desenhe a parede, o remate das janelas e a cena externa (4-30). Veja que as cortinas foram delineadas com lápis bem claro, em vez de usar caneta de feltro, mantendo, assim, um aspecto de leveza.

2 **Desenhe as pregas com hidrocor.** As cortinas à esquerda mostram as pregas sendo desenhadas com hidrocor *Cool Grey # 1 (Cool Grey 10%)*. Não faça muitas pregas, principalmente por cima das vidraças, para que a cortina não fique muito escura. Esta hidrocor também foi usada para fazer a moldura e os caixilhos das janelas por trás da cortina. As linhas auxiliares foram apagadas depois de usada a hidrocor.
    Se as pregas ficaram muito escuras ou pesadas, elas podem ser esmaecidas com lápis ou pastel *White*.

3 **Tinja levemente a moldura e os caixilhos das janelas com lápis.** Na Figura 4-31, à esquerda, usou-se lápis *French Grey 20%* para tingir levemente a moldura por trás da cortina, de modo que as áreas envidraçadas pareçam mais claras devido ao contraste.

4 **Adicione uma coloração suave.** Você talvez queira temperar um pouco a cor da cortina. Na cortina pronta, à esquerda, o lápis *Cloud Blue* foi usado para temperar o fundo das pregas e os lápis *Light Peach e White* foram usados sobre as arestas das mesmas.

Fig. 4-30

Fig. 4-31

Cortinas de rolo (4-32, 4-33)

1 **Primeiro, desenhe o ambiente ao redor das cortinas.** Elas devem ser desenhadas por último para que fiquem bem claras.

2 **Aplique a cor base das cortinas.** Na Figura 4-32, aplicou-se uma leve cobertura com pastel seco *Ultramarine Deep 506.9*, mas também é possível usar qualquer outra cor pastel clara.

3 **Crie a silhueta da moldura e dos caixilhos das janelas.** Com auxílio de uma régua, aplicou-se lápis *Cloud Blue* sobre a base pastel e depois escureceu-se ligeiramente com lápis *Cool Grey 30%*.

4 **Acrescente pregas horizontais.** Use régua com lápis *Blue Slate* para fazer as linhas horizontais das pregas (4-32).

Fig. 4-32

Fig. 4-33

Elementos, materiais e acabamentos

Persianas (4-34, 4-35)

1 **Desenhe os elementos das persianas com hidrocor.** Aqui, as persianas foram desenhadas com hidrocor *Willow Green (Lime Green)* sobre linhas auxiliares claras a lápis. Traços feitos com caneta de feltro podem fazer as persianas parecerem muito pesadas e diminuir a leveza do desenho. Observe que as linhas horizontais foram puxadas de fora a fora sobre as persianas (4-34), tendo os elementos da moldura sido acrescentados posteriormente. Use hidrocor bem escura para fazer com que os espaços entre as ripas das persianas pareçam bem claros.

2 **Reforce as bordas das ripas** e, se necessário, escureça-as. As bordas superior e inferior de cada fileira de ripas foram reforçadas com régua e lápis *Blue Slate* bem apontado. Estas linhas de reforço passam por cima da moldura central, tendo sido apagadas posteriormente.

O lápis *Blue Slate* foi usado para escurecer as ripas, etapa esta que pode ser eliminada, caso as ripas já tenham um tom bem escuro.

3 **Clareie e realce.** Se, por descuido, você desenhar algumas listras das ripas muito próximas umas das outras com hidrocor, use guache branco e pincel fino para refazer os espaços brancos.

Tanto as molduras das persianas como a barra central de ajuste foram traçadas com lápis 0,5 mm com grafite 2H (4-35).

Fig. 4-34

Fig. 4-35

TETOS

Os tetos, muitas vezes, apresentam matizados de valor por serem iluminados a partir de baixo por luz direta ou refletida. Tais matizados são normalmente mais fáceis de fazer com pastel combinado com hidrocor onde necessário. Use fotos de livros e revistas como guia para ajudá-lo a ilustrar alguns tipos especiais de teto.

Teto com placas moduladas (4-36, 4-37)

1 **Trace o teto a lápis.** Aqui foi usado lápis 0,5 mm com grafite 6H.

2 **Acrescente matizado de cor com pastel.** Este teto recebeu uma leve cobertura de pastel seco *Raw Sienna 234.9*, e, nos cantos, foi usado pastel seco *Gold Ochre 231.7*. As duas cores foram misturadas e esbatidas com camurça. Nas áreas iluminadas com luz refletida do chão, deixou-se o papel em branco. Usou-se, então, giz pastel *Ultramarine Deep 506.9* para colorir suavemente a parte posterior do reflexo de luz branca do chão. Esta cor também foi suavizada com camurça (4-36).

3 **Apague os traços de leiaute.** Quando se apagam os traços de leiaute com apagador elétrico e gabarito de apagar, cria-se uma grade tipo ferro T branca. Por ser um tipo de teto de chapas moduladas, o lado sombreado do rebaixo foi traçado com lápis 0,5 mm de grafite 6H. Esta técnica permite criar uma malha modulada bem sutil (4-37).

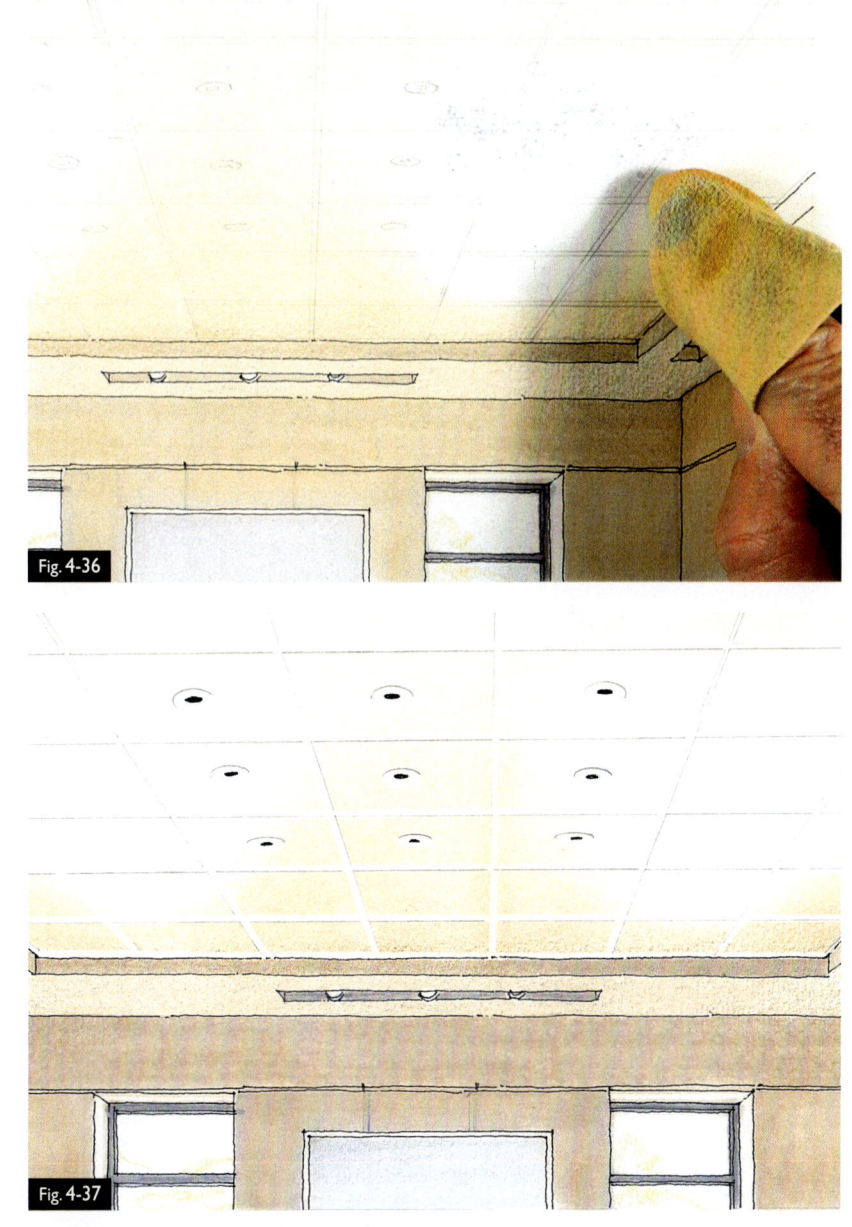

Fig. 4-36

Fig. 4-37

Elementos, materiais e acabamentos

Vigas no teto (4-38, 4-39)

1 **Faça os sombreados com hidrocor.** Aqui foram usadas as hidrocores *French Grey 10%*, *French Grey 30%* e uma hidrocor incolor de matiz *Clear Blender* para criar os sombreados que correspondem à luz que entra pelas janelas (4-30). Use uma fotografia ou um desenho que apresentam condições similares para obter orientação, se julgar necessário.

2 **Acrescente cor ao teto.** Os pastéis secos *Indian Red 347.9* e *Raw Sienna 234.9* foram aplicados respectivamente sobre as vigas e sobre o forro em madeira, inclusive sobre os sombreados. Os realces foram feitos com apagador elétrico.

3 **Acrescente os detalhes.** As juntas do forro foram feitas com régua e lápis 0,5 mm de grafite 6H (4-39). As sombras foram retocadas com lápis *Yellow Ochre* sobre o forro e uma mistura de lápis *French Grey 30%* com *Rosy Beige* sobre as vigas e juntas.

Fig. 4-38

Fig. 4-39

Móveis e acessórios

Cada tipo de móvel e de acessórios apresenta uma combinação de características específicas bem individuais. Estas características definem para o observador aquilo que ele está vendo. A aparência do vime, por exemplo, é bem diferente daquela do aço inox. Por quê? Porque os móveis de vime têm uma combinação de forma, cor, textura, desenho e diferentes tipos de reflexos que diferem totalmente das características dos móveis e acessórios em aço inox. Quanto maior a freqüência com que você desenhar estes elementos tão importantes para a sua profissão, mais você vai entender como identificar as informações necessárias para transmitir as características visuais mais importantes destes elementos.

Nessa profissão, muitos novatos, e outros nem tão novatos assim, em geral perguntam onde inserir e como desenhar móveis nos estudos em perspectiva, quer sejam peças isoladas ou em grupos. Os quadros em cinza, nas laterais das páginas a seguir, oferecem algumas respostas.

Esboço e localização dos móveis (4-40 a 4-43)

Muitas vezes, você terá que traçar e posicionar os móveis dos projetos que está desenhando. Considerando que sua tarefa é criar os ambientes nos quais se inserem estes móveis, e não desenhar os móveis em si, é melhor desenhar modelos de móveis já existentes e adequados àquele ambiente do que tentar inventar móveis ou desenhá-los de cabeça. A não ser que você seja um excelente *designer* de móveis, os modelos inventados em geral parecem toscos e diminuem a qualidade do desenho.

A Figura 4-40 mostra um "recorte" de uma poltrona e banqueta destinadas ao ambiente mostrado nas Figuras 4-41 a 4-43. (Cortesia da Donghia Furniture and Textiles, 485 Broadway, New York, NY 10013, EUA.)

Fig. 4-40

© Jeff Goldberg/Esto

1 **Desenhe uma figura em pé no ponto onde deseja inserir o móvel; faça o croqui do móvel.** A Figura 4-41 mostra um croqui de Figura em pé, em escala, cuja cabeça está na mesma linha de horizonte do ambiente e com os pés localizados no canto do móvel. Isto serve como ponto de referência para fazer uma estimativa da escala e das proporções do móvel.

Os móveis foram traçados usando-se o recorte já mencionado como referência e enfatizando-se a localização e forma aproximadas. Nesta fase, uma perspectiva correta não é importante.

2 **Corrija a perspectiva, a escala e as proporções.** Quando já tiver desenhado algo sobre o papel, você já tem com o que trabalhar. Na Figura 4-42, colocou-se uma folha de papel manteiga em branco sobre o croqui anterior. As linhas retas mais evidentes da peça, aquelas perpendiculares umas às outras, foram puxadas até a *mesma* linha de horizonte usada para dar perspectiva ao ambiente.

Definiram-se pontos de fuga onde estas linhas cruzam o horizonte. Estes pontos são obviamente diferentes daqueles usados para desenhar os elementos do ambiente em si, apesar de a linha de horizonte ser a mesma. A partir destes novos pontos de fuga, pode-se desenhar a poltrona e a banqueta de tal forma que, apesar de estarem viradas, ambas pareçam estar apoiadas sobre o chão e não inclinadas de forma desajeitada.

A poltrona e a banqueta foram retraçadas usando-se estes pontos de fuga. A altura, a largura e a profundidade das partes foram definidas com maior precisão, usando a figura em pé para escala e a estimação comparativa visual de proporção entre uma parte e outra. Em outras palavras, elas foram desenhadas "a olho" com a maior precisão possível.

Depois de bem desenhadas, usou-se lápis Prismacolor *Black* para reforçar os contornos da poltrona e da banqueta, de acordo com o recorte mencionado anteriormente.

3 **Faça o traçado final.** A versão final retocada da poltrona e da banqueta mostrada na Figura 4-42 foi traçada sobre o papel definitivo com uma caneta de feltro Micron 005. Esta etapa oferece uma última oportunidade de retocar levemente o desenho a traço. A Figura 4-43 mostra o desenho a traço terminado, pronto para ser colorido.

Note como você se torna cada vez mais familiarizado com as nuanças e sutilezas do processo de ilustrar um determinado móvel durante a sua execução. Essa é a grande vantagem para os projetistas que criam suas ilustrações à mão.

Grupos de mesas e cadeiras com pessoas (4-44, 4-45, 4-46)

Você provavelmente já desenhou um ambiente repleto de mesas, cadeiras e pessoas. Ao contrário do que você imagina, isto não requer necessariamente um grande esforço seu em fazer um desenho demorado e cheio de detalhes.

1 **Desenhe uma mesa e uma pessoa em escala, em primeiro plano.** Comece traçando a linha de horizonte que dá perspectiva à ilustração, como se vê na Figura 4-44. Faça um croqui de uma pessoa em primeiro plano, no local onde pretende desenhar a primeira mesa, cuidando para que a cabeça desta pessoa fique sobre a linha de horizonte. É bem mais fácil calcular o tamanho dos móveis quando estes se encontram perto de algo tão familiar quanto a figura humana.

Desenhe o tamanho aproximado (em relação à figura) do tampo da mesa, mais ou menos na altura da metade da coxa. Se a mesa for quadrada ou retangular, cuide para que as laterais da mesma desapareçam em pontos no horizonte, a fim de que a mesa pareça horizontal e não inclinada. Se a mesa for redonda, desenhe uma elipse horizontal aproximada (à mão livre), ou desenhe algo parecido a um quadrado horizontal em perspectiva, como mostrado aqui, e trace a elipse dentro dele. Desenhe uma linha vertical do centro da mesa em direção ao chão, alinhando-a com os pés da pessoa. É aí que ficarão as pernas ou a base da mesa.

Desenhe outras pessoas na área onde quer colocar outras mesas, sempre posicionando as cabeças sobre a linha de horizonte. Isto ajudará a calcular o tamanho das novas mesas dentro deste ambiente. Depois de haver desenhado a primeira elipse com bastante cuidado, você já terá conhecido sua forma suficientemente bem para poder desenhar as outras elipses mais ao fundo "a olho", cuidando apenas para relacionar o tamanho delas ao da figura mais próxima e desenhá-las cada vez mais planas à medida que se aproximam do horizonte.

Nesta ilustração, o ambiente ao redor da área com cadeiras e mesas foi previamente desenhado sobre uma folha de papel colocada por baixo da primeira. O leiaute que se vê aqui foi traçado com lápis Prismacolor *Black* e as linhas do leiaute em perspectiva com lapiseira 0,5 mm.

Fig. 4-44

Elementos, materiais e acabamentos

2 **Faça croquis de pessoas e cadeiras.** Na Figura 4-45, foram acrescentadas, igualmente com lápis Prismacolor *Black*, as pessoas sentadas nas mesas. As poucas pessoas em pé foram usadas como referência de escala. Esta etapa, em geral, é a mais difícil para os novatos em projeto. No entanto, com a prática, torna-se mais fácil. Colecione e utilize fotos de cenas parecidas, para ajudá-lo com os gestos e posturas das pessoas sentadas. Observe como os detalhes diminuem em direção ao fundo, resumindo-se a desenhar quase só ombros e cabeças.

3 **Crie o traçado final.** Na Figura 4-46, colocou-se uma folha de papel manteiga em branco sobre o croqui para fazer o traçado final. As pessoas, os móveis e o ambiente foram desenhados ao mesmo tempo, dando, assim, maior unidade ao desenho. A caneta de feltro Micron 005 deixou os traços do desenho colorido final bem finos e sem o aspecto de "desenho de criança".

Usando o croqui como referência, nesta etapa você pode concentrar-se na edição e nos retoques finais do desenho. Observe como os detalhes foram simplificados à medida que o desenho alcança as áreas mais ao fundo. Esta zona de informação é bastante *simplificada*, pois desenhar as pessoas cheias de detalhes exige muito tempo em relação ao objetivo da ilustração. Detalhes complementares podem ser acrescentados aos móveis quando da aplicação de cor.

Fig. 4-45

Fig. 4-46

Couro (4-47, 4-48)

Couro e outros materiais similares são encontrados em diversas cores. Apresentamos duas cores clássicas usadas em conjuntos de sofá e poltrona.

1 **Aplique base com hidrocor; leve em consideração a direção da luz.** Na Figura 4-47, aplicou-se hidrocor *Delta Brown (Black)* sobre as partes mais escuras do sofá e aplicou-se a hidrocor *Burnt Umber (Dark Umber)* sobre as áreas mais claras, voltadas para cima. Observe que, apesar de a hidrocor *Delta Brown (Black)* ter sido usada na parte frontal inferior do sofá, a hidrocor *Burnt Umber (Dark Umber),* ligeiramente mais clara, foi usada por trás da mesa de vidro. Isso ocorre porque as cores parecem ser um pouco mais claras através do vidro devido aos reflexos que bloqueiam a cor.

A hidrocor *Redwood (Sienna Brown)* foi aplicada sobre as áreas sombreadas da poltrona, e a hidrocor *Pale Cherry (Mineral Orange),* sobre os lados mais iluminados. Em ambos os casos, as hidrocores mais claras foram usadas para misturar as cores.

Observe que, nesta etapa, as pregas no couro foram desenhadas com hidrocores mais escuras.

Fig. 4-47

2 **Acrescente realces.** Os realces sobre o couro são, em geral, bastante claros e têm bordas pouco nítidas. Na Figura 4-48, usou-se lápis *White* para acrescentar realces matizados sobre as partes voltadas para a fonte de luz, neste caso o janelão. Depois de feitos os realces a lápis, acrescentaram-se linhas com guache branco no centro dos realces, para reforçar seu efeito.

Observe que o lápis *Mineral Orange* foi usado sobre o sofá marrom para indicar a luz refletida pela poltrona, e o lápis *Blue Slate*, sobre a outra ponta do sofá para simular uma luz mais fria, como a luz natural, vinda de uma fonte de luz "fora do desenho".

Fig. 4-48

Tecido estampado (4-49, 4-50)

1 **Aplique base com hidrocor.** Na Figura 4-49, usaram-se hidrocores de valor mais escuro sobre as áreas sombreadas, e hidrocores mais claras sobre as áreas iluminadas. A hidrocor *Cool Grey # 1 (Cool Grey 10%)* foi usada nas áreas do sofá voltadas para cima e a hidrocor *Cool Grey # 3 (Cool Grey 30%)* sobre as áreas voltadas para o lado oposto à janela. As listras sobre estas áreas foram feitas com as hidrocores *French Grey 10%* e *French Grey 30%*, respectivamente.

O fundo da almofada à esquerda foi colorido com hidrocor *Naples Yellow (Eggshell)*, as listras com hidrocor *Light Ivy (Putty + Cream)*, as manchas com hidrocor *Pale Cherry (Mineral Orange)* e as sombras com hidrocor *French Grey 30%*. A almofada lisa tem fundo em hidrocor *Buff (Brick Beige)* e sombras nas hidrocores *French Grey 10% e 30%*.

A cor de fundo da poltrona foi feita com hidrocor *Naples Yellow (Eggshell)* e os lados sombreados foram escurecidos com hidrocor *French Grey 30%*.

Fig. 4-49

2 **Faça os realces, sombreados e detalhes.** As áreas iluminadas do sofá receberam uma leve cobertura com lápis *White* e as áreas escuras com lápis *Blue Violet Lake # 27* da Derwent (4-50). As listras e as áreas próximas às almofadas foram levemente revestidas com lápis *Deco Orange*.

Os realces sobre as almofadas foram feitos com lápis *White*, e o lápis *Deco Orange* foi passado sobre as áreas sombreadas das pregas. Com lápis *Bronze* fizeram-se listras horizontais sobre a almofada da esquerda, e foram feitos detalhes com guache branco diluído sobre as manchas cor-de-laranja da almofada.

As áreas sombreadas da poltrona foram ligeiramente tingidas com lápis *Deco Orange,* e uma leve cobertura matizada de lápis *White* foi passada sobre as áreas iluminadas da mesma. O estampado foi feito com lápis *Rosy Beige* e ligeiramente retocado com lápis *Henna* nas áreas sombreadas.

A mesa de vidro recebeu uma leve cobertura de lápis *Deco Aqua* e a borda anterior foi refeita com *Celadon Green*.

Fig. 4-50

Vime, ratã e cana-da-índia (4-51, 4-52)

1 **Faça primeiro o fundo com hidrocor.** As faces iluminadas da cadeira e da mesa lateral de apoio em vime natural e ratã, bem como a cesta de vime, foram coloridas com hidrocor *Sand (Sand)* e as faces sombreadas com hidrocor *Kraft Brown (Light Tan)* (4-51).

As mesmas cores foram usadas na cadeira de cana-da-índia e nas costas da cadeira em primeiro plano. A cadeira de balanço pintada de branco exigiu que os arredores imediatos e o plano de fundo fossem coloridos de forma que o vime branco ficasse visível nas etapas subseqüentes.

2 **Faça os detalhes a lápis.** Na Figura 4-52, a cadeira em vime natural e a mesa lateral receberam uma leve cobertura com lápis *Yellow Ochre*, depois de serem feitas as linhas verticais com lápis *Burnt Ochre* e as linhas horizontais com lápis *Dark Umber*, o que rapidamente criou um padrão de vime. As áreas sombreadas foram escurecidas com lápis *Dark Umber*.

A cesta exigiu que se passasse hidrocor *French Grey 30%* em movimentos horizontais em volta dela, antes de usar lápis *Dark Umber* para aplicar linhas tracejadas de espaçamento uniforme na mesma direção. E, finalmente, foram feitas linhas verticais bem espaçadas, com lápis *Burnt Ochre*, ao redor da mesma.

A cadeira de cana-da-índia e as costas da cadeira em primeiro plano receberam uma leve cobertura de lápis *Yellow Ochre*, depois que fileiras de pontos pretos (simulando aberturas) foram aplicadas com caneta Pilot Razor Point. As linhas finas do trançado diagonal foram feitas com lápis *Dark Umber*.

O fino trançado do vime sobre a cadeira de balanço branca foi feito com lápis *White*. Sobre *um dos lados* destas linhas brancas, acrescentaram-se linhas com lápis *Cool Grey 70%*, de forma que certas partes do trançado de vime ficassem visíveis contra áreas menos escuras do plano de fundo. As faces da cadeira de balanço em vime iluminadas pelo sol foram levemente cobertas com lápis *Cream*, e o lápis *Blue Slate* foi usado para temperar as áreas sombreadas.

Fig. 4-51

Fig. 4-52

Madeira (4-53, 4-54)

A escolha da cor base de hidrocor depende, principalmente, do tipo de madeira que você quer ilustrar em seus desenhos. Na seqüência mostrada aqui, os armários de cozinha devem parecer ser de madeira clara, como bordo ou abetos, com leve impregnante (*stain*) e acabamento fosco. A mesa é de madeira escura com realces avermelhados, como pau-rosa ou imbuia com alto brilho. O guarda-louça, à direita, deve parecer uma peça antiga em pinho.

1 **Aplique fundo com hidrocor.** Sobre os armários suspensos na Figura 4-53, foram aplicadas as hidrocores *Sand (Sand)* e *Sunset Pink (Deco Pink)* em seqüência, e sobre os armários inferiores *Kraft Brown (Light Tan)* e *Sunset Pink (Deco Pink)*. Eles foram coloridos um pouco mais escuros, pois recebem menos luz do ambiente.

Sobre a mesa, usou-se primeiro a hidrocor *Burnt Umber (Dark Umber)* e *Burnt Sienna (Terra Cotta)* e depois hidrocor *Sand (Sand)* sobre a hidrocor *Burnt Sienna (Terra Cotta)* para atenuá-la um pouco.

A hidrocor *Pale Sepia (Goldenrod)* foi usada sobre o lado mais claro do guarda-louça, seguida de hidrocor *Sunset Pink (Deco Pink)*. As faces sombreadas do guarda-louça foram coloridas com hidrocor *Kraft Brown (Light Tan)* seguida de hidrocor *Sunset Pink (Deco Pink)*.

2 **Acrescente detalhes.** A Figura 4-54 mostra que tanto os armários suspensos como os armários inferiores receberam ligeiros toques de lápis *Jasmine*, *Peach*, *Mineral Orange* e *Cream*.

Os reflexos sobre a mesa foram feitos com lápis *White*. Nas ilustrações de projeto, os reflexos sobre uma superfície horizontal são alinhados com os valores mais claros e as fontes de luz mais intensas que se localizam acima e além desta superfície. Neste caso, a janela é a fonte de maior reflexo. Considerando que os objetos e as superfícies mais afastadas não são totalmente coloridos, alguns reflexos de luz foram "lançados dentro" da superfície da mesa para mostrar como se fazem reflexos sobre uma superfície de madeira polida. Note que os reflexos são mais fortes na ponta mais afastada e então enfraquecem à medida que caem dentro da mesa.

Fig. 4-53

Fig. 4-54

DESENHO A CORES   4 109

Para os reflexos locais, como o do vaso de flores, faz-se uma imagem invertida sobre a mesa com os mesmos lápis usados para colorir a imagem em si. Não se usam contornos a caneta para delinear os reflexos, e a pressão da mão sobre os lápis é bem leve, de modo que o reflexo pareça mais sutil que o próprio objeto. As linhas formadas pelas abas da mesa foram retraçadas com caneta Pilot Razor Point.

A hidrocor *French Grey 50%* foi usada para acrescentar nós ao guarda-louça em pinho. Riscos de lápis *Mineral Orange, Cream, Jasmine* e *Burnt Ochre* foram aplicados com as laterais das pontas. Para fazer realces e sombras sobre os frisos, usaram-se régua e lápis *Cream* e *Burnt Ochre*. Detalhes sutis de rachaduras e veios de madeira foram feitos com lápis 0,5 mm de grafite 2H.

Pedra (4-55, 4-56)

As cores de hidrocor que você deve escolher como cor base serão determinadas basicamente pelo tipo de pedra que você quer ilustrar. Esta ilustração está sugerindo granito rosa sobre o balcão da pia e ardósia no espelho do balcão da pia logo abaixo dos armários suspensos.

1 **Faça a base com hidrocor.** Na Figura 4-55, usou-se hidrocor *French Grey 10%* sobre o balcão da pia e sobre o espelho foram passadas as hidrocores *Cool Grey # 2 (Cool Grey 20%), Cool Grey # 3 (Cool Grey 30%)* e *Buff (Brick Beige)*.

Fig. 4-55

2 **Adicione os detalhes.** As sombras sob os recipientes e o vaso sobre a bancada foram feitos com hidrocor *French Grey 30%* (Figura 4-56). O balcão da pia recebeu uma leve cobertura com lápis *Light Peach* e o lápis *White* foi usado para fazer os reflexos dos objetos não-coloridos. A bancada foi então pontilhada com lápis *White*, *Black* e *Peach*. Você verá que, se girar levemente o lápis bem apontado ao tocar a superfície do papel, será mais fácil fazer o pontilhado, e ficará mais bem feito e delicado.

    As laterais das pontas dos lápis *Mineral Orange*, *Terra Cotta* e *Burnt Ochre* foram usadas para colorir azulejos isolados do espelho do balcão da pia. O lápis *French Grey 50%* foi usado para escurecer esse espelho no ponto onde se encontra com o balcão da pia, deixando-o mais claro em direção ao alto. Da mesma forma, usou-se lápis *White* para dar leve cobertura sobre a parede abaixo dos armários, esmaecendo a cor para baixo. Isso cria um efeito de iluminação sob os armários.

Vidro (4-57, 4-58, 4-59)

1 **Desenhe primeiro o ambiente em volta da mesa.** A Figura 4-57 mostra que a mesa de vidro foi deixada para o final na ilustração. Assim, o projetista saberá quais cores serão refletidas.

2 **Dê cor aos objetos sobre a mesa e as áreas sob a mesma.** Na Figura 4-58, a cor dos objetos sobre a mesa foi feita como de costume. Só se usou hidrocor para colorir as áreas vistas através do tampo de vidro da mesa.

Fig. 4-56

Fig. 4-57

Quando os reflexos são desenhados sobre o tampo da mesa, eles ficam nítidos em vez de ficarem borrados quando são misturados com outras cores de lápis. Aplicou-se hidrocor *Willow Green* sobre o tampo da mesa depois de passar hidrocor naquelas áreas visíveis por baixo dele.

3 **Desenhe os reflexos a lápis; acrescente toques de acabamento.** A Figura 4-59 mostra os reflexos desenhados com os mesmos lápis de cor usados para desenhar os objetos refletidos. Veja que os reflexos não possuem contornos. Para evitar confusão, os reflexos dos objetos sobre a mesa foram desenhados primeiro, uma vez que eles bloqueiam o reflexo dos objetos do resto do ambiente. Os reflexos dos objetos restantes, como o dos tijolos da lareira e da janela, foram feitos com lápis.

Guache branco levemente diluído com água foi aplicado sobre as duas bordas mais afastadas da mesa, utilizando-se para isso um tira-linhas. O tira-linhas pode ser difícil de encontrar; portanto, nessa etapa, substitua-o por lápis branco e régua. Para colorir as duas bordas mais próximas, usou-se lápis *Celadon Green* e régua, com mais um fino traço branco por cima deste. Acrescentaram-se realces em guache branco sobre as quinas da mesa e sobre os dois copos de vinho.

Fig. 4-58

Fig. 4-59

Elementos, materiais e acabamentos

Metal (4-60 a 4-63)

As próximas etapas ilustram alguns tipos de metal com os quais os *designers* de interiores se deparam com bastante freqüência: aço escovado, aço polido, cromado e cobre polido.

Os metais geralmente refletem as cores que os rodeiam. Quanto mais polido o metal, tanto mais as áreas claras e escuras e os reflexos diferem entre si; e quanto menos polido e mais escovado for o acabamento, menos nítidos e mais difusos serão os reflexos.

O formato do objeto de metal determina o formato dos reflexos. Objetos planos refletem como se fossem espelhos; se uma superfície plana for levemente abaulada, o reflexo também será abaulado. Superfícies cilíndricas e tubulares alongam os reflexos, esticando-os em forma de linhas. Objetos curvos criam reflexos curvos, e um objeto totalmente esférico (principalmente uma esfera polida) concentra reflexos curvos em um horizonte muito contrastante ao longo de sua circunferência.

1 **Ilustre tudo que está ao redor do objeto de metal.** Para saber quais cores deverão ser refletidas sobre os metais, estes deverão ser desenhados por último (4-60).

2 **Acrescente base com hidrocor.** O valor do aço inox pode variar de bem escuro até bem claro, dependendo de como ele reflete a luz. Portanto, você pode ilustrar aço inox com qualquer valor, dependendo da cor de hidrocor que você escolher para iniciar seu desenho: mais clara ou mais escura.

Na Figura 4-61, aplicou-se hidrocor *Cool Grey # 2 (Cool Grey 20%)* no lado esquerdo dos armários de aço polido e hidrocor *Warm Grey # 3 (Warm Grey 30%)* no lado direito. A hidrocor *Warm Grey # 1 (Warm Grey 10%)* foi usada para mesclar os cinzas quente e frio. O uso de tons de cinza ligeiramente diferentes indica diferenças sutis nas tonalidades da luz refletida pelos armários. A hidrocor *French Grey 20%* foi usada sobre a área da bancada de aço inox que reflete o espelho do balcão da pia, em azulejo.

Observe que foram deixados espaços brancos ondulados nas faces dos armários. Estes espaços serão transformados em reflexos difusos nas etapas posteriores. Estes reflexos são ondulados porque raramente o inox usado em aplicações deste tipo é totalmente liso, mas tem um certo grau de "ondulação". A direção vertical dos reflexos indica que as fontes de luz refletida são verticais.

A máquina de café expresso e a chaleira receberam toques de hidrocor *Redwood (Sienna Brown), Cool Grey # 4 (Cool Grey 40%), Warm Grey # 3 (Warm Grey 30%)* e *Warm Grey # 1 (Warm Grey 10%)*.

3 **Acrescente realces difusos e leve cobertura de cor ao metal escovado; acrescente rebaixamentos nítidos aos metais polidos.** As bordas dos espaços em branco deixados pela hidrocor sobre o aço escovado foram suavizadas e "difusas" com lápis *White*, com maior pressão da mão nas bordas e matizando para fora – exercendo uma pressão cada vez mais leve da mão sobre o lápis (4-62).

Fig. 4-60

Os lápis *Slate Blue* e *Cloud Blue* foram usados para tingir o lado esquerdo dos armários, e os lápis *Peach*, *Light Peach*, *Jasmine* e *Cream* para tingir o lado direito e as faces dos armários próximas ao piso. Usaram-se estas cores porque o aço inox reflete as cores que estão à sua volta, apesar de que estes reflexos são difusos e não nítidos.

Os lápis *Burnt Ochre* e *White* foram usados para refletir a cor e os rejuntes de argamassa do espelho no balcão da pia. Usou-se então lápis *French Grey 50%* para esmaecer um pouco estas cores.

Você vai observar que, quanto mais perto um objeto estiver de uma superfície de aço escovado, maior será a nitidez de seu reflexo sobre aquela superfície. Portanto, o fundo do recipiente azul, a máquina de café expresso e as juntas verticais dos azulejos do espelho do balcão da pia têm reflexos mais nítidos, enquanto os de outras partes como as frutas e elementos mais afastados são mais difusas, ou não produzem reflexo algum (como o banquinho, por exemplo).

Alguns reflexos bem escuros e nítidos foram feitos nas pernas do banquinho, na máquina de café expresso, na chaleira e na panela de cobre. Como esses objetos possuem alto brilho, eles fazem reflexos de contornos bem nítidos. Estes reflexos escuros foram feitos com caneta Pilot Razor Point.

4 **Acrescente os toques finais.** Na Figura 4-63, pequenos toques de cores refletidas foram acrescentados sobre a máquina de café expresso, a chaleira e as pernas do banquinho, usando os lápis *Peach*, *Slate Blue*, *Orange*, *Poppy Red*, *Yellow Chartreuse* e *Jasmine*.

Realces com guache branco foram acrescentados sobre estes elementos, bem como sobre as bordas da bancada de aço inox.

Fig. 4-61

Fig. 4-62

Elementos, materiais e acabamentos

Fig. 4-63

DESENHO A CORES

Acessórios de banheiros (4-64, 4-65, 4-66)

Estas ilustrações foram coloridas sobre uma cópia heliográfica em preto passada pela copiadora heliográfica a uma velocidade acima da normal.

1 **Aplique cor em volta dos acessórios.** Assim fica mais fácil definir se os acessórios devem ser feitos mais claros ou mais escuros.

Na Figura 4-64, as imagens nos espelhos foram desenhadas e coloridas com lápis. Aplicou-se uma cobertura com lápis *Deco Aqua* sobre eles, dando-lhes o tom ligeiramente esverdeado característico de espelhos e vidros.

A bancada em mármore do lavatório, a bancada da banheira e a parede interna do box foram rapidamente criados aplicando-se primeiro o sombreado com hidrocor *Cool Grey # 5 (Cool Grey 50%)* sobre as bordas e áreas mais escuras e tingindo-se todas as áreas em mármore com lápis *White*. A pressão exercida sobre o lápis foi maior nas áreas voltadas para cima para deixá-las bem mais claras. As áreas na sombra ou iluminadas pela luz natural foram temperadas com *Blue Slate*, e as áreas iluminadas por luz incandescente foram temperadas com *Light Peach*. A parede interna do box varia de *Light Peach,* no canto superior esquerdo, para *Blue Slate,* no canto inferior direito. O efeito marmorizado foi feito com a lateral e a ponta do lápis *Cool Grey 70%*.

Fig. 4-64

Elementos, materiais e acabamentos

2 **Aplique claros e escuros.** Na Figura 4-65, aplicou-se hidrocor *Cool Grey # 5 (Cool Grey 50%)* sobre os canos de descarga sob a bancada do lavatório, sobre a parte visível mais funda da banheira e sobre os lados sombreados do vaso sanitário e do bidê. A hidrocor *Cool Grey # 3 (Cool Grey 30%)* foi usada para suavizar as bordas da hidrocor mais escura.

Usaram-se então canetas Micron 01 e Pilot Razor Point para aplicar detalhes em preto sobre as peças cromadas, ou seja, canos de descarga, torneiras, porta-toalhas e chuveiro. Com a ajuda de uma régua, as linhas ficaram bem retas e nítidas. Aplicou-se lápis *White* sobre as partes cromadas e curvas que refletem a luz em direção ao observador da ilustração.

O lápis *Deco Aqua* foi usado para colorir os lavatórios de vidro, inclusive o fundo arredondado transparente que se vê sob a bancada. O lápis *Celadon Green* foi aplicado sobre as bordas.

O lápis *White* foi aplicado sobre a banheira, o vaso sanitário e o bidê com maior pressão nas áreas voltadas para as prováveis fontes de luz.

Fig. 4-65

3 **Dê os toques finais.** A Figura 4-66 mostra o resultado com os toques finais feitos sobre a ilustração. O lápis *Blue Slate* foi usado para temperar o lado da banheira que "capta" a luz azulada do dia entrando pela janela. O mesmo lápis, junto com o lápis *Celadon Green*, foi usado para sombrear a lateral do vaso sanitário branco. Usou-se ainda lápis *Light Peach* para temperar os lados iluminados da banheira, do vaso sanitário e do bidê. Esta é uma etapa importante, pois os acessórios do banheiro branco refletem as cores ao seu redor e as cores da luz.

Aplicou-se lápis *Celadon Green* com régua sobre as arestas das paredes de vidro do box e o lápis *Deco Aqua* foi usado para temperar a superfície do vidro.

Como toque final, aplicaram-se realces em guache branco sobre os cromados, a louça, os lavatórios de vidro e as luminárias.

Fig. 4-66

Iluminação

Nada arremata melhor o trabalho desenvolvido na criação de uma atmosfera especial de um ambiente do que uma iluminação bem planejada. Criar efeitos de luz é fácil e divertido. Nesta seção, você encontrará técnicas básicas de ilustração de iluminação e como utilizá-las ao longo desta obra.

Na arte do desenho, criar bons efeitos de iluminação depende basicamente de fazer as fontes de luz e as áreas iluminadas parecerem *luminosas* da forma certa. Como vimos no Capítulo 1, significa que, quanto mais forte for o contraste entre dois valores adjacentes, mais brilhante e iluminada vai parecer a área mais clara. As ilustrações a seguir mostram que, sobre papel branco, cria-se luminosidade circundando as áreas claras com valores suficientemente escuros. Entretanto, se você estiver criando ilustrações de projeto que mostram muitos efeitos de luz, quer seja de luz natural ou artificial, você talvez ache mais fácil trabalhar sobre papel colorido ou papel manteiga branco em rolo. A razão para isso é que, sobre estes tipos de papel, as cores de valor escuro *e* claro ficam bem mais visíveis.

Você verá que é mais fácil criar efeitos de iluminação depois de dominar a técnica de fazer coberturas matizadas, tanto com hidrocor como com lápis de cor, pois irá descobrir que a cor, a luz e o sombreado são constantemente matizados um para dentro do outro. Você obterá melhores resultados na criação de efeitos de iluminação, especialmente na iluminação de interiores, se fizer primeiro um rápido estudo do valor de uma idéia de iluminação. Depois de concluído este estudo estratégico, você pode usá-lo como referência para a composição de valor, ficando livre para concentrar-se na tática das técnicas de ilustração. Na Figura 4-70, você vai encontrar um desses estudos.

Iluminação fixa no teto (4-67, 4-68, 4-69)

Se quiser que as fontes de luz fixadas no teto pareçam iluminadas, este teto terá que ser bem mais escuro que as fontes em si. Na maioria dos casos, isso não representa maiores problemas, pois, a não ser que o teto seja diretamente iluminado por luz projetada para cima, ele normalmente parece ser um pouco mais escuro que as áreas inferiores de um ambiente.

Luminárias embutidas, pontos de luz ou trilhos de iluminação podem, muitas vezes, criar clarões parabólicos de luz sobre paredes ou obras de arte. Se necessário, use um gabarito de elipses para ajudá-lo a desenhar estas formas.

Esta ilustração foi feita sobre papel Canson "Pearl".

1 **Crie um rápido estudo de iluminação.** Veja um exemplo na Figura 4-70.

2 **Crie os valores matizados certos no teto; faça o esboço dos clarões de iluminação nas paredes.** Na Figura 4-67 foram usadas hidrocores *Cool Grey #5 (Cool Grey 50%), Cool Grey # 3 (Cool Grey 30%)* e *Cool Grey # 1 (Cool Grey 10%)* para criar os matizes no teto. Observe que apesar de as luzes pendentes estarem cercadas por alguns dos valores mais escuros de hidrocor para deixá-las bastante luminosas, a área do teto que elas iluminam é bastante clara. Esta área invertida de luz torna-se gradativamente mais escura nas bordas.

As hidrocores *French Grey 30%, 10%* e a hidrocor incolor de matizar *Clear Blender* foram usadas sobre a parte suspensa do teto. Veja como a hidrocor foi aplicada diretamente sobre as luminárias embutidas de modo que a gradação de valores pôde ser feita com mais facilidade.

O lápis *White* foi usado com um gabarito de elipses para fazer as formas ovais da luz sobre a parede.

3 **Aperfeiçoe os efeitos de luz com lápis de cor.** Na Figura 4-68, os lápis *Deco Orange* e *White* foram usados com pressão mais forte para colorir as luminárias pendentes. Para colorir a área fria do teto, usaram-se os lápis *Blue Violet Lake #27* da Derwent, *Blue Slate, Cloud Blue* e *White*, sendo que os valores dos lápis equivalem aos valores já existentes no teto.

Os lápis *White, Light Peach, Deco Orange, Mineral Orange* e *Burnt Ochre* (citados em ordem decrescente de valor) foram usados para criar matizados sobre as formas do teto, da parede e do piso. Observe que os clarões ovais de luz na parede são mais fortes na curva superior, e é exatamente neste ponto que o valor da parede é mais escuro. O valor da parede também foi matizado mais escuro em relação às mercadorias, o que, devido ao grande contraste criado, fará com que, em um próximo passo, as mercadorias pareçam estar iluminadas. Algumas sombras sutis foram feitas sob as mercadorias e as letras fixadas na parede, usando-se para isso hidrocor *French Grey 30%* temperada com lápis *Blue Violet Lake # 27* da Derwent. Evite criar contrastes muito fortes nas ilustrações de projeto, pois isso fará com que a iluminação pareça muito dura.

Fig. 4-67

As luminárias pendentes do trilho de iluminação foram escurecidas com hidrocor *Black* e caneta Pilot Razor Point a fim de reforçar sua silhueta contra a parede. Assim, devido ao contraste, a parede parece intensamente iluminada.

As superfícies voltadas para cima, como o tampo dos balcões, o piso, etc., são mais iluminadas por causa das luminárias embutidas no teto.

4 **Adicione os toques finais e os brilhos.** Na Figura 4-69, usou-se uma série de lápis de cor para colorir os objetos expostos, sendo o lápis *White* usado sobre o topo dos objetos, matizando-os até suas cores locais mais para longe das fontes de luz.

A atenção do observador mantém-se centrada na parede e no teto iluminados por causa dos objetos em primeiro plano, escurecidos com hidrocor *French Grey 90%, 70%, 50%, 30%* e *10%*. A seguir, acrescentou-se de lápis de cor para matizá-los um pouco. Uma técnica bastante útil é a de silhueta, tanto para criar uma sensação de iluminação como para manipular a atenção do observador, *se isso for compatível com o objetivo de seu trabalho*. Não escureça elementos de sua ilustração que desempenham um papel importante dentro da concepção geral de *design* que você quer transmitir. As silhuetas só funcionam neste caso porque o objetivo da ilustração é dar destaque à parede e ao teto.

Um toque final em guache branco foi acrescentado às luminárias e letras fixadas na parede.

Fig. 4-68

DESENHO A CORES | 121

Fig. 4-69

Iluminação no plano da parede

Arandela, abajur de mesa e luminária de pé (4-70 a 4-75)

1 **Crie um rápido estudo de iluminação.** Aqui foram usados lápis Prismacolor *Black* e apagador elétrico para fazer um rápido estudo de iluminação (4-70) sobre uma cópia em preto-e-branco de um desenho a traço. Este trabalho de 20 minutos será usado como referência durante a criação de uma versão mais bem acabada da ilustração, para fazer as combinações de valor e gradações de cor.

Para criar efeitos de iluminação sobre papel branco, como cartolina (4-71, 4-72), siga os seguintes passos:

2 **Aplique base com hidrocor.** Na Figura 4-71, as cores de fundo, sobre móveis, quadros e piso, foram feitas com hidrocor. As paredes permaneceram brancas, pois assim terão um valor bem alto. A forma do clarão da luz das lâmpadas foi desenhada com lápis *Cream* e parcialmente colorida com o mesmo.

Fig. 4-70

Fig. 4-71

3 **Acrescente lápis.** A Figura 4-72 mostra leves coberturas tingidas feitas nas paredes com lápis *French Grey 90%, 70%, 50%, 30%, 20% e 10%*. Por exemplo, o canto superior esquerdo da parede foi matizado do cinza ao branco com lápis *French Grey 30%, 20%, 10%* e *Cream*. O lápis *Cream* faz um matizado da cor creme até o branco do papel, logo acima da pantalha da luminária de pé. Os lápis *Cool Grey 70%, 50%, 30%, 20%, 10%, Blue Slate* e *Cloud Blue* foram usados para criar as gradações no lado direito, sugerindo uma entrada de luz natural vinda de fora do desenho.

Observe como a série de lápis *French Grey*, mais o lápis *Black*, foi usada para cercar a pantalha do abajur de mesa com valores suficientemente escuros para fazê-la parecer iluminada. A pantalha em si foi colorida com uma leve cobertura de lápis *Deco Orange*, seguido de uma forte aplicação de lápis *Cream*.

Uma mistura de lápis *Dark Umber* e *Burnt Ochre* foi usada para matizar o tapete e suavizar suas sombras. O lápis *Olive Green* foi usado para escurecer os desenhos do tapete que estão na sombra.

Os *passe-partouts* brancos dos quadros foram levemente temperados com lápis *Cream* e *Blue Slate*, dando a impressão de reflexo de luz incandescente e luz natural.

Toques de guache branco foram feitos sobre a arandela na parede, a base do abajur de mesa e o cinzeiro.

Fig. 4-72

Para criar efeitos de iluminação sobre **papel manteiga branco em rolo** (4-73, 4-74) usando técnica *retrocolor*, siga os seguintes passos:

2 **Faça os sombreados com lápis Prismacolor *Black*.** Leves coberturas matizadas com lápis Prismacolor *Black* são aplicadas sobre o traçado para criar os sombreados. A vantagem desta técnica é que se pode utilizar a ilustração assim que os sombreados estiverem prontos. Uma parte dessa ilustração é mostrada na Figura 4-73.

3 **Aplique lápis de cor no *verso* do desenho.** Na Figura 4-74, aplicou-se uma forte camada de lápis *White*, *Cream* e *Light Peach*, nessa ordem, sobre o alto dos clarões ovais de luz na parede, os quais foram, então, esbatidos até a cor natural do papel. Isto foi feito no verso do papel manteiga; uma folha de papel *kraft* marrom sob o papel manteiga serve de área de trabalho. A área sombreada atrás da pantalha da luminária de pé foi levemente coberta com lápis *Light Peach* no verso do desenho.

    Criar esta ilustração foi muito mais rápido do que fazer uma ilustração sobre papel branco, pois foi possível aplicar a luz e a sombra. A cor também foi aplicada de forma mais rápida e menos precisa, pois a característica translúcida do papel tende a suavizar a aparência do resultado final quando se vira o desenho para o lado direito. No caso de a cor ultrapassar os limites do desenho, pode-se facilmente corrigir e apagar sem danificar o traçado.

Fig. 4-73

Fig. 4-74

4 **Faça uma cópia colorida.** Os desenhos coloridos que utilizam a técnica *retrocolor* dão melhores cópias coloridas, pois o processo da cópia colorida tende a intensificar um pouco os efeitos. Também é possível ampliá-los em até 400% para adequá-los a qualquer tipo de reunião onde serão apresentados. A cópia mostrada na Figura 4-75 foi feita em uma copiadora jato de tinta de grande porte.

Fig. 4-75

Elementos, materiais e acabamentos

Iluminação especializada

Luz neon e microlâmpadas (4-76, 4-77, 4-78)

A iluminação especializada normal pode ser agrupada em duas categorias: exibição linear ou pontual. A iluminação linear, como luz neon, "mangueiras de luz" e iluminação linear com fibra óptica, ficam mais bem ilustradas sobre fundos bem escuros, principalmente as áreas nas proximidades deste tipo de iluminação. Também a iluminação em pontos de luz, inclusive os diversos tipos de microlâmpadas incandescentes ou pontos de fibra óptica, fica melhor ilustrada contra fundo escuro. Os dois tipos são fáceis de desenhar.

O conjunto de desenhos a seguir foi criado sobre cópia heliográfica em *negativo* e mostra um letreiro neon que também inclui algumas lâmpadas incandescentes, bem como microlâmpadas sobre a vegetação próxima.

1 **Atenue todas as linhas brancas, exceto as dos tubos neon.** Todas as linhas feitas com caneta de feltro e lápis ficam brancas na cópia em negativo. Para aumentar o contraste de valor entre a iluminação e os arredores, esmaeceram-se as linhas brancas restantes com hidrocor. Qualquer cinza escuro ou mesmo preto são adequados, desde que as imagens delineadas ainda possam ser reconhecidas. Na Figura 4-76, usou-se hidrocor *Cool Grey # 9 (Cool Grey 90%)* para esmaecer a estrutura de apoio do letreiro e a vegetação, e a hidrocor *French Grey 70%* atenuou todos os elementos do letreiro, com exceção dos tubos neon em si.

2 **Adicione lápis de cor de croma forte para colorir os tubos neon e o fundo dos mesmos.** Os tubos neon brancos podem ser coloridos com uma série de lápis de cor de croma forte e valor claro. A série de cores "-neon" da Prismacolor, tais como *Neon Red, Neon Orange,* etc., é ótima para isso. Nesta etapa, deve-se aplicar também lápis de cor sobre as letras e as partes metálicas do letreiro. Estas partes metálicas obviamente não serão tão claras como o neon, pois somente este tem fundo branco.

Na Figura 4-77, as letras em neon da palavra "Eat" foram coloridas com lápis *Deco Orange* e usou-se lápis *Carmine Red* e *Poppy Red* para colorir ao redor das outras letras. O lápis *Tuscan Red* foi usado nas laterais das letras os em seus "retornos".

Fig. 4-76

Fig. 4-77

A folha de alface em neon do hambúrguer e as mãos foram coloridas com lápis *Yellow Chartreuse* e a grande seta por trás da palavra "Eat" recebeu a cor *Jasmine*. Observe como as cores a lápis ficam muito mais apagadas quando usadas sobre a área preta da cópia.

Os lápis *Olive Green* e *Jasmine* foram aplicados rapidamente e bem de leve sobre a vegetação, usando a lateral da ponta para dar cor e textura.

3 **Adicione "halos" e coberturas leves; acrescente as microlâmpadas.** A luz neon é normalmente bem forte e lança um clarão de luz sobre suas imediações. Na Figura 4-78, as leves coberturas matizadas em lápis *Yellow Chartreuse, Deco Orange* e *White* foram feitas nas proximidades das luzes neon de mesma cor. Estas cores, mais o lápis *Pink*, também foram aplicadas sobre o calçamento e os passantes abaixo do letreiro.

O guache branco foi usado para criar a impressão de lâmpadas incandescentes transparentes sobre a grande seta atrás da palavra "Eat" e nas microlâmpadas nos arbustos.

Fig. 4-78

Acessórios de decoração

Os acessórios de decoração têm um efeito surpreendente em ambientes internos, bem como nas ilustrações de projeto. Obras de arte, livros, flores, peças em cerâmica e vasos, fruteiras, plantas, esculturas e velas, até mesmo lâmpadas e lareiras, oferecem oportunidade de serem transformados em foco de atenção e receber toques de cor. Eles dão um grau mais refinado ao ambiente, podendo enriquecê-lo e torná-lo mais interessante.

Quadros, pôsteres e fotografias (4-79, 4-80)

As artes gráficas em ambientes reais são itens que chamam a atenção. Parte do que confere a um quadro a capacidade de atrair a atenção dentro de um ambiente é sua riqueza de detalhes. Entretanto, em uma ilustração de projeto, seu objetivo é um pouco diferente. Sendo tarefa do projetista comandar a criação de um ambiente em sua totalidade, as imagens gráficas em uma ilustração de projeto são simplificadas, de modo que ocupem um lugar adequado dentro de um conceito maior.

1 **Aplique fundo com hidrocor sobre molduras e desenhos dos quadros.** Estas imagens podem ser imitação ou total invenção e são feitas apenas com a ponta da hidrocor (sem traçar linhas). A Figura 4-79 mostra como a técnica permite ao projetista criar rapidamente imagens e com pouca nitidez. A hidrocor *Pale Sepia (Goldenrod)* foi aplicada como fundo sobre a moldura dourada.

Fig. 4-79

2 **Acrescente detalhes.** Na Figura 4-80, aplicou-se lápis branco sobre a pintura acima da lareira, usando para isso um gabarito oval. Passou-se então uma leve cobertura de lápis *White* mais embaixo para criar um clarão oval de luz vindo do suporte embutido no teto. As cores da pintura foram levemente reforçadas com lápis de cor para evitar que pareçam muito lavadas pelo branco e cuidando para manter as cores dentro do clarão oval de luz com valor mais *claro* do que aquelas que estão fora dele.

O *passe-partout* branco ao redor da pintura foi colorido com hidrocor *Sand (Sand)* e escurecido no alto com hidrocor *French Grey 70%*. Os lápis *Jasmine* e *Yellow Ochre* foram usados para dar cor à moldura, que também recebeu alguns toques de realce com guache branco.

Os *passe-partouts* brancos dos quadros à direita foram temperados com lápis *Cream* e *Cloud Blue*.

As hidrocores *French Grey 30%* e *10%* criaram os sombreados difusos atrás e abaixo dos quadros.

Fig. 4-80

Acessórios diversos (4-81, 4-82, 4-83)

Livros, flores, plantas, fruteiras e diversos tipos de objetos em cerâmica são acessórios comuns em ambientes internos. Leva-se bastante tempo para desenhá-los, mas é importante incluí-los nas ilustrações para dar um certo nível de movimento e realismo às suas idéias e torná-las mais plausíveis.

1 **Onde necessário, escureça o fundo, tornando os acessórios mais visíveis.** Na maioria dos casos, o sombreado difuso dará maior presença aos acessórios. Na Figura 4-81, as hidrocores *French Grey 90%, 50%, 30%* e *10%* foram usadas para criar estes sombreados difusos. É claro que se pode usar outras cores de hidrocor nesta etapa, dependendo das cores locais das superfícies sobre as quais se formam estas sombras.

Às vezes, o fundo dos acessórios tem que ser escurecido para dar maior ênfase aos acessórios em si. Observe, por exemplo, como as portas atrás do vaso de tulipas sobre a mesa vão escurecendo gradativamente. Assim, as tulipas parecem um pouco mais nítidas na ilustração já terminada.

2 **Aplique base com hidrocor.** Na Figura 4-82, as cores de base já foram acrescentadas. Sobre as prateleiras de livros e armários foram usadas as hidrocores *Sand (Sand), Naples Yellow (Eggshell), Sunset Pink (Deco Pink), Kraft Brown (Light Tan)* e *Burnt Sienna (Terra Cotta)*. A cor azul foi feita com hidrocor *Pale Indigo (Cloud Blue)*. O vaso grande em primeiro plano recebeu uma base com hidrocor *Pale Sepia (Goldenrod),* e o vaso menor, uma mistura de *Willow Green (Lime Green)* e *Pale Indigo (Cloud Blue)*. Estas cores também foram usadas aleatoriamente sobre os livros.

3 **Acrescente detalhes a lápis; crie realces.** Nesta fase, pode-se usar lápis de cor para acrescentar pequenos detalhes, cores mais brilhantes e mudar as cores de base. Na Figura 4-83, usaram-se os lápis *Cool Grey 50%* e *30%* para esmaecer o verde da estante de livros; lápis *Black* nos cantos mais escuros entre os livros e atrás deles; *Carmine Red* e *Jasmine* nas flores; *Yellow Chartreuse* e *Limepeel* nas folhas das tulipas; toques de *Celadon Green* e *Blue Slate* para temperar algumas pedras da lareira; *Olive Green* e *Limepeel* para colorir a planta à direita; *Poppy Red, Jasmine* e *Black* sobre os livros. As maçãs foram coloridas com *Poppy Red* e *Tuscan Red*, e as pêras, com *Limepeel* e *Jasmine*. Aplicou-se lápis *White* e *Jasmine* nos dois vasos em primeiro plano, e *Deco Aqua* sobre o vaso com tulipas sobre a mesa e nas garrafas sobre o balcão.

Usou-se um pouco de guache branco para fazer alguns realces sobre as frutas e o pequeno abajur à esquerda da lareira, bem como sobre as flores em cima do aparador da lareira e a planta à direita.

Fig. 4-83

Lareira acesa (4-84, 4-85)

1 **Faça o contorno das chamas; escureça os arredores.** Na Figura 4-84, as chamas foram levemente esboçadas a lápis. A área preta de fuligem ao redor delas foi escurecida com hidrocor preta e caneta Pilot Razor Point: lareira, achas de lenha em primeiro plano e grelha de ferro. As paredes internas da lareira foram escurecidas com hidrocor *French Grey 50%*.

   Com os arredores mais escuros, as chamas parecem mais vivas. Observe as pequenas chamas soltas acima das chamas principais.

2 **Aplique lápis de cor sobre as chamas, a lareira e a soleira da mesma.** Na Figura 4-85, usou-se lápis *Neon Orange* nas bordas externas das chamas e deu-se uma leve cobertura da mesma cor nos lados das paredes e da soleira da lareira. O lápis *Cannary Yellow* foi matizado a partir da cor *Neon Orange* até o centro das chamas, o qual foi deixado branco. O lápis *Yellowed Orange* foi usado para fazer uma leve cobertura sobre o limite entre as bordas das chamas e o fundo preto, dando um brilho sutil ao fogo.

Fig. 4-84

Fig. 4-85

MATERIAIS EXTERNOS

Você vai notar que a discussão e a ilustração de materiais para cenas externas não são divididas em materiais usados em "arquitetura" e os usados em "paisagismo". Ao contrário, eles fazem parte de grupos similares àqueles usados nos materiais de interiores: materiais para o plano do chão, da parede (e janelas) e telhados/céu.

Há dois motivos para agrupá-los desta forma: primeiro, os materiais para arquitetura e paisagismo coexistem, ou seja, os materiais para paisagismo são tão importantes quanto as superfícies arquitetônicas na composição adequada de formas e ambientes externos. As melhores equipes de projeto têm facilidade em usar ambos para criar ambientes exteriores exemplares. Em segundo lugar, pelo fato de que as áreas de arquitetura e paisagismo são comumente divididas em disciplinas separadas, os professores, os profissionais e, em especial, os meios de comunicação às vezes tendem a dar maior ênfase a uma área em detrimento da outra. As duas áreas são meramente divisões em um esforço maior e mais importante com o qual o projetista se depara ao criar ambientes aconchegantes para as pessoas. A forma de abordar a organização do material que se segue é apenas uma maneira de dar o devido reconhecimento a este fato.

Materiais para pisos

Como no caso de paredes e telhados, os materiais para pisos também não precisam ser muito detalhados. Os detalhes só devem ser feitos em primeiro plano e ficam cada vez mais simples à medida que se afastam dele.

CALÇAMENTO

Tijolo (4-86, 4-87)

Esta ilustração mostra um piso de tijolo em padrão espinha de peixe. Veja como o desenho perde a nitidez à medida que se afasta do primeiro plano.

1 **Aplique base com hidrocor.** Aplicou-se hidrocor *Redwood (Sienna Brown)* em pinceladas na direção dos pontos de fuga de 45° no horizonte.

Para determinar os pontos de fuga de 45°, desenhe um quadrado simples sobre o caminho usando os pontos de fuga do desenho. Aqui, o ponto de fuga está no centro e "H" indica a linha do horizonte. Desenhe linhas diagonais através dos cantos opostos do quadrado e prolongue-os até a linha do horizonte. Nesta ilustração, você poderá notar setas em cada lado do caminho, já que os pontos de fuga de 45° situam-se fora dos limites do desenho.

Aplicando a hidrocor em pinceladas em direção a estes pontos de fuga (primeiro um, depois o outro), criou-se uma leve textura gradeada em diagonal sobre a área do caminho. Também foram acrescentados alguns toque de hidrocor *Willow Green (Lime Green)* e *Pale Indigo (Cloud Blue)*, da mesma forma, para diminuir o croma da hidrocor base (4-86). Veja como a aplicação de hidrocor começa a parecer-se com tijolo.

2 **Acrescente sombra com hidrocor.** Aqui usou-se *Burnt Umber (Dark Umber)* para fazer a sombra.

3 **Desenhe as juntas do piso.** A Figura 4-87 mostra o material terminado. O desenho no padrão espinha de peixe propriamente dito foi desenhado só em primeiro plano, com lápis 0,5 mm de grafite 2H. Este desenho consome bastante tempo e, portanto, se você não precisa transmitir o padrão em detalhes, é melhor evitar reproduzi-lo com exatidão. Em vez disso, use o desenho de traçado diagonal, que se vê logo atrás, traçando as linhas em direção aos mesmos pontos de fuga de 45° citados anteriormente. Observe que na sombra foi usado lápis *French Grey 30%* para dar continuidade ao desenho.

DESENHO A CORES | 135

Calçamentos de pedra (4-88, 4-89)

Existem calçamentos de pedra em diversos materiais, cores e desenhos. Aqui vamos ilustrar um calçamento em arenito rosa e cinzento. Selecione a cor de hidrocor e lápis de cor de acordo com os materiais que pretende ilustrar.

1 **Aplique a base com hidrocor**, inclusive as sombras. Na Figura 4-88, a hidrocor *Buff (Brick Beige)* foi usada como cor principal para o arenito rosa (em primeiro plano), e as hidrocores *Sunset Pink (Deco Pink)*, *Sand (Sand)* e *Pale Cherry (Mineral Orange)* deram os toques para variar as cores. A hidrocor *Kraft Brown (Light Tan)* foi usada para fazer a sombra.

O arenito cinzento foi feito com hidrocor *Cool Grey # 1 (Cool Grey 10%)* e toques de *Buff (Brick Beige)* e *Sunset Pink (Deco Pink)*, e sua sombra foi feita com as hidrocores *Cool Grey # 3 (Cool Grey 30%)* e *Sunset Pink (Deco Pink)*.

2 **Atenue a cor** (se necessário). Se o croma das cores do piso estiver muito forte, você pode atenuá-las com hidrocor, lápis de cor ou pastel, em cores complementares.

Neste exemplo, as cores das hidrocores usadas no arenito cinzento foram suavizadas com uma leve aplicação de pastel seco *Light Oxide Red 339.9* esfregado com camurça, e, no piso de arenito rosa, usou-se pastel seco *Ultramarine Deep 506.9*.

3 **Dê os toques finais.** A Figura 4-89 mostra o calçamento já terminado. O lápis *Black* foi usado com diferentes intensidades de pressão para criar juntas entre as lajes de arenito. O lápis *Olive Green* foi usado para dar a impressão de inço brotando entre as lajes (musgo, limo, grama, etc.). O mesmo lápis *Black* foi usado, com pressão mais forte, para criar as juntas mais estreitas entre as lajes de arenito cinzento.

Fig. 4-86

Fig. 4-87

136 | Elementos, materiais e acabamentos

Fig. 4-88

Fig. 4-89

Concreto, comum e decorativo (4-90, 4-91)

1 **Aplique base com hidrocor.** Na Figura 4-90, a hidrocor *French Grey 10%* foi aplicada sobre as áreas ensolaradas da floreira e do banco redondo de concreto comum. Os lados sombreados destes elementos foram escurecidos com hidrocor *French Grey 20%* e *30%*.

A hidrocor *Buff (Brick Beige)* foi usada para as áreas claras do desenho do piso, e a hidrocor *Sand (Sand)* foi aplicada sobre os segmentos ligeiramente mais escuros. Os pequenos desenhos triangulares no piso foram feitos com hidrocor *Pale Lime (Jade Green)*.

A hidrocor *French Grey 30%* foi usada para aplicar a sombra da copa da árvore tanto sobre o concreto comum como o decorativo, e a hidrocor *French Grey 40%*, para escurecer estas sombras somente nas áreas coloridas com hidrocor *Sand (Sand)*.

2 **Acrescente os detalhes.** Aplicou-se um pouco de lápis pastel *Schwan Stabilo # 675* sobre as áreas coloridas de concreto decorativo com hidrocor *Sand (Sand)* na Figura 4-91, esfregando-se com o dedo e depois com camurça. As sombras nestas áreas foram escurecidas com lápis *Burnt Ochre,* e as sombras nas áreas mais claras foram temperadas com lápis *Peach*.

O concreto decorativo em primeiro plano foi texturizado em um desenho aleatório com lápis 0,5 mm de grafite 2H. Ele também foi pontilhado com o mesmo lápis e caneta Pilot Razor Point.

As áreas ensolaradas de concreto comum foram temperadas com lápis *Light Peach* e as sombreadas com lápis *Light Cerulean Blue*.

Fig. 4-90

Fig. 4-91

GRAMA E COBERTURA VEGETAL

Gramados (4-92, 4-93)

1 **Aplique base com hidrocor.** Na Figura 4-92, as hidrocores *Light Olive (Leaf Green)* e *Sand (Sand)* foram aplicadas sobre as áreas gramadas ao sol, e a hidrocor *Dark Olive (French Grey 80%)* foi usada para criar as sombras. Observe que as hidrocores foram aplicadas paralelamente às linhas auxiliares feitas para indicar o contorno do terreno. As folhas caídas, criadas com leves pinceladas de hidrocor *Kraft Brown (Light Tan)* e *Burnt Ochre (Dark Umber)*, foram desenhadas mais densamente nos recessos e fendas das pedras.

2 **Acrescente textura e realces.** Aplicou-se caneta Pilot Razor Point sobre as áreas sombreadas em movimentos verticais para cima e para baixo e paralelamente às linhas auxiliares, conforme mostrado na Figura 4-93. Depois de temperar as áreas ao sol com lápis *Cannary Yellow*, aplicou-se lápis *Cream* sobre as áreas ao sol em primeiro plano, novamente com movimentos para cima e para baixo e seguindo as linhas auxiliares. Estes movimentos esmaecem em direção ao fundo e são gradativamente substituídos por um movimento amplo de lápis *Cream*, seguindo as linhas auxiliares. O lápis *Lilac* foi usado para temperar o gramado ao fundo, diminuindo gradualmente na distância. O lápis *Olive Green* foi usado para temperar as áreas ao sol e na sombra com movimentos amplos de sobedesce. As folhas sobre o chão foram reforçadas com lápis *Burnt Ochre* e *Jasmine*, e uma minúscula sombra foi feita sob cada folha com uma caneta Pilot Razor Point.

Fig. 4-92

Fig. 4-93

Encostas e declives (4-94, 4-95, 4-96)

1 **Faça o desenho a traço.** Como mostra a Figura 4-94, as linhas principais devem ser traçadas primeiro, em curvas suaves e de tal forma que não sejam visíveis no desenho final.

2 **Adicione linhas auxiliares e aplique base com hidrocor.** As linhas auxiliares bem finas correm quase que perpendicularmente ao eixo das encostas, em curvas suaves e uniformes. Como as áreas são cobertas de grama, aplicou-se hidrocor *Light Olive (Leaf Green)* e *Sand (Sand)*, seguindo as linhas auxiliares, como mostra a Figura 4-95. A hidrocor *Dark Olive (French Grey 80%)* foi usada para indicar a sombra de árvores que se forma no lado direito do desenho. Observe como as sombras se moldam ao terreno.

3 **Acrescente realces, sombreados e textura.** Na Figura 4-96, usaram-se as mesmas técnicas de acabamento do desenho como na Figura 4-93. O lápis *Olive Green* foi usado para escurecer a depressão ao fundo e o lápis *Cream* foi usado no lado da colina. O valor matizado resultante dá uma sensação de volume às áreas do terreno e também de contraste a elas.

Fig. 4-94

Fig. 4-95

Fig. 4-96

Cobertura vegetal (4-97, 4-98)

1 **Aplique base com hidrocor.** Na Figura 4-97, a hidrocor *Olive (Olive Green)* foi aplicada sobre o chão em movimento horizontal e em curva para dar a impressão de paquissandro. Os espaços em branco deixados entre as pinceladas de hidrocor *Olive (Olive Green)* foram pintados com hidrocor *Yellow Green (Limepeel)*. À direita do paquissandro, foram feitas folhas de íris com hidrocor *Yellow Green (Limepeel)*, seguido de hidrocor *Pale Indigo (Cloud Blue)*. Um pouco além, entre as pedras (bem como entre as pedras mais ao fundo junto ao pavilhão), aplicou-se hidrocor *Willow Green (Lime Green)* sobre a vegetação baixa.

As plantas aquáticas foram coloridas com um toque ascendente de hidrocor *Yellow Green (Limepeel)*, e a hidrocor *Olive (Olive Green)* criou a cor mais escura na base das mesmas.

Acima das plantas aquáticas, à esquerda, foi feito um pontilhado com a ponta de hidrocor *Olive (Olive Green)* para criar vegetação com aspecto de vinca. Veja que foram deixadas áreas em branco entre os pontos de verde.

Tanto o gramado em primeiro plano como aquele ao fundo devem dar a impressão de ser capim levemente azulado e mostram uma técnica

Fig. 4-97

mais rápida de desenhar gramados do que aquela das Figuras 4-92 a 4-94. Aplicou-se *Yellow Green (Limepeel)* em amplos movimentos horizontais, seguido de hidrocor *Pale Indigo (Cloud Blue)* aplicada da mesma forma. As sombras sobre a grama foram feitas com hidrocor *Olive (Olive Green)*.

As pequenas pinceladas verticais ao fundo são hastes de flores, feitas com hidrocor *Olive (Olive Green)*, seguido de *Pale Indigo (Cloud Blue)*.

2 Acrescente detalhes. Na Figura 4-98, a hidrocor *Black* foi aplicada sobre a cobertura de paquissandro em primeiro plano para dar-lhe profundidade. As hidrocores *French Grey 50%, 30%* e *10%* e *Black* foram aplicadas entre as folhas de íris à direita.

As hidrocores *Yellow Ochre* e *Jasmine* foram usadas para realçar as flores amarelas, respectivamente ao centro e à esquerda do grupo de pedras. Os espaços em branco foram preenchidos com lápis *Pink* para criar as flores no arbusto logo acima.

A hidrocor *Black* também foi acrescentada sobre as plantas aquáticas com um rápido movimento ascendente com a ponta da hidrocor. Este movimento foi usado para criar as plantas em sombra e silhueta.

Foram acrescentadas "flores" com lápis *Blue Slate* sobre os espaços em branco entre as folhas de vinca, logo acima da planta aquática à esquerda.

O lápis *Poppy Red* foi aplicado sobre a massa vegetal ao fundo para criar a impressão de tulipas.

Fig. 4-98

ARBUSTOS

Arbustos de folhas caducas (4-99, 4-100)

Os arbustos mostrados aqui são indicações gerais e não têm a pretensão de sugerir tipos específicos de plantas. No entanto, é possível desenhar arbustos bem específicos usando estas mesmas técnicas e imitando suas características, formatos e coloração.

1 **Aplique base com hidrocor.** Na Figura 4-99 são mostrados arbustos de diversas cores; sobre cada um deles foi aplicada base com a ponta da hidrocor, sob forma de pontilhado:

(1) hidrocor *Light Olive (Leaf Green)* e *Olive (Olive Green)*
(2) hidrocor *Slate Green (Teal Blue)* e *Cool Grey # 7 (Cool Grey 70%)*
(3) hidrocor *Yellow Green (Limepeel)* e *Olive (Olive Green)*

A hidrocor *Cool Grey # 9 (Cool Grey 90%)* foi pontilhada sobre todos os arbustos para criar as áreas mais escuras, e a hidrocor *Dark Olive (French Grey 80%)* foi usada para indicar as sombras sobre a grama.

Fig. 4-99

2 **Crie realces, sombreados e contrastes.** A Figura 4-100 mostra o desenho pronto. O lápis *Apple Green* foi usado sobre as áreas do arbusto ao sol (1) e aplicou-se lápis *Cream* sobre ele. O lápis *Pink* foi usado para fazer as flores. Uma leve cobertura matizada foi passada sobre a cerca atrás do arbusto, fazendo-o sobressair-se devido ao contraste.

As folhas ao sol do arbusto (2) receberam uma leve cobertura de lápis *Olive Green* e também foram clareadas com lápis *Cream*. O lápis *Indigo Blue* foi aplicado sobre as partes na sombra. Os galhos nus foram desenhados com lápis *French Grey 20%*.

As partes mais claras das folhagens do arbusto (3) foram coloridas com lápis *Jasmine* e clareadas com lápis *Cream*. O lápis *White* foi usado para as flores brancas. Movimentos verticais com caneta Pilot Razor Point deram textura às sombras dos arbustos sobre a grama.

3 **Faça pontilhados para dar textura.** O pontilhado sobre os arbustos foi feito com caneta Pilot Razor Point para se obter maior textura.

Fig. 4-100

Arbustos de folhagem perene (4-101, 4-102)

Nas próximas etapas, serão ilustrados dois tipos de arbustos perenes bem típicos: o junípero e o pinheiro.

1 **Aplique base com hidrocor.** A cor *Slate Green (Teal Blue)* foi aplicada sobre os juníperos, usando a ponta da hidrocor para fazer pinceladas em leque, como se pode ver na Figura 4-101. Os pinheiros à direita foram desenhados com a parte larga da hidrocor *Olive (Olive Green)*. Usou-se aqui também a ponta da hidrocor em rápidos movimentos ascendentes a partir do centro do arbusto.

2 **Adicione realces, textura e sombreado.** Na Figura 4-102, os juníperos ao lado e atrás da fonte são mostrados com suas cores de verão. Aplicou-se lápis *Cream* e, por cima, *White* sobre as áreas ensolaradas de cada arbusto, com movimentos para cima e bem rápidos para manter o formato pontiagudo dos ramos. O lápis *Terra Cotta* foi passado sobre os lados

Fig. 4-101

sombreados para atenuar um pouco a cor forte da hidrocor (e para repetir a cor do tijolo). A caneta Pilot Razor Point foi usada para criar as áreas escuras em cada arbusto, e ela também foi passada rapidamente com movimentos ascendentes e usada para fazer pontilhados sobre os arbustos, dando assim maior textura. Os juníperos em frente à fonte no centro inferior do desenho são mostrados com sua folhagem de inverno, semelhante às cores de um junípero de Andorra (*Juniperus horizontalis plumosa*). Cada arbusto recebeu uma leve cobertura de lápis *Terra Cotta* e *Greyed Lavender* com o lápis *White* passado rapidamente para cima nas áreas ensolaradas. A caneta Pilot Razor Point foi usada para fazer o pontilhado e criar uma textura mais escura. Os arbustos de pinho à direita são parecidos com o pinheiro do tipo *mugo* (*Pinus mugo mughis*). As agulhas ao sol foram realçadas com lápis *Jasmine* e *White* passados rapidamente para fora a partir dos ramos verticais curvos (desenhados com caneta Pilot Razor Point), e as agulhas escuras na sombra foram desenhadas com caneta Pilot Razor Point, usando o mesmo tipo de movimento.

Fig. 4-102

ÁGUA

Águas tranqüilas, primeiro plano (4-103 a 4-106)

Esta ilustração foi feita sobre papel heliográfico sépia com fundo tonalizado.

1 **Aplique cor sobre a água por último.** A única exceção a isso é a vegetação em primeiro plano, pois ela terá que ser desenhada sobre a água já terminada (4-103).

Fig. 4-103

2 **Acrescente a cor base para a água; faça o contorno dos reflexos.** Na Figura 4-104, a hidrocor *Olive (Olive Green)* foi usada para fazer a cor de base da água com pinceladas horizontais. Para fazer essa base, deve-se escolher uma hidrocor em cor de valor médio de modo que tanto os reflexos claros como os escuros sejam visíveis, apesar de o matiz poder variar desde azul, verde ou marrom até cinza. Para os contornos dos reflexos, usou-se lápis *White*, traçando primeiro linhas retas para garantir maior precisão; depois estas linhas foram onduladas para indicar o leve movimento da água.

Fig. 4-104

3 **Desenhe os reflexos com lápis de cor.** A Figura 4-105 mostra os reflexos sendo desenhados nas mesmas cores de lápis utilizadas para traçar as formas em si. A pressão exercida sobre o lápis deve ser de leve a média, e as cores dos reflexos devem ter um valor ligeiramente mais baixo e croma mais fraco que as cores das formas verdadeiras. Isso acontece automaticamente, pois são utilizadas sobre a cor de base, feita com hidrocor *Olive (Olive Green)*. Os reflexos foram temperados com lápis *Olive Green* para dar efeito da água esverdeada.

Fig. 4-105

4 **Acrescente o reflexo do céu.** Para aplicar a cor refletida do céu sobre a água na Figura 4-106, usou-se lápis *White* em leves linhas onduladas. Observe que este reflexo fica mais claro em direção ao horizonte à medida que o ângulo de visão se torna mais oblíquo. Os lápis *Greyed Lavender* e *Blue Slate* foram usados para temperar a cor do reflexo do céu.

Fig. 4-106

Espelho d'água, segundo plano (4-107, 4-108, 4-109)

1 **Aplique primeiro a cor sobre o ambiente ao redor da água.** A Figura 4-107 mostra o ambiente já colorido.

2 **Desenhe os reflexos sobre a água.** Primeiro, são desenhados (invertidos) aqueles elementos que tocam a superfície da água (4-108). Observe que seu reflexo é levemente mais escuro que as formas em si. Nesta ilustração, os reflexos da borda do caminho e das pedras na água foram desenhados com hidrocor *French Grey 20%, Cool Grey # 2 (Cool Grey 20%)* e *Buff (Brick Beige)*. As plantas aquáticas vêm em último lugar, pois serão desenhadas com lápis de cor; os lírios d'água não têm reflexo, pois estão boiando sobre a água.

A vegetação que fica além da água é desenhada logo a seguir, com hidrocor *Dark Olive (French Grey 80%)*. Para definir quais elementos serão refletidos na água, inverte-se o desenho no ponto onde sua base é cortada por uma extensão imaginária do plano da água. Por exemplo, a pequena área de vegetação que corta os troncos das três árvores no centro da ilustração aparece refletida na água. Isso foi calculado pelo método de tentativa e erro, usando um compasso com uma das pontas apoiada sobre a interseção aproximada da base dos troncos com o plano da água, enquanto que a outra ponta do compasso toca a área de vegetação. Gira-se esta ponta para ver se toca sobre a água, enquanto que a outra ponta permanece fixa. Constatando-se que esta ponta toca a água, pode-se então desenhar a forma invertida da área de vegetação sobre a água, usando a hidrocor mencionada anteriormente. Com esta técnica, pode-se rapidamente definir quais os reflexos que devem ser desenhados.

3 **Acrescente os toques finais.** Na Figura 4-109, a hidrocor *Cool Grey # 2 (Cool Grey 20%)* foi acrescentada sobre a água, escurecendo o reflexo do calçamento de pedras e as áreas que permaneciam em branco. Depois, usou-se hidrocor *Cool Grey # 3 (Cool Grey 30%)* para escurecer o reflexo do caminho em relação à água.

O lápis *Cloud Blue* alterou o reflexo do céu, e os lápis *Black, Limepeel* e *Yellow Chartreuse* criaram os reflexos das plantas aquáticas. O lápis *Cool Grey 10%* fez as ondulações da água em volta delas.

Fig. 4-107

Fig. 4-108

DESENHO A CORES | 151

Fig. 4-109

Elementos, materiais e acabamentos

Água corrente (4-110 a 4-113)

A maneira mais fácil de desenhar água corrente é sobre papel colorido (heliográfico, papel manteiga ou Canson). Dessa forma, a água pode ser desenhada com lápis de valor claro. Nesse sentido, fotos de água corrente são ótimas fontes de referência.

Esta ilustração foi feita sobre papel heliográfico sépia com fundo tonalizado.

1 **Desenhe primeiro o ambiente ao redor da água.** Na Figura 4-110, deixou-se uma área para desenhar o chafariz e a cascata.

Fig. 4-110

2 **Desenhe o chafariz e a cascata.** O jorro de água foi desenhado com lápis *White* (4-111) e o lápis *Warm Grey 30%* foi acrescentado aos seus sombreados, temperando-o com lápis *Blue Slate* (uma das cores usadas para fazer o céu), o que indica os reflexos do céu.

Fig. 4-111

3 **Desenhe a superfície do lago e a água respingando sobre ela.** A hidrocor *Slate Green* foi usada como base para a água no lago e cuidadosamente aplicada ao redor dos "fios" de água que caem do alto. Os lápis *Copenhagen Blue* e *Peacock Green*, usados sobre o céu e a vegetação, foram usados para temperar a cor da hidrocor.

O lápis *White*, usado em movimentos ascendentes (4-112), criou o efeito de água respingando sobre o lago, e o lápis *Blue Slate* temperou a cor da água que está respingando.

Os reflexos foram feitos com lápis *Light Peach* e *Dark Umber* sobre as áreas mais calmas da superfície da água. E, mais uma vez, usou-se lápis *White* para fazer as ondulações nas partes mais calmas da água.

Fig. 4-112

4 **Acrescente os brilhos.** A Figura 4-113 mostra a água já terminada. Traços retos de guache branco foram aplicados sobre as colunas de água. Nas áreas mais calmas do lago, foram feitas linhas onduladas, e as zonas mais agitadas também foram pontilhadas com guache branco, como o alto do esguicho do chafariz e os respingos sobre o lago.

Fig. 4-113

Elementos, materiais e acabamentos

Pedras (4-114, 4-115, 4-116)

1 **Desenhe a área ao redor das pedras.** As pedras em geral estão aninhadas no meio de outros materiais, como terra, vegetação e outras pedras (4-114), de forma que sua base normalmente parece reta ou cortada por estes materiais.

Fig. 4-114

2 **Aplique a cor de base.** Na Figura 4-115, as cores destas pedras de arenito foram feitas com um mistura de hidrocores *Sunset Pink (Deco Pink)* e *Buff (Brick Beige)*. É obvio que as pedras podem ser feitas em uma ampla gama de cores, de modo que a escolha das cores de base para ilustrá-las deve levar em conta a zona geológica na qual se insere seu projeto.

Fig. 4-115

3 **Acrescente sombreados, fendas, rachaduras e textura.** A Figura 4-116 mostra as pedras já prontas. Pinceladas de hidrocor *Kraft Brown (Light Tan)* e *French Grey 40%* foram aplicadas rapidamente, usando a face mais larga da ponta para criar sombreados, rachaduras e fendas. As áreas mais escuras das sombras foram feitas com hidrocor *French Grey 70%*.

Para pontilhar os liquens sobre as pedras em primeiro plano, usou-se uma mistura de hidrocor *Willow Green (Lime Green)* e *French Grey 20%*, e, para dar um pouco de textura às pedras, passou-se uma leve cobertura de lápis *Burnt Ochre* nas faces ao sol e lápis *French Grey 70%* nos lados na sombra. O pontilhado em primeiro plano foi feito com uma caneta Pilot Razor Point.

Fig. 4-116

Projetos de paisagismo (4-117 a 4-120)

Um projeto é uma obra intelectual que representa uma visão de um produto local que raramente ou quase nunca é visto pela maioria dos usuários. É um instrumento utilizado para transmitir informações conceituais sobre um determinado local: dados sobre áreas de uso, suas formas e dimensões e suas relações entre si e com a paisagem como um todo. Ele pode ilustrar idéias sobre circulação, sobre a relação entre estruturas e a paisagem e sobre quais materiais – vegetação e arquitetura – têm relação com o plano básico. Pode até mesmo definir a distribuição da iluminação.

Apesar de o projeto não ser uma vista "real" de um determinado local, ainda assim ele pode fornecer dados sobre o ambiente e a atmosfera desse local, através do uso de cores, sombras, desenhos e texturas. Estas informações adicionais complementam o projeto e incluem algumas características específicas.

A cor não só deixa as diferenças funcionais de um projeto mais visíveis, como também pode ser usada para ilustrar os tipos dos materiais, seus desenhos e sua textura, usados sobre os pisos, gramados, arbustos, árvores e veículos. Os sombreados dão idéia de tridimensionalidade e o projeto torna-se um instrumento para transmitir informação e experiência.

No entanto, o mais importante é que, ao fornecer informações por meio de cor, desenhos, texturas e sombreados, o projetista estimula sua compreensão e a participação no projeto de um ambiente por parte de seus colegas projetistas e não-projetistas.

Não existe apenas uma técnica correta para as cores dos projetos. Pode-se usar qualquer combinação de cores, desde que haja uma diferenciação adequada entre os elementos e os materiais, caso o projetista assim o desejar. O projeto ilustrado aqui utiliza principalmente cores de valores médios a altos para que o traçado continue visível. Observe também que, pelo uso de menor número de cores, mas em diversas combinações, o esquema cromático resultante transmite unidade.

1 **Aplique base com hidrocor.** Na Figura 4-117, as hidrocores *Willow Green (Lime Green)* e *Naples Yellow (Eggshell)* foram usadas sobre as áreas gramadas, e a hidrocor *Olive (Olive Green)*, sobre a cobertura do solo próximo à construção. Observe que se pode usar uma cor bem escura, como o verde-oliva, sobre aquelas áreas onde não serão inseridas quaisquer observações.

A seguir, usaram-se as cores de hidrocor para definir a grande variedade de materiais de pavimentação (4-118). Para a área de pavimentação em tijolo já existente, localizada na parte inferior do desenho, foi usada hidrocor *Redwood (Sienna Brown)* como base. A hidrocor *French Grey 10%* foi usada para definir a pavimentação em concreto já existente nas laterais superiores à esquerda e à direita. Uma mistura de *Sunset Pink (Deco Pink)* e *Naples Yellow (Eggshell)* foi usada para a pavimentação em arenito local e como material de base ao redor da fonte central e dos monumentos. Os passeios na parte central do projeto foram coloridos com hidrocor *Buff (Brick Beige)*, indicando concreto colorido.

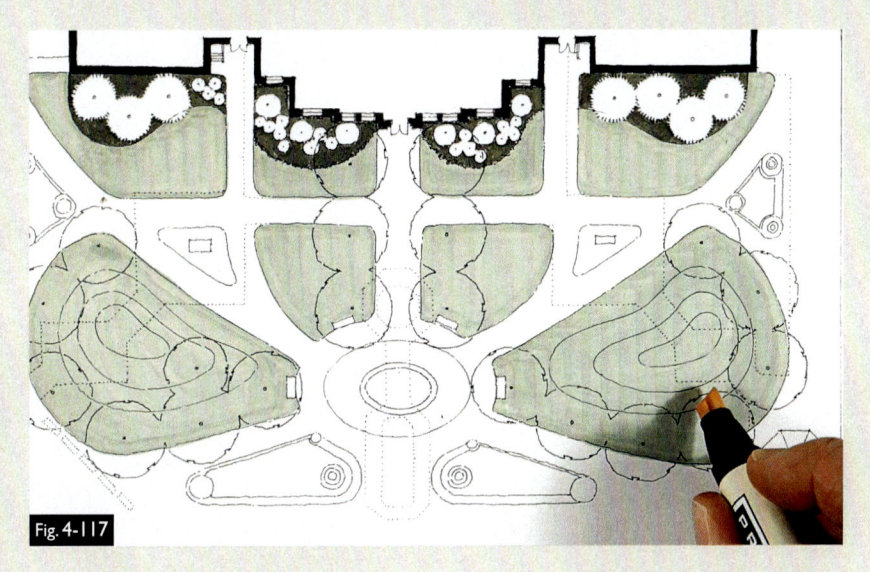

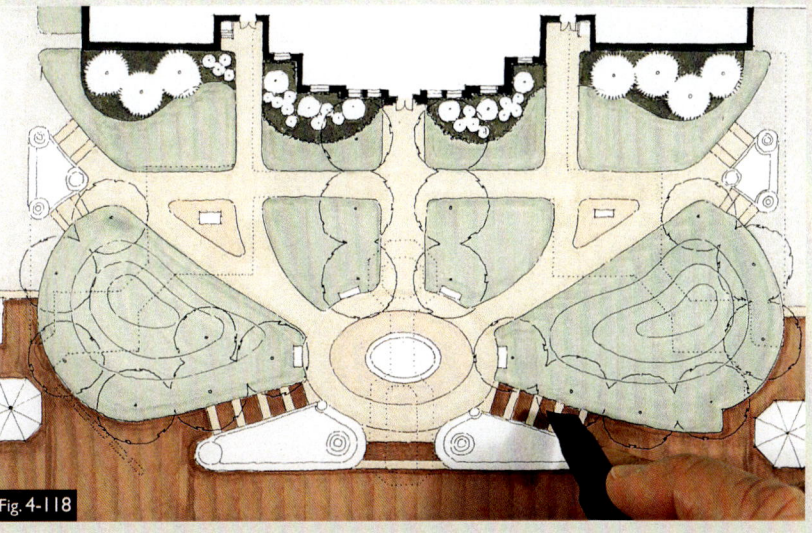

Fig. 4-117

Fig. 4-118

Elementos, materiais e acabamentos

Se você estiver ilustrando um projeto com material de pavimentação uniforme, sua cor pode ser a própria cor do papel, o que economiza bastante tempo.

Na Figura 4-119, aplicou-se cor sobre os elementos restantes. Sobre as coníferas em cima, à esquerda e à direita, usou-se uma mistura de hidrocor *Willow Green (Lime Green)* e *Pale Indigo (Cloud Blue)*; uma mistura de *Pale Indigo (Cloud Blue)* e *Sunset Pink (Deco Pink)* para os arbustos menores; e, para os arbustos maiores, misturou-se hidrocor *Sand (Sand)* e *Flesh (Salmon Pink)*.

As flores azuladas foram feitas usando-se lápis *Blue Violet Lake # 27* da Derwent e *Blue Slate*; sobre as flores restantes, usaram-se os lápis *Poppy Red* e *Spanish Orange*.

As árvores foram coloridas com hidrocor *Yellow Green (Limepeel)*, mantendo-se, assim, a transparência. A cor base da água na fonte ao centro foi feita com uma mistura de hidrocor *Willow Green (Lime Green)* e *Pale Indigo (Cloud Blue)*.

2 **Atenue as cores; acrescente sombras, detalhes e observações.** Seguidamente, você irá observar que a composição de cores em seu projeto terá que ser corrigida depois de aplicadas as cores de base com hidrocor. Na Figura 4-119, o tijolo aparece muito forte e escuro. Da mesma forma, o croma das árvores também está muito forte.

Na Figura 4-120, obteve-se um maior equilíbrio entre os valores e o croma das cores. O tijolo ao sol foi esmaecido com lápis *French Grey 20%*. Isto diminuiu o croma da cor base de hidrocor, clareou seu valor e criou textura. A sombra sobre o tijolo foi aplicada com hidrocor *Burnt Umber (Dark Umber)* e depois temperada com lápis *Blue Violet Lake # 27* da Derwent.

As outras sombras do desenho foram primeiro feitas com hidrocor *Pale Indigo (Cloud Blue)* e depois modificadas com uma gama de lápis de cor, dependendo de sobre qual superfície elas incidem.

O passeio em concreto colorido recebeu uma leve cobertura de lápis *Peach*, e as áreas em arenito, uma leve cobertura de lápis *Peach* e *Burnt Ochre*.

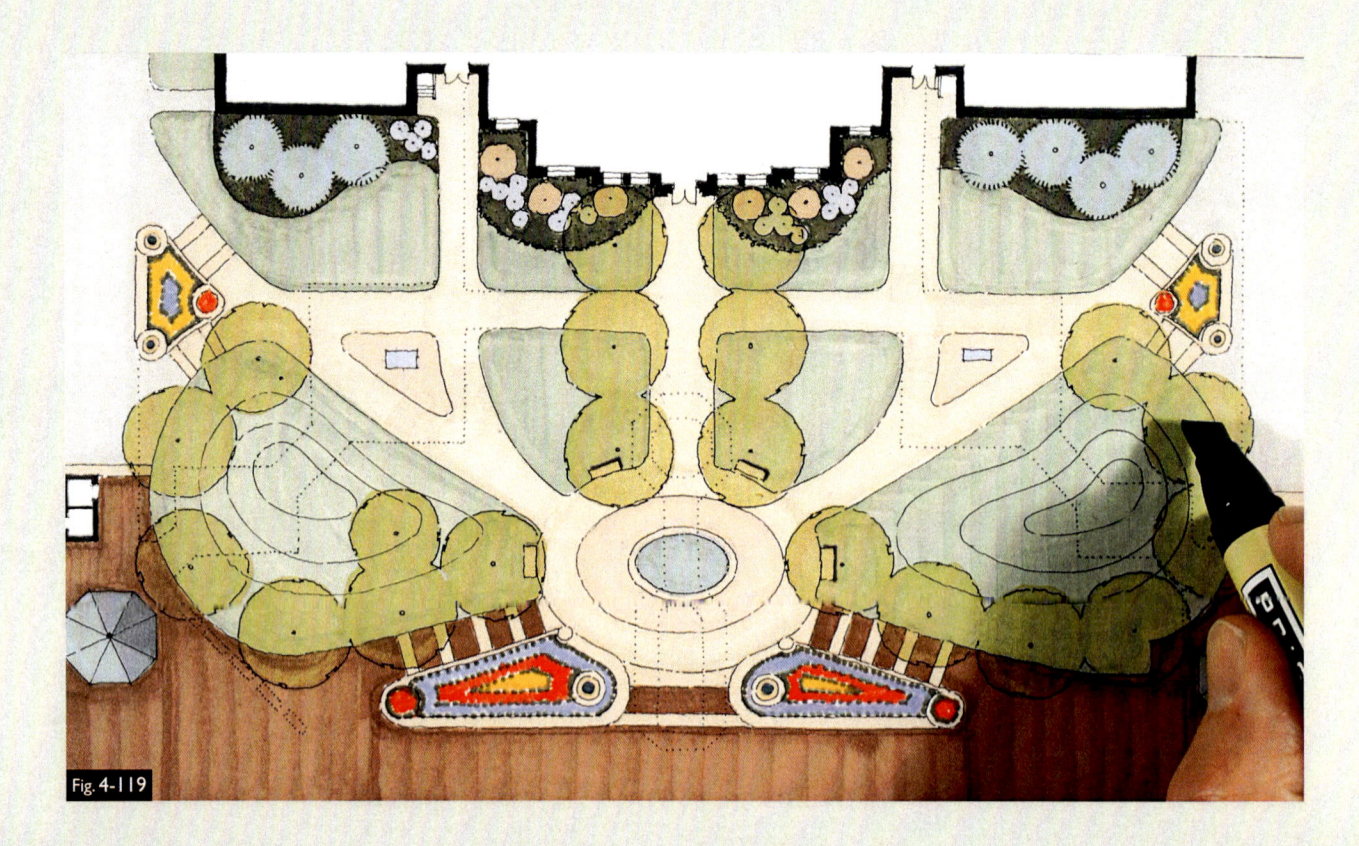

Fig. 4-119

As sombras, feitas com hidrocor sobre os passeios de concreto colorido, receberam uma leve cobertura de lápis *Burnt Ochre*, de forma que ainda se vê a hidrocor.

Os lados iluminados pelo sol das árvores maiores foram matizados com lápis *Light Peach* tanto para atenuar quanto destacar a cor da base da hidrocor; os lados sombreados foram tingidos com lápis *Olive Green*. As árvores, então, foram completamente matizadas com lápis *Burnt Ochre*.

A grama recebeu uma leve cobertura de lápis *Jasmine*, com pressão um pouco maior no lado onde a encosta se volta para o sol. Os lados sombreados das encostas, bem como as sombras na grama, foram levemente cobertos com lápis *Olive Green*. As áreas e os elementos restantes, com exceção da grama, também foram levemente cobertos com lápis *Jasmine* para rapidamente unir as cores do projeto e dar uma sensação de luz quente.

A parte ao sol da área do chafariz ao centro foi feita com lápis *Deco Aqua* e *White*, e a parte na sombra, com lápis *Blue Violet Lake # 27* da Derwent. Os realces foram aplicados com guache branco.

As observações foram inseridas por último. As que estão em letras maiúsculas foram feitas com caneta Pilot Razor Point, e as observações, em letra *script*, com caneta Micron 005.

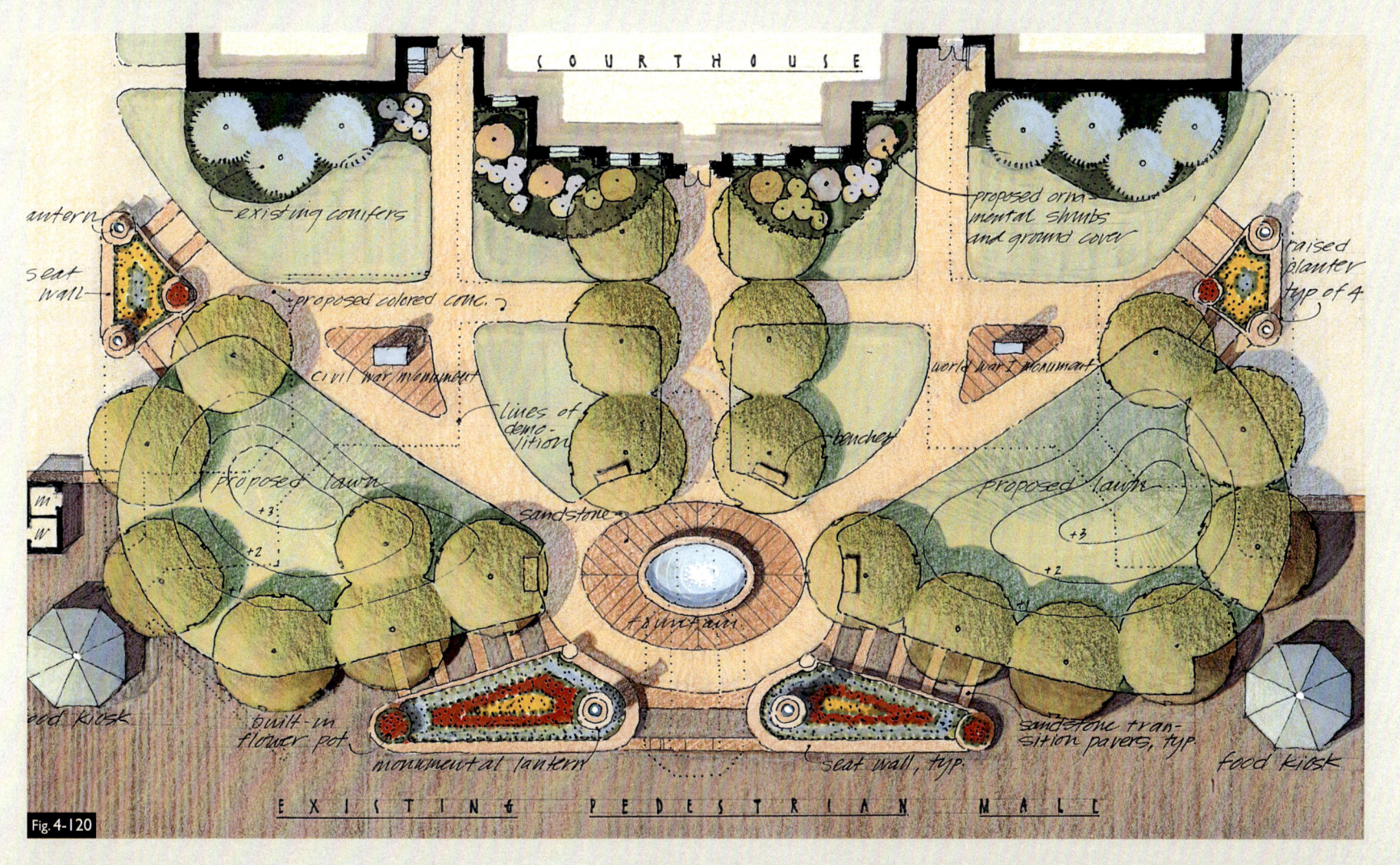

Fig. 4-120

Materiais e janelas para o plano da parede

Você vai descobrir que os materiais e as janelas para o plano da parede podem ser facilmente criados usando-se uma abordagem impressionista, como mostram as páginas seguintes.

MADEIRA

A superfície das paredes de madeira em geral recebe um acabamento de tinta ou de impregnante. Naturalmente, o acabamento a tinta pode ser em qualquer cor. Quanto ao impregnante, ele também pode ser feito em uma série de cores e tipos e quase sempre permite que ao menos parte dos veios naturais da madeira continuem visíveis. Alguns impregnantes podem fazer a madeira parecer "envelhecida", dando-lhe uma coloração cinza-prateada.

As técnicas de coloração mostradas para um determinado material não lhe são exclusivas. Por exemplo, a abordagem de cor mostrada aqui para os revestimentos verticais de madeira pode ser usada, digamos, para as telhas *shingles** de madeira para dar-lhes uma aparência mais envelhecida.

Telhas *shingles* de madeira (4-121, 4-122)

As telhas *shingles* ilustradas aqui parecem ter um impregnante (*stain*) semi-envelhecido, em que um sobretom cinza quente atenua a madeira nova. A textura da telha *shingle* deve ser suave para que não ofusque os detalhes de construção.

1 Aplique base com hidrocor. Na Figura 4-121, usou-se hidrocor *French Grey 30%* sobre as áreas sombreadas, seguida de hidrocor *Sand (Sand)*. Sobre as áreas ensolaradas, aplicou-se *French Grey 10%*, seguida de hidrocor *Buff (Brick Beige)*. As hidrocores foram passadas horizontalmente.

2 Adicione detalhes a lápis. A Figura 4-122 mostra as telhas *shingles* prontas. Para criar as sombras contínuas horizontais feitas pelas extremidades de cada tabuleta, usou-se lápis *French Grey 70%*. Esta linha deve ficar bem fina.

Os lápis *Peach* e *French Grey 30%* foram usados para adicionar as manchas de cor rapidamente entre as linhas horizontais. Com uma lapiseira 0,5 mm de grafite 2H foram feitos alguns traços verticais aleatórios entre as linhas horizontais.

---

*N. de R. Espécie de telha de pedra ou madeira. Alguns dicionários traduzem o termo como "telha de escamas" ou "telha chata". No sul do Brasil, também é conhecido simplesmente como "ardósia", quando feitas em lascas de pedra.

DESENHO A CORES | 163

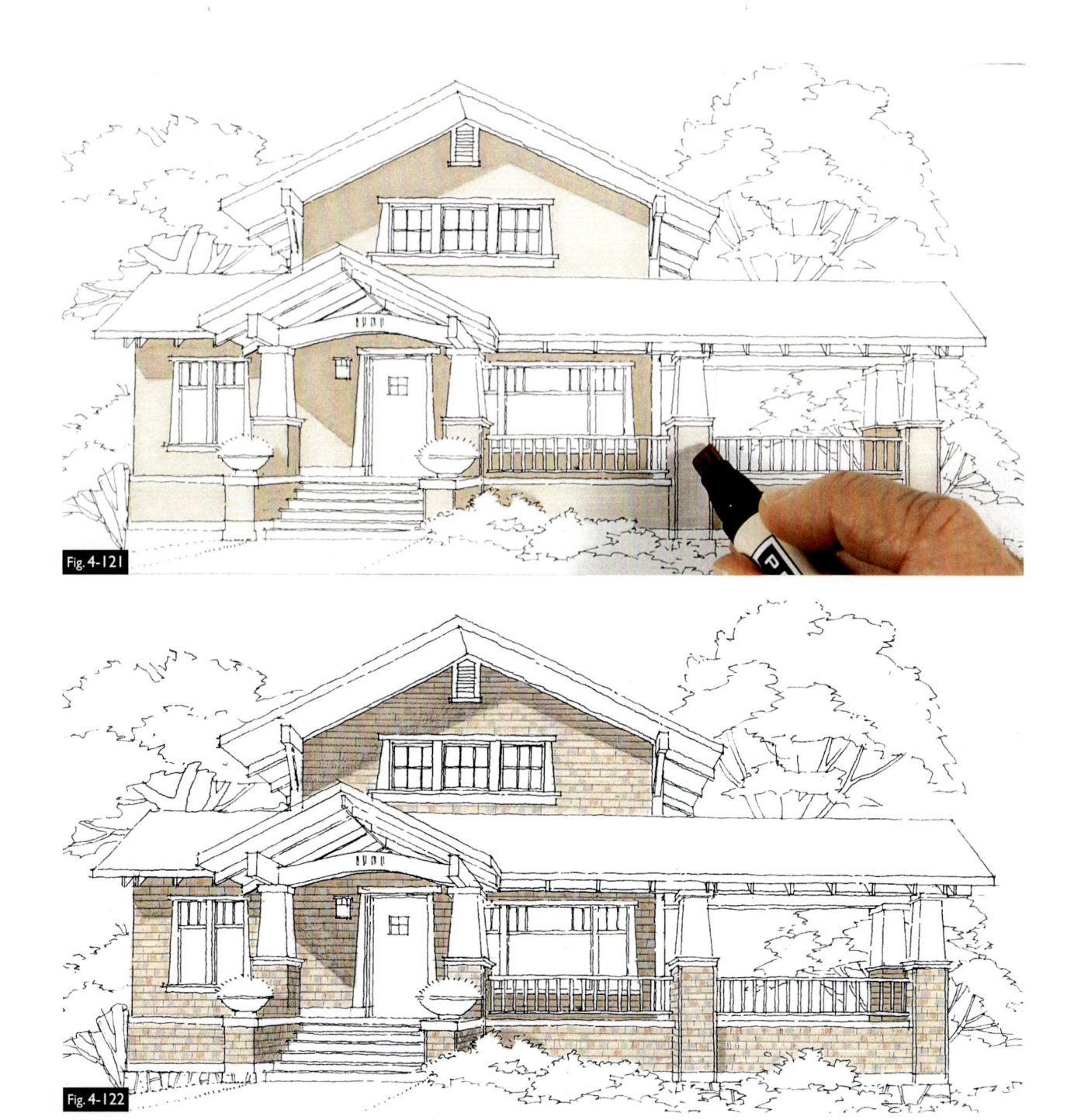

Fig. 4-121

Fig. 4-122

Elementos, materiais e acabamentos

Revestimento vertical de madeira (4-123, 4-124)

A cor de base deste revestimento vertical foi criada de forma parecida com a das telhas *shingles*. No entanto, nas etapas finais, foram acrescentadas outras cores a lápis para dar um aspecto mais envelhecido.

1 **Aplique base com hidrocor.** A Figura 4-123 mostra que foram usadas hidrocores *French Grey 30%* e *Sand (Sand)* sobre as áreas sombreadas, bem como sobre as sombras que cruzam a área ensolarada em diagonal. Esta área ao sol recebeu uma aplicação de hidrocor *French Grey 10%*, seguida de hidrocor *Buff (Brick Beige)*. Estas hidrocores foram aplicadas com movimentos verticais.

2 **Acrescente detalhes a lápis.** Considerando que alguns elementos verticais são mais escuros ou mais claros que outros, foram feitas algumas listras a régua, usando lápis *French Grey 50%*, *30%* e *10%* (4-124).

Em seguida, passou-se uma leve cobertura de lápis *Celadon Green* sobre toda a superfície de madeira, tanto sobre as áreas ao sol como sobre as áreas na sombra. As áreas sombreadas, bem como as sombras em si, receberam ainda uma leve cobertura de lápis *Blue Violet Lake # 27* da Derwent.

Usou-se régua para traçar leves linhas verticais, com lápis 0,5 mm de grafite 2H. Observe que estas linhas não precisam ser feitas sobre todas as peças. Este mesmo lápis foi usado para fazer uma leve textura pontilhada sobre a madeira.

Fig. 4-123

Fig. 4-124

Tábuas com mata-juntas e tábuas sobrepostas, pintadas (4-125, 4-126)

1 **Aplique base com hidrocor.** A Figura 4-125 mostra que a hidrocor *Sand (Sand)* foi usada sobre as áreas ao sol desta construção em tábua com mata-juntas ao fundo. A hidrocor *Mocha (Light Umber)* foi usada sobre as áreas sombreadas.

A área ensolarada da construção de tábuas sobrepostas em primeiro plano foi colorida com hidrocor *Buff (Brick Beige)* seguida de hidrocor *Light Ivy (Putty + Cream)*. Para as sombras, usou-se primeiro hidrocor *Kraft Brown (Light Tan)* seguida de hidrocor *Willow Green (Lime Green)*.

Observe que as suaves "linhas auxiliares" das mata-juntas e tábuas sobrepostas foram usadas como guias para as pinceladas com hidrocor e para fazer os detalhes finais.

2 **Faça os detalhes finais.** Na Figura 4-126, foi aplicada uma leve cobertura de lápis *Yellow Ochre* sobre as áreas do revestimento de tábuas e mata-juntas ao sol e na sombra. O lápis *Cream* foi usado para "forçar" a sombra no alto da área ao sol. As mata-juntas pintadas foram feitas com lápis *Terra Cotta* e régua. As mata-juntas são suficientemente escuras, de forma que não é preciso sombra. Entretanto, se as mata-juntas fossem pintadas na mesma cor que as tábuas, seria preciso fazer uma linha de sombra com lápis *Sepia* no lado direito de cada mata-junta para torná-las visíveis.

As tábuas sobrepostas receberam uma leve cobertura de lápis *Celadon Green*, e a sombra delas também foi forçada com lápis *Cream*. Usou-se, então, lápis *Yellow Ochre* para temperar a superfície, proporcionando um certo nível de "harmonia" de cores entre as cores das tábuas e das mata-juntas.

Foram feitas linhas horizontais de sombra com lápis *Cool Grey 70%* sob o topo de cada tábua sobreposta.

O lápis *Blue Violet Lake # 27* da Derwent foi usado para temperar todas as áreas sombreadas.

Observe que o perfil revelador da sobreposição das tábuas foi acrescentado na quina inferior, logo abaixo do acabamento da janela. Esta borda foi feita com caneta Micron 005.

Fig. 4-125

DESENHO A CORES 167

Fig. 4-126

ALVENARIA

Reboco e blocos de concreto (4-127, 4-128)

O reboco pode ser natural – feito de cimento *portland*, cal e areia – ou sintético, muitas vezes chamado de Sistema de Acabamento Externo Isolante (EFIS, *Exterior finish insulating system*). O reboco natural pode ser encontrado em diversas cores e texturas; no entanto, as cores têm um aspecto esmaecido bem característico e podem parecer manchadas depois de secas. Geralmente, o reboco sintético parece mais uniforme (sem manchas) e pode ser encontrado em praticamente todas as cores – algumas até bem fortes – bem como em texturas parecidas às do reboco natural.

O bloco de concreto também pode ser encontrado em uma variedade de cores diferentes, também de baixa saturação, dependendo das cores do aglutinante e do cimento *portland* usados para fabricá-lo. Ele também possui texturas diversas, como os acabamentos liso, facetado e texturizado.

Nos acabamentos de alvenaria mostrados aqui, o bloco de concreto tem uma cor quente com acabamento liso. As partes deste edifício mais ao fundo são feitas com reboco natural, e as partes em verde-amarelo e amarelo-vermelho são cores obtidas provavelmente com reboco sintético.

1 **Aplique base com hidrocor.** A Figura 4-127 mostra que foi aplicada hidrocor *French Grey 10%* sobre as faces do portal ao sol e hidrocor *French Grey 50%* para as faces na sombra. Os capitéis das colunas e a escadaria foram coloridos com hidrocor *Pale Sepia (Goldenrod)*.

Foram usadas as hidrocores *Warm Grey 50%* e *10%* sobre as faces na sombra e ao sol respectivamente, da parte avermelhada do edifício. A parte verde-amarela do edifício foi colorida com hidrocor *Dark Olive (-French Grey 80%)* na área sombreada e *Olive (Olive Green)* na área ao sol. Na parte mais distante do edifício, foram usadas hidrocores *Redwood (Sienna Brown)* e *Pale Cherry (Mineral Orange)* para colorir as faces sombreadas e ensolaradas, respectivamente.

2 **Modifique as cores e acrescente detalhes.** Na Figura 4-128, a área ensolarada, em primeiro plano, foi esfregada com pastel seco *Indian Red 347.9*. Depois, ambas as áreas, ensolarada e sombreada, foram retocadas com apagador elétrico para remover um pouco da cor e dar um aspecto manchado. A área ao sol foi então malhada com a lateral do lápis *Yellow Ochre* e o mesmo procedimento foi usado sobre a área sombreada, com lápis *French Grey 30%*, o que aumentou o efeito manchado do concreto.

As áreas restantes, na ilustração voltadas para o lado esquerdo (na sombra), receberam uma leve cobertura com lápis *Blue Violet Lake # 27* da Derwent, dando a impressão de reflexo da luz norte*. As faces iluminadas, voltadas para a direita, receberam uma leve cobertura com lápis *Yellow Ochre* e *Jasmine*, dando a impressão de pôr-de-sol.

As juntas de argamassa das áreas ao sol foram feitas com lápis 0,5 mm de grafite 2H e as na sombra, com lápis *French Grey 10%*. Observe como as juntas verticais de argamassa gradativamente desaparecem à medida que o portal desaparece ao longe.

Observe como o bloco de concreto em primeiro plano foi pontilhado para dar maior textura. As faces ao sol foram pontilhadas com o lápis de grafite 0,5 mm acima mencionada, e as áreas na sombra, com lápis *French Grey 10%* e caneta Micron 005.

Fig. 4-127

*N. de R. T. Válido para o Hemisfério Norte.

DESENHO A CORES | 169

Fig. 4-128

Tijolo, segundo plano (4-129, 4-130)

1 **Faça base com hidrocor.** Na Figura 4-129, a hidrocor *Kraft Brown (Light Tan)* foi usada sobre toda área de tijolo. A hidrocor *Burnt Umber (Dark Umber)* foi utilizada para desenhar as sombras e escurecer as áreas sombreadas.

Aplicou-se uma leve cobertura com pressão média de lápis *Light Peach* sobre a área ao sol, e pressão um pouco mais suave para passar lápis *Peach* sobre as áreas sombreadas.

2 **Acrescente as juntas de argamassa.** Na Figura 4-130, aplicou-se lápis *French Grey 10%* com régua para desenhar linhas finas e bem espaçadas em direção ao mesmo ponto de fuga usado para desenhar o prédio.

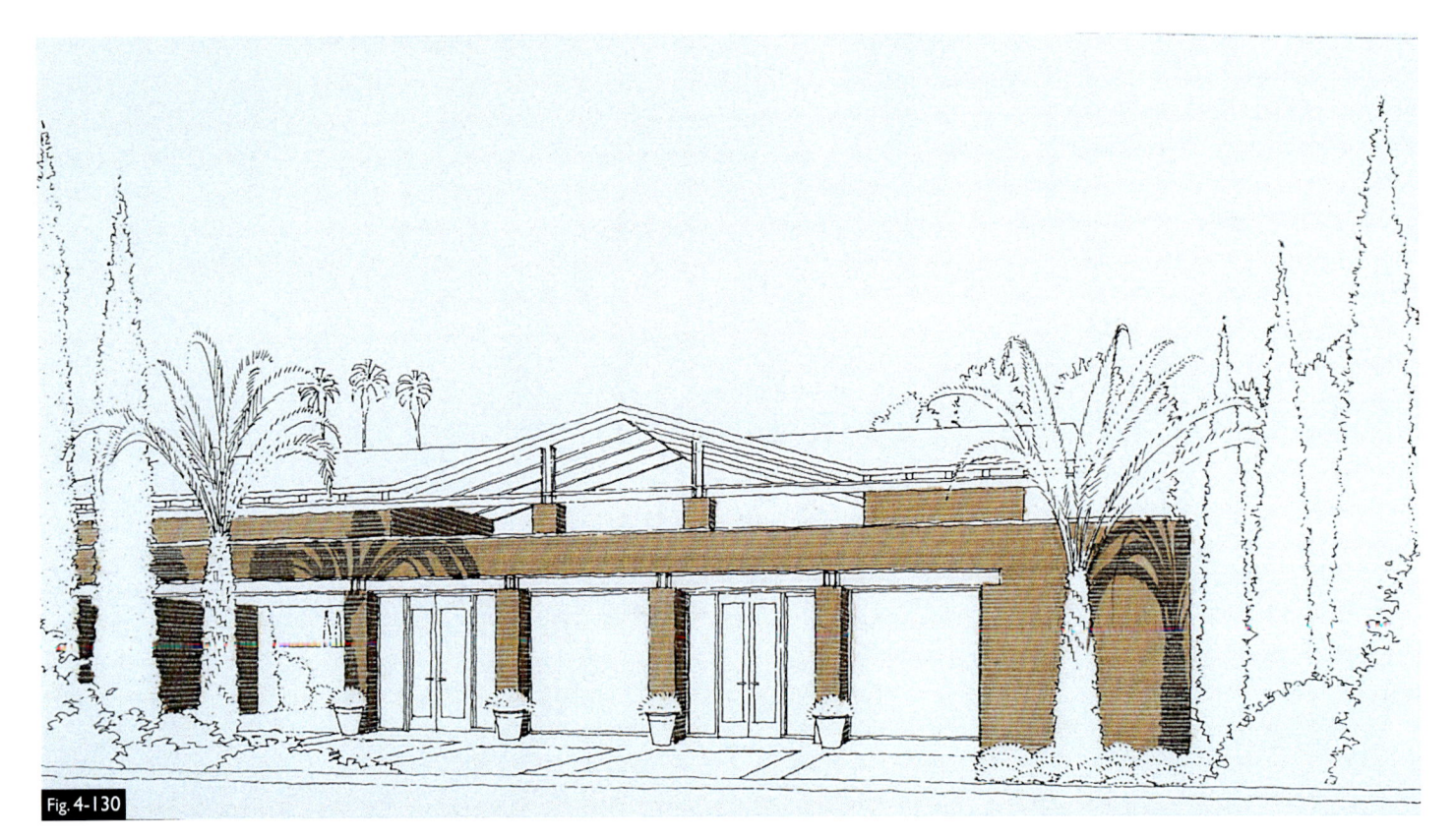

Fig. 4-129

Fig. 4-130

Pedra contrafiada e esquadrejada de modo rudimentar (4-131, 4-132, 4-133)

É possível obter uma grande variedade de tipos e cores "terrosas", variando de tons cinzas e azuis até os amarelos e vermelhos. Optar por este ou aquele tipo ou cor vai depender do orçamento do projeto e de sua localização. As pedras também podem ser colocadas de diversas formas: de modo totalmente aleatório ou alinhadas e enfileiradas. A pedra mostrada aqui, como a maioria das pedras, foi usada como revestimento sobre um substrato.

A pedra "cortada em quadrados irregulares", apesar de não ter sido colocada em fileiras contínuas, ainda assim foi colocada de maneira bastante uniforme.

1 **Faça base com hidrocor.** Nesse desenho em especial (4-131), aplicou-se a hidrocor *Sand (Sand)* como cor base para a pedra nas áreas na sombra e a hidrocor *Buff (Brick Beige)* como base para as áreas ao sol.

Observe as linhas auxiliares na horizontal, adicionadas com lápis. Embora a pedra seja bruta, essa linhas auxiliares ajudam a manter as pedras em perspectiva quando se aplicam as cores da hidrocor e as juntas são desenhadas em etapas subseqüentes.

2 **Dê cor à pedra.** Na Figura 4-132, foram feitos alguns toques de hidrocor *French Grey 20%* e *Light Ivy (Putty + Cream)* para dar cor de pedra às áreas ao sol; a hidrocor *French Grey 50%* foi usada para dar uma cor mais escura de pedra nas áreas na sombra. Observe como alguns gestos de hidrocor dobram as esquinas da mesma forma como se fosse um verdadeiro trabalho de alvenaria.

Riscou-se o pastel seco *Raw Sienna 234.9* de modo aleatório sobre as partes da pedra ao sol, e o pastel seco *White* foi usado na área ao sol que faz limite com a sombra, "forçando" esta sombra.

Foram feitos borrões de lápis pastel Schwan Stabilo # 620 e # 600 de forma aleatória tanto sobre as áreas ao sol como na sombra. Foi aplicada também uma cobertura leve de lápis *Blue Violet Lake # 27* da Derwent sobre aquelas áreas sombreadas que "vêem" o céu.

Fig. 4-131

2 **Acrescente as juntas.** A Figura 4-133 mostra a ilustração pronta, depois que as juntas foram acrescentadas. Nas áreas ao sol e na sombra mais próximas ao observador, usou-se lápis *Black* para fazer as juntas, exercendo uma pressão leve mas variável com a mão, o que deixa as linhas das juntas ligeiramente mais claras em alguns pontos e mais escuras em outros, rapidamente dando a impressão de juntas de larguras variáveis. Nas áreas ao sol, bem como sobre as pedras mais ao longe, no sol e na sombra, usou-se lápis 0,5 mm de grafite 2H da mesma forma e com o mesmo objetivo.

Enquanto se faz a ilustração, pode-se ir inventando o padrão das pedras. Dificilmente tira-se o lápis do papel. Observe também que não é preciso desenhar cada uma das pedras, mas apenas o suficiente para garantir a impressão das unidades de pedra.

Fez-se pontilhado nas pedras em primeiro plano com caneta Pilot Razor Point.

Fig. 4-132

Fig. 4-133

Pedra, disposta em fiadas contínuas (4-134, 4-135)

1 **Faça base com hidrocor.** O uso de uma série de hidrocores cinzas *(Warm, Cool, French)* pode facilmente criar a impressão de pedra, pois vários tipos de pedra têm uma cor sutil (croma bem fraco) e é possível controlar os valores com facilidade.

Na Figura 4-134, usou-se hidrocor *French Grey 10%* sobre as áreas ao sol e hidrocor *French Grey 50%* nas áreas sombreadas. As áreas voltadas em ângulo de 45° em direção ao sol ficaram em branco, e aquelas na direção oposta foram coloridas com hidrocor *French Grey 20%*.

As pedras superiores e a fiada da base do prédio devem ser ligeiramente mais escuras em valor que o resto das pedras. Assim, a seqüência de hidrocores usada foi, portanto, um pouco mais escura. A hidrocor *French Grey 20%* foi usada nas áreas ao sol, a *French Grey 10%,* sobre as áreas voltadas para o sol, e a *French Grey 30%*, sobre as áreas voltadas para o lado oposto ao sol.

Foram feitas mais pinceladas com o lado mais largo com a hidrocor *French Grey 10%* nas áreas ao sol para dar a impressão de pedras levemente mais escuras que as restantes.

Fig. 4-134

2 **Dê cor e crie detalhes.** A suave coloração da pedra vai depender do tipo de pedra que você quiser imitar. Na Figura 4-135, passou-se pastel seco *Indian Red 347.9* aleatoriamente sobre a base de hidrocor e depois foi esfregado com o dedo. Os lápis pastéis Schwan Stabilo # 692 e # 620 foram aplicados da mesma forma e depois esfregados com camurça.

As superfícies sombreadas foram temperadas com lápis *Blue Violet Lake # 27* da Derwent.

As juntas foram feitas com lápis 0,5 mm de grafite 2H e régua, e as juntas na sombra foram feitas com lápis *French Grey 10%*.

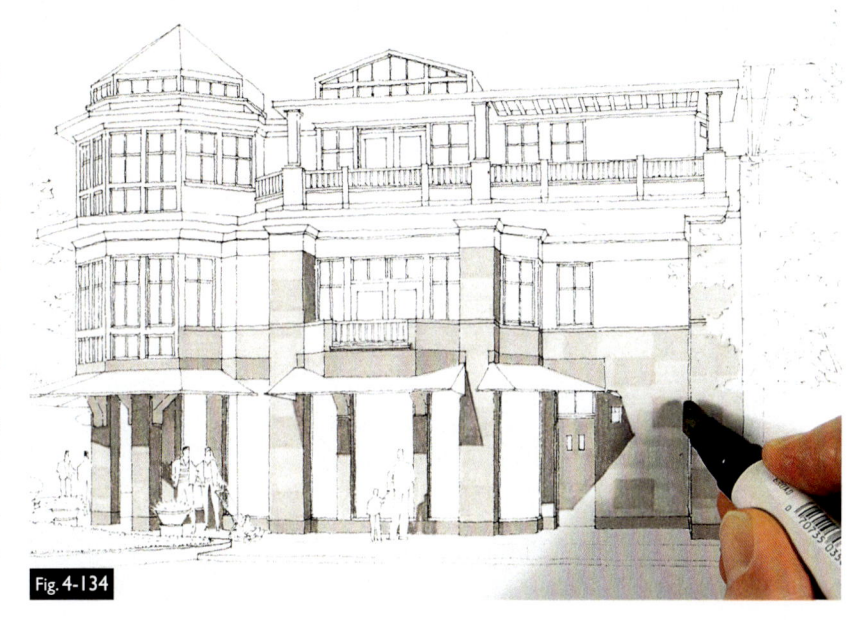

Fig. 4-135

Concreto pré-moldado (4-136, 4-137)

O concreto pré-moldado é uma material arquitetônico de acabamento que pode ser vazado em praticamente qualquer forma, tipos diversos de texturas e pode ser colorido com uma série de corantes para concreto. Ele pode ser vazado em módulos sob medida, de modo que o acabamento de um projeto em concreto pré-moldado se caracteriza pelas formas e juntas precisas.

O concreto pré-moldado ilustrado aqui tem duas cores e duas texturas.

1 **Faça base com hidrocor.** As hidrocores *Buff (Brick Beige)* e *French Grey 20%* foram usadas em camadas alternadas sobre os pilares e paredes de contenção da ponte (4-136); a hidrocor *Buff (Brick Beige)* foi usada sozinha para o arco pré-moldado. Usou-se hidrocor *French Grey 30%* para fazer os sombreados sobre a cor cinza e hidrocor *Sand (Sand)* para fazer os sombreados sobre a cor de camurça.

Fig. 4-137

Fig. 4-136

2 **Acrescente detalhes e toques finais.** Na Figura 4-137, usou-se lápis pastel Schwan Stabilo # 680 para reforçar a cor das listras de *French Grey*. A parte mais próxima do concreto pré-moldado escuro também foi pontilhada com a ponta fina de uma hidrocor Prismacolor *Light Tan* para dar um leve efeito texturizado. Sobre a cor mais clara foi feita uma textura pontilhada muito sutil, usando-se lápis 0,5 mm de grafite 2H.

As áreas de cor mais escura na sombra receberam uma leve cobertura de lápis *Burnt Ochre*. As cores das áreas correspondentes do concreto pré-moldado mais claro foram reforçadas e temperadas com lápis *Yellow Ochre* e *Peach*. As juntas em recesso entre os módulos do concreto pré-moldado em primeiro plano foram primeiro escurecidas com lápis *Burnt Ochre* e depois reforçadas com lápis 0,5 mm de grafite 2H.

METAL

Painéis de metal corrugado (4-138, 4-139)

Os painéis de metal corrugado são geralmente encontrados com um acabamento galvanizado. Assim sendo, têm pouco brilho e tendem a mostrar alguns leves reflexos difusos das cores que os rodeiam. Da mesma forma, também podem apresentar realces brancos que, de perto, apresentam limites pouco nítidos.

Pode-se usar qualquer combinação de hidrocor cinza para ilustrar metal galvanizado, com bons resultados. A escolha das cores dependerá do esquema cromático geral do seu projeto.

1 **Aplique base com hidrocor.** Na Figura 4-138, a hidrocor *Cool Grey # 5 (Cool Grey 50%)* foi usada para fazer as sombras no prédio em primeiro plano e a hidrocor *Cool Grey # 3 (Cool Grey 30%)* para fazer as sombras no prédio ao fundo.

A área ao sol do prédio em primeiro plano foi matizada horizontalmente com as hidrocores *Warm Grey # 3 (Warm Grey 30%)* e *Warm Grey # 2 (Warm Grey 20%)* passando para *Warm Grey # 1 (Warm Grey 10%)* atrás da cadeira vermelha. A parede ao sol, do prédio ao fundo, foi colorida com hidrocor *Cool Grey # 1 (Cool Grey 10%)*.

Acrescentou-se colorido sobre as cadeiras para mostrar a reflexividade dos painéis metálicos. Uma maneira bem fácil de acrescentar cores refletidas sobre os painéis é riscá-los de leve com as cores pastéis correspondentes às cores ao redor. Neste exemplo, parte dos painéis metálicos ao fundo foi esfregada com lápis pastel Schwan Stabilo *# 692* (a cor refletida não aparece no desenho). A parede atrás das cadeiras azul e vermelha foi esfregada com lápis pastel *# 310* e *# 430*, respectivamente.

2 **Acrescente os detalhes.** Para fazer os realces horizontais no prédio em primeiro plano, usou-se lápis *White* e régua (4-139).

Aplicou-se lápis *Cool Grey 70%* sobre as sombras dos dois prédios, da mesma maneira como para fazer os sombreados nos recessos do corrugado. O lápis *Cool Grey 50%* foi aplicado da mesma forma para dar textura à área ao sol do prédio ao fundo.

As sombras nas duas áreas foram temperadas com lápis *Copenhagen Blue*.

Fig. 4-138

Fig. 4-139

Painéis metálicos decorativos (4-140, 4-141)

Estes painéis estão disponíveis em quase todas as cores e em diversos tipos de acabamento, desde alto brilho, fosco ou texturizado. Em geral, são fabricados sob encomenda, em módulos para projetos específicos e, por isso, têm juntas de espessuras variáveis. Estas juntas podem parecer muito claras ou muito escuras, dependendo do ângulo de incidência da luz.

O painel ilustrado aqui tem um acabamento médio bem característico e normalmente apresenta matizados de luz e cor, bem como realces difusos.

1 **Aplique base com hidrocor.** Na Figura 4-140, usou-se hidrocor *Pale Cherry (Mineral Orange)* sobre toda a coluna, e a hidrocor *Kraft Brown (Light Tan)* na parte com sombra. Esta sombra foi reforçada próximo do topo com hidrocor *Redwood (Sienna Brown)*. O croma da parte da coluna ao sol foi levemente diminuído com hidrocor *French Grey 10%*.

A hidrocor *Cool Grey # 5 (Cool Grey 50%)* foi usada como sombra sobre os painéis do prédio, e um matizado de hidrocor *Cool Grey # 1 e # 2 (Cool Grey 10% e 20%)* foi feito desde o chão até o topo em direção à sombra. A parede inteira recebeu, então, uma leve cobertura de hidrocor *Celadon Green* da Prismacolor.

2 **Acrescente pastel e detalhes.** Na Figura 4-141, vê-se que foi aplicado pastel para modificar as cores dos painéis. Aqui usou-se pastel porque ele dá um aspecto mais uniforme e suave e não deixa aparecer a textura do papel.

Acrescentou-se pastel seco *White* na porção superior da face da coluna ao sol, bem como da parede, para forçar a sombra. O lápis pastel *Schwan Stabilo # 430* foi passado sobre a sombra na parede.

Os reflexos e realces foram feitos com lápis de cor. Usou-se lápis *White* para fazer realces difusos tanto sobre a parte da frente quanto sobre a parte de trás da coluna, com realces mais fortes na frente. Observe que estes realces foram desenhados por cima das juntas para que continuassem suaves e consistentes. Também se usou régua para aplicar lápis *White* como realce sobre as bordas dos painéis. Os reflexos difusos do teto e do corrimão foram acrescentados com leve camada de lápis *White* e *Burnt Ochre* sobre os painéis da parede.

Acrescentou-se um toque final com lápis Cool Grey 70% para enegrecer as juntas e interromper os realces e reflexos desenhados nas etapas anteriores.

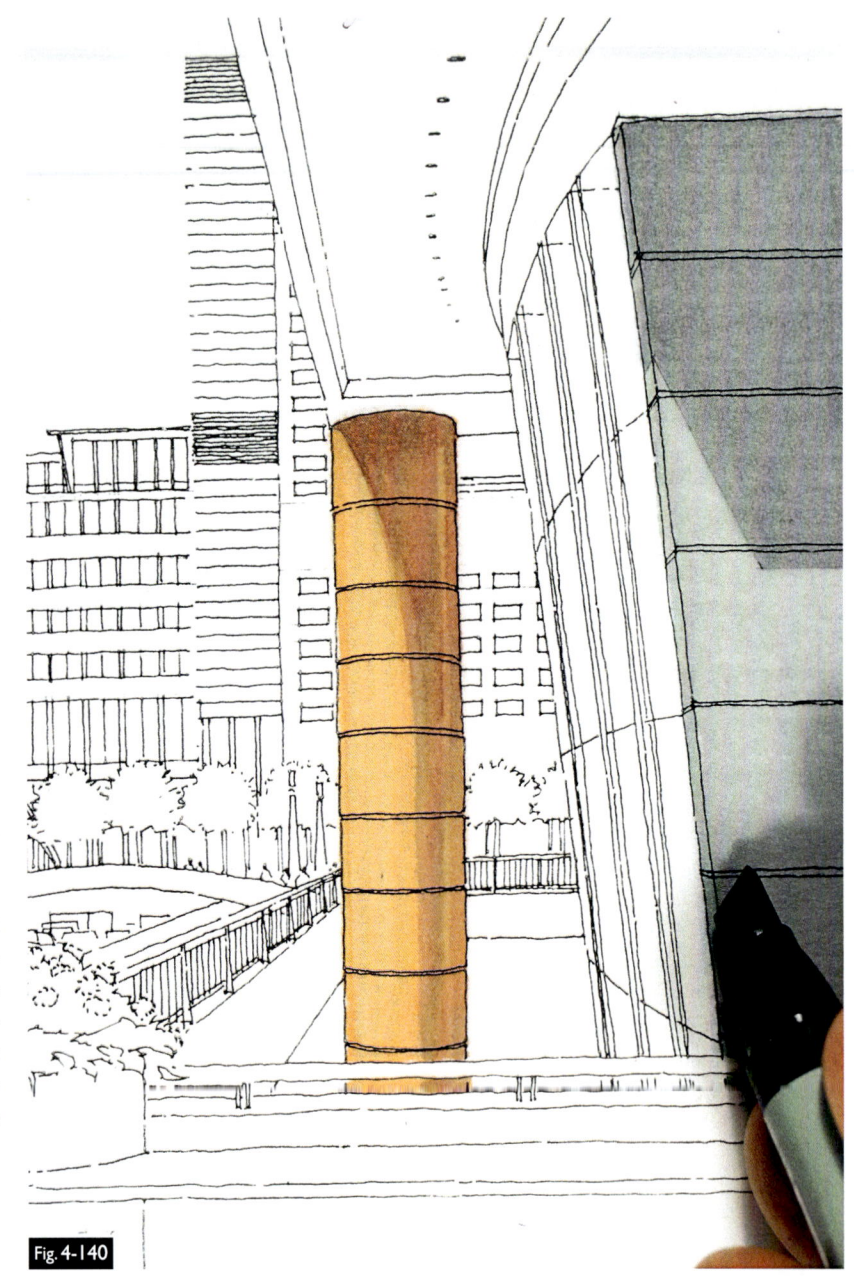

Fig. 4-140

DESENHO A CORES | 177

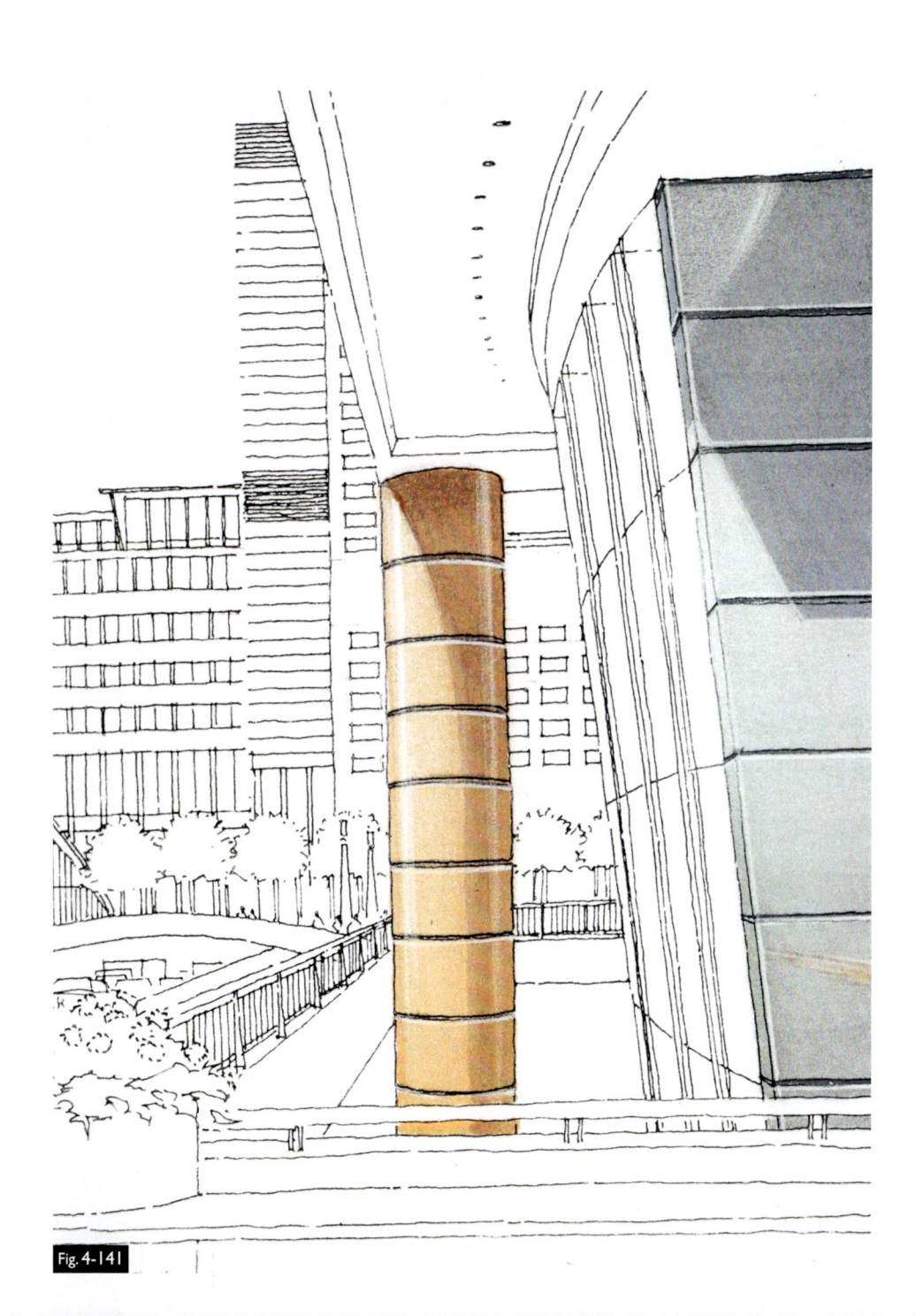

Fig. 4-141

VITRINAS E JANELAS

As vitrinas podem ser consideradas os "olhos" de um ponto comercial e têm papel importante para dar-lhe vida.

Vitrinas e janelas à luz do dia, primeiro plano (4-142, 4-143, 4-144)

1 **Acrescente primeiro cor sobre as áreas nos arredores da vitrina.** Na Figura 4-142, aplicou-se cor em tudo, exceto sobre a superfície da vitrina e os objetos que se vêem dentro dela. As árvores e os arbustos só serão acabados depois que os reflexos tiverem sido desenhados, já que a vegetação bloqueia a visão dos reflexos.

Fig. 4-142

2 **Passe hidrocor em tudo que se vê através da vitrina.** Nesta etapa (4-143), *só* se usaram hidrocores, utilizando-as nas cores certas para cada objeto. A hidrocor *Cool Grey # 9 (Cool Grey 90%)* foi usada para escurecer o interior da loja ao fundo.

Fig. 4-143

3 **Faça os reflexos com lápis de cor.** Na Figura 4-144, usou-se lápis *White* para esboçar os reflexos desenhados diretamente por cima dos objetos dentro da vitrina. Os reflexos foram coloridos com lápis de cor, como cuidado para que eles tivessem croma um pouco mais escuro e mais fraco que as cores dos próprios objetos refletidos. Também é preciso cuidar para passar as cores bem de leve e suavemente, de modo que os objetos *dentro* da vitrina ainda sejam visíveis depois de prontos os reflexos.

Para evitar problemas, foram desenhados primeiramente os objetos mais próximos da superfície da vitrina até os mais distantes, progressivamente. Deste modo, são desenhadas primeiro as figuras de dentro do toldo, depois as pedras da edificação à esquerda, as figuras, o carro verde à esquerda, o poste de luz, o carro marrom à direita, e assim por diante.

Fig. 4-144

4 **Se necessário, acrescente fundo refletido.** Depois de desenhados os objetos vistos em frente da vitrina, acrescentou-se um reflexo do fundo, como se vê na Figura 4-145. Já que se trata de uma área urbana, acrescentaram-se reflexos de edifícios, usando lápis *Terra Cotta*, *Burnt Ochre* e *Dark Umber*, e o reflexo de céu foi feito com lápis *White* sobre lápis *Light Cerulean Blue*.

5 **Acrescente árvores, arbustos e seus reflexos, e dê os toques finais.** Os reflexos das árvores foram desenhados por cima de outros reflexos usando lápis *Cool Grey 70%* com toques de lápis *White* nas arestas ao sol. A seguir, foram feitos os reflexos dos arbustos e depois as árvores e os arbustos propriamente ditos. Os itens dentro das vitrinas, como os manequins, foram traçados novamente com caneta Pilot Razor Point para que pareçam mais sólidos que os reflexos.

Fig. 4-145

Vitrinas e janelas à luz do dia, segundo plano (4-146, 4-147, 4-148)

Em vez de simplesmente pintar as aberturas de preto, o projetista pode dar mais vida à vitrinas e janelas à luz do dia. Elas possuem três componentes bem característicos: detalhes nas aberturas no nível da rua (aqueles elementos vistos *através* das janelas), a massa de reflexos no nível de cima e o reflexo do céu.

1 **Desenhe aqueles elementos que se vêem através das vitrinas no nível da rua; adicione a massa de reflexo no nível de cima.** Os elementos do nível da rua na Figura 4-146 são os manequins dentro da vitrina desta loja. Logo atrás destes, a parede baixa e outros detalhes secundários foram coloridos com hidrocor de valor médio, no caso, a hidrocor *Cool Grey # 6 (Cool Grey 60%)*.

O plano de fundo mais ao longe e no primeiro nível, bem como a massa de reflexo no nível de cima, devem ser coloridos com uma hidrocor com valor bem escuro: um cinza de valor baixo ou então preto. Neste caso, usou-se hidrocor *Cool Grey # 9 (Cool Grey 90%)*. A expressão "massa de reflexo" indica que os edifícios e as árvores refletidos sobre os vidros do nível de cima (em geral, tingidos) são tão escuros que parecem ser uma massa compacta cujos únicos detalhes claros são os espaços vazios entre eles e a silhueta do topo dos mesmos.

Observe que esta hidrocor escura foi aplicada diretamente por cima dos caixilhos das janelas. Isso é bem mais rápido do que ficar desviando de cada caixilho com a hidrocor mais escura; em uma etapa posterior, é só pintar os caixilhos novamente com lápis.

2 **Acrescente detalhes a lápis.** Na Figura 4-147, os manequins foram escurecidos com hidrocor *Cool Grey # 3 (Cool Grey 30%)* e depois receberam uma cobertura leve a lápis, suficiente para dar-lhes um certo matiz, neste caso, com lápis *Celadon Green*, *Jasmine* e *Blush Pink*. O reflexo do céu foi levemente coberto com lápis *Light Cerulean Blue*.

Fig. 4-146

Fig. 4-147

3 **Adicione os detalhes e os caixilhos.** As lâmpadas fluorescentes no teto da maioria das salas comerciais podem ser vistas do lado de fora mesmo durante o dia. Na Figura 4-148, estas lâmpadas foram desenhadas em direção ao ponto de fuga, usando lápis *White* e régua. Em uma típica perspectiva de dois pontos de fuga, normalmente não importa com qual dos pontos de fuga as fileiras de lâmpadas serão alinhadas. As luzes de exposição nas vitrinas no primeiro nível foram feitas com pingos de guache branco.

Os caixilhos e as molduras das janelas devem ser reforçados para criar contraste com o vidro e os reflexos sobre este. Eles podem ser mais claros ou mais escuros que o vidro e seus reflexos, ou os dois, de forma que criem contraste com as todas as combinações de cores. Na Figura 4-148, aplicou-se primeiro o lápis *White* sobre todas as molduras e os caixilhos das janelas com régua. Depois, onde foi preciso, traçaram-se os lados sombreados das molduras e dos caixilhos com lápis *French Grey 90%*.

Fig. 4-148

Vitrinas e janelas ao entardecer (4-149 a 4-153)

As vitrinas e janelas ao entardecer são bem fáceis de ilustrar. A vantagem de mostrar um prédio ao entardecer é que, apesar de o lado de fora do prédio (com seus materiais e acabamentos) ser ainda bastante visível, também é possível melhorar mais os detalhes referentes ao interior – seu uso, os espaços e o tipo de iluminação.

É mais fácil ilustrar este tipo de vitrinas sobre papel manteiga em rolo, usando a técnica retrocolor (veja Figuras 7-63 a 7-66).

1 **Aplique cor aos elementos que se vêem através das vitrinas no nível da rua.** O edifício inteiro atrairá mais atenção se as vitrinas no nível da rua mostrarem alguma mercadoria e um pouco de atividade, em vez de permanecerem vazias. Desenhe os tipos de elementos – loja, restaurante, escritório, etc. – que seriam vistos através das janelas. Aqui neste exemplo, usou-se lápis de tal forma que os elementos não se destacassem muito visualmente. Observe que o desenho é simples e sem muitos detalhes.

A cor foi passada no verso do desenho, usando-se para isso várias cores. A Figura 4-149 mostra o desenho sobre papel manteiga branco com uma folha de papel *kraft* marrom por baixo.

2 **Acrescente a iluminação das janelas.** A Figura 4-150 mostra o verso da ilustração depois que a cor foi aplicada sobre as janelas. Primeiro, aplicou-se lápis *Jasmine* com pressão média, seguido de lápis *White* com pressão forte, passado rapidamente. Apesar de o lápis ter ultrapassado os limites do desenho em alguns pontos, estes erros não são visíveis, pois, quando se vira a ilustração para o lado direito, as linhas não aparecem bloqueadas pelo lápis de cor. Este efeito se aplica igualmente aos caixilhos das janelas que também foram coloridos no verso, mas são perfeitamente visíveis do lado direito do desenho.

As pessoas em pé, em frente às vitrinas, foram escurecidas com hidrocor *French Grey 90%*. Como os elementos em primeiro plano foram traçados em silhueta, as vitrinas parecem mais iluminadas devido ao contraste de valor.

Observe que as janelas iluminadas também lançam luz sobre as marquises, arestas das colunas, passeios, etc., não só ajudando a revelar mais dados sobre a construção, mas também criando impacto e chamando a atenção sobre a ilustração.

3 **Acrescente toques finais.** A Figura 4-151 mostra toques de guache branco sobre luzes e brilhos nas janelas no nível da rua. Também se acrescentou cor sobre as pessoas em primeiro plano, o que lhes dá um pouco mais de personalidade, apesar de continuarem meras silhuetas.

Fig. 4-151

4 **Faça uma cópia colorida.** Observe na Figura 4-152 como o efeito de "vitrina ao entardecer" fica mais intenso na cópia colorida, tirada ainda com o papel *kraft* marrom por baixo do desenho. O mesmo desenho pode ainda ser transformado em cena noturna, substituindo-se o papel *kraft* marrom por uma folha de papel azul bem escuro (papel Crescent, Canson ou Pantone, etc.) (4-153). As duas fotocópias coloridas foram tiradas ajustando-se o botão de "claro-escuro" para uma graduação mais escura que a normal.

Fig. 4-152

DESENHO A CORES | 187

Fig. 4-153

Vitrinas noturnas (4-154, 4-155, 4-156)

1 **Faça uma cópia heliográfica escura em preto.** Aqui foi feita uma cópia heliográfica em preto do desenho a traço com a copiadora heliográfica ajustada para uma velocidade maior que a normal. Na Figura 4-154, pode-se observar que o fundo é bem escuro, mas os traços do desenho ainda são visíveis.

2 **Desenhe elementos nas vitrinas no nível da rua.** Foi feito um desenho a traço dos elementos nas vitrinas no nível da rua com caneta Micron 005. Na Figura 4-154, os manequins foram coloridos com lápis bem claros. A parte inferior da área de exposição da vitrina foi colorida com lápis *White* para dar a impressão de uma iluminação intensa vinda de cima. Como se observa à esquerda, o brilho do ambiente ao fundo foi feito com lápis *Deco Orange*, mesclando-o para dentro da área colorida com lápis *White* na área inferior da vitrina.

    Apesar de se poder distinguir os manequins em si, observe que a justaposição de cores e formas pode tornar o efeito geral um tanto quanto abstrato. Teve-se o cuidado de não perder muito tempo fazendo a vitrina muito realista ou detalhada, já que seu papel nessa ilustração é secundário. Observe também que, ao mesmo tempo que as imagens na vitrina no nível da rua foram sendo coloridas, as pessoas em silhueta em frente às vitrinas foram cuidadosamente delineadas com as cores e permanecem no mesmo tom do papel.

3 **Acrescente a iluminação das janelas.** Os lápis *Jasmine, Deco Orange* e *White* foram usados para preencher as aberturas das janelas iluminadas do andar de cima. Na Figura 4-155, estes lápis foram usados para criar suaves mudanças na temperatura da cor, sugerindo as diversas localizações das fontes de luz. O fato de todo o interior do prédio estar iluminado de forma irregular ajuda a criar um cenário de iluminação bastante real.

    Aqui é muito mais rápido aplicar a cor diretamente sobre os caixilhos das janelas e refazê-los em uma etapa posterior.

Fig. 4-154

Fig. 4-155

4 **Acrescente detalhes.** A Figura 4-156 mostra como foi acrescentada a "luz derramada" sobre as áreas nos arredores. A luz sobre as marquises, as laterais das colunas e as diversas arestas foi feita com lápis *Deco Orange*. A luz sobre a calçada foi feita com lápis *White*.

As molduras e os caixilhos das janelas e a balaustrada das sacadas foram refeitas com lápis *Black*. Os realces e rebaixamentos foram pontilhados com toques de guache branco.

Fig. 4-156

Janelas à luz do dia, grandes edifícios (4-157, 4-158, 4-159)

As janelas à luz do dia em grandes edifícios têm muitos dos mesmos componentes das janelas em prédios menores. Aqui também há a massa de reflexo e o reflexo do céu. Pode-se inclusive ver as lâmpadas fluorescentes no teto das salas. No entanto, o observador está normalmente bem longe do desenho, de forma que não é preciso criar detalhes nas janelas no nível da rua.

Em edifícios muito altos, você vai observar que o reflexo do céu vai matizando até um valor mais intenso em direção ao seu topo. Isso acontece porque, em relação à linha de visão do observador, o ângulo da superfície do edifício referente ao reflexo do céu torna-se cada vez mais oblíquo. Além disso, os valores dos reflexos nas janelas podem se tornar mais claros ou mais escuros à medida que as superfícies do edifício mudam de direção, como ao se dobrar uma esquina. Com essa mudança de direção, muda também aquilo que essa superfície reflete. Os reflexos nas janelas de um edifício têm, muitas vezes, valor médio mais escuro sobre as faces ao sol e parecem ter um valor médio mais claro nas faces na sombra.

Fig. 4-157

Fig. 4-158

1 **Calcule e desenhe o tamanho e a forma das massas de reflexo.** Os reflexos dos objetos (árvores, outros edifícios) foram rapidamente calculados e desenhados sobre as faces dos prédios mostrados na Figura 4-157. Estes reflexos irregulares e aproximados incluem também prédios que não aparecem nesta figura.

As massas de reflexo são desenhadas basicamente com hidrocor preta ou cinza bem escura. As massas de reflexo afastadas, inclusive as que aparecem onde as faces dos edifícios mudam de direção, podem ser desenhadas em cinza levemente mais claro. Neste exemplo, elas foram desenhadas com hidrocor *Cool Grey # 8 (Cool Grey 80%)*.

2 **Acrescente base com hidrocor para fazer o reflexo do céu.** Na Figura 4-158, os reflexos do céu foram preenchidos com uma série de hidrocores de cinza frio. No caso do prédio mais baixo com o teto curvo, bem como o grande prédio logo atrás dele, as janelas voltadas para a direita foram coloridas com hidrocor *Cool Grey # 7 (Cool Grey 70%)*.

As *bay windows* e as viradas para outras direções foram coloridas com hidrocor *Cool Grey # 5, # 3 e # 2 (Cool Grey 50%, 30% e 20%)*. Observe como os cantos transparentes são um pouco mais claros que o cinza nos tetos ao redor.

3 **Faça uma leve cobertura colorida, nuvens, montantes e luzes.** A Figura 4-159 mostra que os reflexos do céu receberam uma leve cobertura unicamente de lápis *Blue Slate*. Em direção ao topo do edifício, reforça-se com lápis *White* por cima do *Blue Slate*. Uma mistura de lápis *Celadon Green* e *Deco Aqua* foi passada sobre as janelas nos cantos transparentes.

Alguns traços de lápis *White* foram feitos em forma de nuvens sobre as janelas mais altas.

Também se acrescentaram lâmpadas fluorescentes no teto com lápis *White* e régua, em direção aos pontos de fuga. Observe que estes riscos brancos foram feitos por cima das massas escuras de reflexo e os reflexos mais claros do céu.

Os montantes das janelas foram feitos por último. Usou-se lápis *Black* com régua nas áreas mais claras das janelas e lápis *White* sobre as áreas mais escuras.

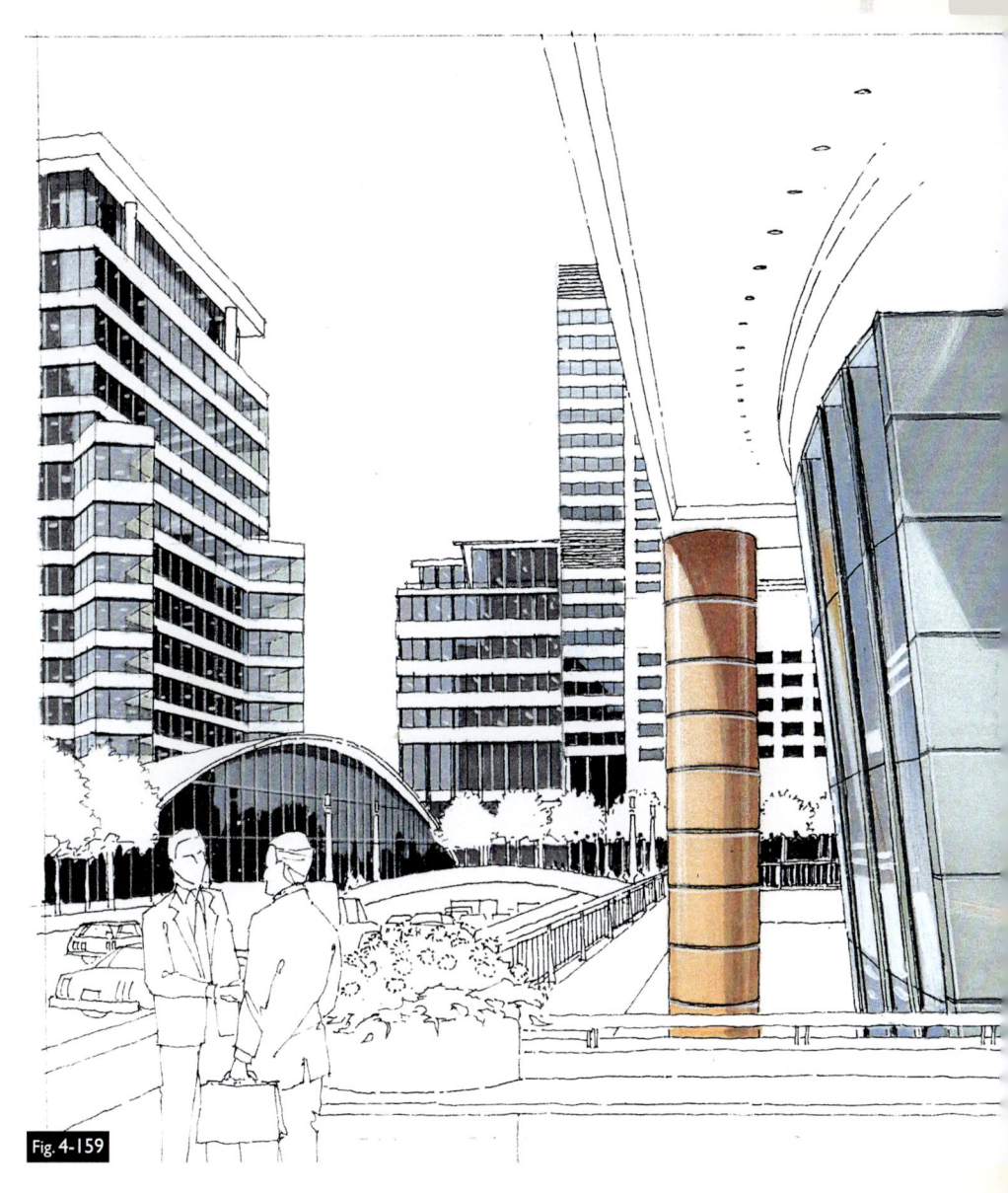

Fig. 4-159

ÁRVORES

As árvores ajudam a dar forma, vida e suavidade aos planos de parede de ambientes externos. A arquitetura das formas das árvores é tão importante para o bom resultado na criação destes locais, como a arquitetura das construções em si. Desta forma, a atenção dada pelo projetista ao seu tamanho, sua proporção e sua disposição sobre as ilustrações é tão importante quanto a atenção dispensada aos elementos de construção.

As regras de luz e sombra também se aplicam à criação de formas de árvores. As copas das árvores com folhas têm um lado iluminado, um lado sombreado e normalmente um lado inferior que também está na sombra. A sombra das folhas pode ser vista no chão permeada de manchas alongadas de luz do sol.

Os galhos das árvores sem folhas, bem como aqueles que se vêem nas copas com folhas, devem contrastar com o fundo para continuar visíveis. Se uma porção do fundo for escura, os galhos devem ser mais claros; se o fundo for claro, os galhos devem ser mais escuros – tudo sobre as mesmas árvores. Os detalhes podem muitas vezes ajudar a deixar o desenho da árvore mais convincente. Por exemplo, a árvore pode parecer ter mais folhas, parecer menos pesada e sem graça, permitindo que se veja mais porções do céu entre a copa. Da mesma forma, uma árvore sem folhas muitas vezes lança a sombra de seus galhos sobre outros galhos e em espiral sobre seu tronco.

Árvores de folhas caducas, sem folhas, em primeiro plano (4-160, 4-161, 4-162)

Na maioria das ilustrações, uma árvore em primeiro plano é desenhada só parcialmente. A árvore e sua sombra são normalmente usadas para "emoldurar" o cenário em segundo plano.

1 **Desenhe o tronco e os galhos principais**. Como mostrado na Figura 4-160, para iniciar este desenho, foi feito apenas um leve croqui do tronco, dos galhos principais e do limite da copa. Os galhos restantes serão feitos em uma etapa posterior. Se preciso, use a foto de uma árvore como referência quando for desenhar este importante componente de uma ilustração de projeto.

A seguir, foram feitos o fundo e os arredores da árvore. O céu foi feito com pastel; o passeio e a grama, com hidrocor.

Depois, acrescentou-se hidrocor sobre o tronco e os galhos principais. A hidrocor *French Grey 70%* foi passada nos lados sombreados do tronco e *French Grey 50%* no lado ao sol.

Fig. 4-160

2 **Acrescente os galhos menores, as sombras e a textura.** Depois de fazer os galhos maiores e o tronco com hidrocor, traçaram-se os galhos menores até o limite externo predefinido da copa, usando hidrocor *French Grey 70%*. Na Figura 4-161, estes galhos foram traçados com mais pressão sobre o lápis no ponto de inserção do galho no tronco, aliviando a pressão para deixar os galhos mais finos perto do limite externo da copa. Veja que os galhos finos no limite da copa foram levemente cobertos com o lado do lápis *French Grey 70%* para rapidamente reproduzir a densidade criada pela massa uniforme de galhos menores.

Depois de terminar os galhos menores, foram feitas as sombras sobre os galhos maiores e o tronco com hidrocor *French Grey 70%*. Com lápis *French Grey 10%*, fez-se uma leve cobertura sobre a parte ensolarada do tronco. Algumas linhas finas e ondeadas de lápis *Black* e *French Grey 10%* foram feitas ao longo dos galhos principais e do tronco para criar textura de casca. O tronco e as massas de galhos finos foram pontilhados com caneta Pilot Razor Point.

Fig. 4-161

Elementos, materiais e acabamentos

3 **Faça as sombras sobre o chão.** Uma árvore sem folhas lança uma sombra que possui dois componentes distintos. O tronco e os galhos principais lançam sombra mais escura e nítida, enquanto que os galhos mais finos criam áreas de sombra mais clara e difusa.

Na Figura 4-162, usou-se hidrocor *Yellow Green (Limepeel)* como cor base para a grama e *Olive (Olive Green)* como base para as sombras do tronco e dos galhos principais. Para continuar estas sombras por cima do caminho de concreto, usou-se hidrocor *French Grey 40%*.

A hidrocor *Sunset Pink (Deco Pink)* foi usada sobre a grama para apagar um pouco o verde, e o lápis *Celadon Green* foi passado sobre algumas partes da grama para dar-lhe um tom mais azul-esverdeado.

O lápis *Copenhagen Blue* foi passado de leve sobre a sombra na grama para fazer uma sombra mais clara e difusa. Com a mesma finalidade, passou-se lápis *Blue Slate* sobre o caminho.

Fig. 4-162

Árvores de folhas caducas, sem folhas, plano intermediário e plano de fundo (4-163, 4-164, 4-165)

Os traços preliminares para desenhar árvores sem folhas em plano intermediário ou plano de fundo de uma ilustração são preparados de modo semelhante àquele usado para criar árvores em primeiro plano. Primeiro, faz-se um croqui dos troncos, dos galhos principais e da copa das árvores.

1 Faça o colorido do fundo. Na Figura 4-163, foram coloridos os elementos que se vêem *através* das árvores mais próximas. Aplicou-se hidrocor *French Grey 30%* sobre a copa da fileira de árvores no centro do desenho. A hidrocor *French Grey 10%* foi aplicada sobre a fileira seguinte e mais distante. A seguir, usou-se hidrocor *Cool Grey # 1 (Cool Grey 10%)* sobre hidrocor *French Grey 10%* sobre as árvores e colinas bem ao fundo da ilustração.

O céu foi feito com uma mistura de lápis pastel Schwan Stabilo # 430 (no alto), pastel seco *Light Oxide Red 339.9* (no centro) e pastel seco *Ultramarine Deep 506.9* (embaixo). A área próxima à linha do horizonte permaneceu branca.

Passou-se cor sobre o prédio, tomando cuidado para manter o valor relativamente claro e o contraste bem baixo entre as partes ensolaradas e na sombra.

2 Acrescente os troncos, os galhos principais e as sombras sob as árvores. As sombras sob a fileira central de árvores, bem como os troncos e galhos principais que se vêem contra o fundo mais claro, foram feitos com hidrocor *French Grey 70% e 50%* (4-164). Os troncos que se vêem contra o fundo mais escuro foram mantidos em branco e, posteriormente, serão coloridos com hidrocor *French Grey 10%*.

As sombras das árvores no segundo plano, à direita, foram inicialmente feitas com hidrocor *French Grey 50%* – para os troncos e galhos principais – seguido de uma leve cobertura com hidrocor *French Grey 10%* para as sombras difusas da massa de galhos menores.

Foram dados alguns toques de hidrocor *Olive (Olive Green)* para fazer arbustos sob a fileira de árvores ao centro; o terreno além da cerca mais distante recebeu uma cobertura leve com uma mistura de hidrocor *Willow Green (Lime Green)* e *Buff (Brick Beige)*.

Fig. 4-163

Fig. 4-164

3 **Acrescente os galhos finos.** Na Figura 4-165, os galhos mais finos foram feitos com lápis *French Grey 70%*. A ramagem bem fina localiza-se obviamente na borda mais externa da copa das árvores. Estas massas de galhos foram feitas com a lateral dos lápis *Burnt Ochre* e *French Grey 50%*.

Os troncos da fileira de árvores ao centro foram clareados e escurecidos com toques bem leves de lápis *French Grey 10%* e *90%*, respectivamente. Usou-se ainda lápis *Jasmine* para iluminar os lados ao sol dos troncos, e a caneta Pilot Razor Point fez um leve pontilhado sobre a copa das árvores mais próximas.

Fig. 4-165

Árvores de folhas caducas, sem folhas, contra fundo matizado (4-166)

Use lápis de cor de valor claro para desenhar árvores ou arbustos sem folhas contra valores escuros, tais como sombras, janelas ou céu escurecido. Na Figura 4-166, usou-se lápis *Cream* para desenhar a parte do arbusto que fica em frente da parte sombreada do muro. O lápis *Warm Grey 20%* foi usado para desenhar a árvore à direita contra o céu escuro, e a árvore sem folhas à esquerda foi desenhada com lápis *Warm Grey 50%*. Esta técnica dá melhor resultado quando não há quase nenhuma cor na área sobre a qual você vai desenhar este tipo de vegetação.

Fig. 4-166

Árvores de folhas caducas, com folhas, primeiro plano (4-167, 4-168, 4-169)

Esta ilustração foi feita sobre papel heliográfico preto.

Da mesma forma como a árvore sem folhas na Figura 4-162, raramente se desenha uma árvore inteira com folhas, em primeiro plano. Observe que primeiro foram desenhados os galhos maiores, que serão escurecidos em etapas posteriores.

1 Desenhe a ramagem com hidrocor. Primeiro foi feito um croqui a lápis da copa da árvore, para servir de guia para a hidrocor. Na Figura 4-167, as hidrocores *Yellow Green (Limepeel)* e *Olive (Olive Green)* foram usadas para iniciar a ramagem, em movimentos diagonais com o lado mais largo da ponta da hidrocor. Para fazer ramagem de outono, use hidrocor *Brick Red (Cherry)*, *Pale Cherry (Mineral Orange)* e *Pale Sepia (Goldenrod)*.

2 Complete a ramagem, desenhe galhos, comece as sombras com hidrocor. Como mostra a Figura 4-168, usaram-se as hidrocores *Dark Olive (French Grey 80%)* e *Cool Grey # 9 (Cool Grey 90%)* para completar a ramagem.

Usou-se hidrocor Design Marker de ponta fina para escurecer os galhos menores, resultando em uma série de linhas interrompidas, pois a visão dos galhos é interrompida pelos feixes de folhas.

Depois de aplicar as cores base de hidrocor sobre a grama, usou-se hidrocor *Dark Olive (French Grey 80%)* com pinceladas horizontais. O mesmo tipo de pincelada foi usada para fazer as sombras com hidrocor *Cool Grey # 5 (Cool Grey 50%)* sobre o passeio. A hidrocor *Burnt Umber (Dark Umber)* foi aplicada com movimentos diagonais sobre o muro de tijolos.

3 Acrescente realces, detalhes e toques finais. Na Figura 4-169, aplicou-se lápis *Cream* sobre a folhagem desenhada com hidrocor *Yellow Green (Limepeel)*. Para fazer os pedacinhos de céu que aparecem entre as folhas da árvore, usou-se lápis *Light Cerulean Blue* com lápis *White* por cima.

A hidrocor *Cool Grey # 5 (Cool Grey 50%)* foi usada para fazer as sombras sobre o tronco. Os lápis *Cream* e *White* foram usados para passar uma leve cobertura sobre as áreas ensolaradas entre as sombras. Aplicou-se uma leve cobertura de lápis *Burnt Ochre* sobre o tronco intei-

Fig. 4-167

Fig. 4-168

ro. Para reforçar a textura do tronco da árvore, usou-se caneta Pilot Razor Point, pontilhando e aplicando movimentos diagonais sobre as áreas na sombra.

Aplicou-se uma leve cobertura de lápis *Olive Green* sobre as sombras feitas com hidrocor sobre a grama, seguido de textura vertical com caneta Pilot Razor Point. O lápis *Cream* foi usado para acrescentar a mesma textura sobre as partes da grama no sol.

O lápis *Peach* foi usado para temperar as sombras com hidrocor sobre o muro de tijolo, e as áreas ao sol receberam uma leve cobertura de lápis *Peach* e *White*. As juntas de argamassa no muro foram feitas com lápis *White* e régua, dando uma certa transparência à sombra.

O lápis *Copenhagen Blue* foi usado para temperar as sombras sobre o caminho; o lápis *White*, temperado com lápis *Peach*, foi usado para reforçar as áreas ao sol.

Fig. 4-169

Árvores de folhas caducas, com folhas, segundo plano (4-170, 4-171, 4-172)

Esta ilustração foi feita sobre papel heliográfico sépia.

1 **Faça a base com hidrocor.** Na Figura 4-170, usaram-se hidrocores *Yellow Green (Limepeel)* para fazer a folhagem ao sol, *Olive (Olive Green)* para a folhagem à meia sombra e *Dark Olive (French Grey 80%)* para a ramagem na sombra. Veja que as linhas dos edifícios ainda aparecem por entre as folhas em alguns pontos e servem de guia para aplicar cor sobre as áreas atrás das árvores.

2 **Crie as sombras com hidrocor.** Na Figura 4-171, usou-se uma série de hidrocores para criar as sombras lançadas pelas árvores – valores escuros sobre superfícies escuras, valores mais claros sobre superfícies mais claras. Foram feitas pinceladas *horizontais* sobre as sombras no chão e *diagonais* para fazer as sombras nas superfícies verticais, paralelamente à direção da luz do sol.

3 **Dê cor às áreas que se vêem através das árvores.** As cores mais apropriadas foram aplicadas sobre aquelas áreas não tocadas pelas hidrocores usadas para criar a ramagem. Estas cores foram aplicadas com lápis de cor sobre as áreas dos edifícios e do céu.

4 **Aplique realces, detalhes e toques finais.** Na Figura 4-172, foi passada uma mistura de lápis *Jasmine* e *Cream* sobre o lado ensolarado das árvores. Os galhos foram feitos com hidrocor Design Marker de ponta fina e caneta Pilot Razor Point, com traços intermitentes. A hidrocor *Cool Grey # 9 (Cool Grey 90%)* foi usada para pontilhar algumas áreas ainda mais escuras da ramagem. A seguir, acrescentaram-se detalhes e realces, e áreas ensolaradas e sombreadas nos arredores.

Fig. 4-170

DESENHO A CORES | 201

Fig. 4-171

Fig. 4-172

Árvores de folhas caducas, com folhas (técnica abreviada) (4-173, 4-174, 4-175)

1 **Faça o céu, os objetos ao longe e a base com hidrocor.** Na Figura 4-173, a cor foi aplicada sobre o céu e o prédio ao longe, de forma similar à Figura 4-163. No entanto, não é mais necessário puxar a cor do prédio ao fundo muito além do croqui da copa das árvores, já que a mesma ficará bloqueada pela folhagem densa.

Aplicou-se hidrocor *Yellow Green (Limepeel)* sobre os lados ensolarados na parte de cima das árvores, usando para isso o *lado* mais largo da ponta da hidrocor. Veja como as pinceladas foram dirigidas para fora a partir do meio das árvores. Com muito cuidado, aplicou-se hidrocor *Olive (Olive Green)* entre estas pinceladas mais claras sobre o lado *sombreado* de cada árvore. Você poderá notar como as árvores dentro dessa massa repetem o padrão claro-escuro, uma contra a outra, realçando cada árvore dentro do arvoredo. A hidrocor mais escura também foi passada sobre a *parte inferior* de cada copa, criando uma linha contínua e irregular de valor escuro entre as copas e os troncos.

2 **Aperfeiçoe as formas das árvores, as cores e a sombra.** Na Figura 4-174, foi usada hidrocor *Black* sobre as áreas mais escuras embaixo das árvores. À medida que se foi traçando para cima e para dentro da copa das árvores, foi-se pontilhando a cor *Black* com a ponta da hidrocor.

A hidrocor *Black* também foi usada no lado esquerdo da árvore, em segundo plano, à direita. A hidrocor *Olive (Olive Green)* foi usada para continuar onde a hidrocor *Black* parou, à medida que a cor avançou em direção ao lado ensolarado.

A hidrocor *Olive (Olive Green)* também foi usada para aplicar a sombra da árvore, no chão e as sombras compridas no terreno mais adiante. A hidrocor *Yellow Green (Limepeel)* foi usada nas partes ensolaradas do campo.

Os lados ensolarados das árvores e do campo foram esmaecidos com hidrocor *Sunset Pink (Deco Pink)* e a hidrocor *Willow Green (Lime Green)* foi usada como cor de transição entre as áreas ao sol e na sombra das copas das árvores.

As colinas mais distantes, perto do horizonte, foram coloridas com hidrocor *Cool Grey # 1 (Cool Grey 10%)*; a hidrocor *Cool Grey # 3 (Cool Grey 30%)* foi usada sobre a "camada" de árvores mais próxima. E a camada de árvores logo em frente a elas foi desenhada com as hidrocores *Cool Grey # 1 e # 3 (Cool Grey 10% e 30%)* e depois recebeu uma leve cobertura com as hidrocores *Willow Green (Lime Green)* e *Naples Yellow (Eggshell)*.

Fig. 4-173

Fig. 4-174

DESENHO A CORES | 205

2 **Aperfeiçoe a cor, o sombreado e os troncos usando hidrocor.** Na Figura 4-177, a hidrocor *Cool Grey # 9 (Cool Grey 90%)* foi pontilhada na parte inferior da massa de folhas do abeto. Esta hidrocor também foi usada para escurecer as pontas dos ramos no lado sombreado da árvore.

Na base da árvore tipo pinheiro, aplicou-se hidrocor *Olive (Olive Green)* sobre *Cool Grey # 7 (Cool Grey 70%)*. A hidrocor *Cool Grey # 9 (Cool Grey 90%)* foi usada na parte inferior da folhagem para incrementar o sombreado. Os troncos foram desenhados com hidrocor *Redwood (Sienna Brown)*, sendo a hidrocor *Cool Grey # 9 (Cool Grey 90%)* usada sobre os lados sombreados.

A hidrocor *Olive (Olive Green)* foi passada sobre a base de hidrocor *Slate Green (Teal Blue)* nas árvores tipo cipreste, com a mesma pincelada mostrada no detalhe da árvore da Figura 4-176. A hidrocor *Cool Grey # 9 (Cool Grey 90%)* foi pontilhada sobre os lados sombreados das árvores em quantidades cada vez menores à medida que avança em direção à área ensolarada.

Fig. 4-177

1

2

3

Elementos, materiais e acabamentos

3 **Acrescente realces e toques finais.** A Figura 4-178 mostra que o lápis *Olive Green* foi usado para fazer uma leve cobertura sobre a árvore tipo abeto, e o lápis *White*, aplicado sobre os ramos ensolarados, usando pinceladas ascendentes. Alguns toques de lápis *Burnt Ochre* indicam ramos mortos.

O lápis *Jasmine* foi usado para realçar o topo ensolarado da ramagem da árvore tipo pinheiro. O lápis *Olive Green* foi passado sobre as áreas sombreadas para trazer à tona sua cor. A caneta Pilot Razor Point foi usada para acrescentar uma textura de agulhas de pinheiro sobre os lados sombreados da ramagem. Também aqui foram dados toques de lápis *Burnt Ochre* para indicar ramos mortos. Os lápis *Cream* e *White* foram aplicados em realce nas áreas ensolaradas dos troncos, e os lápis *Dark Umber* e *Blue Violet Lake # 27* da Derwent foram passados nas áreas sombreadas.

Os lápis *Jasmine* e *Cream* foram passados em realce sobre as áreas sombreadas da árvore tipo cipreste. Observe os desenhos texturizados em forma de pequenos leques criados com estes lápis.

Fig. 4-178

Árvores perenes, segundo plano e plano de fundo

(4-179, 4-180)

1 **Desenhe primeiro as árvores em segundo plano.** Pode-se usar uma hidrocor Designer Marker de ponta fina para fazer as árvores no segundo plano, com um simples traço inclinado sobre um tronco vertical. O exemplo na Figura 4-179 mostra uma caneta Sanford Sharpie, de ponta afilada, sendo usada para esta etapa. Como mostra o detalhe, o traço é inclinado em direções opostas, sobre todos os lados do tronco.

As árvores mais próximas, desenhadas nas extremidades direita e esquerda da ilustração, foram feitas com um pontilhado de hidrocor *Cool Grey # 9 (Cool Grey 90%)* sobre uma linha de tronco vertical. Estas árvores permanecem escuras em silhueta contra as árvores mais claras ao fundo.

2 **Acrescente os troncos.** Usou-se lápis *Warm Grey 20%* para desenhar os troncos das árvores em linhas intermitentes.

Fig. 4-179

3 **Desenhe as árvores ao fundo.** Depois de desenhadas as árvores no segundo plano, usou-se a ponta de uma hidrocor *Olive (Olive Green)* para fazer as árvores ao fundo – a hidrocor foi passada diversas vezes com rápidos movimentos ascendentes, criando um desenho simples de árvore perene ao se usar uma base mais larga e o topo mais estreito (4-180).

A caneta Pilot Razor Point foi usada com o mesmo tipo de pincelada para criar a textura de massa de árvores e o sombreado. Estas linhas foram traçadas mais densamente na encosta da colina, de modo a aumentar o contraste com a montanha mais ao longe.

Com o mesmo tipo de pincelada, aplicou-se lápis *Jasmine* para criar o efeito de pôr-de-sol sobre as árvores.

Observe que o lápis *Blue Slate* foi usado logo atrás das árvores no segundo plano para criar maior contraste com a massa de árvores distante.

Fig. 4-180

Palmeiras (4-181, 4-182)

Um aspecto importante na ilustração de palmeiras é a precisão com a qual se criam a forma e as proporções das mesmas.

1 **Dê cor ao céu; aplique base de hidrocor sobre a copa das palmeiras.** Na Figura 4-181, aplicou-se hidrocor *Yellow Green (Limepeel)* sobre a porção ensolarada da copa das palmeiras e hidrocor *Olive (Olive Green)* sobre o lado sombreado. Para isso, usou-se a ponta da hidrocor e traçou-se do centro para fora da copa, dando um final em ponta às pinceladas de hidrocor. Para mudar as cores, passou-se uma leve cobertura de hidrocor *Willow Green (Lime Green)* sobre elas.

2 **Dê cor aos troncos; acrescente detalhes.** A hidrocor *Kraft Brown (Light Tan)* foi usada para colorir os troncos, as folhas mortas logo abaixo da copa e as folhas quase secas, dentro da própria copa (4-182).

A hidrocor *French Grey 70%* foi usada para escurecer as sombras sobre os troncos. Uma leve cobertura de lápis *Cool Grey 30%* foi feita sobre as árvores mais ao longe. Isso clareou o valor e diminuiu o croma das cores das copas, criando, assim, uma impressão de perspectiva atmosférica.

Os lápis *Burnt Ochre* e *French Grey 70%* foram hachurados em cruz sobre os troncos criando, assim, maior textura sobre as árvores mais próximas do observador.

Fig. 4-181

Fig. 4-182

Trepadeiras (4-183, 4-184)

1 **Aplique cor e sombras sobre a superfície da trepadeira.** A cor foi acrescentada primeiro sobre a ponte de pedra, inclusive aquelas partes que se vëem através das frestas na vegetação. As sombras lançadas pela planta foram feitas embaixo e à esquerda de cada porção de vegetação.

2 **Aplique base de hidrocor sobre a trepadeira.** Aqui foram passadas as hidrocores *Willow Green (Lime Green)* e *Yellow Green (Limepeel)* sobre a trepadeira. A Figura 4-183 mostra a hidrocor *Olive (Olive Green)* sendo passada sobre as reentrâncias e as partes da trepadeira que estão na sombra.

3 **Faça uma leve cobertura a lápis.** Na Figura 4-184, o lápis *Dark Green* foi aplicado em leve cobertura com a lateral da ponta. Isso não só modifica a cor da trepadeira, como também adiciona rapidamente uma textura adequada a ela.

Fig. 4-183

Fig. 4-184

PLANOS DE FUNDO

Cenário urbano (4-185, 4-186)

Existem algumas regras básicas para ajudá-lo a criar cenários urbanos com maior facilidade: neles, à medida que aumenta a distância, aumenta também o valor das cores e diminui o contraste *entre* as cores. O croma das cores deve ficar mais fraco, e os matizes devem tender mais para o azulado. Os edifícios devem ter menos detalhes.

1 Faça base com hidrocor. Já que as cores em um cenário urbano como este são predominantemente de croma fraco, foram usadas hidrocores cinzas como base (4-185). A hidrocor básica usada no primeiro plano foi *Cool Grey # 7 (Cool Grey 70%)*, junto com toques de hidrocores *Cool Grey # 9 (Cool Grey 90%)* e *Black*. Quanto mais longe, mais claras as hidrocores cinza-frio aplicadas sobre os edifícios.

2 Mescle as paredes dos edifícios com lápis. Na Figura 4-186, as paredes dos edifícios mais próximos foram mescladas com lápis de matizes quentes: *Terra Cotta*, *Peach*, *Jasmine*, *Mineral Orange*, *Burnt Ochre*, *Dark Umber* e *Light Peach*. O lápis *White* foi usado para os realces.

Fig. 4-185

Os edifícios mais ao centro ou ao longe foram mesclados com lápis *Light Peach* sobre as áreas ao sol e com lápis *Light Cerulean Blue* sobre as áreas na sombra. O lápis *White* também foi acrescentado sobre as áreas dos edifícios mais distantes para aumentar o valor e diminuir o croma das áreas mescladas a lápis. Toda a área ao fundo do desenho, inclusive os edifícios, foi mesclada com lápis *Jasmine* e *Cream* para criar um efeito de névoa.

3 **Dê tratamento às janelas.** Aqui usou-se caneta Pilot Razor Point para escurecer as janelas sobre as faces ensolaradas dos edifícios mais próximos. O lápis *Cool Grey 70%* foi passado sobre as janelas nos edifícios mais ao longe. Uma mistura de lápis *Light Cerulean Blue* e *White* foi usada para criar efeitos de reflexos de céu sobre as janelas nos lados sombreados dos edifícios mais próximos. Com caneta Pilot Razor Point foram desenhados os caixilhos, as molduras e os recessos sombreados das janelas.

Fig. 4-186

Cenário campestre (4-187, 4-188, 4-189)

Os fenômenos de cor presentes na cidade são bem similares no campo. O croma das cores diminui, os valores aumentam e as texturas aparentes diminuem na distância. Porém, os tons que vemos no campo, em geral, formam uma progressão no sentido horário ao redor do círculo de cores, desde verde amarelado, em primeiro plano, até o roxo azulado ou roxo, ao longe.

1 **Aplique base com hidrocor no primeiro plano.** Na Figura 4-187, foram usadas as hidrocores *Cool Grey # 9, # 7* e *# 5 (Cool Grey 90%, 70% e 50%)* para criar uma massa de árvores escura em primeiro plano, produzindo um efeito mais intenso de distância devido ao contraste de valor. A hidrocor *Burnt Umber (Dark Umber)* foi usada para o telhado e o terraço da construção.

2 **Faça linhas auxiliares; crie árvores e campos ao longe usando hidrocor.** Na Figura 4-188, foram feitas linhas auxiliares onduladas para guiar a criação de campos, estradas e contornos ao longe. A hidrocor *Cool Grey # 5 (Cool Grey 50%)* foi usada para pontilhar as árvores na encosta da primeira colina, no centro do desenho. Os sombreados foram feitos com hidrocor *Cool Grey # 7 (Cool Grey 70%)*.

As hidrocores *Light Ivy (Putty + Cream)* e *Buff (Brick Beige)* foram acrescentadas sobre os campos, juntamente com toques de hidrocor *Yellow Green (Limepeel)*.

As árvores sobre a colina além da primeira encosta foram pontilhadas com hidrocor *Cool Grey # 3 (Cool Grey 30%)*. A hidrocor *Cool Grey # 1 (Cool Grey 10%)* foi usada sobre a colina mais distante.

Fig. 4-187

Fig. 4-188

3 **Aplique lápis.** Na Figura 4-189, o lápis *Olive Green* foi usado para fazer uma leve cobertura sobre as árvores em primeiro plano, bem como as árvores sobre a primeira encosta. As árvores em primeiro plano foram pontilhadas com caneta Pilot Razor Point.

Os lápis *Olive Green* e *Peacock Green* foram usados para mesclar as árvores na encosta seguinte. Para mesclar a encosta mais ao longe, usou-se somente lápis *Peacock Green*.

Os lápis *Peacock Green* e *Blue Slate* foram usados sobre a encosta seguinte; os lápis *Blue Slate* e *Greyed Lavender* foram usados para mesclar a última encosta antes da montanha. Sobre esta, passou-se levemente uma mistura de lápis *Greyed Lavender* e *White*.

Fig. 4-189

O plano superior: telhados e céu

Os telhados inclinados e o céu trabalham juntos em um desenho de projeto. Os materiais usados no telhado podem ser desenhados com vários produtos. Devem ser bastante sutis e seguir as regras de perspectiva. O céu pode acrescentar um certo nível de acabamento em um desenho de projeto ou, até mesmo, criar grande impacto.

TELHADOS INCLINADOS

Telhado com telhas tipo *shingle* (4-190, 4-191)

As técnicas de telhas tipo *shingle* mostradas nas ilustrações a seguir podem ser usadas para telhas asfálticas, de madeira, de ardósia ou de concreto, variando apenas a seleção das cores. O telhado estilo *shingle* mostrado a seguir é de madeira.

1 **Aplique base com hidrocor.** Em primeiro lugar, estipulou-se que a luz provinha do lado esquerdo do desenho, definindo, assim, quais as partes do telhado que seriam sombreadas. Na Figura 4-190, aplicou-se hidrocor *French Grey 10%* sobre a área com iluminação mais direta e hidrocor *French Grey 30%* sobre a área do telhado voltada para a direita.

Observe as suaves linhas auxiliares feitas a lápis sobre o telhado. Estas linhas partem dos pontos de fuga e guiam as pinceladas de hidrocor. Traços de hidrocor *Buff (Brick Beige)* foram feitas ao longo delas sobre o telhado.

A sombra salpicada da árvore à esquerda foi feita com hidrocores *French Grey 70%, 50% e 30%*.

Fig. 4-190

2 **Adicione textura com lápis.** Como mostrado na Figura 4-191, usou-se lápis 0,5 mm de grafite 2H para desenhar as sombras das extremidades de cobertura das telhas *shingle* no lado mais claro do telhado. Usaram-se ainda as linhas auxiliares como referência para fazer estes riscos, em um movimento curto e sincopado de vaivém ao longo da régua. Este movimento dá uma espessura irregular às linhas. Já que este lápis não aparece na sombra à esquerda, usou-se lápis *Light Peach* para continuar a mesma linha na sombra. Veja que algumas poucas fileiras individuais de telhas *shingle* também foram feitas *ao longo* da inclinação do telhado, usando os mesmos dois lápis.

Usou-se caneta Micron 005 com o mesmo movimento de vaivém para fazer as linhas sobre a face escura do telhado.

Telhado de chapa metálica, zipada (4-192, 4-193)

1 **Aplique base com hidrocor.** Os telhados de chapa metálica zipada podem ser de qualquer cor, mas a cor normalmente é apagada. Na Figura 4-192, aplicou-se hidrocor *Cool Grey # 3 (Cool Grey 30%)* sobre as áreas de telhado com iluminação direta e hidrocor *Cool Grey # 5 (Cool Grey 50%)* sobre as áreas que recebem menos luz. A hidrocor *Willow Green (Lime Green)* foi usada para fazer uma leve cobertura sobre toda a superfície do telhado.

Para modificar levemente a cor, acrescente hidrocor *Sand (Sand)* sobre as partes mais escuras do telhado, e hidrocor *Buff (Brick Beige)* sobre as partes mais claras.

Observe as linhas auxiliares a lápis, feitas para manter as pinceladas de hidrocor – e depois os traços a lápis – alinhadas com os pontos de fuga de cada água do telhado.

Fig. 4-191

Fig. 4-192

2 **Adicione detalhes a lápis.** A Figura 4-193 mostra o telhado terminado. Aplicou-se lápis *French Grey 70%* com régua para criar as emendas zipadas sobre as superfícies mais claras do telhado e linhas paralelas de lápis *French Grey 10%* e *70%* sobre as áreas mais escuras.

Veja que as fileiras de emendas zipadas foram espaçadas de modo uniforme, e cada uma se dirige para os respectivos pontos de fuga de cada água do telhado.

Telhado de telhas cerâmicas (4-194, 4-195)

1 **Aplique base com hidrocor; modifique as cores com pastel.** A hidrocor *Kraft Brown (Light Tan)* foi aplicada sobre a área ao sol do telhado, e a hidrocor *Burnt Umber (Dark Umber)* foi usada para a sombra.

Aplicou-se lápis pastéis Schwan Stabilo # *620*, # *675* e # *690*, que foram misturados com os dedos sobre a área da telha ao sol. O excesso foi retirado com uma escova de desenho.

2 **Acrescente detalhes com lápis.** Na Figura 4-194, passou-se lápis *Black* sobre os espaços escuros entre as fileiras de telhas. Veja que essas linhas partem do ponto de fuga do telhado, ligeiramente marcado a lápis logo acima do telhado.

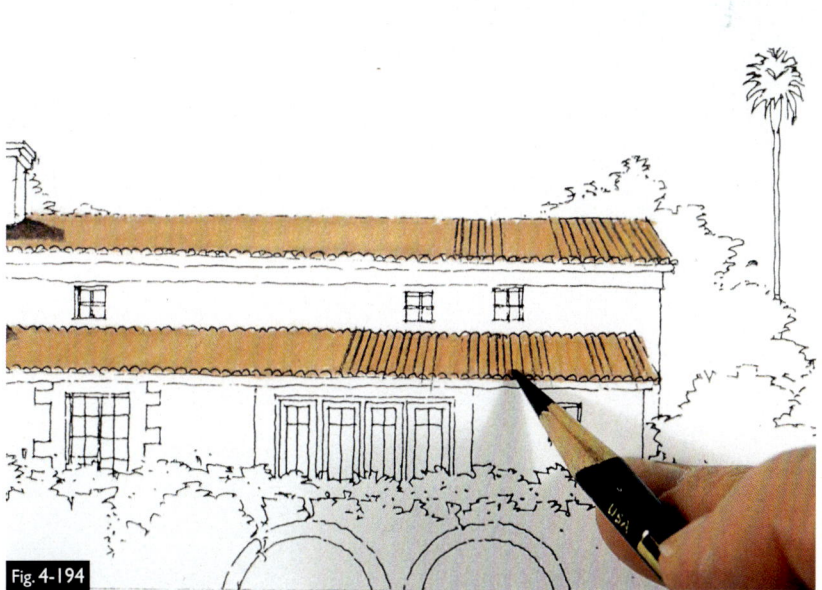

Fig. 4-193

Fig. 4-194

Elementos, materiais e acabamentos

3 **Aplique os toques finais.** A Figura 4-195 mostra o restante das linhas pretas já aplicadas sobre o telhado. Note que não é preciso desenhar todas as fileiras. Foram acrescentados leves traços com lápis *French Grey 30%* sobre as áreas sombreadas do telhado.

Alguns traços de lápis *Terra Cotta e Light Peach* foram feitos para dar maior textura. Uma Design Marker de ponta fina foi usada para pontilhar o final das telhas nos beirais.

Fig. 4-195

CÉU

Céu diurno (4-196, 4-197, 4-198)

O céu diurno aparece, muitas vezes, como uma gradação de cor e, quando está aberto, é levemente mais claro no horizonte, matizando até um azul mais escuro em direção ao zênite. O céu diurno – mesmo em desenhos de grandes proporções – pode ser rapidamente criado com pastel.

1 **Aplique o pastel.** Quando estiver planejando uma ilustração de projeto, você verá que é mais fácil fazer primeiro o céu antes de colorir os telhados e as copas das árvores. Quando as cores do céu vazam sobre as áreas adjacentes, é possível apagá-las sem prejudicar a cor delas.

Na Figura 4-196, aplicou-se pastel seco *Ultramarine Deep 506.9* com rapidez e de forma bem irregular na área próxima do horizonte, cuidando para deixar o branco do papel aparecendo logo acima do horizonte. Mais acima no céu, aplicou-se rapidamente lápis pastel Schwan

Fig. 4-196

Stabilo # 430 como cor de transição para o pastel seco *Cobalt Blue 512.5* usado na parte mais alta do céu.

2 **Misture o pastel com o dedo ou com lenço de papel.** A Figura 4-197 mostra os três tons de pastel sendo mesclados com lenço de papel para criar um céu com gradações de azul. Se a gradação não estiver muito convincente depois de retirado o excesso com a escova de desenho, pode-se aplicar mais pastel ou lápis de cor para dar maior uniformidade.

3 **Aplique os toques finais.** Na Figura 4-198, pode-se ver o céu já terminado. Para manter a uniformidade da gradação do céu, ele foi esfregado com camurça somente na parte inferior, perto do horizonte. O resto foi simplesmente escovado com uma escova de desenho. A cor pastel que eventualmente tenha borrado as árvores foi retirada com apagador elétrico com tira branca macia.

Proteja a ilustração original com uma camada de papel manteiga, pois ele borra com facilidade. Utilize uma cópia colorida, ou cópia colorida feita em copiadora jato de tinta para usar em revisões e apresentações. Use *spray* fixador só em último caso, pois ele costuma esmaecer as cores pastéis.

Fig. 4-197

Fig. 4-198

Céu ao anoitecer (ou amanhecer) (4-199 a 4-202)

Há duas maneiras mais fáceis de criar um céu ao entardecer ou amanhecer. Ambas utilizam técnicas de papel colorido e funcionam bem em ilustrações nas quais as janelas devem parecer iluminadas.

A. Sobre papel manteiga branco (4-199, 4-200, 4-201)

1 **Aplique as cores do céu sobre o verso do papel manteiga.** Na Figura 4-199, os lápis *Pink*, *Blush Pink* e *Deco Orange* foram aplicados próximos ao horizonte e esmaecidos até a cor do papel. O pastel seco *Cobalt Blue 512.5* foi aplicado sobre a porção de céu mais distante do sol poente (nascente), e sua cor também será esmaecida sobre a cor do papel a partir da direção oposta.

Veja que a ilustração foi feita com papel *kraft* marrom colocado sob o papel manteiga, de modo que o efeito das cores claras fica em maior destaque.

2 **Mescle as cores.** O pastel foi esfregado sobre o papel e uniformizado com os dedos. Com os lápis *Blush Pink* e *Deco Orange* foram acrescentadas algumas listras de rosa e laranja *sobre* o azul do céu no lado direito do papel.

3 **Acrescente toques finais.** A Figura 4-200 mostra que o pastel nas árvores foi apagado. Algumas estrelas foram acrescentadas com guache branco sobre o lado direito da ilustração. Os elementos que encostam no céu, no caso as árvores de folhas caducas e perenes, podem ser feitos em silhueta contra o céu, preenchendo-se suas formas com hidrocor *Black* sobre o lado direito do desenho. Isso faz o céu parecer mais luminoso devido ao contraste. A Figura 4-201 mostra o formato final da ilustração – em cópia colorida.

Fig. 4-199

Fig. 4-200

Fig. 4-201

B. Sobre papel para cópia heliográfica em preto (4-202)

É bem fácil criar céu de entardecer ou amanhecer sobre o papel heliográfico escuro, pois este efeito exige que o céu seja apenas parcialmente colorido.

1 **Faça uma cópia em preto ou azul de seu desenho a traço.** Esta cópia deve ser tirada a uma velocidade bem maior que a normal. A cópia mostrada na Figura 4-202 foi matizada em valor, de mais escuro, no canto superior esquerdo, a mais claro, no canto inferior direito, modificando-se a velocidade da copiadora ao se tirar a cópia.

2 **Aplique lápis de cor em uma progressão de coberturas matizadas.** Os lápis *Deco Orange*, *Blush Pink*, *Pink*, *Light Cerulean Blue* e *Copenhagen Blue* foram passados, nesta ordem, do horizonte para o alto. Cada lápis de cor foi mesclado um para dentro do outro, usando-se a lateral das pontas dos mesmos, resultando em um traço mais amplo e suave. As nuvens horizontais, parecendo manchas de cor, foram feitas com lápis *Pink* e *Deco Orange*.

Veja que as cores usadas formam uma progressão ao redor do círculo de cores, indo desde o laranja até o roxo azulado. O roxo azulado, neste exemplo feito com lápis *Copenhagen Blue*, foi, por sua vez, esmaecido até a cor do papel.

Neste exemplo, não se usou pastel, pois, ao apagá-lo, pode-se tirar camadas de cor do papel, criando manchas indesejadas.

3 **Acrescente estrelas com pingos de guache branco.**

Fig. 4-202

Céu diurno com nuvens (4-203, 4-204)

É bastante divertido e fácil criar nuvens. No entanto, exatamente por isso, elas facilmente podem parecer exageradas, insólitas e intrincadas, tirando a atenção do objetivo principal da ilustração. As nuvens devem funcionar como fundo, ajudando a criar um contexto para as idéias de projeto.

1 Faça um céu diurno. Utilize os mesmos materiais e técnicas para criar este céu diurno, como mostramos nas Figuras 4-196 a 4-198.

2 Apague o céu para criar nuvens. Na Figura 4-203, utiliza-se apagador elétrico com tira macia branca para criar as formas das nuvens, apagando a base pastel usada para fazer o céu. Estas formas podem ter contornos irregulares e podem estar voltadas para qualquer direção, dependendo do efeito de céu que se quer criar. Use fotos de nuvens como referência em seu trabalho.

3 Acrescente toques finais. Você pode simplesmente encerrar o trabalho logo depois da etapa 2 e, ainda assim, criar nuvens bastante satisfatórias para o objetivo da maioria das ilustrações do projeto. Se quiser, pode acrescentar um pouco de cor sobre as nuvens, já que elas normalmente são tingidas pela cor do céu – como durante o pôr-de-sol.

Nesse exemplo (4-204), o pastel seco *Light Oxide Red 339.9* foi mesclado com pastel seco *White* sobre os lados ensolarados das nuvens e, depois, esfregados com lenço de papel e escovados com uma escova de desenho. Também pode-se usar cores pastéis bem claras para tingir as nuvens.

Elementos de escala: figuras humanas e automóveis

A inclusão de figuras humanas e automóveis nos desenhos de projeto dá ao observador uma fonte de referência para rapidamente avaliar o tamanho de todas as partes das idéias ali expressas. Também acrescentam um grau necessário e muito bem-vindo de atividade humana aos ambientes que estão sendo ilustrados.

No entanto, há uma certa ironia em introduzir estes elementos de escala nos desenhos. Por um lado, esses elementos "difíceis de desenhar" parecem ser uma chatice que consome muito tempo em comparação à "tarefa principal" de ilustrar as idéias em si. Por outro lado, essa é justamente a questão. Ao introduzir estes elementos – pessoas e, onde necessário, os automóveis que elas dirigem – em todos os desenhos de projeto, desde os croquis mais simples até os projetos prontos para a apresentação, você mantém os outros elementos, para quem estes ambientes estão sendo criados, no centro de sua atenção.

No entanto, é importante não elaborar demais tais elementos, gastando muito tempo em sua criação ou permitindo que chamem muito a atenção. Apesar de os projetistas, de certo modo, serem inventores, lembre-se de que sua tarefa não inclui a de desenhar pessoas ou automóveis. Sempre que parecer oportuno, apenas esboce ou copie estes elementos, mantendo-os simples e com um nível de detalhamento adequado ao desenho.

Desenhando figuras em cores

A longa convivência com seus semelhantes permite a você estimar as dimensões relativas das formas, espaços e elementos que os cercam. A presença deles em um ambiente vai ajudá-lo a avaliar se algo está muito grande ou muito pequeno. Da mesma forma, a inclusão de figuras humanas em desenhos de projeto acrescenta elementos cruciais de *escala*, animação e vida às suas idéias de projeto (5-1). No entanto, justamente por causa dessa familiaridade com a figura humana, elas podem às vezes atrair a atenção do observador desnecessariamente. Se as figuras forem mal desenhadas ou muito detalhadas, elas podem desviar a atenção do observador do objetivo do desenho e, o que é pior, podem desvalorizar idéias que, de outra forma, seriam consideradas boas. As figuras humanas devem fundir-se com o desenho e agir como uma sutil referência para o observador.

Fig. 5-1 Mesmo que algumas poucas figuras já teriam sido suficientes para dar a escala, o grande número delas dá vida a este complexo de entretenimento. Observe que as pessoas têm formas bem simples, pois estão muito ao longe. Veja a ampliação desta figura na **Figura 5-7**.

Arquivo de decalques

Já que sua tarefa como projetista não é desenhar pessoas, e sim os ambientes que elas habitam, talvez você prefira decalcá-las de fotos ou de um dos chamados livros de modelos de "referência", contendo modelos em escala para decalque, existentes no mercado. Isso é sempre bom quando encontramos a figura ou o automóvel exatos que estamos procurando, no ângulo certo que precisamos. Mas fiar-se no decalque pode levar mais tempo do que parece à primeira vista. Primeiro, é preciso encontrar a figura certa, ou seja, vestindo a roupa certa e exercendo a atividade desejada para o tipo e o ambiente do projeto. Segundo, as figuras vão parecer mais reais se você puder inseri-las no contexto do desenho: sentadas sobre um banco, olhando em uma determinada direção, descansando em um certo lugar, olhando as vitrines de uma loja. Isso pode reduzir significativamente o leque de opções de figuras para decalque. Quando se *consegue* encontrar as figuras adequadas, elas ainda têm que ser ampliadas ou reduzidas em uma fotocopiadora, geralmente mais de uma vez, para conseguir a escala certa. Mesmo depois de o desenho estar pronto, ainda assim elas poderão estar com um aspecto desajeitado (viradas para o lado errado, olhando em direções estranhas, excesso de detalhes na roupa, etc.) que muitas vezes acompanha as figuras importadas de um contexto diferente.

Figuras simples e aceitáveis

Você talvez ache mais fácil e rápido aprender a desenhar figuras simples, com proporções aceitáveis, para usar onde e quando precisar (5-2, 5-3). Aprendendo a desenhar figuras de pé, sentadas e caminhando, você saberá desenhar a maioria das posições da figura humana que vai precisar para o desenho de projeto. Você verá que o processo de *design* flui melhor se você não tiver que parar para pesquisar figuras em referências fotográficas. Em vez disso, use as fotos e os livros de modelos de referência para dicas de tipos de roupas, posturas e acessórios enquanto vai desenhando suas próprias figuras.

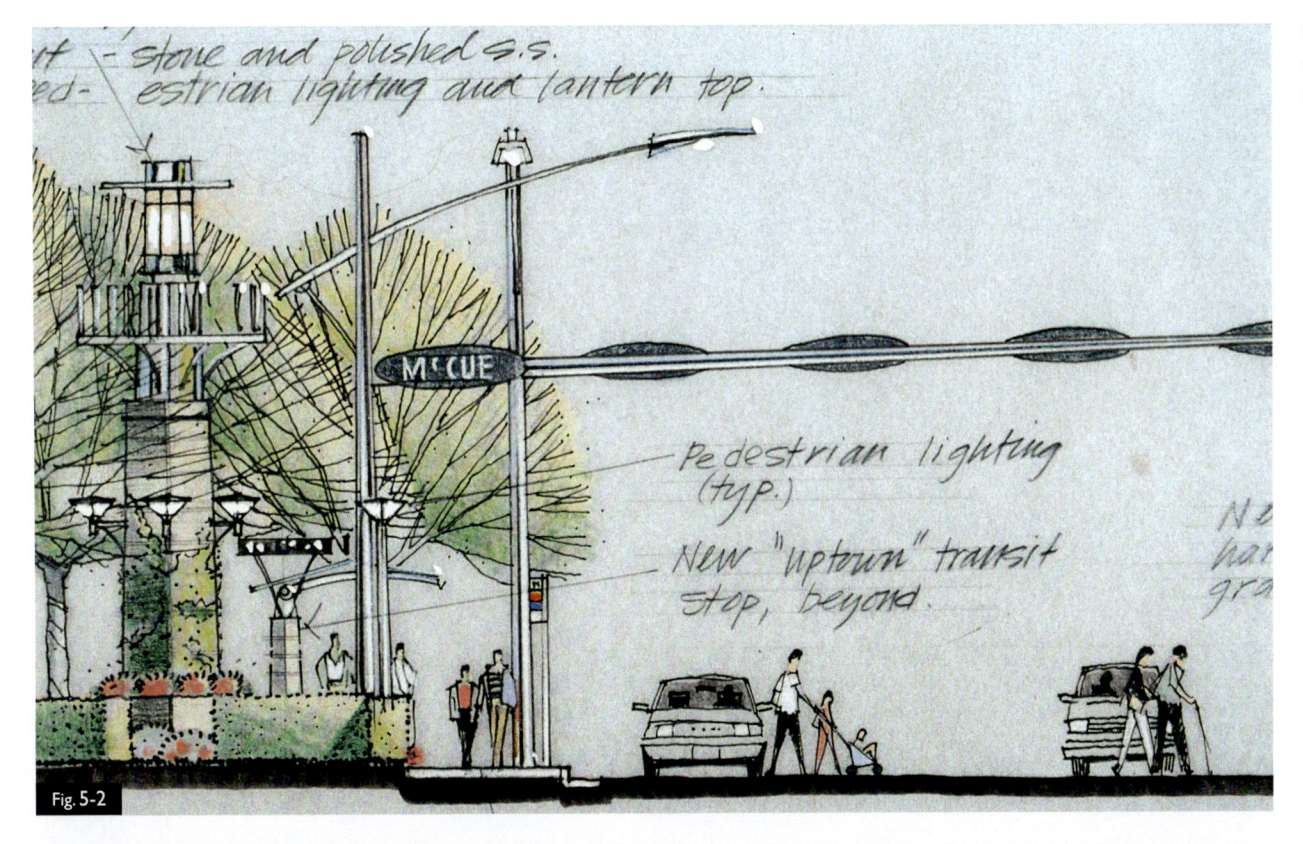

Fig. 5-2 Estas figuras simples, de pé e caminhando, dão escala a um trecho de rua desenhado em escala 1:12.

Elementos de escala: figuras humanas e automóveis

Fig. 5-3   Estas figuras sentadas não precisam ter muitos detalhes para dar vida a este restaurante semifechado.

O que faz uma figura em escala parecer ser bem desenhada? A característica mais importante de uma figura em escala é a naturalidade de suas proporções, ou seja, as relações entre cada uma das partes da figura devem parecer corretas (5-4). As figuras bem proporcionadas, mesmo que sejam meros croquis, são úteis não só para o observador da ilustração, como também para o próprio projetista. Você usa as figuras como escala instantânea de comparação durante o processo de desenho para fazê-lo do tamanho adequado. Quando já tiver adquirido o jeito para desenhar esboços de figuras nas proporções corretas, tente desenhar roupas simples e alguns acessórios sobre uma folha de papel manteiga sobreposta (5-5). Estes elementos não precisam ser muito elaborados ou detalhados, mas a roupa que vai desenhar para as figuras deve ser adequada para o local e o clima da região que você está criando (5-6). Lembre-se também de que, quanto mais longe estiver a figura no desenho, mais *simples devem ser a roupa e os detalhes* (5-7). As cores e os detalhes da roupa das figuras não importam, desde que sejam plausíveis (5-8). Uma das melhores formas de escolher a cor para a roupa das figuras é fazer uma combinação com as cores já utilizadas no desenho. As figuras são ótimos agentes de repetição e podem ajudar a criar um ritmo de cor ao distribuir as cores escolhidas sobre toda ilustração.

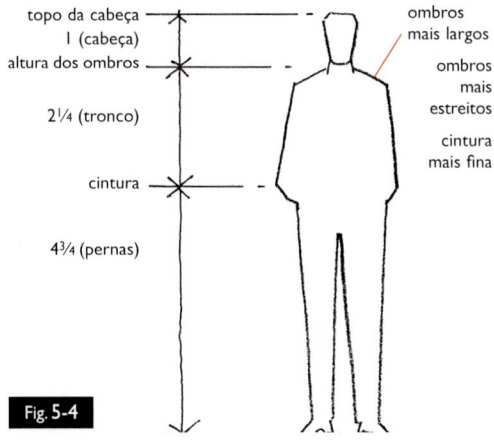

Fig. 5-4 As proporções destas três figuras são expressas em "cabeças". O tronco da figura do meio, por exemplo, é 1 3/4 vezes o tamanho de sua cabeça. A largura de cada figura é aproximadamente 3 vezes a largura da cabeça. Outras características distintivas também são apontadas.

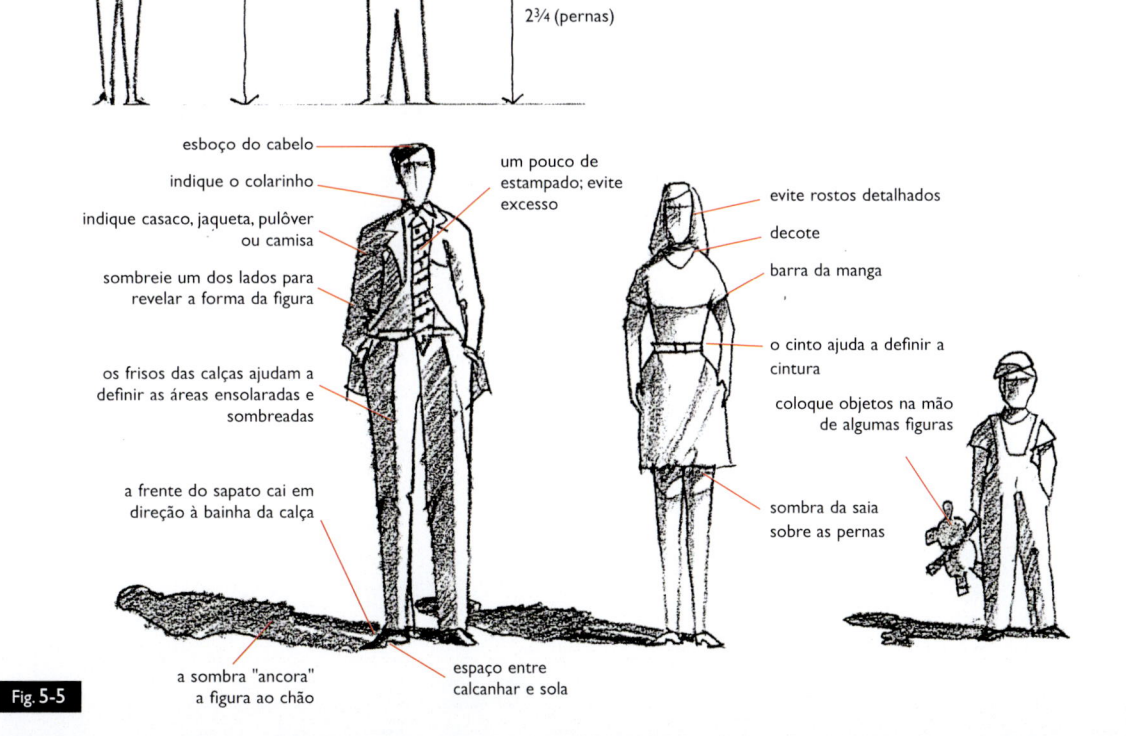

Fig. 5-5 Aqui, as roupas e os detalhes foram acrescentados às figuras. Observe bem que, em ilustrações de projeto, dificilmente as figuras são mais detalhadas do que estas.

Elementos de escala: figuras humanas e automóveis

Fig. 5-6 Nesta ilustração, o passante está vestido de forma condizente com a localização desta loja em Nova York.

Fig. 5-7 Detalhe da ilustração mostrada na **Figura 5-1**. Todas as pessoas em 5-1 parecem bem distantes devido à extensão desta cena de pontos de fuga múltiplos. As figuras de pé variam de tamanho de acordo com sua localização dentro da ilustração, mas têm cerca de 1/4" (63 mm), de altura na ilustração original de 11" x 12" (279 x 304 mm).

Fig. 5-8 Estas são as figuras mostradas na **Figura 5-5**, agora totalmente coloridas. As sombras foram feitas no lado direito do papel manteiga branco, enquanto as cores a lápis foram aplicadas no verso do mesmo.

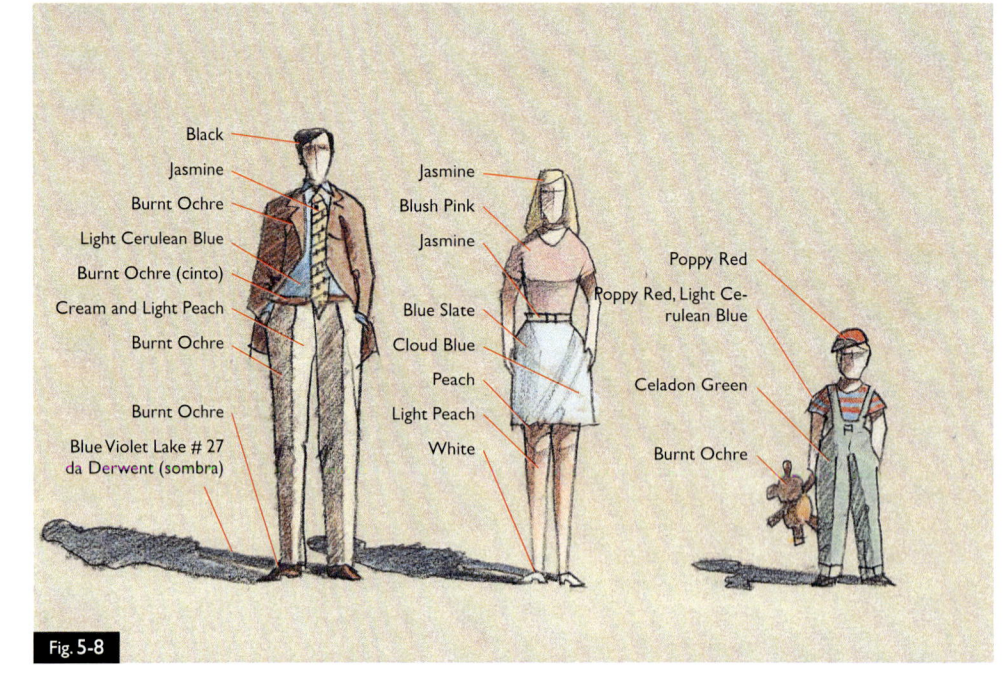

DESENHO A CORES | 231

Fig. 5-7

Inserindo as figuras no processo de desenho de projeto

Quando já estiver à vontade para desenhar figuras genéricas bem-proporcionadas, desenhe as figuras nas etapas iniciais de seus desenhos de projeto, tanto de frente como em perspectiva. Em uma perspectiva no nível dos olhos, a cabeça de todas as figuras de pé ficarão sobre a linha do horizonte ou muito próximas a ela. As figuras maiores vão parecer mais próximas do observador e as menores, mais afastadas (5-9).

Nas Figuras 5-10 a 5-16, mostramos um processo de desenho de projeto bem típico. Observe como as figuras são usadas no início do desenho para calcular as dimensões das formas e espaços. Estas figuras não são necessariamente as mesmas que serão utilizadas nas etapas posteriores do desenho para dar escala e vida. Depois de fazer um croqui de uma cena em perspectiva (5-10, 5-11), algumas figuras, já desenhadas sobre uma folha de papel manteiga, são inseridas no desenho para efeitos de localização e ação (5-12) e depois aperfeiçoadas (5-13), criando melhores proporções, roupas e detalhes. Depois dessa etapa, *todo* o desenho a traço é editado e aperfeiçoado novamente. Agora, ele está pronto para receber sombreados e cor (5-14). Veja que a cor foi aplicada sobre toda a área, *exceto* sobre as pessoas (5-15). Esta mesma paleta de cores é usada em diversas combinações sobre as pessoas (5-16).

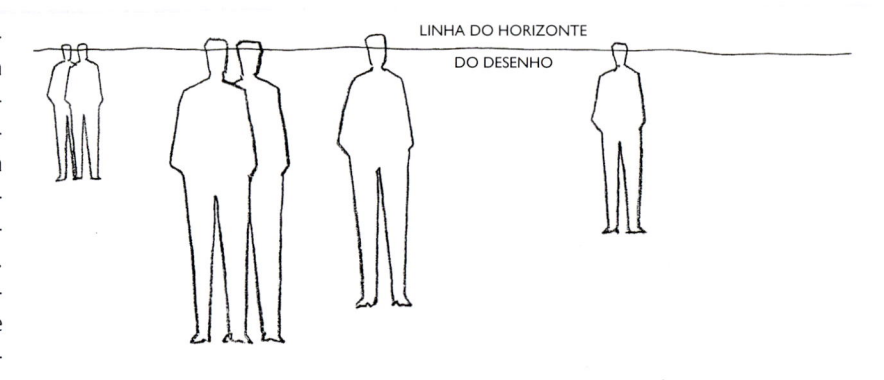

Fig. 5-9 Trace figuras que estejam a distâncias variadas do observador. Para começar a desenhá-las, defina a localização dos pés. Depois, use as proporções mostradas na Figura 5-4 para desenhar uma figura, com as proporções corretas, entre a linha do horizonte e a posição desejada para os pés da figura. Com um pouco de prática, você será capaz de desenhar estas figuras rapidamente.

Fig. 5-10 O primeiro passo de um estudo de *design* em perspectiva. As figuras são usadas para definir rapidamente tamanhos comparativos de formas e espaços nos arredores.

Fig. 5-11 Uma fase seguinte no desenvolvimento do desenho. A figura foi usada para calcular o tamanho correto das floreiras decorativas.

Fig. 5-12 As figuras, em posições diversas, foram situadas e manipuladas para definir como melhor podem interagir com o ambiente.

Elementos de escala: figuras humanas e automóveis

Fig. 5-13 Usando nova folha de papel manteiga, as figuras foram aperfeiçoadas quanto às suas proporções, aos gestos, elementos de vestuário e detalhamento.

Fig. 5-14 A folha de papel manteiga com os esboços das figuras em movimento foi retirada, e o conjunto todo foi desenhado uma última vez com caneta **Micron 005**. Neste processo, a ilustração foi aperfeiçoada e editada, ficando a informação sobre uma única folha de papel manteiga branco.

Fig. 5-15 Os sombreados foram feitos sobre o lado direito do traçado final, e as cores pastéis e os lápis de cor foram aplicados no verso da folha de papel sobre os elementos desenhados.

Fig. 5-16 O desenho terminado. A mesma paleta de cores usada para os elementos do projeto também foi usada para as figuras.

DESENHO A CORES | 235

Fig. 5-16

Automóveis

Os arquitetos e paisagistas freqüentemente se encontram em situações nas quais têm que desenhar automóveis. Saber fazê-los é uma habilidade indispensável quando as idéias de *design* têm que ser ilustradas dentro de contextos externos realistas.

Não é difícil desenhar automóveis. Comece pelo começo! Não é bom usar um automóvel tirado por decalque de uma fotografia, porque ele não se adapta à perspectiva do desenho para dentro do qual será copiado. Quando for desenhar um automóvel a partir do zero, desenhe uma ou mais figuras humanas em escala ao lado ou em frente ao ponto onde você pretende desenhá-lo. Assim, depois de desenhar formas retangulares simples, com o tamanho aproximado das partes superior e inferior do veículo, você pode avaliar se o tamanho do mesmo está correto (em relação à figura humana) *e* se ele se ajusta à perspectiva do desenho (5-17). Para isso, desenhe retângulos usando pontos de fuga localizados sobre a linha de horizonte do desenho. As figuras em escala também permitem calcular as proporções do automóvel – largura em relação ao comprimento em relação à altura – bem como determinar a distância aproximada entre as rodas dianteiras e traseiras.

Depois que essas formas retangulares estiverem nas posições desejadas, desenhe uma forma de automóvel dentro dos limites dos retângulos (5-18). Você verá que é bem mais fácil desenhá-los usando algumas fotos como referência para as proporções do que fiar-se na sua memória. Se os desenhos forem suficientemente grandes, você pode criar sua versão final à mão livre. Entretanto, se forem pequenos, uma curva francesa e alguns gabaritos de eclipses podem ajudá-lo a desenhar a versão final (5-19), pois, se as linhas forem muito tremidas, elas podem dar um aspecto amassado e denteado aos carros. Lembre-se de fazer somente alguns detalhes nos carros, para que a atenção do observador se mantenha fixa nos elementos de *design* dentro da ilustração.

Nas Figuras 5-17 a 5-21, mostramos um processo passo a passo de desenho de automóveis em segundo plano. As etapas para desenhar automóveis mais distantes serão mostradas nas Figuras 5-22 a 5-24.

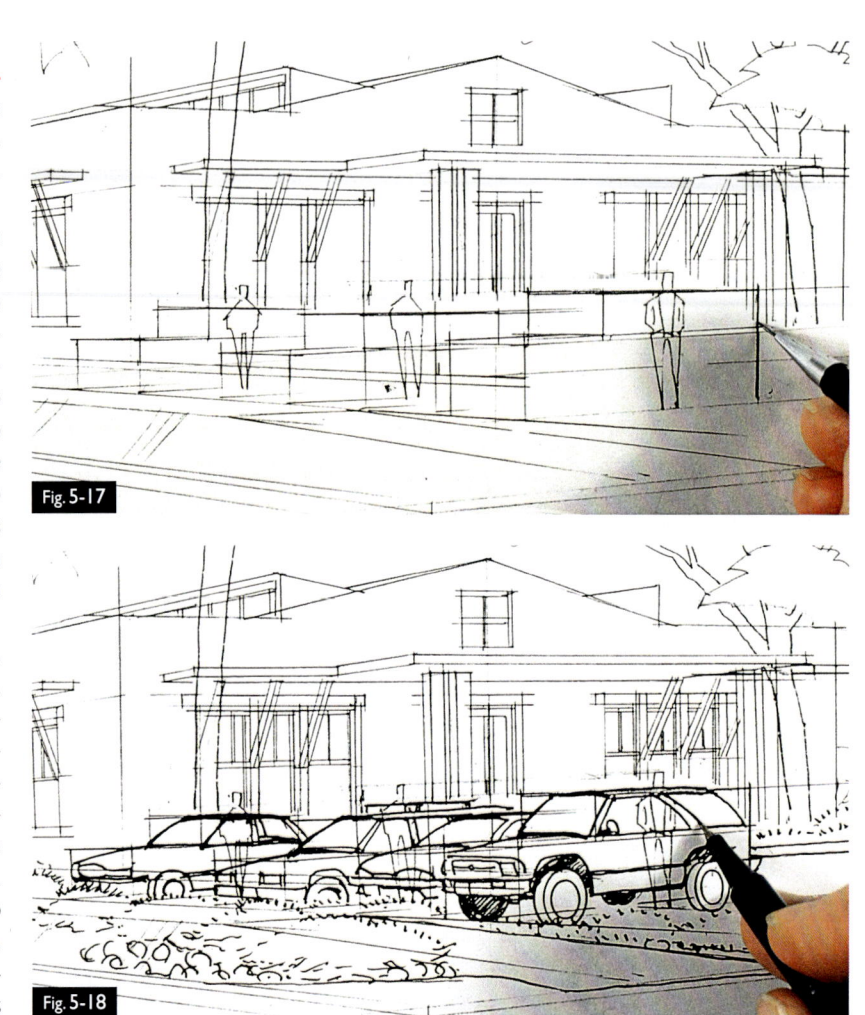

Fig. 5-17 Para começar, os automóveis foram dispostos junto com o leiaute das idéias de projeto. As figuras humanas foram colocadas nas posições previstas para os automóveis, de forma a usá-las como referencial de comparação para avaliar rapidamente o tamanho dos automóveis. As partes de cima e de baixo dos formatos dos automóveis foram traçados em forma de caixas sobrepostas. Os pontos de fuga para os veículos foram situados sobre a mesma linha de horizonte usada para o restante do desenho. De fato, nesta ilustração, os pontos de fuga para os automóveis são os mesmos que os usados para desenhar o prédio.

Fig. 5-18 Os automóveis foram criados rapidamente a partir das caixas sobrepostas. Foram usadas fotos – não para decalque, mas como fonte de referência – para criar as formas.

DESENHO A CORES | 237

Fig. 5-19 O traçado final foi feito sobre uma nova folha de papel manteiga branco. Nesta ilustração, as árvores, a construção e a vegetação foram desenhadas à mão livre com caneta Micron 005. Os carros, porém, foram feitos com régua e curva francesa. Isso facilita o desenho das linhas curvas e dá um aspecto muito mais uniforme e profissional. Poucas linhas foram usadas para desenhá-los. As rodas foram desenhadas com auxílio de um pequeno gabarito curvo (Pickett, # 12631), pois é difícil desenhar as rodas à mão livre com perfeição.

Fig. 5-20 O desenho final foi copiado sobre cartolina. Usou-se hidrocor *Cool Grey # 3 (Cool Grey 30%)* para os vidros, e a hidrocor *Black* foi usada para delinear os bancos e os apoios para cabeça, bem como os vidros bem escuros do veículo em primeiro plano. Aplicaram-se, então, as hidrocores de base sobre a lataria dos veículos. Pode-se utilizar qualquer cor que seja plausível. Muitas vezes, as cores dos automóveis são as mesmas usadas em outras áreas da ilustração, de tal forma que os carros parecem "pertencer" ao esquema de cores quando a ilustração está pronta.

Fig. 5-21 Nesta figura, a hidrocor *Black* foi passada sobre a porção inferior dos pára-choques, sobre os vãos das rodas e os pneus que aparecem em silhueta por baixo do veículo mais próximo. A hidrocor *Cool Grey # 7 (Cool Grey 70%)* foi usada sobre os pneus mais próximos.

As hidrocores *Cool Grey # 9, # 5, # 3 e # 1 (Cool Greys 90%, 50%, 30% e 10%)* foram usadas para criar as sombras difusas sob os veículos. Também foi aplicada hidrocor *Cool Grey # 1 (Cool Grey 10%)* sobre o asfalto do estacionamento, temperando-se depois com lápis *Cloud Blue*.

O meio-fio ao fundo e o caminho em primeiro plano foram coloridos com hidrocor *French Grey 10%* e temperados com lápis *Light Peach*.

Algumas manchas de lápis *White* foram feitas sobre as superfícies dos carros voltadas para cima – tampa do motor, tetos e pára-brisas. Com o lápis *Deco Aqua* fez-se uma leve cobertura sobre os pára-brisas, seguido de lápis *White* para os reflexos.

Fig. 5-22 Depois de desenhados os arredores para estes automóveis distantes, foram distribuídas algumas figuras nos pontos onde deveriam ser desenhados os automóveis. As figuras e os automóveis utilizam a mesma linha de horizonte (e, neste caso, também os mesmos pontos de fuga) que foi usada para os prédios. Isso faz com que os automóveis pareçam "nivelados" e integrados à cena. As figuras foram usadas como escala comparativa para desenhar as formas iniciais dos carros. Veja que os carros em primeiro plano (vermelho-claro) foram desenhados inteiros, do teto até as rodas. Por outro lado, os carros mais distantes foram desenhados somente em parte – na maioria das vezes só teto e vidros. Onde necessário, usaram-se fotos como referência.

Fig. 5-23 Os automóveis apenas esboçados foram copiados sobre a folha de cobertura, editados na perspectiva e simplificados. Como estes carros são mais numerosos e estão mais longe que os carros em segundo plano, eles puderam ser desenhados com caneta Micron 005 à mão livre. Os poucos traços usados foram desenhados rapidamente para manter as linhas bem uniformes.

Da ilustração pronta foi feita uma fotocópia colorida sobre cartolina. Usou-se então hidrocor *Cool Grey # 3 (Cool Grey 30%)* sobre os pára-brisas e diversas outras cores base de hidrocor foram passadas sobre as latarias. Veja que as cores foram deixadas um pouco apagadas para que a atenção do observador se volte para os elementos do projeto.

Fig. 5-24 Aplicou-se hidrocor *Cool Grey # 7 (Cool Grey 70%)* sobre os pneus iluminados, e hidrocor *Black* sobre os vãos das rodas, assentos e descansos para cabeça, bem como os pneus que são vistos em silhueta. Usaram-se, então, as hidrocores *Cool Grey # 9* e *# 5 (Cool Grey 90% e 50%)* para acrescentar sombras difusas embaixo dos carros. Observe como essas sombras "ancoram" os carros no chão.

Alguns traços de lápis *White* foram feitos sobre as superfícies voltadas para cima e sobre os pára-brisas. As sinaleiras foram feitas com lápis *Poppy Red*. O lápis *Celadon Green* foi usado para temperar a cor dos vidros. O uso intensivo dessa cor ajuda a unir visualmente os carros, como um bloco só.

Usou-se hidrocor *Pale Indigo (Cloud Blue)* sobre as tampas dos cubos das rodas e uma mistura de hidrocores *French Grey 10%*, e *Cool Grey # 1 (Cool Grey 10%)* foi usada para criar a cor manchada do asfalto do estacionamento.

O DESENHO A CORES PARA

APRESENTAÇÃO

II

"**E**sta é a regra de ouro... Com a cor você realça, você classifica, você desembaraça. Com o preto, você fica preso na lama e está perdido.

Jamais se esqueça: os desenhos têm que ser de fácil leitura. A cor virá em seu auxílio."

| *Le Corbusier*

Cor e composição em ilustração

Quando se começa a pensar a respeito de como usar a cor como parte da *composição* de uma ilustração, deve-se considerar dois aspectos. Primeiro, faça uma avaliação de como as cores podem se relacionar entre si. Depois, avalie o papel que cada cor desempenha na composição como um todo. Como veremos neste capítulo, estas duas formas de pensar a respeito das cores são importantes quando se vai colorir uma desenho para apresentação.

Você vai perceber também que, neste capítulo, não serão feitas longas discussões sobre "esquemas" de cores. Estes esquemas de cores, como os cores "complementares", "análogas", "tríades", etc., baseiam-se, na verdade, unicamente nos arranjos de matizes. Raramente o projetista pode se dar ao luxo de escolher sem quaisquer restrições os matizes para um projeto ou para a sua ilustração. Na maioria dos casos, pelo menos alguns matizes, com os quais terá que trabalhar em um projeto, são, em geral, selecionados previamente, devido à gama de cores encontradas nos materiais naturais destinados ao projeto, às preferências do cliente, ou talvez porque algumas cores já existem no projeto, como normalmente acontece em projetos de reforma.

Este capítulo vai mostrar que se pode fazer *qualquer* combinação de matizes "parecer bem" e que o sucesso de um desenho de projeto a cores para apresentação depende da habilidade do projetista em orquestrar todos os três parâmetros da cor dentro da ilustração como um todo. A discussão a seguir é uma visão geral da abordagem à cor e à composição do desenho que normalmente usamos na CommArts quando elaboramos ilustrações de projeto a cores e trabalhamos com ilustradores. Você pode considerar essa visão geral como uma lista de verificação para usar quando for fazer os seus próprios desenhos de projeto a cores para apresentação.

Neste capítulo, há uma série de ilustrações que foram criadas por ilustradores profissionais. Apesar de os produtos que eles utilizam diferirem um pouco daqueles usados no restante do livro, isso tem pouca importância, pois os princípios de cor e composição pictórica que estas ilustrações manifestam de forma tão primorosa podem ser criados com os mais diversos tipos de produtos.

Como as cores se relacionam entre si: o contraste de cores

As relações entre as cores são determinadas pelas semelhanças e diferenças criadas pelos parâmetros de matiz, valor e croma. Estas relações podem ser descritas como graus de *contraste*. Como você sabe, quando experimentamos os contrastes, também percebemos diferenças nas características de uma determinada coisa. Estas diferenças podem ir desde uma sutil variação até opostos extremos. Por exemplo, a temperatura de um objeto pode ser maior em um dos lados e menor no outro. Sua textura pode ser suave, áspera ou uma das diversas variações possíveis entre os dois extremos.

O mesmo é verdadeiro em relação à cor. No Capítulo 1, você viu que *cada* um dos três parâmetros da cor também tem uma gama de expressões possíveis. O croma da cor de um objeto pode variar de fraco a forte; o valor varia de muito escuro a muito claro – ou a superfície de um objeto pode variar de um valor para outro. Ele pode ter também apenas um matiz ou ser composto de vários matizes semelhantes, ou muito diferentes entre si.

A primeira exploração sistemática das diferenças nas qualidades e nos parâmetros da cor, expressos como contrastes, deve ser creditada a Johannes Itten. Ele foi um mestre no Bauhaus, onde deu cursos sobre cores entre 1919 e 1938. Itten formulou uma abordagem ao estudo das cores que expressa suas qualidades em sete tipos de contraste de cor: contraste de matiz, contraste claro-escuro, contraste quente-frio, contraste complementar, contraste simultâneo, contraste de saturação e contraste de extensão (Itten, 1973). Seu livro *The Art of Color* continua sendo até hoje um clássico para o aprendizado de cores.

Os projetistas da CommArts também trabalham com as cores em termos de seus contrastes, mas, principalmente, como uma expressão de contrastes que ocorre dentro de seus três parâmetros – contraste de matiz, contraste de valor e contraste de croma. *A forma como estes contrastes são combi-*

Fig. 6-1 Esta versão em aquarela da San Diego Exposition foi feita para o arquiteto Bertram Goodhue por Birch Burdette Long um pouco antes de 1915. É um exemplo primoroso da abordagem clássica de como criar vistas externas de construções. Para as cores desta ilustração, Long usou uma grande variedade de matizes, bem como toda escala completa de valores. O croma das cores, no entanto, foi limitado à extremidade mais baixa da escala de cromas. (Desenho: Birch Burdette Long)

nados é que determina o direcionamento expressivo não só das cores usadas para um projeto, mas também das ilustrações coloridas usadas para comunicar os diversos aspectos de um projeto.

Apesar de os três parâmetros de cor serem discutidos separadamente nos parágrafos seguintes para fins de maior clareza, você vai perceber todos os três parâmetros ao mesmo tempo que olhar uma composição de cores. Quando um projetista escolhe as cores para um esquema de cores de um ambiente fechado, ele restringe o leque de contrastes de determinados parâmetros, enquanto, por outro lado, permite uma maior variedade de contrastes para outros. Fazendo uma escolha criteriosa de *quais* parâmetros e *até que ponto* os mesmos devem ser limitados dentro da escala de possibilidades, o projetista vai determinar o direcionamento expressivo do esquema de cores. Além disso, é exatamente essa imposição de limites nas variações de contrastes de matiz, valor e croma que ajuda a uni-lo, inserindo um nível de ordem. Por exemplo, a ilustração do exterior de um prédio, bem como sua localização e seu contexto, pode ter uma grande variedade de matizes devido à diversidade de materiais de construção, vegetação e o céu. As cores podem variar em valor, desde muito escuras até muito claras, já que algumas áreas estarão ao sol e outras na sombra. A fim de obter uma certa ordem visual no esquema de cores, o projetista poderá optar por limitar o contraste de croma das cores a um leque bastante estreito e relativamente fraco. Isso dá à ilustração um certo grau de interesse e *vigor*, mas também impõe um determinado nível de organização, resultante do grau de croma compartilhado pelas cores (6-1).

Contraste de matiz

O contraste entre os matizes pode variar deste bem sutil até bem intenso. Veja o círculo de cores da Figura 6-2. Você vai notar a relação entre um matiz qualquer com os matizes que se encontram de cada lado do mesmo. Se você escolher a cor roxo azulada, por exemplo, você verá que ela se relaciona com as duas cores vizinhas, o roxo e o azul. O verde amarelado e o vermelho amarelado contêm ambos uma certa medida de amarelo. Os matizes que se situam lado a lado no círculo de cores apresentam menor contraste entre si e são chamados de *matizes análogos* (6-3). Quanto mais longe os diferentes matizes estiverem uns dos outros, tanto mais eles contrastam entre si. O maior contraste de matiz ocorre naturalmente com matizes que estão em lados diametralmente opostos no círculo de cores – por exemplo, vermelho e azul esverdeado (6-4). Os matizes opostos uns aos outros são chamados de *matizes complementares*.

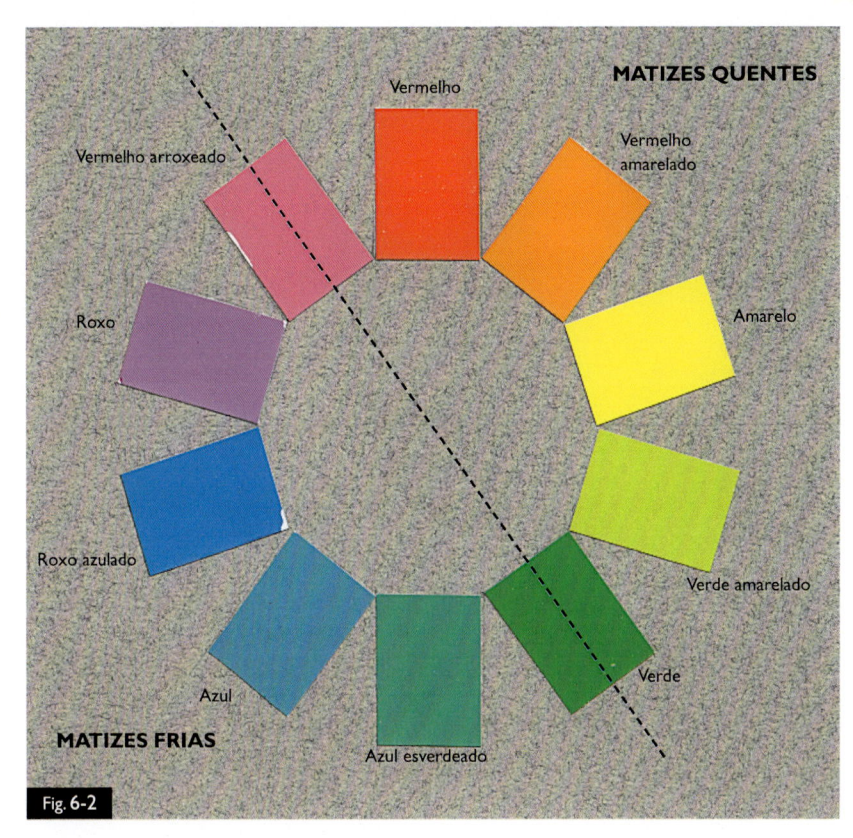

Fig. 6-2 O círculo de cores. Cada círculo de cores tem um lado quente e outro frio. Neste círculo em especial, os matizes verde e vermelho arroxeado formam a linha divisória entre os matizes quentes e os frios, e cada cor em si pode ficar quente ou fria.

Fig. 6-3 Nesta ilustração, predominam os matizes análogos, tais como vermelho, vermelho amarelado, amarelo e verde amarelado. Observe que, no esquema de cores análogas para os edifícios, os cinzas são, na verdade, amarelos de croma muito fraco. O matiz amarelo foi misturado, em quantidades diferentes, com a maioria das cores usadas neste desenho.

Fig. 6-4 Este exercício bem simples de recortes de papel mostra o que acontece quando uma composição de cores tem um grande contraste de matizes, e os valores e os cromas das cores são mantidos uniformes. Neste exemplo, o valor das cores foi limitado às escalas mais altas, e o croma, às escalas mais fracas. A cor ao centro é um cinza neutro.

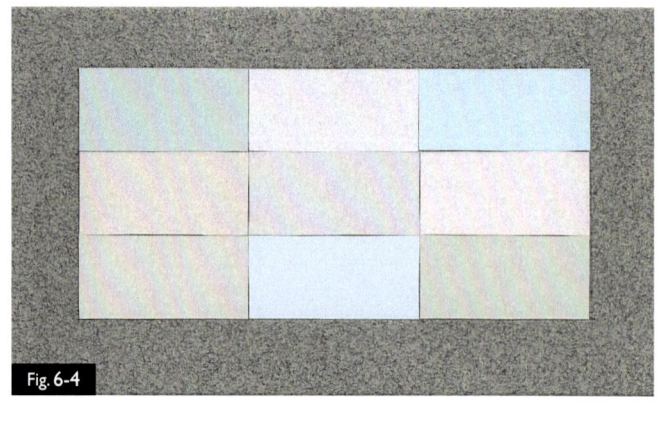

Contraste simultâneo

Os matizes complementares são assim chamados porque acentuam ou "complementam" uns aos outros. O vermelho faz o azul esverdeado parecer mais azul esverdeado ainda, e vice-versa. O verde amarelado acentua mais intensamente o matiz roxo. De fato, os arranjos de matizes do *Sistema Munsell* baseiam-se neste fenômeno. Cada matiz é colocado em uma posição oposta ao seu complemento *visual* sobre o círculo de cores Munsell. Quando vemos uma cor, nossas faculdades perceptivas inatas evocam seu complemento. Para vivenciar isto de modo bem convincente, olhe fixo para uma cor qualquer, bem intensa e sob boas condições de iluminação, por cerca de um minuto, depois olhe para uma superfície neutra branca ou cinza. Você vai vivenciar uma *permanência retínica* daquela mesma forma colorida, mas em sua cor *complementar* (6-5). Por este mesmo motivo, se você olhar para uma determinada cor ao mesmo tempo que para um cinza neutro, você verá que o cinza ficará matizado com o complemento da cor vista junto com ele (6-6). Este efeito é chamado de *contraste simultâneo*. Da mesma forma, quando *quaisquer* duas cores forem colocadas lado a lado, cada uma influencia sutilmente a outra por sua mera presença. Você pode imaginar, então, a diversidade de sutis interações de cor que podem ocorrer quando alguém observa um quadro, uma ilustração ou uma composição qualquer. *Cada arranjo de cores cria afinidades e tensões únicas, dependendo das quantidades, qualidades e proximidades das cores na composição.* Este fenômeno tem um significado especial para projetistas de ambientes, de tal forma que cada arranjo de cores deve ser estudado, primeiramente de modo simples e econômico sobre o papel e, depois, eventualmente em um modelo em tamanho natural na localização final, já perto da finalização da construção.

Fig. 6-5

Fig. 6-6

Fig. 6-5 Olhe fixamente para o retângulo vermelho a uma distância de 15 cm, sob luz relativamente intensa e durante uns 30 segundos. À medida que seus olhos se acostumarem com o vermelho, eles irão começar a gerar a cor complementar, o azul esverdeado. Se você continuar olhando, as bordas do retângulo começarão a brilhar com uma "aura" de azul esverdeado quando você fizer pequenos movimentos com os olhos. Se você mover seu olhar cerca de 3 cm para o lado, você verá como a *permanência retínica*, ainda cobrindo parcialmente o retângulo vermelho, começa a embotar a cor vermelha!

Depois de um minuto, afaste completamente o olhar do vermelho e leve-o para a área branca à esquerda. Em um ou dois segundos, a permanência retínica, sob forma de um retângulo irregular, vai brilhar azul esverdeado durante uns cinco a dez segundos antes de desaparecer.

Fig. 6-6 Os retângulos cinzas no centro dos quadrados coloridos são exatamente iguais. Use uma iluminação bastante forte enquanto olha de um quadrado para o outro a uma distância de 15 cm, durante cerca de 30 segundos. Cada retângulo cinza ficará tingido com a cor complementar do quadrado dentro do qual se encontra.

Contraste quente-frio

O círculo de cores pode ser dividido em duas metades, com as cores quentes de um lado e as cores frias do outro. No círculo de cores Munsell, esta divisão acontece ao longo da linha formada entre os matizes complementares verde e vermelho arroxeado (6-2). Estes dois matizes podem ser ajustados de modo a se tornarem alternadamente quentes ou frios (6-7). As *cores quentes* são assim chamadas porque são associadas às cores emitidas por fontes de calor arquetípicas, tais como fogo ou filamentos de lâmpada incandescente. Elas também podem aumentar a temperatura que percebemos em um ambiente, estimular sutilmente o apetite, ou aumentar a predisposição a um comportamento extrovertido. As *cores frias* estão associadas a coisas frias, tais como a cor da luz do céu boreal sobre objetos na sombra. As cores frias podem diminuir a temperatura que percebemos em um ambiente, bem como ter um efeito calmante ao influenciar sutilmente as pessoas, em um determinado ambiente, a ser mais introvertidas. Os objetos de cores quentes parecem avançar em direção ao observador e parecem mais dinâmicas (6-8), enquanto as cores frias são mais passivas e parecem retroceder. Estes princípios são ferramentas muito importantes na criação de efeitos espaciais dentro de uma ilustração (veja Figura 1-5).

Fig. 6-7 Os matizes vermelho arroxeado (*acima*) e verde (*embaixo*) localizam-se na linha divisória entre os matizes quentes e frios do círculo de cores. As versões frias (levemente azuladas) dos dois matizes aparecem à esquerda, e as versões quentes (levemente vermelho amareladas) aparecem à direita.

Fig. 6-8 Observe como o arranjo direto de matizes quentes e frios nesta ilustração cria não só uma imagem surpreendente do prédio, mas também um foco de interesse muito claro. A força desta cena é reforçada pelo arranjo dos valores principais em grupos, sendo que o prédio em questão e o céu logo acima dele foram feitos com os valores mais claros, e todo o resto vai passando para valores cada vez mais escuros a partir dali. Além disso, os arranjos de matiz e de valor são perfeitamente aceitáveis, como aqueles encontrados em um nascer do sol. (Ilustração: Douglas E. Jamieson)

Fig. 6-7

DESENHO A CORES | 249

Fig. 6-8

Contraste de valor

Uma das formas mais poderosas de causar impacto em uma composição de cores é criar contraste de valores. Da mesma forma que os outros parâmetros de cor, os valores das cores de uma composição podem variar muito ou ficar limitados a um ponto específico na escala de claro-escuro. Se a escala de valores estiver restrita aos valores mais claros, diz-se que a composição foi feita em *modo maior* (6-9). Da mesma forma, se as cores de uma composição ficarem na escala dos valores mais escuros, diz-se que é uma composição em *modo menor*.

O contraste de valor também é o aliado mais poderoso para tornar uma idéia de projeto mais facilmente legível. Um tratamento habilidoso deste tipo de contraste pode deixar a ilustração mais atraente à primeira vista, bem como mais legível à distância. Um desenho de projeto para apresentação bem característico deveria ser *construído basicamente sobre contraste de valor* devido a maior legibilidade e impacto dramático. Os parâmetros matiz e croma são usados para aumentar ainda mais a legibilidade do desenho, ao mesmo tempo que acrescentam estilo e riqueza. Obviamente, há exceções a essa regra, principalmente quando se tenta criar uma qualidade especial em uma ilustração que requeira menos contraste de valor, como na ilustração em modo maior mostrada na Figura 6-9. Entretanto, você vai observar que ilustradores profissionais usam, na maioria de suas ilustrações de projeto mais dramáticas, uma *escala completa de valores*, desde o mais escuro ao mais claro, arranjando-os de forma que dirijam o olhar do observador para o ponto focal da idéia de projeto. Ao mesmo tempo, eles usam estes arranjos para criar a ilusão de profundidade espacial na ilustração (6-10)! No Capítulo 7, vamos apresentar-lhe uma técnica para a criação destes arranjos de valor. Um arranjo dramático e perspicaz de valores não só dá "vigor" à ilustração de projeto, como também proporciona uma melhor reprodução da ilustração nos meios im-

Fig. 6-9 Esta ilustração nos dá um exemplo de restrição nos parâmetros valor e croma das cores utilizadas. Apesar de os matizes serem análogos – vermelho, vermelho amarelado e verde amarelado – com realces complementares em roxo azulado nos sombreados e nas sombras, observe como um sobretom do matiz amarelo nos informa todas as outras cores.

O valor das cores limitou-se à extremidade bem clara, e o croma restringiu-se à extremidade mais baixa da escala.

Através de um cuidadoso arranjo de cor, o ilustrador criou uma composição poderosa que quase permite ao observador sentir o brilho do sol, o calor e a poluição da cidade do Cairo, no Egito.
(Ilustração: Frank M. Constantino)

pressos, principalmente nos meios de cores limitadas ou somente com reproduções em preto-e-branco, como em um jornal.

No entanto, é justamente por isso que certos tipos de ilustrações de projeto gerados por computador parecem muito agitados, chegando até a parecer frenéticos. Quando as ilustrações são criadas com a importação de imagens de outras fontes, como letreiros, figuras humanas, automóveis, céus, fundos, elas apresentam uma ampla variedade de matizes, valores e cromas, parecendo-se com colagens, já que foram compostas dessa forma.

Fig. 6-10 Esta ilustração incorpora muitas, se não a maioria, das idéias de composição e de cores apresentadas neste capítulo. O formato vertical, a repetição das formas verticais, a posição da linha de horizonte e o uso de cor atuam em conjunto para criar uma composição de impacto surpreendente.

Os valores das cores variam desde o quase preto até alguns toques de branco puro. Porém, basta olhar a ilustração com os olhos levemente cerrados para notar que as diversas áreas da mesma são grupos cuidadosamente definidos de valores semelhantes, o que não só ajuda a emoldurar a ilustração, como também cria um foco intenso e uma sensação de profundidade espacial dentro dela. Para ser franco, dentro desta ilustração também acontecem outros contrastes de valor, mas o ilustrador teve grande cuidado para não deixar que os contrastes menores ficassem muito fortes ou visíveis a ponto de competir com o impacto causado pelos principais grupos de valores.

Os matizes utilizados na ilustração provêm de todos os pontos do círculo de cores e, apesar de os matizes quentes predominarem, eles se misturam entre si e com os matizes frios para produzir muitas cores sutis e sofisticadas.

O croma das cores foi mantido relativamente fraco em toda a ilustração e atua como agente de união para esta composição. (Ilustração: Thomas W. Schaller)

Fig. 6-10

Contraste de croma

O croma das cores de uma composição pode variar desde muito fraco – quase cinza puro – até muito forte e vibrante (6-11). O modo como se arranja o croma, bem como o matiz e o valor, pode ajudar a determinar o impacto emocional da composição. As cores de croma forte são estimulantes para a maioria das pessoas, indicando atividade e excitação. Em nossa cultura, muitas vezes vemos um percentual maior de cores de croma forte associadas a ambientes para crianças, para estabelecimentos varejistas e locais de diversão (6-12). As cores de croma médio ou fraco são mais freqüentemente associadas a locais onde as pessoas permanecem períodos maiores de tempo, como casas e escritórios. Esses tipos de cores normalmente também são percebidos como mais calmos, relaxantes, para descanso, ou mesmo finos e sofisticados.

Você verá que as cores na maioria dos desenhos e ilustrações de projeto ficam dentro da escala de croma médio a fraco, já que esta é a escala de croma da maioria dos materiais naturais. Você sabe o que acontece com os materiais artificiais deixados em ambiente externo, onde o sol e as condições climáticas costumam desbotar as cores, tornando-as uma versão acinzentada de si mesmas. Por conseguinte, os projetistas de construções muitas vezes escolhem as cores dos materiais e acabamentos artificiais para construções externas que sejam condizentes com cores naturais. Nos desenhos a cores de diversos ambientes internos, o croma também costuma situar-se na escala média à fraca, devido principalmente à tendência de se usar cores nesta escala. Entretanto, realces de cores de croma forte são freqüentemente encontrados em ilustrações de cenas de interior e de exterior, não só porque estes realces tendem a equilibrar grandes áreas de cores de croma fraco, mas também porque apreciamos pequenas doses de cores de croma forte (6-13). Estas doses geralmente aparecem em nossos desenhos e em áreas pequenas e subordinadas. Elas também aparecem em nossas vidas por curtos espaços de tempo – ou seja, naquelas coisas que têm vida relativamente curta, como flores, roupas, paredes, peças de mobiliário, e cujas cores podem facilmente ser modificadas quando delas nos cansamos.

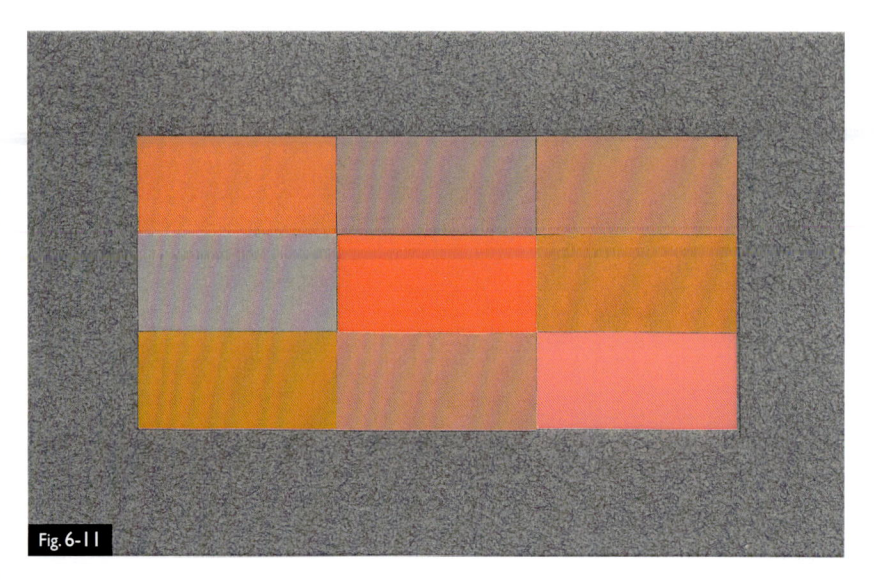

Fig. 6-11 Este exercício de quadradinhos de papel ilustra um esquema de cores em escala limitada de matizes (do amarelo ao vermelho arroxeado) e valores muito limitados; no entanto, o croma das cores é ilimitado e varia de muito fraco até muito forte.

Compare o impacto desta composição de cor com o a da **Figura 6-4**.

DESENHO A CORES 253

Fig. 6-12 Este desenho de projeto em cores de croma forte capta perfeitamente o clima na entrada deste cassino.

O projetista criou esta ilustração reproduzindo primeiramente um desenho a traço sobre fotocópia colorida, usando um botão de ajuste que inverte os valores – todas as linhas pretas ficaram brancas e todo o fundo ficou preto. Como a fotocópia resultante é muito escorregadia para se desenhar sobre ela, foi feita uma nova fotocópia, sobre papel sulfite, em fotocopiadora em preto-e-branco. Aplicou-se, então, lápis de cor de croma forte e guache branco sobre a cópia em papel sulfite. Depois de receber a cor, foi tirada uma fotocópia colorida e ampliada da ilustração. Por último, ela foi emendada para se obter uma imagem de grandes dimensões para apresentação. Veja o Capítulo 8 para obter maiores detalhes a respeito da ampliação de desenhos coloridos. (Desenho: Bryan Gough)

Fig. 6-13 As cores do telhado e do reboco nas paredes do terceiro andar, nas bases das colunas e no meio-fio possuem um aspecto "desbotado pelo tempo" que se harmoniza com o aspecto da pedra na parte inferior do prédio, apesar de os matizes serem diferentes.

O reboco em cinza quente e o telhado em cinza esverdeado foram mantidos em um valor semelhante ao valor da pedra, e o croma das cores do reboco e do telhado é até um pouco mais fraco do que a da pedra, ajudando a destacá-la levemente.

Perceba o efeito harmonizador que os pequenos toques de cor de croma forte das flores nos vasos, da roupa das pessoas e da parede de azulejos da fonte exercem sobre a composição como um todo.

Contraste de cor e composição de imagens

Todas as ilustrações que tentam manifestar uma cena tridimensional sobre uma superfície bidimensional – quer essa superfície seja o papel ou a tela de computador –, são criadas com quatro elementos visuais básicos: traço, forma, cor e textura, que devem ser arranjados da forma mais eficiente possível para criar imagens de forma, espaço, luz e materiais.

A maioria dos desenhos coloridos são criados como veículos de comunicação de idéias de *design*. Quem olha um desenho de projeto olha "para dentro" do desenho para encontrar informação de *design*, quer seja ele uma vista em planta baixa, elevação, axonométrica, ou perspectiva. Esta informação geralmente é formada de pequenas idéias individuais que foram reunidas para formar a ilustração. Uma vista em perspectiva, por exemplo, mostra as idéias que o projetista tem sobre o nível do chão – suas variações de nível, seus acabamentos, os móveis que poderão estar colocados sobre ele, o plano da parede – suas reentrâncias, seus materiais e acabamentos, prateleiras e armários, e o plano do teto – seus acessórios, suas reentrâncias, suas variações de altura, suas cores e acabamentos, etc. Esta vista reúne as diversas idéias em um desenho só, freqüentemente dando ao projetista a primeira impressão de como uma multidão de idéias e decisões vão parecer em conjunto. Também permite às pessoas que olham a ilustração participar na avaliação destas idéias.

No entanto, você vai descobrir, ao longo de sua carreira como projetista, que desejará criar ilustrações que vão além da simples transmissão de informação de *design*, e que desejará apresentar esta informação do projeto da melhor forma possível. Para isso, você terá que mudar sua percepção e começar a olhar "para" os seus desenhos como composições gráficas, e não só para "dentro" deles em busca da informação que eles contêm.

Quando se prepara um desenho a cores para apresentar informação de *design* desta forma, deve-se levar em conta os hábitos e as necessidades perceptivas do observador do desenho e compreender o modo pelo qual ele reage aos diversos tipos de organização visual (Feldman, 1987). Entretanto, cada ilustração é única e, assim sendo, uma abordagem que é eficiente para criar uma apresentação para uma determinada situação pode não ser adequada para outra. Em vez disso, é melhor começar cada nova ilustração para apresentação avaliando as oportunidades e restrições que a matéria apresenta ao projetista. Esta parte do presente capítulo, bem como a primeira parte do Capítulo 7, vai apresentá-lo aos princípios de *design* que, quando compreendidos, podem ajudá-lo a criar desenhos a cores para apresentações muito mais eficientes, dramáticos e satisfatórios. Estes princípios de unidade – equilíbrio, proporção e ritmo – refletem nossas necessidades perceptivas inatas e são comuns a todas as artes gráficas mais importantes. À medida que avança em seu trabalho, use-os para avaliar sua abordagem de cor na ilustração. Vale a pena observar até onde estes princípios se inter-relacionam enquanto cada um contribui para a ordem visual da imagem.

Uma imagem unificada

A *unidade* é o princípio de *design* que se preocupa com o modo pelo qual uma imagem será vista como um *todo*. Alguns projetistas consideram ser este o único princípio da composição pictórica, ao qual todos os outros dão suporte.

Um desenho a cores adequado aos objetivos de uma apresentação realmente começa quando se inicia a aplicação de cor. Ele começa com as decisões iniciais acerca da composição que o projetista toma em relação ao arcabouço subjacente da ilustração, o desenho a traço. Muitas destas decisões são simples e fáceis, mas somente se o projetista as toma logo no início de seu trabalho.

Antes de investir tempo (e honorários), vale a pena decidir se é preciso fazer um desenho com nível para apresentação ou se um simples esboço é suficiente. Caso se *justifique* fazer um desenho para apresentação, certifique-se de que você conhece bem o objetivo da ilustração e exatamente o que ele deverá transmitir. O desenho a traço que é gerado no início é, na verdade, o arcabouço que molda a imagem e determina seu grau de impacto. O tempo gasto desenvolvendo um desenho a traço de boa composição provará ter sido bem-investido quando você está pronto para distribuir os valores, as cores e os efeitos de luz.

Por exemplo, uma consideração simples, e que na maioria das vezes é ignorada, é o formato do desenho. O formato é a orientação da página: vertical, oblongo ou quadrado. O formato horizontal ou oblongo pode ajudar um desenho com ênfase maior no sentido horizontal a parecer mais à vontade sobre a página. O formato vertical pode fazer o mesmo com um objeto de orientação vertical, como um prédio muito alto. Veja nas Figuras 6-8 e 6-18 como o formato do desenho contribui para o impacto sobre ele.

Outra consideração que se deve fazer é a localização do horizonte do desenho. Ele normalmente é posicionado acima ou abaixo do centro do desenho, já que, cortando o desenho ao meio com a linha do horizonte, pode dar um ar estático à composição. Se você colocar o horizonte bem alto no desenho, o plano do chão vai aparecer mais. Esta abordagem é muito indicada quando se tem uma grande quantidade de informação a transmitir sobre o plano do chão, como nas vistas em perspectiva aérea (6-14). No entanto, um horizonte muito alto pode obrigar um ilustrador desavisado a ilustrar mais elementos do plano de chão do que havia planejado, como o exterior de um prédio isolado. O horizonte muito baixo cria a situação inversa e mostra mais céu ou teto do que chão. Ele também dá as condições para uma perspectiva mais

Fig. 6-14 Nesta ilustração, a linha de horizonte está acima do desenho e fora da página a uma distância significativa, criando uma perspectiva aérea ou "a olho de pássaro". Este tipo de vista é especialmente adequada para comunicar simultaneamente as relações entre formas, espaços e planos (como circulação), principalmente para espectadores pouco familiarizados com as convenções das plantas baixas.

Como regra geral do projeto gráfico, as linhas diagonais inseridas em um desenho são mais dinâmicas que linhas ortogonais. Observe como que esse efeito influencia a vista aqui mostrada.

Também é preciso notar como a cor foi organizada nesta ilustração. Os telhados vermelho-amarelados dominam imediatamente a atenção. O telhado maior no centro superior é contrabalançado pelo telhado menor embaixo à esquerda. Veja também que, apesar de os matizes mais frios de verde, azul esverdeado, azul, roxo azulado e roxo serem dominantes em termos de área, o amarelo foi repetidamente misturado com verde para criar diversas áreas verde-amareladas. Além disso, o vermelho amarelado usado sobre os telhados foi mesclado com diversas outras áreas da ilustração, inclusive as copas das árvores. Da mesma forma, o roxo e o roxo azulado das sombras também foram misturados em diversas áreas. Como você pode ver nesta e em outras ilustrações deste capítulo, a mistura é uma outra forma de unificar uma ilustração e criar equilíbrio entre os matizes quentes e frios.

A figura fica mais escura em direção às bordas, especialmente a borda inferior. Isto ajuda a manter a atenção do observador focada sobre o centro de interesse dentro da ilustração. (Ilustração: Douglas E. Jamieson)

dramática no desenho de estruturas altas, como as que são mostradas nas Figuras 6-16 e 6-18.

A maioria dos projetistas e ilustradores unificam os seus desenhos simplesmente fazendo com que uma característica domine a atenção do observador, enquanto outras características ficam subordinadas à característica *dominante*. Isso normalmente se faz estabelecendo um foco ou centro de atenção no desenho – uma idéia, uma forma ou um grupo de formas, ou espaço dominantes. Por este motivo é importante ser bem claro desde o início quanto ao objetivo da ilustração, porque sem clareza de objetivo é difícil decidir qual será o foco. As características de interesse secundário ou *subordinado* são organizadas de modo a dar apoio visual ao centro de interesse. Por exemplo, uma vista pode ser disposta de forma que as linhas de perspectiva dos elementos secundários levem o olhar do observador, indireta e gradativamente, em direção ao centro de interesse.

O arranjo que se faz dos contrastes de cor tem papel importante em unificar a imagem. Pode ser que alguns dos contrastes de cores mais vívidos – por exemplo, o contraste de valor – ocorra dentro do centro de interesse e, portanto, ajude a manter a atenção do observador centrada ali (6-16). Por ironia, uma leve diminuição dos contrastes de cor sobre toda a composição também pode ajudar a unificar o desenho a cores. Este efeito, chamado de "mistura" de as cores, pode ser visto em muitas obras de arte – especialmente pinturas impressionistas – bem como ilustrações de projeto profissionais (6-15). Simplificando, todas as cores usadas na ilustração são usadas em quase todas as partes da ilustração, mas em quantidades diferentes. Por exemplo, o lápis de cor usado em uma parte do desenho pode ser usado para temperar as cores de diversas outras partes do desenho. Se esta idéia for repetida com a maioria dos lápis usados para colorir o desenho, ele começa a adquirir uma coloração mais complexa e interessante, mesmo que um pouco apagada. Você pode observar os efeitos unificantes desta abordagem em diversas ilustrações neste capítulo e ao longo de todo o livro.

O arranjo global dos valores na ilustração desempenha um papel importante para unificar o desenho para apresentação. Uma quantidade muito grande de manchas pequenas claras e escuras espalhadas pelo desenho ou ilustração computadorizada pode fragmentar a impressão global, impedindo o observador de ver as idéias ali dentro, unidas para formar um todo maior que a soma de suas partes. Aquelas ilustrações, que têm um arranjo objetivo e global de seus *principais* agrupamentos de valor, são mais fáceis de compreender e produzem uma impressão unificada para o observador (6-16). Desenvol-

Fig. 6-15 Esta ilustração é um excelente exemplo de "mistura" de cores quentes e frias para unificar a ilustração e resultar em cores sutis, porém vivas. Os matizes, tirados da região do vermelho amarelado, verde e roxo azulado do círculo de cores, formam uma *tríade* aproximada que, quando misturados entre si, criam cores sutis e mais neutras. Entretanto, as cores resultantes destas misturas são muito mais interessantes e vivas que quaisquer cores isoladas que tenham sido usadas. (Ilustração: Ronald J. Love)

ver sua habilidade em dispor os principais agrupamentos de valor é uma parte importante de um desenho bem-sucedido de apresentação; este assunto será mais bem abordado no Capítulo 7.

Apesar de haver diferentes tipos de contraste de cor em uma ilustração, alguns dos mais vívidos ocorrendo dentro do centro de interesse ou dirigindo a atenção até ele, lembre-se de que estes contrastes só vão acontecer se tiverem um contraste ou fundo que os torne visíveis. Muitas vezes, um nível consistente no croma das cores de uma ilustração (normalmente, um croma mais fraco) não só ajuda a criar um fundo contra o qual alguns toques de cor de croma mais intenso podem ser percebidos, mas este parâmetro consistente também se torna mais uma forma de unificar a ilustração (6-17).

Fig. 6-16 O ilustrador reuniu uma escala completa de valores, do preto ao branco, para criar uma imagem bastante poderosa. Os valores mais escuros foram usados em primeiro plano e os valores médios foram usados para o fundo; os valores mais claros foram guardados para o centro de interesse. Note que aqui também acontecem *contrastes* de valor mais fortes, entre o ponto focal e seus arredores.

Mesmo que, ao olhar para esta ilustração com os olhos semicerrados, você veja os valores dispostos em agrupamentos principais, ainda existe contraste suficiente dentro de cada agrupamento para que suas características e figuras permaneçam distinguíveis.

Repetindo, como em muitas das outras ilustrações neste capítulo, as misturas e gradações de cores ajudam a unificar a composição. (Ilustração: Thomas W. Schaller)

DESENHO A CORES | 259

Fig. 6-17 Apesar de este estudo ser composto basicamente por cores de croma fraco, os toques de croma forte são mais visíveis justamente por causa deles. Este contraste de croma ajuda a manter a atenção do observador nas vitrinas – que são o objetivo principal da ilustração.

Este desenho foi criado com hidrocor e lápis de cor sobre cópia de um desenho a traço sobre papel Canson.

Inserindo equilíbrio

Cada figura que vemos classificamos, conscientemente ou não, como equilibrada ou não-equilibrada. "Tamanho, forma, cor, 'temperatura' e textura são vivenciados através de suas qualidades, ou seja, pesados ou leves, sólidos ou transparentes, flutuando ou afundando. Ademais, não há dúvida de que as cores e as texturas podem influenciar a balança óptica que carregamos dentro de nossas mentes. Um artista que não sabe nada sobre esta balança, está tentando caminhar sobre uma perna só" (Feldman, 1987, 241).

O *equilíbrio* pode ser facilmente obtido usando-se o instrumento da *simetria*, através do qual a manipulação dos elementos visuais de um lado da cena é combinada com a do outro lado, quer seja horizontal ou vertical. As composições simétricas dão um ar de precisão e ordem à ilustração e são úteis para criar vistas formais de jardins, ambientes e entradas de edifícios. No entanto, elas podem fazer uma cena parecer estática, quando o que se deseja, na verdade, é maior dinamismo. Por este motivo, a maioria das composições de ilustração são *assimétricas* e alcançam o equilíbrio através de meios menos óbvios. O equilíbrio assimétrico é muitas vezes abordado através de "alavancagem", pelo qual um maior peso visual é contraposto a algo muito menor, que normalmente está a uma certa distância do peso maior (6-18). A distância entre ambos age como um "braço da alavanca", equilibrando os pesos, quase da mesma forma como acontecem na física. "Apesar de a gravidade não atuar realmente sobre os objetos nas pinturas, percebemos como se assim fosse" (Feldman, 1987, 241).

Fig. 6-18 O ilustrador diz: "Esta imagem em particular foi desenhada expressamente como uma peça onde se teve a intenção que a cor pura, muito mais que o valor tonal ou representação da forma, agisse como instrumento primário de composição. Os elementos tangíveis de terra e objetos feitos pelo homem são expressos em tons quentes de vermelho e dourado, enquanto que elementos atmosféricos – o céu e a água – são tratados em tons mais frios de verde e azul." Veja como ele organizou a imagem de modo que as cores quentes e frias estão distribuídas equilibradamente na ilustração.

Você também verá que, mesmo assim, a composição de valor da ilustração está em equilíbrio. O penhasco em primeiro plano e a água escurecida na parte inferior da ilustração equilibram visualmente a massa maior da estrutura que cresce até o alto à esquerda, tornando-se mais escura em direção ao topo. (Ilustração: Thomas W. Schaller)

O equilíbrio pode ser criado pela forma como o artista estimula e guia o interesse do observador. Áreas menores que atiçam nossa curiosidade podem equilibrar as áreas maiores de uma composição. A cor é muitas vezes utilizada com essa finalidade. As áreas maiores em uma cor ou um grupo de cores relacionadas são muitas vezes equilibradas com um "toque" pequeno, porém vivo, de uma cor parecida ou do lado oposto do círculo de cores (6-19). Por exemplo, uma composição formada por azuis e azuis-verdes pode ser equilibrada com um toque de vermelho intenso aplicada no local certo.

Senso de proporção

A *proporção* é a relação dos *tamanhos* das partes de uma composição entre si e com o todo. Uma vez que não existem regras que governam estas relações, elas dependem basicamente do bom senso do artista ou do ilustrador.

Quando se leva em conta a proporção, também está-se levando em conta o assunto do equilíbrio. Quando as partes de uma imagem parecem estar na proporção correta entre si, tem-se a sensação de equilíbrio. A simetria,

Fig. 6-19 A área vermelho-amarelada da fogueira é pequena, mas tem uma cor viva, ajudando a equilibrar os matizes verde-cinza e verde-amarelados de croma mais fraco, respectivamente do papel e das cores utilizadas no desenho. Este estudo foi feito com lápis de cor e pastel (para o fogo e a fumaça) aplicados sobre a fotocópia de um desenho a traço sobre papel Canson.

como já mencionamos na discussão sobre equilíbrio, baseia-se em proporções iguais. Quando se discutiu o assunto da localização da linha de horizonte, definiu-se que uma composição com partes iguais de céu e chão era estática. As *proporções* mais adequadas para uma imagem poderiam ser, por exemplo, um terço de chão e dois terços de céu. Quando levamos em consideração o formato vertical ou horizontal para uma ilustração, é preciso definir qual a proporção entre o comprimento e a largura da imagem. Os antigos gregos fizeram a dedução do que consideravam ser as proporções ideais, chamando-as de *Proporção Áurea*, segundo a qual a relação da parte menor com a parte maior é a mesma relação que a parte maior tem com o todo, ou seja, 1:1,6. Em números inteiros, significa 5:8. Ao longo da história, os arquitetos vêm utilizando a Proporção Áurea para criar proporções entre altura e largura para entradas, janelas e fachadas inteiras de prédios. Os artistas até usaram esta proporção para formatar seus quadros.

A proporção também se aplica à cor. Quando é que se tem excesso de uma cor e falta de outra? Quais as proporções que parecem equilibradas? Será que a maneira que o ilustrador distribuiu as cores na Figura 6-14 dá uma sensação de equilíbrio? Quando se analisa a questão da cor em termos de proporção, pode-se pensar nela em termos de quantidade ou *área*. Na discussão anterior a respeito de unidade, os termos *dominante* e *subordinado* foram usados para descrever o grau com que as partes da ilustração procuram atrair a atenção do observador. Aqui, estes termos são usados para descrever a quantidade de área que uma qualidade de cor em particular ocupa na composição. Quando uma escala limitada de parâmetros de cor domina uma composição (em termos de área), ela ajuda a deixar a imagem mais coerente. Por exemplo, o predomínio (em área) de um determinado matiz em um quadro – por exemplo, vermelho, incluindo os vermelhos-claros e vermelhos-escuros, os vermelhos vivos e os vermelhos acinzentados – vai contribuir muito para a criação de uma imagem que parece unificada (6-20). Da mesma forma, o predomínio de outras cores na ilustração, cujos parâmetros estão intimamente relacionados, vai ajudar ainda mais a unificar a imagem. Se, por exemplo, a maior parte da área de uma ilustração tiver cores que são basicamente acinzentadas, cria-se mais um nível de união. O mesmo ocorre com a claridade/obscuridade das cores em um ilustração. Claro que as cores nesta figura também deveriam conter áreas de contraste de matizes, claridade/obscuridade e cinzas/cores vivas (6-21). "Quando... os contrastes dominam as semelhanças, o resultado é o caos. Um projeto bem-sucedido deve evitar os dois extremos" (Goldstein, 1977, 216).

Fig. 6-20 Este desenho em hidrocor e lápis de cor sobre cópia em preto mostra o predomínio do matiz vermelho-amarelado na composição. Apesar de o domínio de um determinado matiz ajudar a unir a imagem, uma análise mais atenta mostra que o vermelho amarelado é mais vermelho em alguns lugares e mais amarelo em outros. Estas variações acrescentam interesse ao desenho e não impede a capacidade deste matiz – ou, mais exatamente, deste grupo coeso de matizes – de unir a composição. Outros matizes, em especial o verde, desempenham um papel subordinado e equilibrador. (Desenho: Henry Beer)

DESENHO A CORES | 263

Fig. 6-21 Uma outra forma de unir uma ilustração com matizes é dar-lhe uma certa "camada" de matiz. Esta ilustração em aquarela utiliza uma variedade de matizes – vermelho amarelado, verde, roxo azulado e roxo. Entretanto, todas as cores receberam uma camada vermelho-amarelada – até mesmo as árvores verdes e o céu roxo-azulado. O efeito dá a esta ilustração não só um brilho de amanhecer (ou pôr-do-sol), mas também insinua uma atmosfera relaxada e mágica de um lugarejo à beira-mar.

Um efeito parecido pode ser criado em ilustrações que usam os materiais abordados nesta obra, temperando cada cor com os lápis adequados para o matiz que você quer criar. (Ilustração: Curtis James Woodhouse)

Fig. 6-21

Todas estas questões de julgamento não podem ser respondidas com uma regra simples. Ao contrário, as respostas vêm de uma consideração do objetivo de sua ilustração e sua intenção artística e de projeto. Uma cena paisagística ao entardecer terá, por exemplo, um maior predomínio de matizes azuis e verde-azulados do que uma ilustração de um ambiente interno com acabamento em madeira natural (6-22).

Quase sempre se confunde proporção com *escala*. Ao passo que a proporção tem a ver com a relação dos tamanhos das coisas uns com os outros, a escala representa a relação dos tamanhos das coisas com as *pessoas*. As composições que pretendem transmitir idéias sobre lugares para as pessoas devem conter pessoas desenhadas, ou no mínimo elementos que estejam em escala humana, como carros ou peças de mobília, de forma que o observador possa avaliar as idéias sobre o local, tendo como foco aqueles que devem utilizá-los ou com eles conviver.

Fig. 6-22 Esta versão da década de 20 mostra uma cena de inverno ao cair da noite, criada com o objetivo de ilustrar uma residência. O matiz predominante é roxo-azulado; até mesmo a neve, aparentemente branca, é, na verdade, quase sempre um roxo azulado de valor alto e croma baixo.

Observe como o ilustrador usou a cor para fazer mais do que a simples ilustração de uma casa. Ao colocar a casa em uma cena de inverno ao cair da noite, com cores frias e de croma fraco no exterior, e toques de cores quentes, de croma forte, para insinuar uma luz no interior, ele transmite a própria essência de abrigo – calor, segurança e proteção contra as intempéries. (Ilustração: Edward Dixon McDonald)

Ao toque do ritmo

O *ritmo* ajuda a unir uma composição pictórica inserindo fluidez e vários tipos de repetição, quer seja de linhas, formas, cores ou texturas. Esta repetição pode ser regular, irregular ou pode mudar progressivamente. Os matizados de valor e cor mostrados ao longo deste livro, por exemplo, inserem ritmo na composição ao repetir de modo uniforme a mudança de cor ou valor – ou ambos – sobre toda a superfície.

Algumas pequenas áreas de cor podem ser usadas para inserir ritmo em uma composição ao posicioná-las repetidamente em diversos pontos da imagem (6-23). Ou, então, a cor pode ser entrelaçada mais sutilmente dentro da composição misturando-a com outras cores, como mencionado anteriormente e ilustrado nas Figuras 6-15 e 6-21.

A *repetição* de escalas limitadas dos parâmetros de cor sobre uma porção dominante da área da ilustração, de forma que essas escalas limitadas representam uma outra forma de inserir ritmo na composição. Isto fica implícito em diversas outras partes deste capítulo, a saber, na discussão sobre ilustrações em modo maior e modo menor. Na Figura 6-9, por exemplo, repetem-se as cores de valor claro; o matiz amarelo foi usado em praticamente todas as áreas desta ilustração, junto com os outros matizes utilizados. Observe também as outras qualidades das cores nesta ilustração que foram repetidas. Pelo uso repetido de determinadas qualidades de cor, a ilustração é bem-sucedida em criar uma imagem clara e unificada.

Se a idéia de cor e composição pictórica é novidade para você, os conteúdos deste capítulo poderão parecer um pouco assustadores. Se você já tem experiência anterior com estes conceitos, você verá que este capítulo refrescou sua memória neste assunto. Qualquer que seja seu grau de experiência em composição, uma coisa é certa: quanto mais você trabalhar com estes conceitos ao compor seus próprios desenhos de projeto para apresentação, mais familiarizado você ficará com eles. E, quando menos esperar, eles se tornarão parte integrante de suas habilidades como projetista e poderão ser utilizadas não só na ilustração de projeto, como também em uma grande variedade de circunstâncias de *design*.

Fig. 6-23 As mesmas cores – vermelho amarelado, amarelo, verde amarelado e roxo azulado – ocorrem de forma repetida sobre este estudo. Limitando-se a paleta de cores, tornam-se inevitáveis os ritmos criados pelas cores repetidas.

A CRIAÇÃO DE DESENHOS DE PROJETO A CORES

CAPÍTULO 7

Este capítulo discute e ilustra o processo passo a passo da criação de vários tipos de desenhos de projeto a cores. Alguns dos exemplos são ilustrações simples de idéias de projeto e foram feitos rapidamente, enquanto outros foram preparados mais cuidadosamente com a finalidade de serem usados em apresentações.

Inicialmente, vamos revisar algumas das considerações básicas muito úteis ao se iniciar um desenho, como preparar um desenho a traço, criar uma estratégia de valores e como transferir o desenho a traço para o papel escolhido para fazer a ilustração final a cores. O restante do capítulo mostra as técnicas usadas na CommArts para criar desenhos de projeto a cores usando a grande variedade de papéis que apresentamos no Capítulo 2, como incluir observações escritas nestes desenhos e como modificá-los e corrigi-los.

Primeira consideração: fazer o desenho a traço

Nas profissões de *design*, a linha é a convenção gráfica mais elementar utilizada na criação de imagens. Não importa se o projetista trabalha à mão ou com computador: ele é responsável por transferir idéias tridimesionais para uma superfície de duas dimensões, seja uma folha de papel ou a tela do computador. Os desenhos a traço também formam a base para a abordagem ao desenho de projeto a cores discutida nesta obra.

Na CommArts, usamos desenhos em perspectiva feitos à mão, bem como os gerados por computador. Normalmente, um esboço à mão, é suficiente para transmitir uma idéia preliminar ao cliente, e, freqüentemente, essa também é a abordagem mais econômica em termos de custo. Quando se estão preparando desenhos ortográficos – planta, elevação, corte – por computador e se precisa de uma vista em perspectiva, é possível rapidamente criar um desenho a traço em perspectiva com a maioria dos programas de computador, fornecendo um arcabouço adequado para o desenho de projeto a cores, como o da Figura 7-17. Por outro lado, os elementos de escala, figuras humanas, móveis e acessórios são normalmente mais fáceis de serem acrescentados à mão. A vista em perspectiva de uma idéia de projeto é quase sempre também o instrumento de comunicação mais eficiente, já que é um dos poucos que podem instantaneamente mostrar as *relações* entre os diversos planos do espaço e seus conteúdos. Por exemplo, o croqui de um ambiente interno, em perspectiva, pode incluir paredes, teto, piso, mobiliário e a seleção preliminar de materiais e cores.

Para a reforma de um prédio ou ambiente, é mais simples fazer um esboço sobre uma fotografia da vista, ampliada com fotocopiadora colorida ou em preto-e-branco. Ao traçar por cima desta cópia, o projetista já pode acrescentar as alterações à mão, usando os pontos de fuga e a linha de horizonte da própria fotografia.

Para uma vista mais difícil, às vezes é mais rápido e prático construir uma maquete de estudo simples e em escala, com o computador ou à mão. Se for construir o modelo à mão, lembre-se de fazê-lo bem simples, criando somente os elementos mais necessários (7-10). Depois, pode-se tirar uma foto Polaroid da maquete, que é então ampliada na fotocopiadora em preto-e-branco (ou na fotocopiadora colorida, caso seja preciso maior resolução de cores) e sobre esta faz-se um desenho a traço que inclua os detalhes adicionais necessários (7-11).

Faça os desenhos a traço pequenos. Com o surgimento de técnicas de reprodução colorida de alta qualidade, não é mais preciso criar desenhos de projeto do tamanho de um lençol de cama. Normalmente, desenhos a traço são feitos no tamanho 8 1/2" x 11" (tamanho carta – 215 x 279 mm) e 11" x 17" (tamanho duplo-carta – 279 x 431 mm) e ampliados no momento de serem copiados. Com estes tamanhos de desenho, o projetista pode trabalhar muito mais rápido e guardar uma maior "distância" da imagem, mantendo a atenção sobre o "panorama geral" sem perder-se em detalhes. Nos desenhos a traço de pequenas dimensões, é importante manter os traços bastante *finos*, já que a fotocópia amplia *tudo*, inclusive a espessura dos traços. Não é preciso usar uma hierarquia de espessuras de linhas para os desenhos a traço que serão coloridos, já que é a cor – e principalmente as composições de valor – que tornará a imagem final legível.

Geralmente utilizamos a caneta Micron 005 ou uma caneta técnica 4x0 para desenhos a traço muito pequenos (7-18). A caneta Micron é melhor para trabalhar sobre papel manteiga, e a caneta técnica 4x0 para papel velino (7-18). O lápis Prismacolor *Black* também é excelente para fazer estes desenhos; quando ele é usado com régua, o traço é bem fino (veja a Figura 7-56). O lápis Prismacolor *Black* faz um traço rico, escuro, parecido com o de uma caneta de feltro, com a vantagem de poder ser apagada facilmente. O apagador elétrico com tira apagadora branca macia é ideal para apagar desenhos sobre papel sintético *mylar*. É claro que, se for preciso, estes materiais podem ser usados juntos sobre um mesmo desenho. Eles compartilham a vantagem de copiarem muito bem em fotocopiadoras em preto-e-branco. Se necessário, também se pode usar lápis de grafite, em conjunto com outros materiais para colorir. No entanto, os traços feitos com lápis de grafite não saem tão bem como os outros materiais já citados, se não for suficientemente macio e aplicado com a pressão adequada.

Esboço colorido ou desenho para apresentação?

A maioria das situações nas etapas iniciais do processo de *design* não exige que o projetista planeje as vistas em perspectiva que ele utiliza para comunicar suas idéias do projeto muito além de assegurar que a imagem inclua a informação que ele pretende transmitir. As margens desta vista podem meramente desaparecer aos poucos ou serem marcadas por uma moldura retangular que define as margens do desenho de modo mais uniforme.

Entretanto, existem ocasiões durante o processo de *design*, normalmente nas etapas finais do projeto, em que você quer que sua ilustração, feita à mão ou por computador, transmita suas idéias com maior impacto visual.

Um desenho com maior impacto visual não implica que você tenha que gastar mais tempo desenhando, em uma tentativa de alcançar a perfeição. Você tem que olhar para seu desenho de forma diferente. Em vez de olhar *para dentro* do desenho em busca de informações de *design*, você também tem que começar a olhar *para* o desenho como uma composição gráfica em si mesma.

Os conceitos apresentados no Capítulo 6 – unidade, proporção e ritmo – podem ser postos em prática à medida que você vai criando o desenho a traço e decide outras questões tais como formato, posição do horizonte, simetria e escala. Estes conceitos vão suprir seu desenho com informações sob muitas formas à medida que você vai utilizando as cores, como ilustrado nos exemplos do Capítulo 6 e mais adiante no presente capítulo. No entanto, existe uma outra questão importante a considerar quanto à composição quando se cria um desenho a traço para fins de apresentação.

Níveis de espaço

Quando se analisa o trabalho de ilustradores profissionais de projeto, é possível notar que há objetos e elementos que parecem bem próximos do observador e outros mais distantes, dependendo de se é de uma cena interna ou externa. O foco da ilustração normalmente se localiza entre estes componentes próximos e distantes. Em outras palavras, a ilustração tem primeiro plano, plano intermediário e plano de fundo. Esta estratificação do espaço cria, nas palavras de William Kirby Lockard, FAIA, um maior "interesse espacial", porque os diversos objetos e elementos entre os do primeiro plano e os distantes bloqueiam um ao outro de forma parcial e sucessiva.

Esta situação espacial difere dos desenhos de projeto comuns que têm só muito pouco, ou quase nada, por trás ou em frente do objeto que está sendo desenhado. Na verdade, não há nada de errado com o desenho de projeto comum, uma vez que pode ser criado rapidamente e transmite a idéia básica de projeto de forma eficiente. A criação de desenhos com primeiro plano e plano de fundo toma um pouco mais de tempo, mas normalmente causam maior impacto (uma vez que é assim que vemos o mundo), transmitem um volume maior de informação de contexto e criam mais oportunidades de composição estratégica dos principais grupos de valor do desenho.

O primeiro passo para criar as níveis de espaço em uma ilustração é escolher o cenário. Imagine-se caminhando sobre a planta, como se fosse um fotógrafo, mentalmente compondo cenas das partes que quer ilustrar. Você pode virar a cena de um lado para o outro, aproximá-la ou empurrá-la para longe, para obter uma foto maior e mais abrangente. Normalmente, se você incluir alguma característica ou elemento do primeiro plano na cena, terá maiores chances de criar um grande impacto visual quando começar a fazer os estudos de valores (7-1, 7-2). Essa característica ou elemento pode ser algum detalhe arquitetônico, móveis, vegetação, figuras humanas – ou uma combinação de todos. Com exceção das figuras humanas, os elementos que incluir na ilustração devem existir de fato ou fazerem parte da proposta do projeto, pois inventar elementos para uma composição de cena pode gerar mal entendidos.

Fig. 7-1 Desenhos a traço de uma vista conceptual para um restaurante. A Figura 7-1(a) mostra como se pareceria a vista se a questão do interesse espacial não tivesse sido levada em conta. O primeiro plano parece muito uniforme e sem graça. A vista na Figura 7-1(b) mostra o resultado depois que se analisou a planta e se ampliou a vista para permitir a inclusão dos canteiros com bambus e do vaso com bonsai. Também foram incluídas figuras em pé para contrapor-se à área relativamente monótona com as pessoas sentadas.

Fig. 7-2 Estes desenhos a traço mostram a vista externa de um prédio de escritórios e lojas. Na Figura 7-2(a), vemos o prédio como uma construção isolada, sem nenhum contexto. Já a Figura 7-2(b) mostra o prédio visto do outro lado da rua, da entrada de um prédio nas proximidades. Os elementos arquitetônicos, a vegetação e as figuras humanas criaram um primeiro plano ao desenho.

Segunda consideração: criar uma estratégia de valor

Depois de criar o desenho a traço e inserir suas partes principais dentro da hierarquia espacial, é importante considerar a composição de seus *principais grupos* de valor, principalmente se pretende usar o desenho para apresentação. O O valor é particularmente importante e o mais influente dos três parâmetros da cor em um desenho de projeto, não só porque é o agente criador dos efeitos de luz mas porque é a única dos três parâmetros da cor que produz um impacto visual por si próprio, independente dos parâmetros restantes.

Sem permitir possibilidades ilimitadas de variações nos arranjos dos valores principais, como em belas-artes e ilustrações gráficas, a maioria dos desenhos de projeto a cores se presta a um número bem mais limitado de possibilidades de composições de valor. Isso ocorre porque os valores são influenciados pelo nível geral de valor das cores escolhidas para o projeto e pela iluminação do mesmo, seja luz natural ou artificial.

Quando se analisa uma ilustração com *valores principais* dispostos de modo a causar grande impacto, percebe-se que as áreas de valores escuros, médios e claros costumam ser adjacentes – ou seja, reunidas em áreas de valores iguais – em vez de estarem espalhadas pelo desenho em uma série de manchas claras, médias e escuras. Pode-se ver estes grupos de valores principais, quer seja em uma ilustração ou na vida real, simplesmente semicerrando os olhos para uma composição. O que primeiro parece ser uma grande gama de valores diferentes migra agora em direção às partes mais claras, médias e escuras do espectro de valores, tornando mais fácil distinguir os arranjos mais importantes destes agrupamentos de valores. Quando estes agrupamentos de valores principais são dispostos de modo a causar o maior impacto visual possível *antes* da aplicação de cor, eles fazem um desenho tão intenso parecer muito mais real.

O arranjo criativo dos grupos de valores principais vai proporcionar maior impacto aos seus desenhos de projeto a cores – mas por quê? Em primeiro lugar, eles mantêm a ilustração unida e focalizam a atenção do observador no centro de interesse. Se uma ilustração não tiver agrupamentos de valores principais, ela irá parecer fragmentada ou "agitada", sem necessidade. Em segundo lugar, os contrastes dos agrupamentos de valores principais criam impressão de profundidade ou distância. Os contrastes mais fortes são uma característica geral das relações de valor entre as coisas que estão mais próximas do observador. À medida que aumenta a distância, diminui o contraste. Quando esse fenômeno é usado em um desenho, aumenta-se muitíssimo a impressão de profundidade.

No entanto, a maior vantagem de um bom arranjo dos grupos de valores principais talvez seja a de criar um desenho mais luminoso. Quando se observa uma área clara contra, ou através de, uma área mais escura, esta área clara parece ainda mais clara. Quanto mais escura for a área escura circundante, mais intensa vai parecer a área mais clara. Este fenômeno é muito bom para criar uma iluminação mais intensa em um desenho.

O estudo de valor

Um *estudo de valor* pode parecer ser de pouca conseqüência, ou até mesmo uma tarefa incômoda, se comparado com o poder de um desenho colorido intenso. Entretanto, o estudo de valor é seu bilhete de passagem para criar aquela ilustração colorida atraente. Depois de terminar o desenho a traço, mas antes de tentar aplicar as cores, você vai precisar de um mapa que lhe diga, em linhas gerais, até que ponto as cores deverão ser mais claras ou mais escuras. Havendo chegado a um arranjo satisfatório e intenso de valores antes de começar a colorir a ilustração, você encerra uma série de decisões e pode então centrar sua atenção nas técnicas de aplicação da cor.

Os estudos de valor são fáceis e rápidos de fazer. Comece usando uma fotocopiadora em preto-e-branco para reduzir o desenho a traço até um tamanho de 5" x 7" (130 x 180 mm), aproximadamente. Faça diversas cópias, já que terá que criar vários estudos. O tamanho reduzido do papel permite guardar uma certa distância do desenho nesta fase tão importante e manter-se concentrado nos grupos de valores principais, em vez de ficar preso nos detalhes do desenho (7-3).

Restrinja-se ao uso de materiais em preto-e-branco, para que possa concentrar-se *só* nos valores do desenho. As hidrocores preta e cinza (não importa se cinza quente, frio ou francês), lápis Prismacolor *Black*, guache branco ou líquido corretivo podem ser úteis para fazer estes estudos. Você pode trabalhar diretamente sobre as fotocópias feitas em papel sulfite, ou colocar papel manteiga branco sobre as pequenas imagens e rapidamente passear de um lado para outro por entre as diversas possibilidades de arranjos de valores (7-4).

Estes estudos ficam prontos rapidamente, não levando mais de 20 a 40 minutos para terminar cada um. Inicialmente, você pode encontrar uma certa dificuldade para chegar a um arranjo satisfatório de valores, em parte, talvez, por causa da novidade em planejar um desenho desta forma. Você pode criar um ou dois estudos antes de chegar a um arranjo de valores mais adequado para a vista que você escolheu para suas idéias de projeto. A parte mais difícil é decidir-se por um arranjo de padrões grandes de valor que pareça ser o indicado para o desenho. Quando você finalmente exclamar "é esse!", aí será fácil terminar o estudo.

Você pode achar interessante exagerar um pouco os valores em seus estudos, para poder perceber com seu impacto com mais facilidade. É claro que no desenho colorido final haverá áreas menores de contraste de valor dentro de áreas maiores, mas estes contrastes não devem ser nem muito grandes nem muito evidentes que possam dominar ou fragmentar os grupos de valores principais dentro dos quais elas se inserem.

Depois de criar o estudo de valor, é bom passar por um certo tempo para alguma outra tarefa e depois retomar o estudo. Isso permite olhar para ele com maior isenção e aperfeiçoá-lo onde necessário, ou criar idéias para um melhor arranjo de valores em um novo estudo. Uma vez que tenha chegado a um arranjo de valores adequado às finalidades do desenho, não o perca de vista e use-o como referência constante enquanto aplica a cor sobre o desenho final. Ele será seu guia valioso para criar um desenho de projeto a cores forte e intenso, independentemente dos matizes que vier a usar.

Sua habilidade em arranjar os valores principais dos desenhos a cores crescerá à medida que você se der cada vez mais conta dos agrupamentos de valores principais interessantes e intensos que o rodeiam, à medida que você pensar com mais freqüência em termos estratégicos sobre os arranjos de valor de seus desenhos e à medida que você criar cada vez mais destes estudos.

Fig. 7-3 Este rápidos esboços preliminares – 4" x 5" (101 x 127 mm) – foram criados para explorar alguns das possibilidades de arranjos dos valores principais para o ambiente interno mostrado na Figura 7-1(b). Na Figura 7-3(a), usou-se lápis Prismacolor *Black* para criar as condições de iluminação para um dia nublado, quando não há luz solar direta entrando no ambiente. Parte do forro dos tetos e dos panos da cobertura foram escurecidos com valores matizados de forma que o exterior pareça bastante claro. Observe também que o primeiro plano foi bastante escurecido, permitindo que a parte central do desenho pareça mais clara devido ao contraste.

Na Figura 7-3(b), o estudo de valor foi feito sobre papel manteiga branco colocado sobre o pequeno desenho a traço. A luz direta entra pela direita, criando uma massa escura no lado direito do desenho. No entanto, esta massa não é uniformemente escura no desenho pronto, mas apresenta uma série de contrastes dentro dela. Veja também como as áreas escuras no lado esquerdo do desenho ajudam a equilibrar a massa escura na direita.

A Figura 7-3(c) mostra um estudo de valor como uma cena noturna, onde algumas hidrocores cinzas foram usadas para criar rapidamente zonas escuras, uniformes sobre o céu e o prédio além das janelas. Assim, a parte principal do ambiente interno parece bastante clara por causa do contraste com o exterior escuro e com o primeiro plano escurecido.

Cada um desses estudos contém a base de uma idéia para o arranjo de valor no desenho pronto. A Figura 7-3(a) foi escolhida para servir de referência para arranjo de valor do desenho mostrado na Figura 7-47.

Fig. 7-4 Estes três estudos de diferentes condições de iluminação foram criados para o desenho a traço mostrado na Figura 7-2(b). Na Figura 7-4(a), a luz vem de trás do observador e dirige-se para o prédio. Isto cria uma situação na qual o primeiro plano é bastante escuro, o prédio é geralmente um valor intermediário (devido aos valores criados pelo tom local tanto quanto sombras e sombreados), sendo o fundo do valor claro.

Na Figura 7-4(b), criou-se uma cena de entardecer, onde a área mais clara, mais precisamente a esquina principal do prédio, permanece no centro de interesse, apesar de o céu ser mais claro em direção ao lado esquerdo. Esta área é a mais clara porque os maiores contrastes de valor foram deliberadamente criados ali. O céu foi escurecido com uma série de hidrocores cinzas *Cool Grey* variando de 20% no lado esquerdo a 70% no lado direito. O primeiro plano também foi criado com hidrocor *Black*, mantendo-o em silhueta para ajudar a deixar o prédio e o céu mais claros. O valor das paredes do prédio e da rua foram feitos com lápis Prismacolor *Black* e as janelas mantidas na cor branca do papel.

A Figura 7-4(c) mostra o prédio iluminado pelo sol matinal. Nesta situação, todo o lado esquerdo do prédio está na sombra. Em resposta, o céu e o prédio contra a fachada mais clara foram escurecidos. Isso não só força a fachada ensolarada a parecer mais clara, mas ajuda a equilibrar a distribuição de valores no desenho. Note como estas duas massas escuras também são equilibradas por um terceiro conjunto de valores escuros no teto, coluna e parede da floreira à esquerda do desenho. O guache branco foi aplicado sobre as janelas superiores no lado sombreado do prédio para criar reflexos de céu claro, acrescentando interesse e "brilho" na face mais escura do prédio, mas não em quantidades excessivas a ponto de fragmentar a massa escura.

A Figura 7-4(a) foi o estudo utilizado como guia de valor para o desenho final, mostrado na Figura 7-60.

TERCEIRA CONSIDERAÇÃO:
A TRANSFERÊNCIA

Depois de feito o desenho a traço e definida uma estratégia de valor, você tem que analisar se vai usar o mesmo papel sobre o qual criou o desenho a traço para o desenho a cores, ou se vai usar um outro tipo de papel para essa finalidade. Os desenhos a traço ou imagens tonais criadas por computador podem ser facilmente transferidos para o tipo de papel de sua escolha – inclusive o papel manteiga branco – com a ajuda de uma fotocopiadora em preto-e-branco. A única exceção é a cópia heliográfica, que deve ser feita com uma copiadora heliográfica. Obviamente, as fotocopiadoras também podem ser utilizadas para reduzir, ampliar ou editar os desenhos enquanto os transfere para o papel escolhido. Isto lhe permite ampliar pequenos croquis ou partes específicas de um desenho, permitindo que se tornem instrumentos de comunicação de *design* para serem usados perante um público maior.

A maioria das fotocopiadoras tem bandeja de alimentação manual do papel, de onde retiram as folhas individuais que vão receber a imagem fotocopiada. Uma fotocopiadora de escritório vai, é claro, aceitar papel sulfite, mas o papel Canson pode normalmente ser usado sem problemas com o sistema manual de alimentação. Porém, devido à textura do papel Canson, às vezes o *toner* preto não adere totalmente à superfície do papel. Pode-se verificar isso simplesmente esfregando-se de leve alguma linha no canto da fotocópia. Se a linha borrar, aplique uma camada de *spray* acrílico Krylon Crystal Clear sobre a cópia e deixe secar alguns minutos. Isso fixará os traços e reduzirá ou eliminará os borrões, sem prejudicar as cores.

A cartolina aceita o *toner* da fotocopiadora bastante bem e normalmente não é preciso usar fixador sobre ele. Se a cartolina de "duas camadas" for muito rígida para passar pela fotocopiadora com facilidade, use a versão mais fina, de uma camada.

Tendo em vista o fato de o papel manteiga ser tão adequado para trabalhar com os materiais e as técnicas de cor descritos neste livro, era-nos importante encontrar uma maneira de usá-lo para fazer fotocópias. Descobrimos que ele aceita fotocópias bastante bem, precisando apenas de um "meio de transporte" para levá-lo através da fotocopiadora. Este meio de transporte evita que o papel fino enrugue e rasgue ao passar pela máquina. Siga os passos nas Figuras 7-5 a 7-9 para fazer cópias sobre papel manteiga.

Fig. 7-5 Corte uma folha de acetato de 5 mil (0,005" de espessura) e uma folha de papel manteiga branco no mesmo tamanho, que pode ser carta, A4, ofício, ou qualquer outro formato que a fotocopiadora aceitar e de acordo com o tamanho da cópia que você deseja. Aqui estão sendo preparadas folhas de acetato e papel manteiga no tamanho de 11" x 17" (279 x 431 mm). Pode-se usar tesoura para cortar, mas a guilhotina de papel é mais rápida.

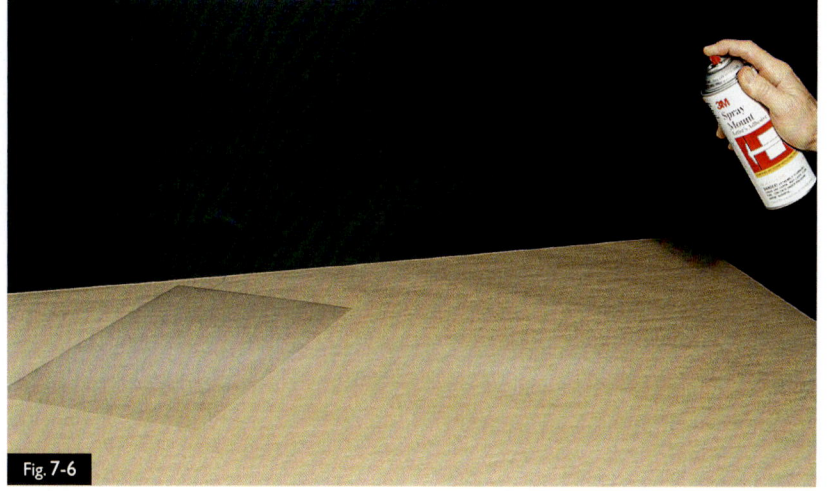

Fig. 7-6 A folha transportadora em acetato está recebendo uma camada *muito leve* de *spray* adesivo Spray Mount, da 3M. Isso deve ser feito a uma boa distância a fim de fazer uma camada bem fina. A superfície do acetato deve ficar só um *pouco* pegajosa ao toque. Se, por descuido, ficar muito grudento, coloque uma folha de papel de rascunho sobre o acetato e descole-a, repetindo este procedimento diversas vezes. Cada vez que isto for feito o acetato ficará progressivamente menos pegajoso.

Observe, no entanto, que algumas copiadoras só conseguem produzir uma cópia parcial ou mesmo borrada sobre o papel manteiga introduzido desta forma na máquina. Isso em geral acontece porque o papel manteiga acaba se separando do papel transportador por causa do caminho cheio de curvas por onde passa o papel dentro da máquina. Se a cópia não sair bem, você pode traçar à mão o desenho a traço sobre o papel manteiga ou fotocopiar o desenho sobre papel sintético *mylar* para desenho, introduzindo-o na bandeja de alimentação manual da copiadora. Apesar de o *mylar* ser um pouco mais difícil de trabalhar e não dar resultados tão nítidos como o papel manteiga, ele é uma ótima opção para desenhos em *retrocolor*, quando não é possível usar o papel manteiga.

Algumas vezes, você precisará de uma fotocópia em preto-e-branco em tamanho maior que 11" x 17" (279 x 431 mm). Muitas lojas de cópias possuem copiadoras preto-e-branco de grande porte, tais como a Xerox 2080 ou a OCE Bruning 9400. Para aplicar cor a um desenho desse tamanho, é melhor usar pastel, pois com ele é possível cobrir grandes áreas bem mais rapidamente.

A impressão heliográfica é um processo de cópia direta no qual não existe a possibilidade de ampliação ou redução. No entanto, depois de transferida para papel heliográfico e colorido, a imagem final pode ser ampliada ou reduzida com uma fotocopiadora colorida ou uma copiadora jato de tinta. As cópias heliográficas podem ter fundo mais claro ou mais escuro, a escolher, dependendo somente da velocidade de impressão; *quanto mais rápida a velocidade de cópia, tanto mais escura será a cópia final*. A grande vantagem do processo de impressão heliográfica é que se pode criar um fundo matizado por cima da cópia do desenho, aumentando ou reduzindo gradativamente a velocidade da máquina à medida que o desenho original e o papel de fotocópia passam através da máquina.

Lembre-se de usar hidrocor à base de álcool ao trabalhar com fotocopiadoras; as hidrocores à base de xileno borram as linhas da cópia. Nas cópias heliográficas, é possível usar tanto hidrocor à base de álcool como à base de xileno, apesar de as hidrocores à base de xileno ficarem um pouco melhor, deixando as cores mais suaves e ricas do que as hidrocores à base de álcool.

Fig. 7-7 A folha de papel manteiga é alinhada com o acetato, e ambos são prensados um contra o outro. Use um rolete para retirar eventuais bolhas de ar e criar uma boa aderência. O rolete mais indicado é um tipo levemente esponjoso, como aquele fabricado pela **Speedball**.

Fig. 7-8 O desenho original é colocado com o lado direito para baixo sobre a copiadora. Depois de fechar a tampa, colocam-se a folha de papel manteiga e o acetato transportador na máquina, usando a bandeja de alimentação manual. Na maioria das fotocopiadoras, o lado do papel, sobre o qual a imagem deverá ser copiada, deve ficar voltado para *cima* no momento de inseri-lo na bandeja de alimentação manual.

Fig. 7-9 Quando a cópia está pronta, separa-se com cuidado a folha de papel manteiga do acetato. O papel manteiga não deveria ter pouco ou quase nenhum resíduo de cola no verso e estar pronto para receber a cor. Se houver muito resíduo de cola no verso, aplique uma folha de papel sulfite, esfregando e descolando as duas camadas diversas vezes até eliminar praticamente todo o resíduo. Uma quantidade muito pequena de resíduo não interfere na aplicação de cor, mesmo sendo pastel.

Pode-se guardar o acetato para uso futuro. Ele só precisa receber nova camada de *spray* adesivo se necessário, mas em geral consegue transportar várias cópias antes de ter que receber nova camada de *spray*.

QUARTA CONSIDERAÇÃO: PAPEL E COR

Se você optar por transferir o seu desenho a traço para um tipo de papel diferente daquele sobre o qual você o criou, como discutimos anteriormente, você já está pensando sobre papel. Os tipos de papel mais indicados para os materiais para colorir discutidos nesta obra já foram apresentados no Capítulo 2 e serão mostrados nos exemplos passo a passo neste capítulo.

A escolha de cores específicas para seus desenhos de projeto depende de uma série de fatores: o esquema de cores que você escolheu para o ambiente que está desenhando, as cores dos materiais naturais que você pretende incluir em seu projeto – pedra, tijolo, madeira – bem como as cores que estão disponíveis nos materiais naturais e sintéticos que você *realmente* escolheu. As questões específicas do desenvolvimento do esquema de cores vão além do objetivo desta obra e serão discutidos em um obra à parte.

Entretanto, existem algumas idéias gerais de cores que talvez devam ser levadas em consideração no momento de criar os desenhos coloridos. Primeiro, quando a expressão de seu esquema de cores é uma parte importante de seu objetivo ao criar um desenho, anexe a ele uma cartela de cores e materiais com amostras de tintas, pedaços de materiais naturais e sintéticos que você pretende usar. Assim, evitará mal-entendidos no que se refere às cores, devido a efeitos de iluminação ou combinações incorretas que possam ocorrer no desenho.

Segundo, você verá que os materiais para colorir usados para as ilustrações neste capítulo normalmente caem dentro de quatro grupos: cores quentes: vermelhos, vermelhos amarelados e amarelos; cores frias: roxos, roxos azulados e azuis; cores de transição: verdes ou vermelho arroxeados (normalmente os verdes nestes desenhos) que podem ser mudados tanto em cores quentes como frias (veja Figura 6-7); e os neutros ou semineutros: hidrocores e lápis brancos, pretos, cinzas frios, cinzas quentes e cinzas franceses.

Terceiro, praticamente *qualquer* combinação de cores pode ser trabalhador harmonicamente para criar um desenho de projeto que forme uma unidade. Isto pode ser feito misturando-se os diversos materiais de colorir, à maneira que os artistas – e em especial os pintores – lidam com a cor, como discutimos no Capítulo 6. Mesmo que um objeto no desenho seja predominantemente de um certo matiz, os outros materiais para colorir, usados em diversos pontos do desenho, podem ser usados para temperar aquele matiz. Na Figura 7-38, por exemplo, o lápis *Terra Cotta* foi usado sobre as áreas mais escuras da grama verde; o lápis Copenhagen Blue foi usado nas partes mais escuras da grama, bem como nas árvores; o lápis *Jasmine* foi usado para temperar o lado ensolarado da maioria dos objetos, independentemente de seu matiz predominante. Esta mistura de cores é a chave para desenhos coloridos interessantes e ricos.

Desenho sobre papel branco

Os materiais para colorir se apresentam com seus valores mais claros e cromas mais intensos quando aplicados sobre papel branco. Por esta razão, o papel branco é excelente para ilustrar idéias de projeto que têm esquemas cromáticos em "modo maior" (valores claros) ou de croma forte. Os melhores papéis para desenho de projeto a cores são desde o papel sulfite de baixa qualidade até a cartolina de alta qualidade.

Papel sulfite

O papel sulfite, o tipo de papel usado na maioria das fotocopiadoras coloridas e impressoras a laser, presta-se para rápidos croquis onde a qualidade da cor não é fundamental, mas onde se deseja um pouco de cor. A reprodução é rápida, o original é preservado, e não há necessidade de sair em busca de um papel especial. Os desenhos de projeto a cores sobre papel sulfite são indicados para muitos tipos de tarefas de ilustração de projeto (7-12). Você pode querer abastecer sua fotocopiadora com papel de gramatura 90 ou mais espesso, dando à superfície de desenho um toque mais consistente.

Fig. 7-10 Cópia de uma foto Polaroid tirada de uma maquete feita em papelão e papel montado. A foto foi tirada o mais próximo possível das figuras em escala, no nível do observador. Alguns traços muito claros foram escurecidos de modo que a imagem pudesse ser traçada com mais facilidade. (Maquete: Taku Shimizu)

Fig. 7-11 Um desenho a traço em perspectiva, obtido copiando-se a maquete. Depois de desenhar os elementos maiores, foi mais fácil acrescentar informações adicionais do projeto.

Fig. 7-12 O desenho pronto sobre papel sulfite. Este estudo foi rapidamente realçado com hidrocores à base de álcool, lápis de cor e guache branco, já que seu tamanho é de apenas 8 $\frac{1}{2}$" x 11" (215 x 279 mm).

A criação de desenhos de projeto a cores

O papel sulfite é também uma ótima superfície para se criar idéias de projeto sobre fotografias ampliadas de condições preexistentes (7-13, 7-14, 7-15). Do mesmo modo, as imagens (a traço ou coloridas) impressas sobre papel sulfite com impressoras a laser dão ótimos desenhos-base sobre os quais pode-se usar materiais para colorir para desenvolver e incrementar rapidamente idéias de projeto expressas em imagens rudimentares de computador (7-16).

Fig. 7-13 Ampliação para aproximadamente 6" x 10" (152 x 254 mm) de uma foto colorida em tamanho 3" x 5" (76,2 x 127 mm) tirada de uma situação preexistente, reproduzida em papel sulfite por uma fotocopiadora em preto e branco.

Fig. 7-14 Esboço colorido, usando caneta Pilot Razor Point, hidrocor à base de álcool e lápis de cor, desenhado diretamente sobre a fotocópia mostrada na Figura 7-13.

Fig. 7-15 Outro estudo criado da mesma forma que a Figura 7-14.

Fig. 7-16 Este croqui de 8 ½" x 11" (215 x 279 mm) foi desenhado com hidrocor à base de álcool, pastel e lápis de cor sobre imagem colorida feita por impressora laser sobre papel sulfite. A imagem colorida foi criada no computador com o programa Form-Z. (Desenho: Jim Babinchak)

Cartolina

Nas Figuras 7-17 a 7-23, mostramos a criação de um desenho a cores sobre cartolina (*Bristol paper*). Este papel foi escolhido para este desenho porque o esquema tríade de matizes – amarelo/azul esverdeado/roxo azulado – tem valores basicamente claros. Observe que, no arranjo de valores para este desenho (7-19), o primeiro plano em valor mais escuro força a parte principal do desenho a parecer mais clara. Um outro nível de luminosidade é conseguido colocando-se a fileira de pessoas em valor escuro na frente do pessoal das lanchonetes mais ao longe.

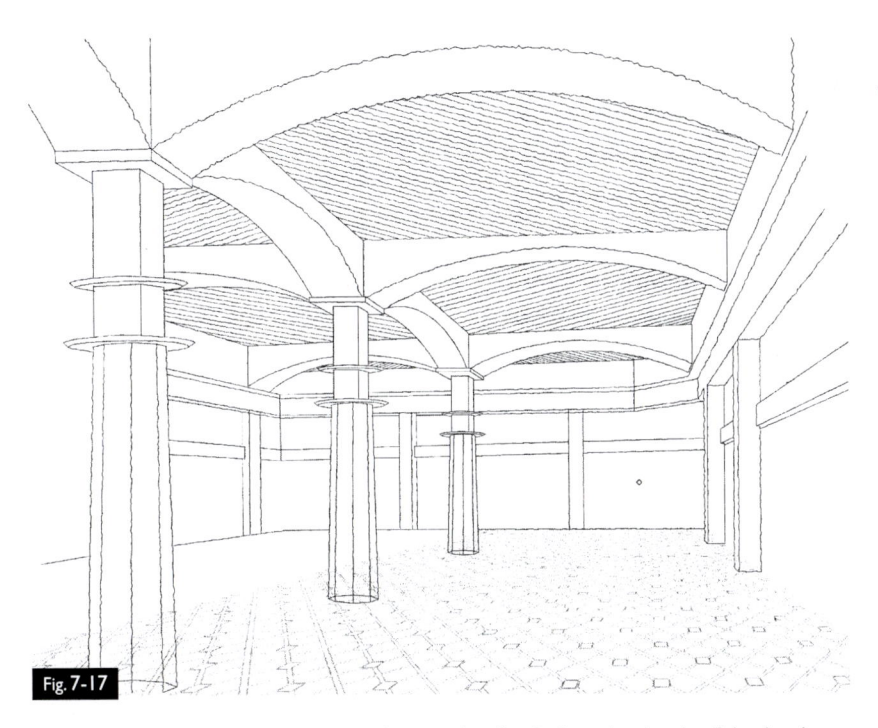

Fig. 7-17

Fig. 7-18

Fig. 7-17 Esta imagem de computador começou como um típico modelo de arame, no qual foram eliminadas as linhas escondidas. Ele foi importado para o programa **Adobe Illustrator**, todas as linhas foram "selecionadas" e foi aplicado o filtro "croqui" para que o desenho parecesse feito à mão. O ajuste de "tamanho" usado foi o 0,20, e a freqüência foi 20/polegada.

A ilustração foi então importada para o programa **Adobe Photoshop** para acrescentar-lhe o desenho do piso. Esse tipo de piso em desenho diagonal é mais fácil de fazer com o computador do que à mão. O desenho do piso foi primeiramente criado como uma imagem ortográfica, e depois foi adaptado para a vista em perspectiva usando-se o comando "perspectiva" dentro do menu "transformação".

Depois de acrescentar o desenho do piso, a imagem foi fotocopiada sobre uma folha de 11" x 17" (279 x 431 mm) de papel velino translúcido para desenho (**Clearprint 1000H**). Este papel não precisa de um agente transportador ao ser introduzido na bandeja de alimentação manual da fotocopiadora. (Ilustração de computador: **Nat Poomviset**).

Fig. 7-18 Uma folha de papel manteiga comum foi colocada sobre a imagem em papel velino mostrada na **Figura 7-17**, esboçando-se então os elementos adicionais da cena: móveis, pessoas, acessórios e detalhes. Esse croqui foi colocado então *atrás* da imagem em velino, e o restante da cena foi desenhado sobre o papel velino com uma caneta **Micron 005** e uma caneta para desenho técnico 4x0. As novas linhas escondidas e indesejadas podem ser facilmente apagadas, usando-se uma tira apagadora rosa no apagador elétrico. Pode-se também usar líquido corretivo, já que o desenho a traço será fotocopiado sobre cartolina.

Depois de aplicar hidrocor cinza para criar o arranjo básico de valor, aplicou-se pastel sobre as áreas coloridas mais extensas (7-21). O pastel suaviza as pinceladas de hidrocor e possui uma luminosidade própria, além de permitir aperfeiçoamentos posteriores das cores por meio de lápis de cor.

É bem interessante e ilustrativo olhar de perto o desenho mostrado na Figura 7-18, pois é um híbrido de desenho feito por computador e à mão. No entanto, é difícil reconhecê-lo como tal, pois parece totalmente desenhado à mão. Você verá que, em muitas situações de desenho, o computador é rápido para criar os traços básicos de formas e espaços arquitetônicos, como já mostrado aqui, enquanto o desenho à mão é normalmente mais rápido e atraente para a ilustração de pessoas, de móveis, acessórios e detalhes. Para uniformizar a aparência do desenho de computador e o feito à mão, *evitando-se* ter que refazer o traçado criado pelo computador, aplicaram-se primeiro filtros do computador sobre esta parte do desenho para dar a impressão de que as linhas foram desenhadas à mão (7-17), criando assim uma ilustração a traço na qual as partes desenhadas à mão e as criadas pelo computador não podem ser distinguidas uma da outra.

Fig. 7-19 O estudo de valor mostrado no alto é uma redução 5" x 6" (130 x 152 mm) do desenho a traço, feita com fotocopiadora. Veja como a parte principal da cena parece mais clara devido ao primeiro plano escurecido.

Os materiais usados para colorir este esquema quase triádico de matizes são mencionados abaixo. Casualmente aqui todas as cores semineutras são em hidrocor: (1) *French Grey 10%*, (2) *French Grey 20%*, (3) *French Grey 30%*, (4) *French Grey 50%*, (5) *Cool Grey 10%*, (6) *Cool Grey 20%*, (7) *Cool Grey 30%*, (8) *Cool Grey 40%*. Os verdes são (9) pastel seco *Permanent Green Deep 619.9*, (10) lápis *Deco Aqua*, (11) lápis *Celadon Green*. Os roxos azulados e os roxos são (12) pastel seco *Ultramarine Deep 506.9*, (13) lápis *Blue Slate*, (14) *lápis Blue Violet Lake # 27* da Derwent. Os vermelhos são (15) pastel seco *Light Oxide Red 339.9*, (16) lápis *Poppy Red*, (17) lápis *Tuscan Red*, (18) lápis pastel *310*. Os amarelos e vermelhos amarelados são (19) pastel *seco Raw Sienna 234.9*, (20) pastel seco *Gold Ochre 231.8*, (21) lápis pastel *# 690*, e os lápis (22) *Cream*, (23) *Light Peach*, (24) *Jasmine*, (25) *Burnt Ochre*, (26) *Raw Umber* e (27) *Dark Umber*.

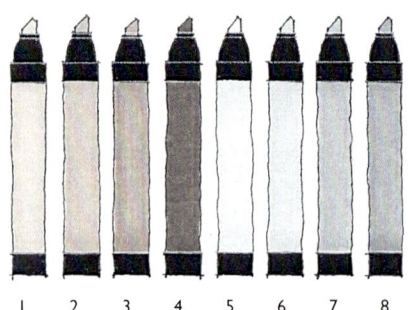

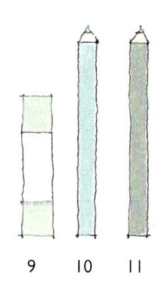

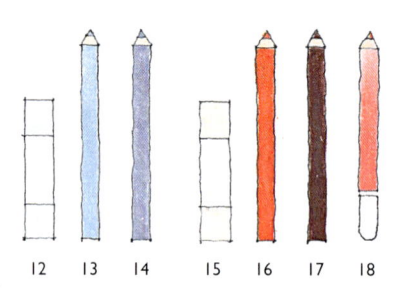

Fig. 7-20 Depois que o desenho a traço foi copiado sobre a cartolina, foram aplicados os valores principais com hidrocores cinza usando-se o estudo de valor como referência. O uso de hidrocor cinza é uma maneira fácil de definir um arranjo de valor, ao mesmo tempo aceitando camadas posteriores de pastel e lápis de cor. Os cinzas frios dão uma boa base para as cores frias, e os cinzas quentes e cinzas franceses dão uma boa base para cores quentes.

Todas as hidrocores em cinza francês (*French Grey 10%, 20%, 30%* e *50%*) mostrados na Figura 7-19 foram usados para definir os matizados de valor na parte inferior do primeiro plano; todas as hidrocores cinza frio mostradas foram usadas na parte superior. No entanto, o contraste diminui propositadamente em direção ao fundo, onde foram usados somente os cinzas 10% e 20%.

Fig. 7-21 Para manter o desenho bem claro, usou-se pastel para colorir os principais elementos e superfícies. Nas áreas menores, o pastel foi passado diretamente sobre a superfície; nas áreas maiores, o pastel foi raspado com estilete *X-acto* sobre o desenho. Isso evita as listras durante a aplicação do pastel. Depois disso, ele foi esfregado com o dedo e por último com lenço de papel.

O pastel *Raw Sienna 234.9* foi passado sobre o piso e o teto. O pastel seco *Gold Ochre 231.8* foi usado sobre o piso em primeiro plano e mesclado com o pastel mais claro no fundo. O lado inferior e iluminado dos arcos perto das colunas foi colorido com uma mistura de pastel seco *Raw Sienna 234.9* e *Light Oxide Red 339.9* para caracterizar a cor da luz incandescente voltada para o teto.

As colunas e os letreiros ao fundo foram coloridos com uma mistura de pastel seco *Permanent Green Deep 619.9* e *Ultramarine Deep 506.9*. Observe o matizado da cor da coluna, criada ao se aplicar pastel seco *Raw Sienna 234.9* nas partes inferiores das colunas.

Depois de aplicado o pastel, pode-se facilmente apagar o excesso de cor usando um apagador elétrico com tira branca macia e um gabarito de apagar.

Fig. 7-22 Aqui foram usados lápis de cor e pastel para trazer à tona a cor dos detalhes de todas as partes do desenho com exceção das pessoas. Nos cantos do teto, foi aplicado lápis *Raw Umber* que foi temperado com lápis *Burnt Ochre*, onde a iluminação desaparece. Os lápis *Blue Slate* e *Blue Violet Lake # 27* da Derwent foram usados para escurecer os cantos onde os arcos se encontram.

Os lápis *Cream* e *Light Peach* foram combinados para colorir as faixas dos letreiros e os assentos dos bancos. Os lápis *Jasmine* e *Dark Umber* foram usados para criar o desenho ligeiramente hachurado sobre a leve cobertura de lápis *Burnt Ochre* do encosto do banco em primeiro plano, imitando o padrão criado pelo encosto de cana-da-índia. O encosto dos outros bancos mais ao longe foram levemente cobertos com lápis *Burnt Ochre*.

Os lápis *Celadon Green* e *Blue Violet Lake # 27* da Derwent foram usados para colorir o tampo das mesas, o encosto das cadeiras e as pernas. As bordas das mesas e o assento das cadeiras foram coloridos com uma mistura de lápis *Burnt Ochre* e *Jasmine*.

O lápis *Tuscan Red* foi aplicado sobre as flores secas sobre as mesas, as guirlandas e as garrafas de vinho. Os ladrilhos azulados do piso foram coloridos com lápis *Blue Slate* e *Blue Violet Lake # 27* da Derwent, e os ladrilhos escuros, com lápis *Dark Umber*.

Uma mistura de pastel seco *Gold Ochre 231.8* e lápis pastel *# 692* foi passada levemente sobre a maior parte das áreas abertas das lanchonetes, inclusive as pessoas, para criar a impressão de brilho de luz colorida.

Fig. 7-23 A única exceção no uso de hidrocores claras nas partes mais distantes do desenho foi a aplicação de hidrocor *French Grey 50%* sobre a fila de pessoas em frente às lanchonetes. Usou-se este jogo de valores para permitir que as lanchonetes parecessem mais luminosas.

Depois de aplicada a cor sobre diversas partes do desenho, os mesmos lápis de cor foram recombinados e aplicados sobre as pessoas. Primeiro, as hidrocores *French Grey 30%* e *50%*, *Cool Grey 30%* e *Cool Grey 40%* foram usadas aleatoriamente sobre o cabelo e a roupa, seguido dos lápis. Uma exceção são alguns discretos toques de lápis *Poppy Red*.

Misturou-se guache branco com aquarela amarela fosca para criar uma cor fosca para aplicar sobre as letras dos letreiros das lanchonetes com um pincel muito fino. Esta cor procura imitar um acabamento folheado a ouro sobre as letras. Observe que as letras foram aplicadas ligeiramente acima e à direita das letras existentes, resultando no que parece ser uma sombra em alto relevo para cada letra. Alguns toques de guache branco também foram aplicados sobre as luminárias embutidas no teto.

Desenhos sobre papel colorido

Quando se faz um desenho sobre papel branco, deve-se criar a ilusão de iluminação circundando os valores mais claros com valores mais escuros. Os papéis coloridos oferecem a possibilidade de criar, de forma rápida e simples, desenhos coloridos de grande efeito, pois o projetista pode usar tanto os valores claros como os escuros sobre o desenho.

Uma das principais vantagens em trabalhar sobre uma superfície colorida é que a aplicação parcial de cor sobre um desenho a traço, além de ter um impacto bastante forte, muitas vezes evita ter que se aplicar cor sobre o restante do desenho. Isto torna o desenho sobre papel colorido um eficiente instrumento de comunicação do projeto.

Os desenhos de projeto sobre papel colorido também são particularmente eficazes em transmitir conceitos de iluminação. Com eles, é fácil criar iluminação interna, cenas ao entardecer e vistas noturnas.

Papel Canson

O papel Canson pode ser adquirido em uma grande variedade de cores sutis de valores claros, médios ou escuros. Possui uma textura diferente, que dá uma aparência agradável e difusa ao lápis de cor sobre ele aplicado. Isto dá consistência ao desenho e também ajuda a disfarçar eventuais listras criadas pelo lápis.

As Figuras 7-24 a 7-30 mostram um desenho colorido de uma saleta criado sobre papel Canson. A cor do papel escolhida combina com o predomínio de cores quentes análogas dentro do esquema. Estas cores foram realçadas com toques complementares de roxo azulado.

O primeiro plano foi escurecido para realçar a iluminação fornecida pela área envidraçada na parte mais distante do desenho. Observe também que os materiais para colorir foram aplicados apenas sobre dois terços do desenho, ajudando a definir o centro de interesse.

Fig. 7-24 Este desenho a traço foi feito sobre papel manteiga usando-se caneta **Micron 005.**

Fig. 7-25 O desenho a traço foi fotocopiado sobre papel Canson "Sand" e recebeu uma camada de *spray* acrílico **Krylon Crystal Clear.**

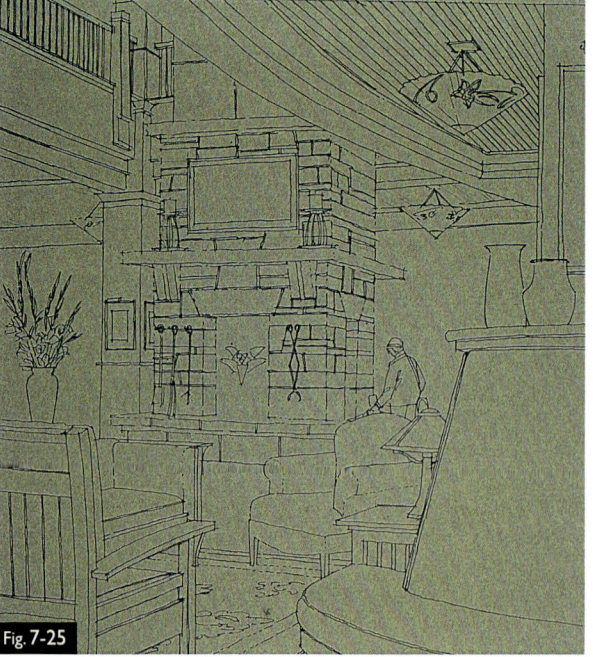

Fig 7-26 Um rápido estudo de valor foi feito primeiro com lápis Prismacolor *Black* sobre uma fotocópia reduzida do desenho a traço original. O primeiro plano foi escurecido, porque fica sob o mezanino em curva e porque esse tratamento realça a área da lareira com a área envidraçada mais adiante. O primeiro plano escurecido também proporciona uma ótima "moldura" através da qual observar a saleta.

Os materiais para colorir usados neste esquema de tons análogos e complementares são os neutros e os semineutros dos lápis (1) *White*, (2) *Black*; das hidrocores (3) *French Grey 30%*, (4) *French Grey 50%*, (5) *French Grey 70%*, (6) *French Grey 90%*, (7) *Black*; os vermelhos, vermelhos amarelados e amarelos dos lápis (8) *Terra Cotta*, (9) *Light Peach*, (10) *Peach*, (11) *Mineral Orange*, (12) *Burnt Ochre*, (13) *Spanish Orange*, (14) *Yellow Ochre*, (15) *Jasmine*; dos lápis pastéis (16) *310*, (17) *680*, (18) *685*; das hidrocores (19) *Eggshell*, (20) *Blush Pink*, (21) *Sienna Brown*; os verdes amarelados dos lápis (22) *Olive Green*, (23) *Dark Green*; da hidrocor (24) *Olive Green*; os tons complementares roxos-azulados dos lápis (25) *Blue Slate*, (26) *Light Cerulean Blue*, (27) *Indigo Blue* e da hidrocor (28) *Peacock Blue*.

Fig. 7-27 A base em hidrocor semineutra foi passada inicialmente sobre o primeiro plano, usando o estudo de valor como referência. A hidrocor *Black* foi usada ao longo das bordas da banqueta, do vaso e da mesa e sobre as áreas mais escuras da cadeira de braços à esquerda. Foram aplicadas as hidrocores *French Grey 90%, 70%, 50%* e *30%*, cada vez mais claros à medida que se afastam da hidrocor *Black*.

Fig. 7-28 As cores de base da hidrocor foram aplicadas sobre os elementos restantes no centro de interesse do desenho. A hidrocor *Olive Green* foi aplicada sobre a cadeira de braços à direita e sobre o tapete. A hidrocor *Peacock Blue* foi passada sobre o estofamento do sofá à esquerda; a hidrocor *Sienna Brown* foi usada para colorir todo madeiramento, bem como alguns pontos do desenho do tapete.

O teto que forma a face inferior do mezanino em curva foi escurecido em alguns pontos com uma gradação de hidrocores *French Grey 50%, 30%* e *10%* para causar um contraste com o espaço iluminado mais brilhante entre a luminária de teto e o teto em si.

As áreas diretamente abaixo do aparador da lareira, a soleira da lareira e a cornija superior (acima do quadro) foram tratados com matizados de hidrocores *French Grey 50%, 30%* e *10%*. O arenito foi colorido com hidrocores *Eggshell* e *Blush Pink*. Observe como o papel colorido atenua a cor das hidrocores. Foram feitos matizados com hidrocores *French Grey 90%, 70%* e *50%* no interior da lareira para criar um contraste adequado e deixar as chamas mais luminosas.

Os contrastes de valor ao longo foram deliberadamente feitos mais fracos que aqueles em primeiro plano no desenho.

Fig. 7-29 Foram acrescentados detalhes com lápis de cor sobre os elementos em primeiro plano. Um desenho em ziguezague foi feito com lápis *Dark Green* sobre a poltrona verde, seguido de lápis *Terra Cotta* para fazer os pontos avermelhados dentro do estampado. Sobre as áreas iluminadas da poltrona foi aplicada uma leve cobertura de lápis *Peach*, sendo um pouco mais forte nas proximidades do abajur. Veja como o lápis *Peach* não só cria os realces, mas também deixa o matiz verde mais apagado. O lápis *Indigo Blue* foi usado sobre as áreas sombreadas. O lápis *Blue Slate* foi acrescentado como um realce de luz natural sobre as bordas da cadeira que ficam voltadas para a área envidraçada acima.

O sofá à esquerda recebeu primeiramente uma leve cobertura com lápis *Olive Green*. Depois, foram acrescentados realces com lápis *Blue Slate*, seguido de lápis *Indigo Blue* para o sombreado. Os realces no estofamento da cadeira de braços à esquerda foram feitos com lápis *Mineral Orange, Yellow Ochre* e *Jasmine*. O tapete recebeu detalhes em lápis *Burnt Ochre, Yellow Ochre* e *Indigo Blue*. Uma leve cobertura matizada de lápis *Peach* e *Spanish Orange* foi passada levemente sobre o tapete para criar o efeito de iluminação vinda do abajur sobre a mesinha.

Já que este abajur deve ser uma réplica de um abajur de **Dirk Van Erp**, ele foi colorido com lápis *Mineral Orange, Spanish Orange* e *Jasmine*. Os lápis *Mineral Orange* e *Jasmine* também foram usados para fazer uma leve cobertura sobre o tampo da mesinha. O banco estofado em primeiro plano à direita foi coberto muito levemente com lápis *Terra Cotta*. Foi feito um suave realce do abajur da mesa sobre o estofamento do banco com lápis *Mineral Orange, Spanish Orange* e *Jasmine*.

O teto em primeiro plano foi rapidamente colorido com lápis pastel *# 680*, seguido de lápis *Yellow Ochre* e *Jasmine*. A pantalha da luminária de teto foi colorida com lápis *Light Peach*, matizando até *Blush Pink* próximo ao topo. Depois que os sombreados foram coloridos com os lápis claros, as formas em silhueta foram escurecidas com caneta **Pilot Razor Point**. Os reflexos no teto foram feitos com lápis *Light Peach*.

O vaso com flores foi colorido com lápis *Blue Slate,* e as folhas, com lápis *Celadon Green* e *Olive Green*. As flores foram coloridas com lápis pastel *# 310* e *# 680* para maior brilho.

Fig. 7-30

Fig. 7-30 Depois de pronta a área em primeiro plano, foi mais fácil decidir a intensidade de iluminação da área da lareira. Primeiro, desenhou-se o fogo na lareira, seguindo os mesmos passos mostrados nas Figuras 4-84 e 4-85. Depois de pronto, desenhou-se o anteparo de ferro batido com lápis *Black* diretamente por cima do fogo.

Por estar prevista uma área envidraçada diretamente acima da lareira, fora da área de visão do desenho, aplicou-se uma leve cobertura de lápis *Light Peach* sobre o topo das saliências de pedra, o aparador e o piso. O mesmo lápis foi usado para aplicar uma leve cobertura sobre a parede frontal da lareira, tomando cuidado para não estender essa cobertura até as sombras feitas com hidrocor e produzidas pelas saliências de pedra. À medida que essas coberturas foram sendo puxadas cada vez mais para cima, em direção à fonte de luz, aumentou-se a pressão sobre o lápis. A saliência mais alta e as pedras acima dela também foram cobertas com lápis *White* para deixá-las ainda mais claras, inclusive cobrindo os detalhes da lareira, como as velas e os utensílios de lareira, permitindo que essas coberturas se mantivessem suaves e consistentes. Também foram acrescentados realces com lápis *Light Peach* sobre o topo de algumas pedras na frente da lareira. Observe também que a parede sombreada no lado direito em cima foi temperada com lápis *Light Cerulean Blue*.

Depois que foram criadas as cores das pedras e os realces, as velas foram coloridas com lápis *Cream* e *White*. Os candelabros de ferro batido e os utensílios da lareira foram refeitos com lápis *Black*. As outras luminárias de teto foram coloridas da mesma forma como a que está em primeiro plano; o teto diretamente acima delas foi realçado com lápis *Jasmine* e *Mineral Orange*.

Por último, foram dados os toques finais. A coluna ao lado da lareira foi tingida com os lápis pastéis *# 680* e *# 685*. Foram feitos brilhos de guache branco sobre a chama das velas e as luminárias. O vaso em primeiro plano, acima do banco estofado, foi realçado com lápis *Light Cerulean Blue* para equilibrar esta composição com um toque azul.

Papel para impressão heliográfica

O *papel para cópia heliográfica* têm uma superfície mais apropriada para a criação de desenhos de projeto. Eles possuem excelente textura e aceitam bem tanto hidrocor como lápis de cor e pastel. Visto que as linhas da reprodução heliográfica são resultado de um processo de subtração, elas não podem ser removidas com facilidade, apesar de o lápis de cor poder ser apagado de uma cópia sem afetar suas linhas. O "fundo", ou o tom, de uma superfície de impressão pode ser de qualquer valor uniforme, desde o branco até o preto, ou um valor matizado, dependendo de como se ajusta o controle de velocidade. Quanto mais rápida a velocidade de impressão, mais escuro será o fundo da cópia resultante.

É importante lembrar que as cópias heliográficas são sensíveis à luz, mesmo depois de o papel ter sido exposto à luz durante o processo de impressão. Com o tempo, o papel vai desbotar se esta cópia ficar exposta à luz. Por isso, depois de prontas as ilustrações, faça uma cópia colorida, uma cópia feita com jato de tinta, ou mesmo uma transparência das ilustrações feitas sobre papel heliográfico.

As máquinas de impressão heliográfica têm menos limitações de tamanho que as fotocopiadoras de escritório e podem tirar cópias desde 8 1/2" x 11" (215 x 279 mm) até 36" x 48" (914 x 1219 mm). Se for usado papel de impressão em rolo, o tamanho da cópia fica limitado à largura de impressão da máquina, podendo ter qualquer comprimento. Entretanto, uma vez que o desenho colorido é feito no menor tamanho possível por questão de eficiência, as cópias heliográficas sobre as quais estes desenhos são executados também deveriam ser pequenos.

As máquinas de impressão heliográfica são relativamente comuns e podem ser encontradas na maioria dos escritórios de *design* profissional. Entretanto, as cores do papel para impressão heliográfica são limitadas. A maioria dos escritórios têm em estoque o papel em preto e azul, e alguns poderão ter também o sépia.

As Figuras 7-31 a 7-39 mostram a criação de um desenho de projeto a cores sobre uma *cópia em preto* com fundo matizado. O desenho a traço e uma folha nova de papel de impressão foram inseridos diagonalmente na co-

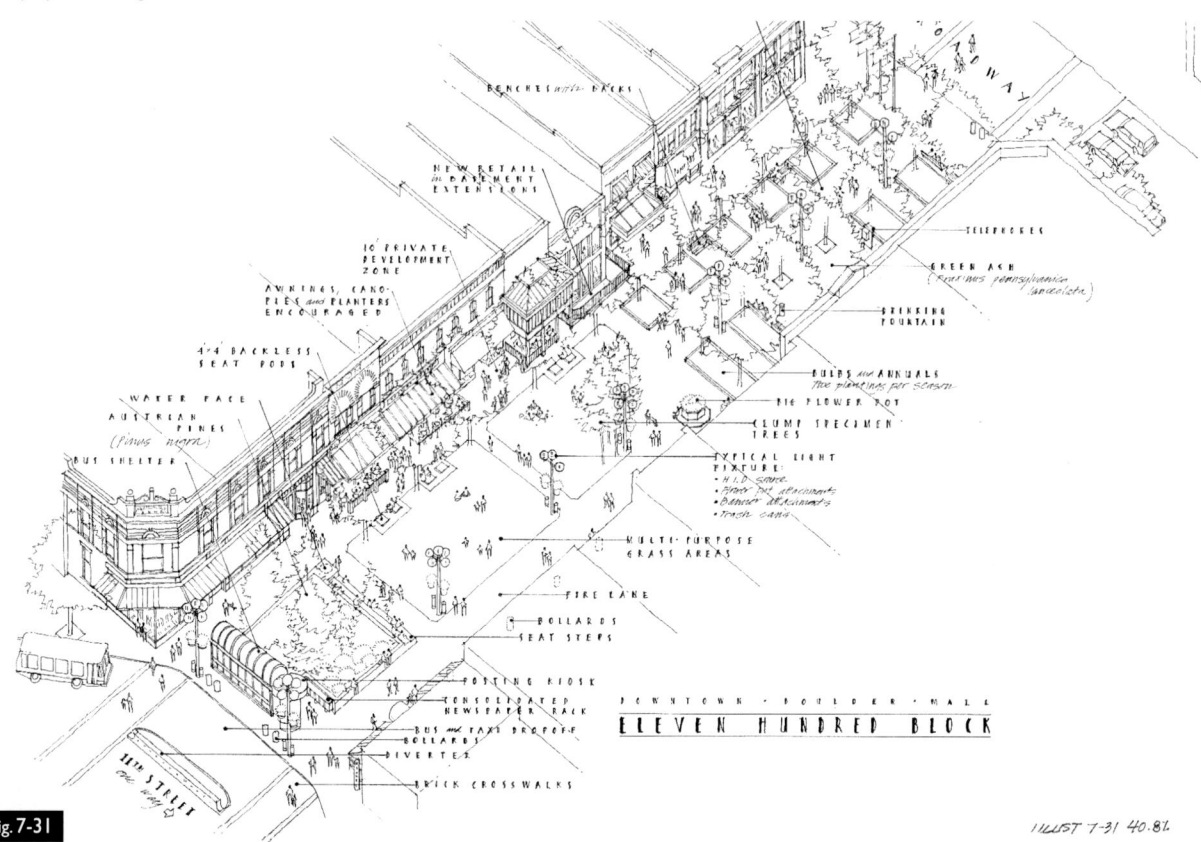

Fig. 7-31 Este desenho em perspectiva paralela foi feito sobre uma folha de papel velino Clearprint 1000H de 11" x 17" (279 x 431 mm) com uma caneta para desenho técnico 4x0. Ele foi feito usando-se uma imagem em perspectiva paralela tirado de uma base de dados computadorizada que continha as proporções aproximadas dos prédios e da rua. As informações restantes foram tiradas de fotos das fachadas dos prédios existentes e de uma planta mostrando outros elementos da rua. Esta informação foi misturada e acrescentada "a olho" nos devidos lugares sobre uma cópia rascunho de uma imagem da base de dados, que depois foi traçada com uma caneta para desenho técnico, criando uma imagem final bastante precisa, mostrada aqui. As observações foram acrescentadas longe das partes relevantes das imagens do projeto.

Se você olhar de perto, verá que a copa das árvores foi apenas delineada, podendo-se visualizar toda a informação do projeto através delas.

piadora heliográfica, com o canto superior esquerdo na frente. À medida que os papéis passavam pela máquina, a velocidade foi gradativamente aumentada até o máximo, produzindo a cópia matizada mostrada na Figura 7-33. Esta gradação em particular cria impacto visual na parte inferior do desenho. Uma cópia mais escura foi usada para fazer a cena noturna da Figura 7-40.

Os papéis e as cópias heliográficas não têm a pretensão de ter qualidades artísticas. Você poderá notar pequenas falhas, como manchas, riscos, marcas de dedos sobre as cópias, mas são insuficientes para desviar a atenção do observador dos objetivos de comunicação do desenho. Na Figura 7-33, por exemplo, você pode notar riscos leves e meio apagados que correm ao longo da direção de impressão. Apesar de visíveis, estes riscos não têm grande importância na ilustração final.

A composição geral de valores desta ilustração, como o estudo de valor mostrado na Figura 7-32, pretende tornar o objeto da ilustração – o projeto da rua – mais luminoso devido aos arredores em valores mais escuros. Observe como este efeito foi reforçado temperando-se os telhados mais escuros com cores frias e passando-se uma leve cobertura sobre a maioria das partes da cena de rua (um esquema de cores análogas em vermelho amarelado, amarelo e verde amarelado) com um matiz amarelo complementar. A aplicação desta cor comum também ajudou a unir visualmente as diversas cores dos elementos na rua: árvores, passeios, grama e fachadas dos prédios.

Vistas deste tipo, quer sejam desenhos em perspectiva paralela ou em perspectiva aérea, são muito úteis para transmitir informações de projeto de paisagismo e desenho urbano em grande escala. Elas são menos abstratas que as plantas baixas e são mais fáceis de serem compreendidas por aqueles menos familiarizados com as convenções das plantas e das elevações.

Fig. 7-32 Neste estudo de valor, o objeto do desenho – mais precisamente a rua e seu contexto – foi cercado por valores mais escuros para fazê-lo parecer mais luminoso e, desta forma, mais forte em sua apresentação.

Os materiais usados nesta ilustração foram: para as cores neutras ou quase neutras foram usados os lápis (1) *White*, (2) *French Grey 10%*, (3) *French Grey 20%*; as hidrocores (4) *Warm Grey # 5 (Warm Grey 50%)*, (5) *Warm Grey # 7 (Warm Grey 70%)*, (6) *Cool Grey # 5 (Cool Grey 50%)*, (7) *Cool Grey # 7 (Cool Grey 70%)*. Os verdes amarelados foram feitos com lápis (8) *Limepeel*, (9) *Olive Green*, (10) *Celadon* (que na verdade é um verde, mas no desenho foi coberto com amarelo); a hidrocor (11) *Limepeel*. Os vermelhos, vermelhos amarelados e amarelos foram criados com lápis (12) *Poppy Red*, (13) *Terra Cotta*, (14) *Peach*, (15) *Light Peach*, (16) *Burnt Ochre*, (17) *Mineral Orange*, (18) *Jasmine*, e os roxos azulados e os roxos, com lápis (19) *Blue Slate*, (20) *Copenhagen Blue*, (21) *Violet*.

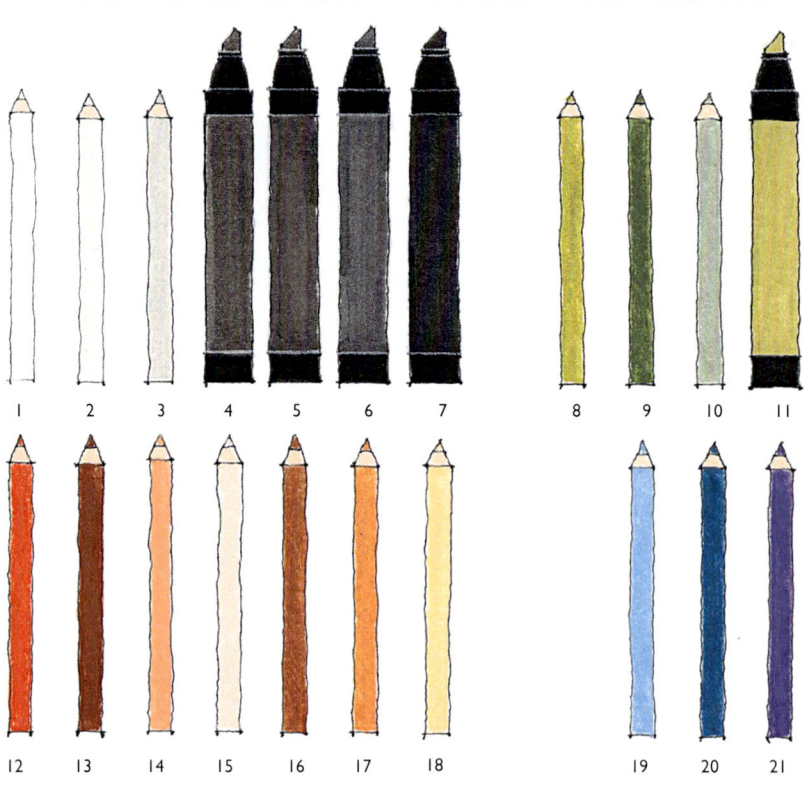

DESENHO A CORES | 293

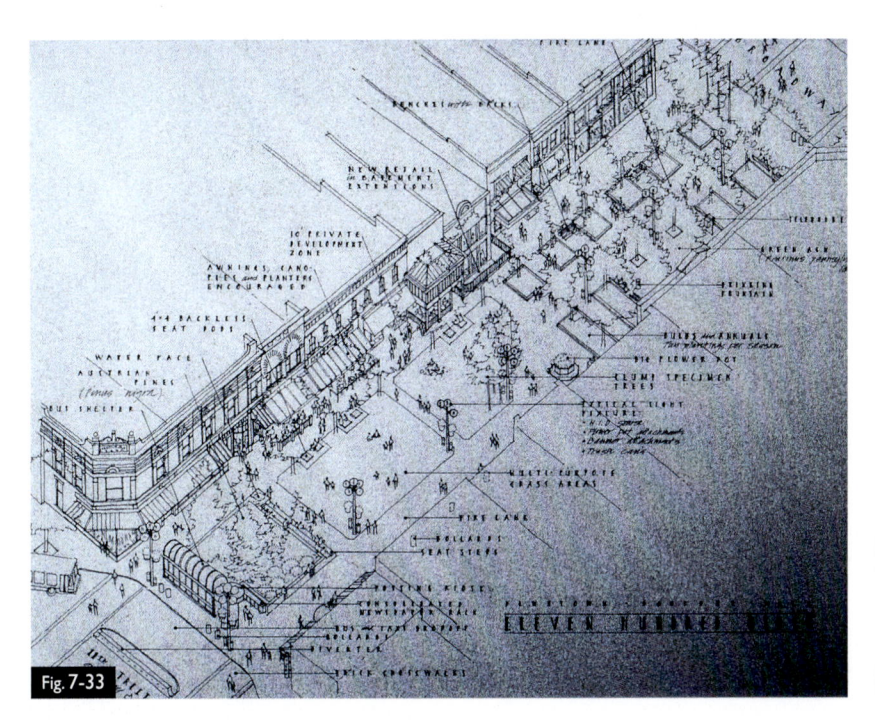

Fig. 7-33 A cópia heliográfica matizada em preto. O desenho original e a folha nova de papel de impressão foram introduzidos juntos e em diagonal na copiadora, com o canto superior esquerdo na frente. Enquanto os papéis iam passando pela máquina, aumentou-se gradativamente a sua velocidade, chegando-se ao máximo no final. Os melhores resultados para obter esse tipo de cópia é por tentativa e erro.

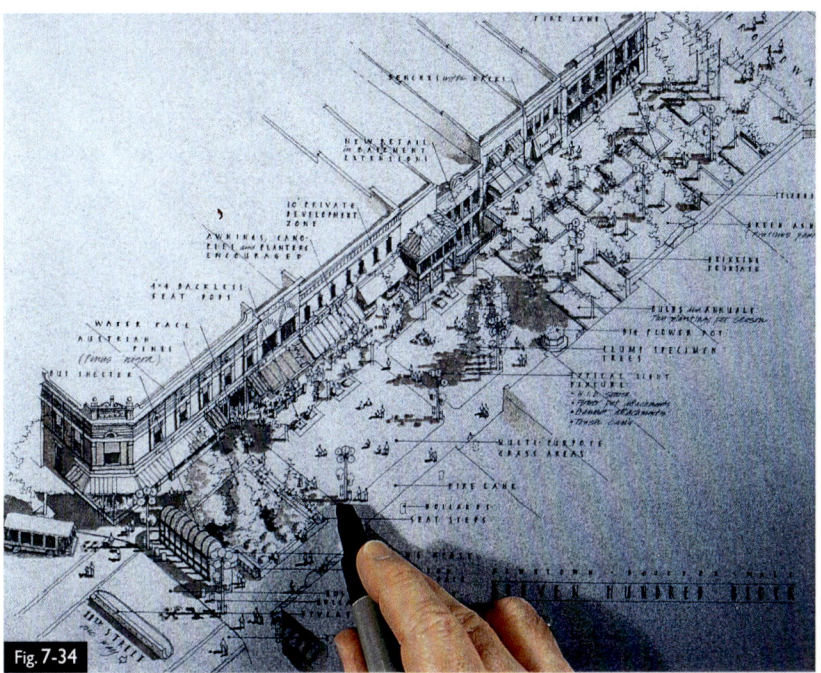

Fig. 7-34 Os sombreados foram aplicados com hidrocores *Warm Grey # 5 (-Warm Grey 50%)* e *Warm Grey # 7 (Warm Grey 70%)*, já que o desenho final deveria ter um tom quente. A hidrocor *Warm Grey # 5 (Warm Grey 50%)* foi usada para as áreas maiores de sombra, e a hidrocor *Warm Grey # 7 (Warm Grey 70%)* foi usada para dar maior vigor às sombras dos elementos menores. Usou-se hidrocor para fazer as sombras de modo que os lápis de cor pudessem ser aplicados com mais facilidade sobre elas.

É importante observar que, apesar de as sombras dos elementos menores (toldos, pessoas, luminárias) aparecerem no desenho, não se mostram as sombras das copas das árvores – principalmente na parte superior do desenho. Elas foram suprimidas para que os elementos menores e as informações detalhadas permanecessem visíveis através da massa de folhas depois que o desenho estivesse pronto.

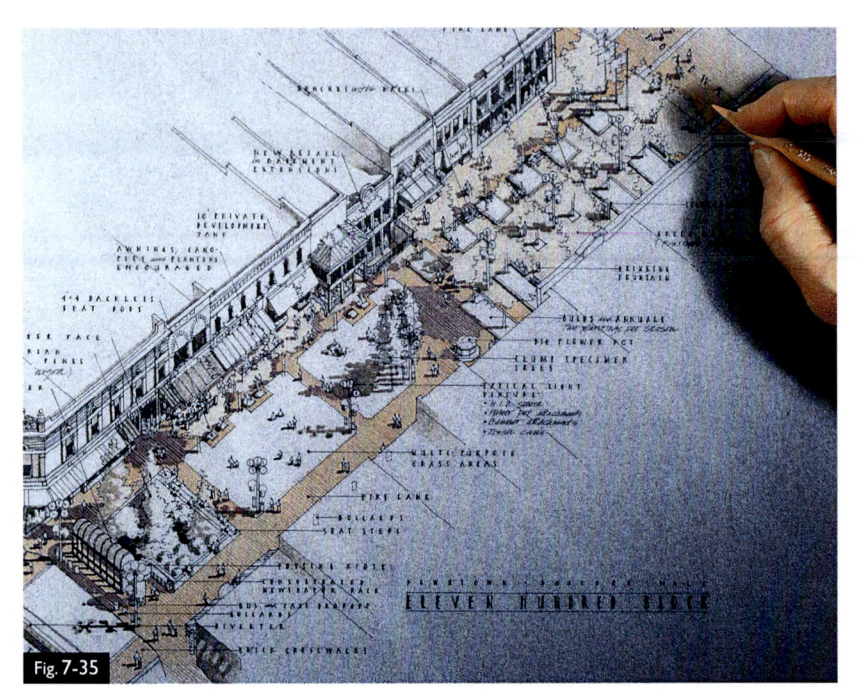

Fig. 7-35 As partes ensolaradas da área de pavimentação em tijolo foram acrescentadas com uma leve cobertura de lápis *Peach*, e as sombras foram cobertas com lápis *Violet* seguido de lápis *Peach*. As áreas em tijolo além da copa das árvores foram levemente temperadas apenas com lápis *Peach*.

A textura de linhas foi acrescentada sobre a parte ensolarada da área de tijolo com lápis *Terra Cotta* e régua. A mesma textura foi trazida para dentro das principais áreas de sombra, com lápis *Light Peach*.

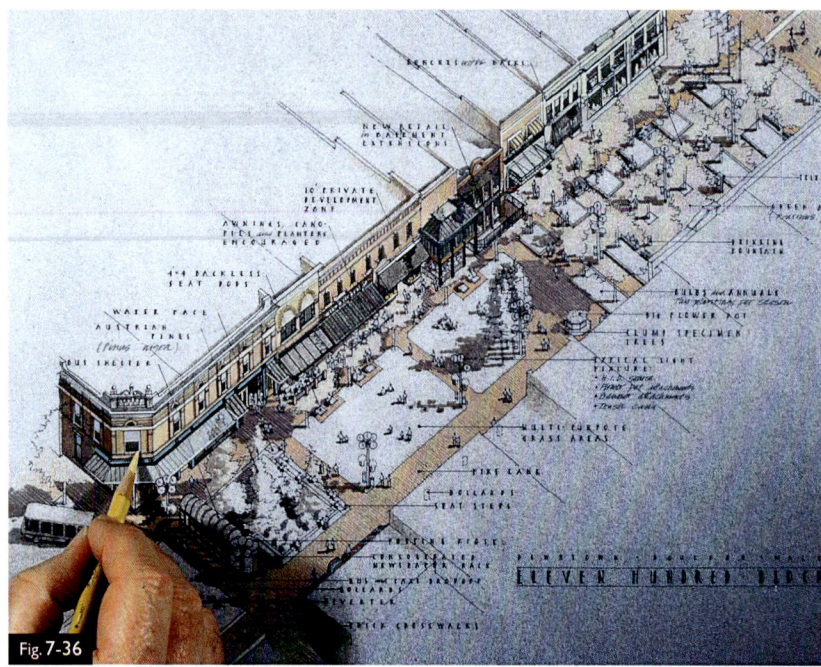

Fig. 7-36 Depois disso, usaram-se as hidrocores *Cool Grey # 5 (Cool Grey 50%)* e *Cool Grey # 7 (Cool Grey 70%)* como valor de base para as janelas das fachadas dos prédios, bem como alguns toldos e telhadinhos. Devido ao seu tamanho reduzido, usou-se lápis para colorir as fachadas dos prédios. Apesar de terem sido dados alguns toques com outras cores, a maior parte do colorido foi feito com os lápis *Peach, Light Peach, Terra Cotta, French Grey 10%, French Grey 20%, White, Burnt Ochre, Mineral Orange, Jasmine, Celadon Green* e *Blue Slate*.

O lápis *Celadon Gren* foi usado para cobrir algumas das janelas maiores e os toldos de vidro, dando ao vidro um leve tom esverdeado antes de desenhar os caixilhos. As canetas **Pilot Razor Point** e **Micron 005** foram usadas para acertar as bordas das janelas e dos toldos e acrescentar os caixilhos sobre diversas janelas.

O lápis *Jasmine* foi usado para cobrir de leve as partes opacas das fachadas dos prédios para dar-lhes uma aparência quente e ensolarada e também para unir as diversas cores.

Fig. 7-37 A cor foi aplicada sobre todos os elementos restantes do plano do chão, com exceção da árvores e das pessoas.

O topo do abrigo de ônibus foi colorido com lápis *White*; o lápis *Jasmine* foi usado para temperar o lado ensolarado e o lápis *Blue Slate,* o lado na sombra. A estrutura em metal preto foi refeita com caneta Pilot Razor Point.

Os globos nos postes de luz foram coloridos com lápis *White*; o lápis *Poppy Red* foi usado para as flores, *Mineral Orange,* para as floreiras e a caneta Pilot Razor Point foi usada nos postes.

Sobre as áreas de grama foi usada hidrocor *Yellow Green (Limepeel)*, seguida de lápis *Olive Green* nas partes mais escuras da gradação de cor, e o lápis *Jasmine* foi usado para as partes mais claras. O lápis *Copenhagen Blue* foi usado sobre as partes mais escuras da grama, seguido de uma cobertura com lápis *Terra Cotta* sobre toda a área gramada para esmaecer um pouco o verde e distribuir as cores que compõe o desenho. O projetista aplicou estes lápis bem de leve e foi incrementando-os gradativamente, usando a lateral das pontas dos lápis. As sombras sobre a grama foram coloridas com lápis *Olive Green*, seguido de lápis *Copenhagen Blue*.

As flores vermelhas nas floreiras da parte superior do desenho foram coloridas com lápis *Poppy Red*. Ele foi passado com bastante força nos pontos onde se podem ver as flores abertamente e, onde a copa das árvores "bloqueia" a vista direta das flores, o lápis foi aplicado com pressão bem menor.

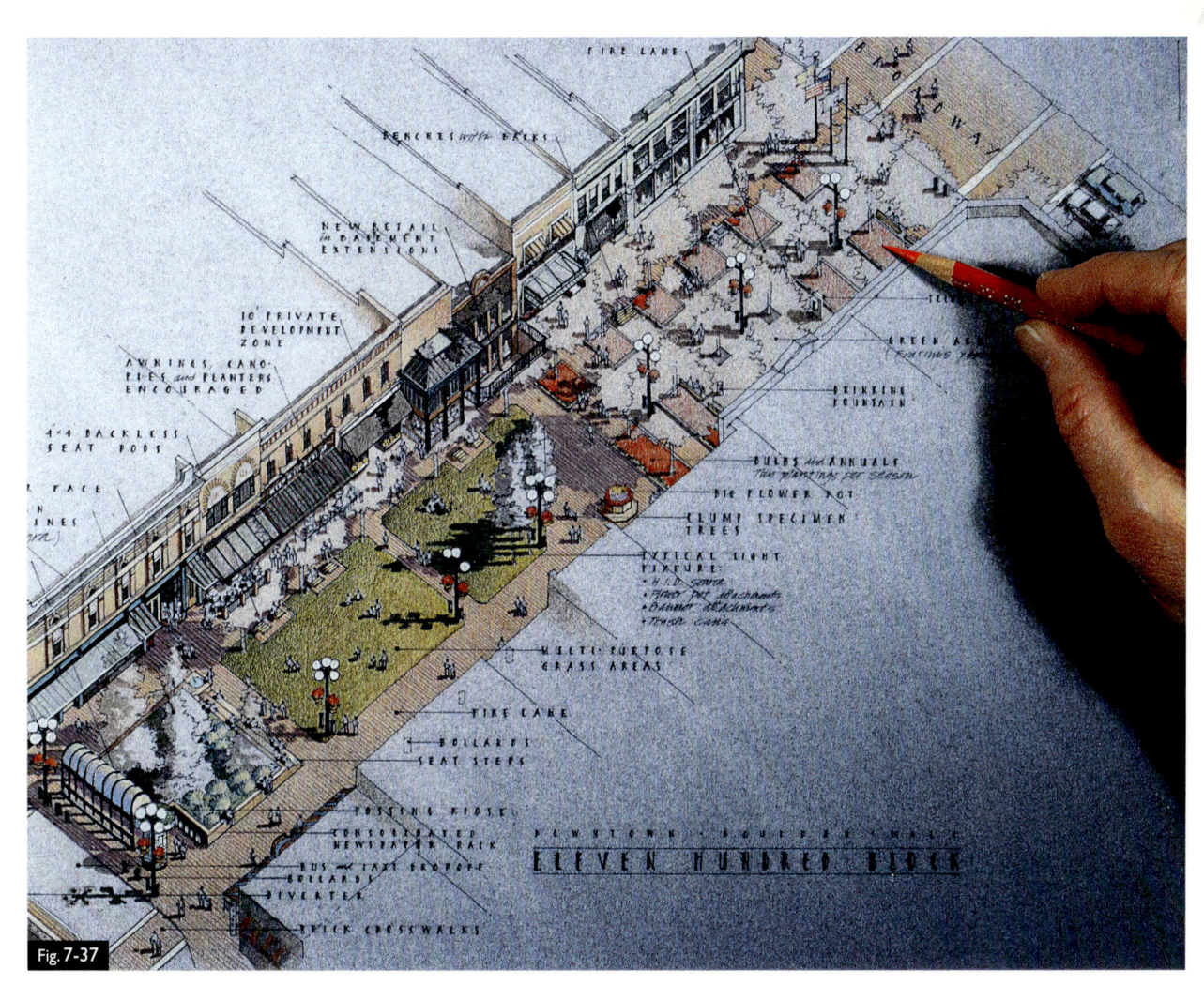

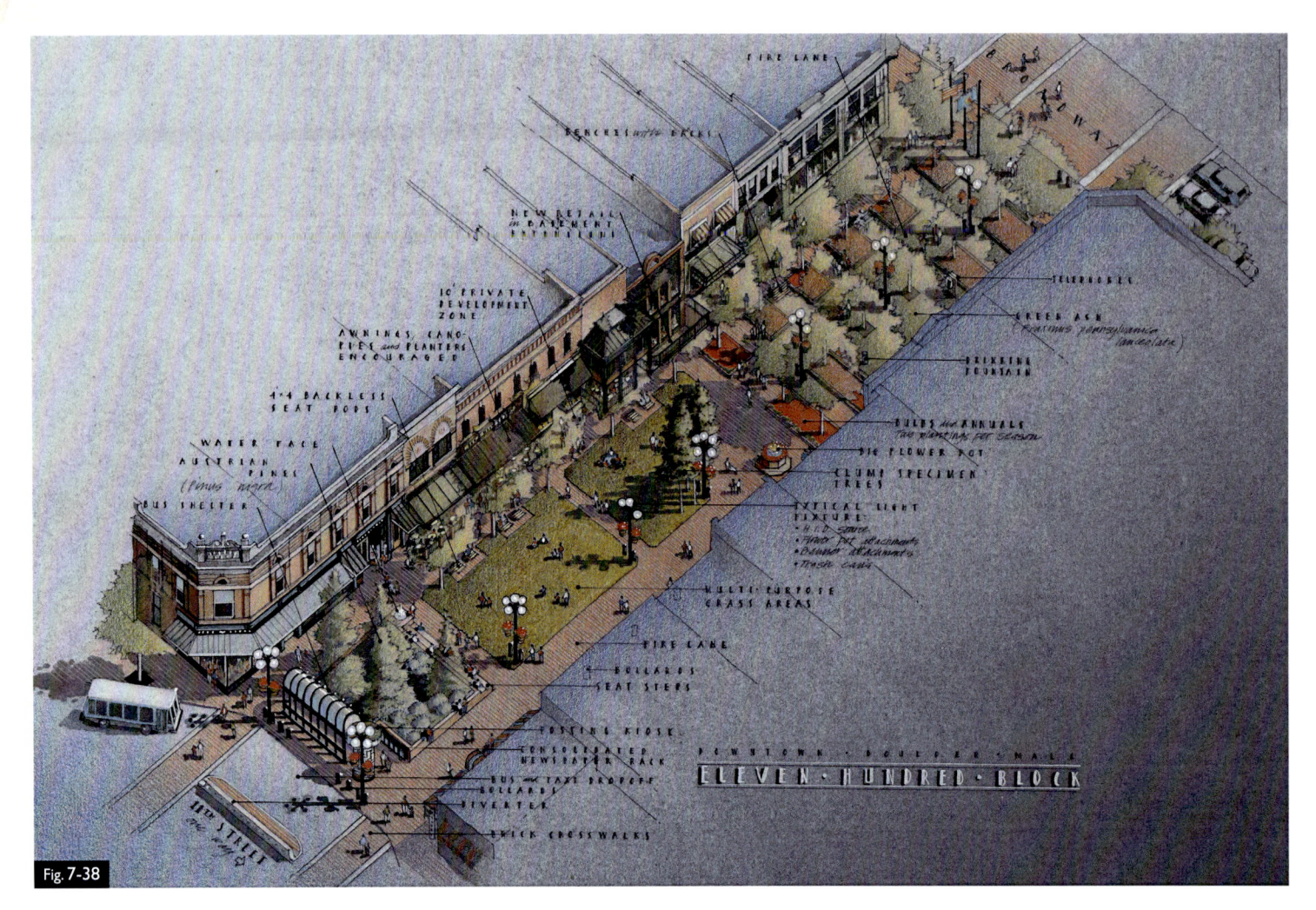

Fig. 7-38 Alguns dos lápis de cor, como *Poppy Red*, *Olive Green*, *Copenhagen Blue*, *White* e *Blue Slate*, que já haviam sido aplicados a outras partes do desenho, também foram usados para colorir as pessoas, tendo sido escolhidos aqueles que criam maior contraste em relação ao fundo imediato das pessoas.

Por último, acrescentou-se cor sobre as copas das árvores. O lápis *Jasmine* foi aplicado sobre as partes ensolaradas das copas, o lápis *Limepeel* no centro e o lápis *Olive Green* nas áreas na sombra. O lápis *Copenhagen Blue* foi usado para temperar o lápis *Olive Green*. O projetista aplicou os lápis com muito cuidado, com toque bem leve, usando as laterais das pontas em movimento circular bem suave. Ele também teve o cuidado de não obscurecer a informação transmitida pelos elementos vistos através das copas das árvores.

Em seguida, foram dados toques de guache branco sobre as luminárias, o abrigo de ônibus, a floreira grande, e alguns letreiros na fachada das lojas para criar brilhos e reflexos. As linhas de localização das informações forma refeitas com a caneta **Pilot Rozor Point**, pois a cor as havia obscurecido um pouco.

Sobre os telhados, passou-se uma cobertura matizada de lápis *Copenhagen Blue* com *Violet*, para aumentar o contraste entre os telhados e as áreas ao sol.

O lápis *White* foi usado para realçar o título do desenho. Aplicou-se branco um pouco para fora e para cima, deixando que as letras pretas sirvam como sombra para realçar o título.

DESENHO A CORES | 297

Fig. 7-39

Fig. 7-39 Uma vista de perto da parte inferior do desenho da Figura 7-38.

Fig. 7-40 Esta cena noturna começou como uma cópia heliográfica matizada, mais clara na parte inferior e mais escura na parte superior. Isso imediatamente fez a cena parecer como se a luz estivesse se refletindo sobre a fachada dos prédios vinda de baixo.

A trepadeira nas paredes é iluminada de baixo para cima e foi colorida com lápis *Jasmine* e *Olive Green*. As janelas inferiores foram temperadas com lápis *Deco Orange,* e as superiores e o fundo atrás das pessoas foi colorido com lápis *Pink* para dar a impressão de luz neon. O reflexo intenso de neon na parte de baixo dos toldos à direita foi feito com uma gradação de pastel seco *Cobalt Blue 512.5* e lápis pastel *# 310* e *# 690*.

A luz neon e os outros tipos de luz foram criados aplicando-se primeiramente um "halo" de pastel em volta (também pode-se usar lápis de cor). Depois, misturou-se guache branco com aquarela opaca (para dar a impressão da iluminação proposta) e aplicou-se com pincel fino sobre as lâmpadas ou letras em neon. Depois que o guache colorido estava seco, aplicou-se guache branco sobre o centro da lâmpada ou da letra neon. Este guache foi levemente diluído com água para fluir mais facilmente do pincel, mas não ao ponto de reduzir sua opacidade. As luzes brancas, o brilho sobre os elementos verticais e sobre a estrutura acima do prédio também foi feito com guache branco.

As pessoas em primeiro plano, sobre a escada rolante e nos terraços, foram escurecidas com hidrocor *Black*.

Papel manteiga*

O papel manteiga branco comum em rolo é provavelmente o tipo de papel mais versátil entre todos aqueles usados na profissão de *design*. Sua translucidez facilita o processo interativo do projeto. Ele aceita bem os materiais para colorir usados neste livro e é capaz de permitir que a cor apareça através do papel, o que representa uma vantagem importante. Pode ser usado como papel branco ou papel colorido de qualquer cor. Pode ser usado para um rápido croqui ou um desenho mais bem acabado, para interiores ou exteriores, para cenas diurnas ou noturnas.

Sua maior vantagem para o desenho a cores é a qualidade de sua translucidez**. A cor aplicada no verso do desenho sobre papel manteiga branco transparece com mais brilho, e bem menos apagada do que com seus similares mais espessos, papel velino e papel sintético *mylar* para desenho. Além disso, a aplicação de cor sobre o verso do desenho é mais rápida e não precisa ser tão cuidadosa como quando se aplica cor sobre o lado direito.

Quando um desenho deste tipo é colocado sobre uma folha de papel cinza ou de cor mais apagada, obtém-se uma versão mais suave da cor, criando uma cor de fundo para o desenho. Além disso, o papel de fundo também pode influenciar as cores de modo sutil, principalmente os valores dos materiais de colorir. Se aplicarmos hidrocor sobre o desenho, sua cor mudará para o tom da cor de fundo, tanto em matiz como em valor, uma vez que a hidrocor é transparente. Os lápis de cor de valor mais escuro vão parecer ligeiramente mais escuros sobre o desenho; as cores mais claras vão parecer mais luminosas devido à sua semi-opacidade e seu contraste com o papel de fundo de valor mais escuro. Em outras palavras, se qualquer cor diferente do branco for colocada por trás de um desenho feito sobre papel manteiga, ele se transforma imediatamente em um desenho sobre papel colorido (veja Figura 3-25). Ao copiarmos este desenho, junto com o papel de fundo, na fotocopiadora colorida ou jato de tinta, obteremos uma imagem sobre papel colorido.

Retrocolor

O processo de aplicar cor no verso de um desenho sobre papel manteiga pode ser chamado de *retrocolor*, um termo ensinado a este autor pelo arquiteto, professor e ilustrador profissional Paul Stevenson Oles, FAIA.

Ao usar a técnica *retrocolor*, podemos separar as complexidades da aplicação de cor em tarefas mais simples e isoladas. As Figuras 7-41 a 7-66 mostram os diversos passos envolvidos no uso de *retrocolor* com quatro tipos diferentes de ilustrações. Em todas as quatro, foram feitos primeiro os arranjos de valor – incluindo sombreados – sobre o lado *direito* do papel, usando lápis Prismacolor *Black*. Os materiais de colorir, em geral lápis de cor (apesar de também se poder usar hidrocor e pastel), são posteriormente aplicados sobre o *verso* do desenho sobre papel manteiga. A cor também pode ser obviamente aplicada no lado direito do desenho, se for preciso.

A técnica *retrocolor* tem uma série de vantagens no desenho colorido. A primeira se refere aos arranjos de valor dos desenhos. Como mencionado anteriormente, o valor é um dos três parâmetros da cor e, no que diz respeito à ilustração, é também o mais importante. Com *retrocolor*, ele também é levado em conta e aplicado separadamente, o que não só simplifica o processo do desenho colorido, mas também aumenta consideravelmente as probabilidades de o desenho ter uma composição de valor mais forte.

Segundo, esta técnica pode dar melhores resultados do que outras. O desenho em *retrocolor* pode iniciar sua vida útil como instrumento de comunicação do projeto em qualquer etapa da criação. Em um escritório de *design* profissional, o projetista deve estar preparado para apresentar suas idéias em qualquer estágio do processo do projeto, e não só ao seu final. Se preciso, um desenho em *retrocolor* pode ser apresentado como um desenho a traço, ou como desenho de fundo colorido, caso seja preciso colocá-lo em uso antes da aplicação da cor em seu verso ou se a decisão sobre as cores e os materiais for adiada.

A terceira vantagem relaciona-se com eficiência, ou seja, a velocidade. Imediatamente depois da aplicação dos valores sobre o lado direito, pode-se rapidamente colorir o verso do desenho, sem interferir na nitidez e definição dos traços feitos sobre o lado direito do mesmo. Além disso, uma aplicação livre feita no verso não é vista desta forma do lado direito, porque os traços nítidos mantêm o aspecto organizado do desenho.

Quarto, a técnica *retrocolor* é complacente. As cores podem ser rapidamente alteradas ou apagadas e mudadas, sem prejudicar o traçado ou o valor aplicado sobre o lado direito do papel.

Quinto, os desenhos coloridos feitos com a técnica *retrocolor* se prestam para cópias dramáticas e de alta qualidade, mesmo antes de se aplicar a cor. Os desenhos a traço em si podem ser reproduzidos por fotocopiadoras de escritório ou copiadoras heliográficas (os desenhos a traço também podem ser ampliados na loja de cópias durante o processo de reprodução por meio de uma fotocopiadora de grande porte, como a Xerox 2080 ou OCE Bruning 9400). Depois que os valores foram aplicados na frente do desenho, mas antes de colorir no verso, podem ser feitas excelentes cópias em preto-e-branco,

---

* N de R. T. "Tracing paper", no original, que poderia ser entendido como papel vegetal. No entanto, optou-se por traduzir por papel manteiga pelo fato de o autor citar como característica a sua baixa espessura, propriedade intrínseca do papel manteiga, já que o papel vegetal é produzido em uma variedade de espessuras.

**N. de R. T. O papel manteiga estrangeiro tem qualidades de translucidez e homogenidade superiores ao do material fabricado no Brasil.

usando-se a função preto-e-branco das fotocopiadoras coloridas ou uma fotocopiadora digital em preto-e-branco. Estas cópias têm uma escala bem maior de cinzas do que aquelas feitas com uma fotocopiadora em preto-e-branco comum de escritório. Depois de *aplicada* a cor no verso do desenho, as fotocopiadoras coloridas ou a jato de tinta farão um excelente trabalho, quer o desenho tenha sido colocado sobre um fundo de papel branco ou colorido. Você verá que a atmosfera e as qualidades dramáticas do desenho podem ser modificadas simplesmente trocando-se a cor do papel de fundo.

Os quatro desenhos em *retrocolor* que serão discutidos nos próximos parágrafos são amostras de tipos de desenhos coloridos muito usados na CommArts.

O pastel rápido. O pastel pode ser um material muito útil para os projetistas. A amplitude das capacidades de colorir do pastel vai desde o mais brilhante até o mais sutil, e talvez a qualidade mais interessante é que ele pode ser aplicado de maneira bem rápida e fácil, o que o torna o material ideal para usar em esboços de idéias (7-41 a 7-47).

Por outro lado, o pastel é, até um certo ponto, mais difícil de controlar, principalmente se comparado com o lápis de cor, quando se quer aplicá-lo nas bordas de um desenho. No entanto, em vez de tentar controlar este material, os projetistas procuram relaxar e aplicar o pastel de forma mais livre do que outros materiais para colorir. O resultado pode ficar menos desordenado do que o desenhista poderia temer inicialmente, porque o conjunto de linhas não-recobertas na face frontal do desenho ordena a aplicação mais concisamente daquela que aparece pelo verso.

Este material também é fácil de misturar especialmente no papel manteiga, muitas vezes dando às cores do desenho um acabamento semelhante ao da aquarela.

Fig. 7-41 As formas básicas deste desenho a traço foram primeiramente criadas por computador como um desenho de arame. Ele foi usado como fundo, sobre o qual foram aplicados móveis, acessórios, pessoas e detalhes do projeto. A combinação foi traçada sobre uma folha de papel velino para desenho de 11" x 17" (279 x 431 mm) com caneta Micron 005 e caneta para desenho técnico 4x0.

DESENHO A CORES

Fig. 7-42 Este desenho a traço foi reduzido para 6" x 8" (152 x 203 mm) para que os estudos de valor pudessem ser feitos rapidamente. O estudo mostrado aqui levou cerca de 20 minutos para ficar pronto e foi feito sobre papel sulfite com lápis Prismacolor *Black*.

Uma vez que a ilustração, para a qual este estudo foi preparada, seria uma mera idéia inicial, decidiu-se que a luz deveria parecer difusa e não luz solar direta. Isto economiza tempo em criar os diversos sombreados. Além disso, como esse ambiente é térreo, optou-se por cores de valor claro. Por ironia, para isso os elementos em primeiro plano tiveram que ser escurecidos e ligados pelo piso escurecido. Assim, o restante do espaço parece mais claro devido ao contraste. Observe também que ainda ocorrem contrastes dentro das principais áreas de valor. Apesar de a parte principal do espaço ser, de um modo geral, de valor bem mais claro, ainda acontecem contrastes, embora menores e mais fracos do que aqueles entre o primeiro plano e o plano intermediário. Foi possível ainda aproveitar os contrastes de valor para fazer as coisas parecerem mais "reais" – as pessoas foram escurecidas em relação ao fundo mais claro, as molduras das janelas foram clareadas ou escurecidas em relação ao fundo contrastante.

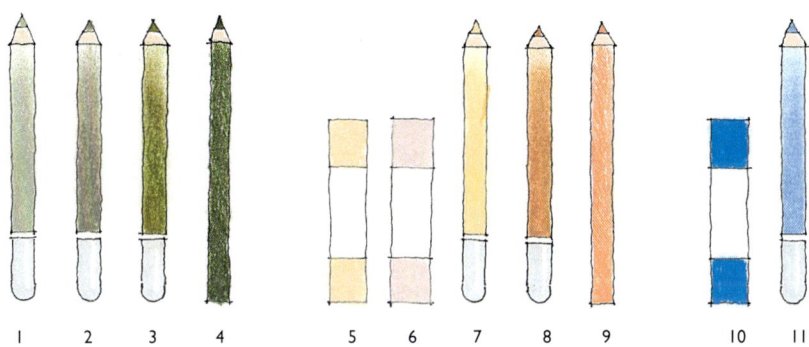

Fig. 7-43 Os pastéis e lápis usados na ilustração. Os arranjos simples de cor da ilustração final é uma relação quente-fria, ou seja, um esquema complementar basicamente entre os matizes amarelos e roxo azulados, com um pouco de verde amarelado e vermelho amarelado. Os verdes amarelados foram feitos com os lápis pastéis (1) # *599*, (2) # *600*, (3) # *575* e lápis de cor (4) *Olive Green*. Os matizes quentes usados foram (5) pastel seco *Raw Sienna 234.9*, (6) pastel seco *Indian Red 347.9*, lápis pastel (7) # *692*, (8) # *680* e lápis (9) *Peach*. Os roxos azulados usados foram (10) pastel seco *Cobalt Blue 512.5* e (11) lápis pastel # *430*.

Fig. 7-44 Este rápido estudo de cor levou cerca de 15 minutos. Colocou-se uma folha de papel manteiga branco sobre o estudo de valor mostrado na Figura 7-42. O pastel foi passado livremente e misturado a fim de fazer experiências com as cores que estão sendo consideradas para a aplicação final.

Fig. 7-45 O desenho a traço foi fotocopiado sobre papel manteiga branco, usando o processo mostrado nas Figuras 7-5 a 7-9. Aplicou-se lápis Prismacolor *Black* na frente do desenho, usando o estudo de valor como referência. Observe os outros contrastes, mais sutis, criados para ajudar nos efeitos de luz, como nos panos da cobertura e fundos do teto escurecidos contra as bordas das janelas e sombras difusas irradiando das prováveis fontes de luz.

Apesar de o primeiro plano ser muito mais escuro que o segundo plano da ilustração, é bom notar que os contrastes de valor, por mais fracos que sejam, *continuam* acontecendo dentro desta parte mais escura do desenho. Isso pode ser mais bem observado sobre o piso, impedindo que ele pareça bidimensional e com um aspecto de diorama.

Fig. 7-46 Os materiais para colorir foram aplicados no verso do papel manteiga, levando cerca de uma hora. Os pastéis devem ser passados com um pouco mais de intensidade no verso do papel manteiga para que pareçam suficientemente densos na frente do desenho.

O pastel foi rapidamente rabiscado sobre o verso, basicamente "dentro dos limites". Depois de aplicado, ele foi levemente esfumado com a ponta do dedo. O resultado que se vê na frente do desenho é parecido com a mistura de cores vista em ilustrações em aquarela. Claro que quanto mais forte a aplicação de lápis preto na frente do desenho, mais forte será preciso aplicar o pastel no verso, para que apareça por trás do lápis – isso explica a forte aplicação de pastel seco *Cobalt Blue 512.5* na área do desenho em primeiro plano. Os erros cometidos durante a aplicação de cor foram rapidamente apagados com apagador elétrico de tira branca macia.

A cor foi aplicada iniciando-se no alto do desenho, trabalhando-se para baixo, a fim de se evitar borrões, ou levantando-se o pastel várias vezes do papel. Os únicos lápis de cor usados foram *Peach* para os tons do rosto e *Olive Green* para os bambus em primeiro plano. O lápis *Olive Green* foi aplicado na frente do desenho, pois o bambu era suficientemente escuro e opaco.

Não se aplicou *spray* fixador depois que o desenho estava pronto, pois ele amortece as cores. No lugar disso, o desenho foi manuseado com muito cuidado. O verso dele foi protegido com uma nova camada de papel manteiga e guardado em uma pasta separada.

Fig. 7-47 A ilustração final mostrada aqui com um papel de fundo branco. Os reflexos em guache branco foram aplicados sobre os elementos na vitrina da loja e sobre a água no lago à esquerda. Para reduzir ao mínimo o manuseio deste desenho em pastel, foi feita uma cópia jato de tinta colorida ampliada para ser usada nas apresentações e uma cópia colorida menor para ser distribuída.

Desenhos híbridos em *retrocolor* Um *retrocolor híbrido* é um desenho em *retrocolor* cujas imagens na frente do desenho foram feitas por computador e à mão. Eles conjugam as vantagens que ambos oferecem ao processo de *design*.

Muitas vezes, pede-se ao projetista no início do processo de *design* para preparar uma mostra prévia de como o projeto ou suas partes serão depois de prontos. Estes desenhos para mostra prévia são em parte idéias de projeto existentes até aquela fase do processo e em parte desejo, ou seja, as idéias da equipe de *design* para o projeto pronto, antes mesmo que o básico já tivesse sido desenhado. Estes desenhos muitas vezes fornecem também uma espécie de meta visual, imagens que podem guiar a equipe de *design* durante o desenvolvimento do projeto.

As ilustrações geradas por computador são normalmente pouco indicadas para essa tarefa. Na maioria dos casos, nas etapas iniciais do projeto existe apenas uma base de dados bastante rudimentar, capaz de criar somente imagens muito simples e pouco refinadas. Exigir mais do que isso da base de dados ainda no início do processo de *design* naturalmente implica em fornecer mais dados ao computador. Por isso, é preciso também tomar uma série de decisões adicionais, muitas vezes até de forma prematura, bem como é preciso procurar e importar mais imagens de suporte, como pessoas, vegetação, materiais de construção, cor, iluminação. Isso é uma tarefa que, muitas vezes, consome bastante tempo, tornando-se, por conseguinte, cara em termos de custos.

Por outro lado, a dupla cérebro e mão do projetista, baseando-se em uma vida inteira de experiências visuais, tem uma ampla capacidade de imaginação de como um determinado ambiente deve parecer, além de criar, a partir de sua imaginação, algumas boas idéias com um mínimo de informações adicionais e com os materiais mais simples de desenho. A parte mais lenta e menos eficiente desta dupla cérebro e mão é "compor" os fundamentos básicos da cena – determinar qual o melhor ângulo, definir a linha de horizonte e os pontos de fuga e criar as formas básicas.

Um *retrocolor* híbrido reúne o que há de melhor no homem e no computador, cada um oferecendo suas habilidades mais adequadas para as fases iniciais do processo de *design*. A informação muito rudimentar do computador disponível no início é muitas vezes indicada para criar rapidamente uma montagem sobre a qual o projetista pode trabalhar à mão. Ele pode então desenhar e executar as partes da ilustração muito mais rapidamente do que se começasse do zero, de uma forma bem mais fluida do que tentar criar esse tipo de ilustração somente com computador.

As Figuras 7-48 a 7-53 ilustram a criação de um estudo destes como um desenho *retrocolor* híbrido, começando com uma imagem colorida feita pelo programa Form-Z.

Fig. 7-48 Esta imagem simples feita pelo **Form-Z** e impressa com impressora laser sobre papel sulfite, foi usada como ponto de partida para o desenho *retrocolor* a seguir. Estas imagens coloridas podem ser impressas um pouco mais rápidas, pois não é preciso usar a função remoção das linhas ocultas, e servem bem como esboço prévio para uma idéia de projeto. (Ilustração: Grady Huff)

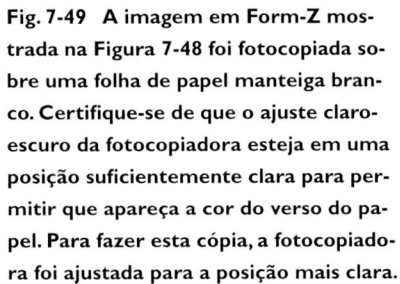

Fig. 7-49 A imagem em **Form-Z** mostrada na Figura 7-48 foi fotocopiada sobre uma folha de papel manteiga branco. Certifique-se de que o ajuste claro-escuro da fotocopiadora esteja em uma posição suficientemente clara para permitir que apareça a cor do verso do papel. Para fazer esta cópia, a fotocopiadora foi ajustada para a posição mais clara.

Depois que o desenho estava pronto, pôde-se explorar a idéia do projeto com mais detalhes. Depois, usou-se uma caneta **Prismacolor** *Black* para acrescentar à mão os elementos em escala, as pessoas, os elementos paisagísticos, detalhes arquitetônicos e os refinamentos diretamente sobre a imagem Form-Z fotocopiada.

Fig. 7-50 O lápis Prismacolor *Black* foi usado para acrescentar sombras e criar o arranjo bem simples de valor ao redor do centro de interesse – a entrada da estação ferroviária e o painel de letreiro acima – com valores mais escuros. Observe como as pessoas, as árvores, o primeiro plano e o céu no canto superior direito foram escurecidos para ajudar a dar nitidez ao desenho.

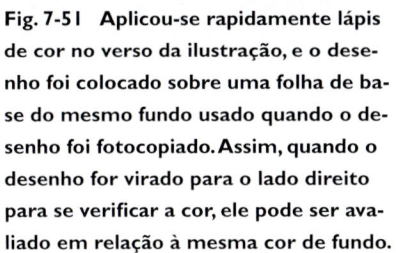

Fig. 7-51 Aplicou-se rapidamente lápis de cor no verso da ilustração, e o desenho foi colocado sobre uma folha de base do mesmo fundo usado quando o desenho foi fotocopiado. Assim, quando o desenho for virado para o lado direito para se verificar a cor, ele pode ser avaliado em relação à mesma cor de fundo.

O céu é um matizado, começando no canto superior esquerdo com lápis *Indigo Blue*, passando pelo *Light Cerulean Blue* e, finalmente, para o lápis *Blue Violet Lake # 27* da Derwent.

O lápis *Celadon Green* foi aplicado nas janelas superiores escuras do prédio. As janelas inferiores foram "iluminadas" com lápis *Jasmine* e *Deco Orange*.

As cores do piso foram feitas com lápis *Terra Cotta* e *Peach*. A cor mais escura do pavimento foi escurecida ainda mais no primeiro plano com lápis *Dark Umber*, e a área iluminada do piso sob a cobertura em arco foi coberta com lápis *White* e *Jasmine*. As flores nas floreiras foram coloridas com lápis *Poppy Red*, e as folhas, com *Olive Green*. As floreiras em si foram coloridas com lápis *Terra Cotta* e o lápis *Peach* foi usado para dar forma às floreiras mais distantes.

A rua e o concreto à vista em primeiro plano foram coloridos com lápis *Blue Violet Lake # 27* e *Light Cerulean Blue* da Derwent.

Fig. 7-52 O lado direito do desenho, depois de aplicadas as cores sobre o verso, mas antes dos toques finais, tendo uma folha de papel branco como fundo.

Fig. 7-53 Para inserir uma imagem no centro do grande painel do letreiro, simplesmente recortou-se uma imagem impressa que foi colada sobre o papel. Outra forma de resolver este problema é escanear uma imagem pronta e importá-la para um programa de computador como o **Adobe Photoshop**. Outra possibilidade é importar uma fotografia para dentro deste programa e adaptá-la ao espaço no painel do letreiro usando o comando "perspectiva" do menu "transformação".

Alguns toques de guache branco foram aplicados por baixo dos três arcos da cobertura, nos elementos gráficos do painel, sobre as letras e as estrelas no céu, usando o pincel fino que aparece sobre o desenho. Misturou-se um pouco de guache branco com aquarela vermelho-amarelada opaca, que foi então aplicada na face inferior do arco de entrada acima da escadaria, sobre as grandes luminárias e no meio das pessoas em frente à escada ao fundo.

Foi aplicada uma pequena quantidade de cor na *frente* do desenho em alguns pontos onde a imagem Form-Z original entrava em conflito com a informação de *design* que foi acrescentada posteriormente com lápis *Black*. Por exemplo, fez-se uma leve cobertura com lápis *Terra Cotta* sobre o arco de entrada acima da escada para fazê-lo parecer um elemento coerente.

O desenho terminado é mostrado aqui com fundo de papel **Canson** azul escuro. (A figura no painel faz parte de uma ilustração criada por **Dave Tweed**.)

Fig. 7-53

Uma vista externa diurna As Figuras 7-54 a 7-60 ilustram a abordagem para a criação de uma vista externa mais bem acabada de um prédio, utilizando a técnica *retrocolor*. As discussões de como foram feitos o desenho a traço e o sombreado, como foi aplicada a cor e desenhado o primeiro plano, são incluídas nas legendas das ilustrações.

O desenho a traço do prédio (7-54) foi feito sobre papel manteiga branco com lápis Prismacolor *Black* e régua. A régua foi usada por dois motivos: primeiro, as linhas devem ser bem finas (adequadas às pequenas dimensões do desenho e dos detalhes dentro dele); segundo, estas linhas são feitas mais rapidamente com a régua, principalmente quando elas têm que ser alinhadas com os pontos de fuga ao longe.

Foi feito um estudo de valor (7-55) que usou o primeiro plano mais escuro e os elementos circundantes como moldura para destacar o prédio. O segundo plano (o próprio prédio) é em valor médio; o plano de fundo tem o valor mais claro, apesar de também escurecer em direção ao topo, completando o efeito de uma "abertura" mais escura através da qual se vê o prédio.

Foi usada uma paleta de cores relativamente grande no desenho, tendo as cores mais claras e mais quentes sido reservadas para o prédio. Apesar de o primeiro plano também receber cores quentes, elas foram escurecidas e "esfriadas" com a aplicação de lápis azul. Muitas das cores desta composição foram definidas pelas cores preexistentes, como aquelas no primeiro plano, ou pela escala de cores disponíveis para os materiais naturais do local, como o arenito mostrado no prédio.

Fig. 7-54 Já que o desenho original foi usado para aplicar a cor, fez-se uma fotocópia do desenho em preto-e-branco (mostrada aqui) para guardar em arquivo e para o caso de o original ser danificado, ou se for preciso fazer mais um desenho a traço. (A mão foi mostrada para fins de escala.)

O desenho original tem 12" x 17 ¹/₂" (304 x 445 mm).

Fig. 7-55 O estudo de valor e os materiais para colorir utilizados aqui são: os neutros ou semineutros: pastel seco (1) *White 100.5*; (2) o lápis *White*; os lápis (3) *French Grey 10%* (4) *French Grey 30%* (5) **Cool Grey 30%** e (6) *Black*; bem como as hidrocores (7) *French Grey 20%*, (8) *French Grey 30%*, (9) *French Grey 50%*, (10) *French Grey 70%*, (11) *French Grey 90%*, (12) *Cool Grey # 3 (Cool Grey 30%)*, (13) *Cool Grey # 5 (Cool Grey 50%)*, (14) *Cool Grey # 7 (Cool Grey 70%)*, (15) *Cool Grey # 9 (Cool Grey 90%)* e (16) *Black*.

As cores frias são: os pastéis secos (17) *Ultramarine Deep 506.9* e (18) *Cobalt Blue 512.5*, bem como os lápis (19) *Blue Slate*, (20) *Copenhagen Blue* e (21) *Blue Violet Lake # 27* da **Derwent**. As cores quentes – os vermelhos, vermelhos amarelados e amarelos – são: (22) *Jasmine*, (23) *Light Peach*, (24) *Peach*, (25) *Yellow Ochre*, (26) *Terra Cotta*, (27) *Burnt Ochre* e (28) *Tuscan Red*, bem como as hidrocores (29) *Redwood (Sienna Brown)*, (30) *Burnt Umber (Dark Umber)* e (31) *Delta Brown (Black)*.

Os verdes e verdes amarelados são: os lápis (32) *Yellow Chartreuse*, (33) *Limepeel*, (34) *Deco Aqua*, (35) *Celadon Green* e (36) *Olive Green*, bem como as hidrocores (37) *Olive (Olive Green)*, (38) *Dark Olive (French Grey 80%)* e (39) *Deep Evergreen (Peacock Blue + Dark Green)*.

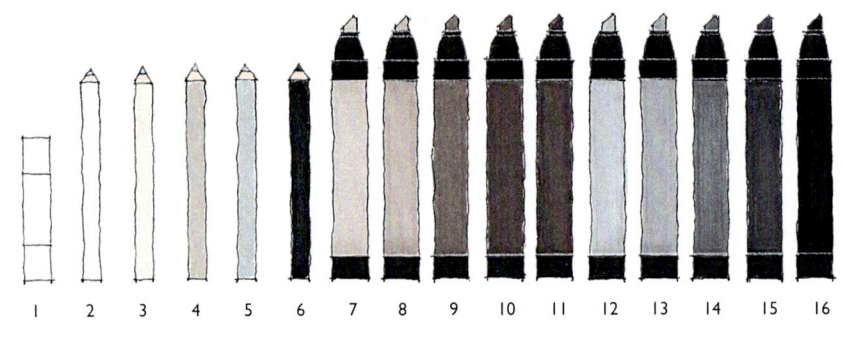

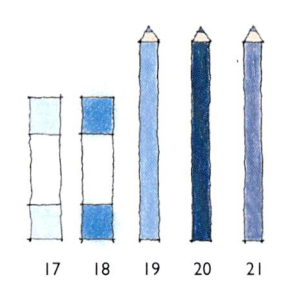

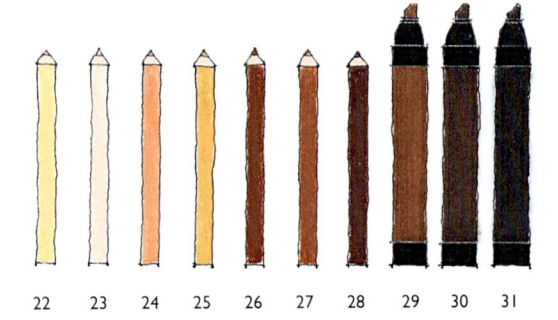

Fig. 7-56 Depois de feito o desenho a traço sobre o papel manteiga, foram feitos os sombreados no lado direito do desenho, com lápis Prismacolor *Black*. Primeiro, os sombreados foram "rascunhados" sobre o desenho com lápis vermelho sobre uma cópia do original, que depois foi colocada por baixo do papel manteiga para ser usado como gabarito para o desenho, mostrado aqui ampliado. Assim, a atenção pôde ficar centrada basicamente sobre a qualidade da aplicação de lápis em vez das questões de leiaute.

Observe que as sombras foram desenhadas mais leves sobre os vidros. Na verdade, as sombras não caem *sobre* o vidro (ao não ser que esteja sujo), mas *através* dele e, por isso, as sombras neste desenho foram desenhadas bem de leve sobre os vidros para evitar confusão e para permitir que as formas do prédio ficassem mais nítidas neste caso em particular. Observe também que as sombras são matizadas mais escuras em direção às suas bordas, "forçando" as áreas ensolaradas a parecer mais claras.

Fig. 7-56

Fig. 7-57 Depois de terminada a aplicação dos sombreados e das sombras no lado direito do desenho, ele foi virado do avesso para iniciar a aplicação de cores no verso. Começou-se a colorir no lado esquerdo (de início, testando a intensidade de pressão da mão sobre o lápis) e avançou para a direita.

A aplicação de cor poderia ter se iniciado em qualquer ponto do desenho, mas é melhor não deixar a mão apoiada sobre o desenho colorido enquanto se trabalha, pois poderá borrá-lo e a cor sair, bem como enrugar o papel por causa da gordura e umidade das mãos. Se tiver que apoiar a mão sobre as áreas coloridas, faça-o sobre uma folha de papel sulfite dobrada e colocada sobre o desenho.

O desenho foi colocado sobre uma folha de papel *kraft* marrom enquanto se aplicava e avaliava as cores, pois este papel já havia sido escolhido como papel de fundo para o desenho no momento de fazer as cópias coloridas finais.

O lápis *French Grey 10%* foi aplicado mais perto das bordas da sombra na parte superior do prédio, depois matizado mais adiante com *French Grey 30%*, ajudando a forçar a sombra com um valor mais claro. As partes mais claras das sombras foram temperadas com lápis *Peach*, matizando até o *Blue Violet Lake # 27* da Derwent que cobre o resto das sombras. Observe como a cor pode ser aplicada de forma irregular (e, portanto, rapidamente) e, ainda assim, obter os resultados sutis e refinados visíveis pelo lado direito do desenho, como se vê na Figura 7-58.

As partes mais claras dos vidros foram coloridos com lápis *Deco Aqua*, que matiza para dentro do lápis *Celadon Green* mais escuro. As partes do vidro na sombra foram temperados com lápis *Jasmine* para sugerir iluminação interna. O projetista usou esse aspecto vítreo para as cores em vez de desenhar reflexos, para ter certeza de que a ilustração final não iria parecer muito agitada.

A pedra de valor mais escuro, bem como a pedra na sombra, foi colorida com uma mescla de lápis *Burnt Ochre* e *Terra Cotta*. A pedra mais clara e ensolarada foi colorida com uma mistura irregular de lápis *Light Peach*, *Peach* e *Yellow Ochre*. Observe como o lápis *Light Peach* é usado para reforçar a sombra.

O projetista levou bastante tempo para acrescentar toques de cor sobre os elementos expostos nas vitrinas da loja. Isso faz com que as vitrinas pareçam interessantes e ao mesmo tempo transparentes; quando não há nada para se ver através de grandes áreas de vidro, elas parecem opacas sem necessidade. Para colorir os toldos logo acima das vitrinas, usou-se uma mescla de lápis *Celadon Green* e *Jasmine*.

Fig. 7-58 Este estágio mostra o colorido final sobre o prédio e o céu.

Antes de passar lápis de cor sobre o telhado, o céu foi colorido rapidamente no verso do desenho com pastel. Usou-se uma mistura de pastel seco *White 100.5* e *Ultramarine Deep 506.9* sobre a parte inferior do céu, logo acima do telhado. Esta mistura foi matizada com o giz pastel *Cobalt Blue 512.5* aplicado na parte mais alta do céu. Uma pequena quantidade de pastel seco *White 100.5* também foi aplicada no lado direito do desenho para criar as nuvens esparsas.

Depois de misturar as cores pastéis, apagou-se a camada superficial da área do telhado, usando um apagador elétrico com tira branca macia. Aplicou-se, então, a cor do telhado com lápis *French Grey 30%*. Também se aplicou lápis *White* sobre a cor do telhado para criar reflexos na área central do torreão.

Sobre as floreiras, aplicou-se uma mistura de lápis *Olive Green*, *Limepeel* e *Yellow Chartreuse*. Para dar um brilho adequado aos capitéis policrômicos em terracota no topo de cada pilastra de pedra, misturou-se guache branco com várias tintas aquarelas opacas e aplicou-se sobre os capitéis na parte frontal do desenho.

Fig. 7-58

Fig. 7-59 Depois de aplicada a cor sobre o prédio no segundo plano, ficou claro o quão escuro deveria ser o primeiro plano a fim de criar um contraste de valor adequado. Devido ao tamanho do desenho, aplicaram-se primeiro hidrocores escuras, em vez de lápis, para criar as cores de base no primeiro plano. Depois de passar hidrocor, o projetista usou lápis de cor, aplicando-o tanto no verso como na frente do desenho.

A hidrocor *Black* foi aplicada no teto apoiado sobre a coluna de tijolo; a hidrocor *Burnt Ochre (Dark Umber)* foi usada sobre os lados mais claros da coluna e das floreiras de tijolo, e a hidrocor *Delta Brown (Black)* foi aplicada sobre os lados mais escuros.

A vegetação baixa foi escurecida com uma mistura de hidrocores *Dark Olive (French Grey 80%)* e *Deep Evergreen (Peacock Blue + Dark Green)*. Observe que a mistura destas hidrocores, apesar de parecer irregular e manchada no verso do papel manteiga, parece bem mais uniforme no lado direito e se parece muito com aquarela. A calçada e as bases das floreiras, em concreto, foram coloridas com hidrocores *French Grey 70%* e *90%*; a grama foi colorida com *Olive (Olive Green)* e matizada para dentro da hidrocor *Dark Olive (French Grey 80%)*. A cor das flores foi feita com as hidrocores *Burnt Umber (Dark Umber)* e *Redwood (Sienna Brown)*.

As pessoas foram coloridas com hidrocores *Black* e *Burnt Umber (Dark Umber)*, e a hidrocor *Redwood (Sienna Brown)* foi usada para colorir a pele, o suéter e a bolsa. A camisa do homem no centro do desenho, bem como o meio-fio atrás dela, foram coloridos com hidrocor *Cool Grey # 5 (Cool Grey 50%)*.

A sombra na rua foi colorida com uma série de hidrocores em cinza frio para criar um matizado. Começando na borda externa, foram aplicados as seguintes hidrocores sobre a sombra: *Cool Grey # 9, # 7, # 5 e # 3 (Cool Grey 90%, 70%, 50% e 30%)*. As mesmas hidrocores também foram usadas para criar o forte contraste entre as duas extremidades do prédio, escurecendo os prédios vizinhos e o fundo. Observe que a área ensolarada da rua foi gradativamente escurecida para a direita com as hidrocores *French Grey 20%, 30%, 50%, 70%* e *90%*.

Para temperar os diversos elementos do primeiro plano, utilizou-se lápis de cor, aplicando a cor sobre o lado direito do desenho. O lápis *Copenhagen Blue*, usado para insinuar a cor refletida do céu, foi aplicado levemente sobre o lado esquerdo inferior da coluna, da floreira e do concreto, em primeiro plano, bem como sobre a sombra do prédio na rua. O lápis *Olive Green* foi usado para temperar os arbustos e a grama. O lápis *Tuscan Red* foi usado para realçar a cor das flores.

DESENHO A CORES | 315

Fig. 7-60 Uma cópia em jato de tinta do desenho pronto. Esta cópia foi feita, colocando-se papel *kraft* marrom como fundo por trás do original sobre papel manteiga.

Antes de fazer a cópia, foram acrescentados alguns toques de guache branco sobre as flores e também na parte superior das vitrinas das lojas e sobre algumas janelas dos escritórios, insinuando o brilho de fontes de luz. O lápis *White* foi passado sobre as calçadas e os cruzamentos da rua e também foi usado para realçar os galhos nus da árvore contra o fundo mais escuro.

Vista ao entardecer A vista ao entardecer transmite a dramaticidade da iluminação, ao mesmo tempo em que as formas externas, os materiais e as cores continuam visíveis. Do ponto de vista de comunicação de projeto, as vistas ao entardecer são normalmente mais interessantes do que cenas noturnas, pois transmitem mais informação.

As Figuras 7-61 a 7-66 mostram a criação de uma vista ao entardecer do mesmo prédio ilustrado na cena diurna anterior. Uma cena ao entardecer tem algumas semelhanças com a criação da vista diurna, apesar de os sombreados, bem como o tratamento dados às janelas, serem diferentes.

Fig. 7-61

Fig. 7-62

Fig. 7-61 O desenho a traço usado para a vista diurna deste prédio foi fotocopiado sobre papel manteiga.

Esta vista aproximada mostra os sombreados sendo feitos com Prismacolor *Black* sobre o lado direito do desenho, semelhante à vista diurna. Você pode ver, porém, que as sombras não têm bordas nítidas, porque as únicas fontes de luz, as vitrinas e o céu, fornecem apenas uma iluminação difusa. As superfícies que estão voltadas para o lado oposto ao céu (ou que estão afastadas dele) e das vitrinas são as mais escuras, como as marquises e o topo das pilastras de pedra. Observe que os valores usados no prédio ainda são suficientemente claros para deixar a cor transparecer do verso do desenho.

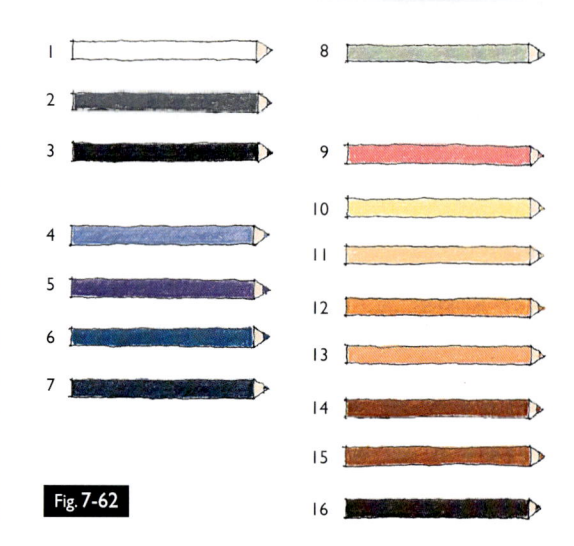

Fig. 7-62 A paleta de lápis de cor usada para criar a cena de entardecer. Os neutros e semineutros são (1) *White*, (2) *Cool Grey 70%*, (3) *Black*. As cores frias são (4) *Blue Violet Lake # 27* da Derwent, (5) *Violet*, (6) *Copenhagen Blue*, (7) *Indigo Blue*. O lápis verde é (8) *Celadon Green*. As cores quentes são (9) *Pink*, (10) *Jasmine*, (11) *Deco Orange*, (12) *Mineral Orange*, (13) *Peach*, (14) *Terra Cotta*, (15) *Burnt Ochre*, (16) *Dark Umber*.

Fig. 7-63 Depois de aplicados os valores no lado direito, foi feita a iluminação das vitrinas e janelas e seus efeitos, sobre o verso do desenho. Os lápis *Deco Orange*, *Jasmine* e *White* foram aplicados como leves coberturas matizadas sobre as janelas, logo acima dos caixilhos menores. Tais matizados alcançam diversas janelas ao mesmo tempo, fazendo com que algumas áreas das janelas sejam mais claras em valor e outras mais escuras. Isto cria um efeito de luz menos uniforme e dá ao prédio uma atmosfera menos institucional e de maior intimidade.

Quanto às vitrinas no primeiro nível, o projetista primeiro coloriu os itens dentro delas com fortes toques de cor, usando diversos lápis de cor. A área sem cor na parte inferior das vitrinas foi colorida com lápis *White* para dar a impressão de luz halógena, muito usada nas vitrinas para iluminá-las de cima para baixo. Este lápis foi matizado para dentro do lápis *Jasmine* mais para cima na vitrina, que, por sua vez, foi matizado para dentro do lápis *Deco Orange*.

As superfícies perpendiculares ao plano da vitrina (marquises, laterais das pilastras, calçadas, etc.), que, pela lógica, deveriam receber luz vinda de dentro das vitrinas, foram coloridas com lápis *Deco Orange* e *Jasmine*. Observe como estas superfícies foram mantidas mais claras em valor quando a frente do desenho foi escurecida em uma etapa anterior.

Este estágio do desenho é mostrado com uma folha de papel azul escuro como fundo, para torná-lo mais visível.

Fig. 7-63

Fig. 7-64 As pilastras e as partes inferiores do prédio revestidas de pedra foram as próximas áreas a receber cor. O lápis *Terra Cotta* foi usado para aplicar cor sobre a barra de base e a barra de coroamento que aparece entre o topo das janelas do primeiro andar e a parte inferior da projeção dos terraços. As partes logo acima da barra de coroamento foram coloridas com lápis *Burnt Ochre*.

Um matizado de lápis *Mineral Orange*, *Burnt Ochre* e *Dark Umber* foi aplicada sobre as pilastras. As bordas iluminadas das colunas foram coloridas com lápis *Peach*.

O lápis *Celadon Green* foi passado sobre os toldos e o telhado em metal. O lápis *Cool Grey 70%* foi aplicado sobre o lápis verde no telhado para mudar a cor para um tom mais frio e aumentar o contraste com o céu ao longe.

As superfícies neutras e semineutras na parte superior do prédio – as colunas, os painéis e as paredes rebocadas – receberam uma leve cobertura com lápis *Blue Violet Lake # 27* da Derwent. Isso mudou a cor cinza embotada para uma cor mais atraente que insinua o reflexo do céu.

Esta etapa do desenho é mostrada aqui com papel branco como fundo.

Fig. 7-64

DESENHO A CORES | 319

Fig. 7-65 Nesta etapa, o lápis de cor foi usado para fazer o céu, apesar que também se poderia ter usado pastel. Os lápis *Indigo Blue*, *Copenhagen Blue*, *Violet*, *Pink* e *Mineral Orange* foram rapidamente aplicados e matizados uns para dentro dos outros, nesta ordem, da esquerda para a direita. A pressão exercida sobre os lápis foi gradativamente reduzida à medida que o céu se torna mais claro no canto inferior direito.

Fig. 7-65

Fig. 7-66 Alguns toques finais foram acrescentados sobre o lado direito do desenho. Os lápis *Poppy Red*, *Yellow Chartreuse*, *Pink*, *Blue Slate* e *White* foram acrescentados para realçar as cores dentro das vitrinas.

Foram feitos alguns toques de guache branco nas partes superiores das vitrinas para insinuar a iluminação dentro delas. O guache branco também foi usado para fazer a lua e as estrelas.

O desenho pronto recebeu como fundo um papel *kraft* marrom por causa da cor quente que proporciona à cena.

Informações adicionais

Os desenhos de projeto a cores tem a função muito maior do que meramente comunicar uma imagem bonita (como se espera). Eles diferem dos desenhos estritamente artísticos por comunicarem informação sobre idéias de projeto, normalmente de locais – prédios, interiores, paisagens, centros urbanos e regiões.

Estes desenhos geralmente agem como "desenhos de trabalho" para as fases iniciais do processo de *design* e, como tal, seu poder de comunicação pode ser significativamente incrementado com níveis adicionais de informação. Um destes níveis são as observações.

Observações

As observações são adequadas quando não bloqueiam nenhuma parte vital da informação gráfica. Elas normalmente funcionam bem quando ocupam um lugar secundário na imagem total. As observações variam de formato, indo desde o tipo mais formal, como na Figura 7-69, até um mais informal, como na Figura 7-38, ou simples anotações descontraídas, como nas Figuras 7-14 e 7-15. Normalmente, quanto mais "finalizado" estiver o desenho ou a apresentação do material gráfico, mais formal será a formatação das observações que o acompanham. As observações bem formatadas e inseridas de modo conscencioso realçam um desenho da mesma forma que letras bem desenhadas e aplicadas podem realçar a arquitetura de um prédio.

O projetista pode tirar proveito das observações para transmitir informação para o público-alvo do desenho. A inserção de observações em um desenho de projeto é uma excelente forma de sintetizar sobre o papel o grande número de idéias e informações diferentes que contribuíram para criar este desenho.

Elas também são muitas vezes acrescentadas para assegurar que certos pontos específicos do projeto sejam evidenciados. Podem até mesmo guiar o projetista durante uma apresentação dos desenhos, principalmente se as observações estiverem numeradas. O público achará as observações úteis quando for revisar as cópias dos desenhos posteriormente, em especial quando já se esqueceram dos detalhes da apresentação.

Observações à mão

Observações feitas à mão combinam bem com desenhos de projeto e você pode usar letra *script*, que é bonita e rápida de fazer, ou outra letra semelhante à *script*, sem precisar recorrer a letras muito "elaboradas" (7-67).

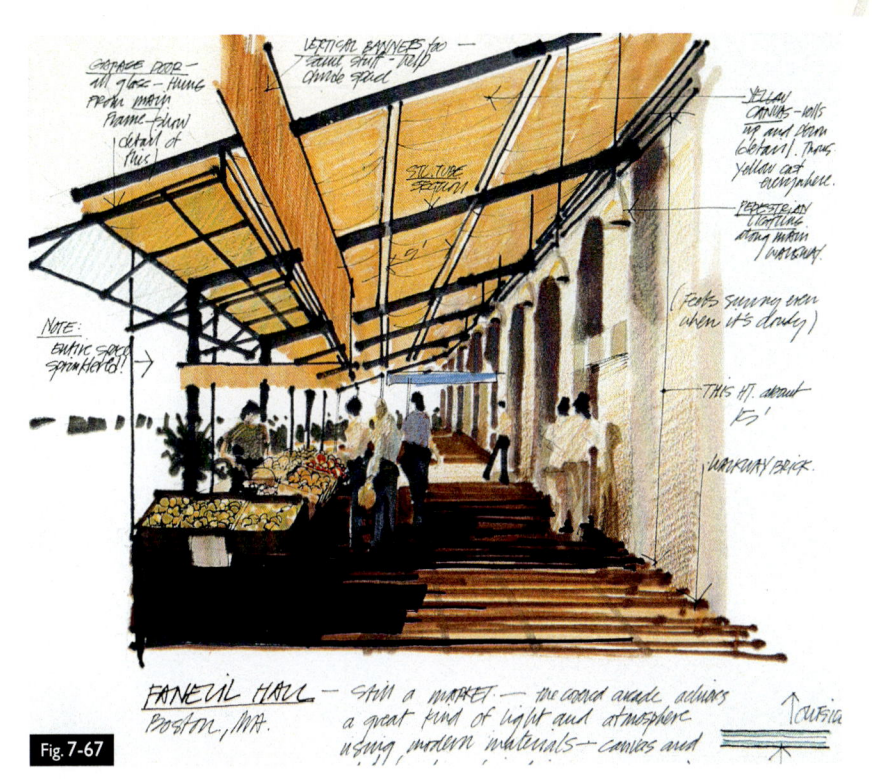

Fig. 7-67 Observações à mão acompanham este esboço. Ao criar um título para cada observação, é mais fácil assimilar a informação de um só relance.

Observações geradas por computador

A inserção de retângulos com observações é uma forma atraente de apresentá-las e ao mesmo tempo assegurar uma boa legibilidade (7-68). Elas são normalmente feitas com computador, impressas com impressora laser sobre uma folha separada, recortadas e coladas diretamente sobre o papel ou sobre uma folha de acetato transparente, antes de fazer a fotocópia colorida. Se forem coladas sobre acetato, o projetista pode facilmente mudar ou reposicionar as observações – ou eliminá-las totalmente, se precisar usar o desenho para outros objetivos, como folha de capa, página de rosto, etc.

A página composta por computador

Os desenhos de projeto a cores também podem receber observações como parte de uma composição maior. Para isso, utiliza-se o programa de composição de página do computador, escaneando a informação gráfica, que é então importada para o programa e composta junto com as observações e os títulos (7-69).

Este sistema apresenta vantagens e desvantagens. Pode resultar em uma apresentação muito bonita e refinada em qualquer tamanho desejado. No entanto, é importante primeiro certificar-se de que se justificam o tempo e o custo gastos neste processo. O projetista pode ser facilmente seduzido a gastar muito mais tempo (e, por conseguinte, dinheiro) compondo este tipo de página, enquanto um desenho com observações anotadas à mão seria mais do que suficiente, principalmente nas etapas iniciais e menos formais do processo de *design*.

Fig. 7-68 Observações feitas em computador acompanham esse estudo de conceito e fornecem um grau de formalidade que ajuda a equilibrar sua informalidade. (Desenho: Doug Stelling)

DESENHO A CORES

1. SINALIZAÇÃO ESCADA ROLANTE SEGUNDO PISO

Transforme a escada rolante em um passeio ou evento especial, deixando-a parecida ao "Angel's Flight", o antigo trem funicular de Los Angeles.

Além dos restaurantes no segundo piso, pode-se colocar um quiosque na área entre o Hollywood Athletic Club e Lucille's, em frente à parede de acesso à garagem. Este quiosque venderia filmes, jornais e revistas, além de produtos com a marca Citywalk e outros artigos temáticos dos diversos pontos comerciais do Citywalk.

Armação acima das escadas rolantes com monitores de vídeo suspensos transmitindo cenas ao vivo ou videoteipes da programação no Wizzard, BB King e Hollywood Athletic Club. Os monitores são embutidos em uma espécie de gabinete com rodinhas e deslizam sobre esta armação.

O nome "Uptown at Citywalk" para o segundo piso define-o como um local voltado para programação adulta. O letreiro na base da escada rolante mostra "Angel's Flight to Uptown", com as marcas dos restaurantes como mensagem secundária neste letreiro.

Painel LED de informações operando no alto dos portais anunciam eventos, sessões especiais, etc. para os restaurantes no segundo piso.

Portal em terracota ou material semelhante no nível da praça, imitando o projeto do portal original do Angel's Flight. O novo portal deve ficar em destaque, com luzes piscantes e neon. No alto da escada rolante, pode-se colocar um portal semelhante.

UNIVERSAL CITYWALK

OBSERVAÇÕES E RECOMENDAÇÕES
Communication Arts, Inc.
26 de janeiro de 1995.

Fig. 7-69

Fig. 7-69 Esta página foi composta com Adobe Pagemaker, com o qual também inseriu-se as observações. (Desenho: Henry Beer)

Fotografias

Com o surgimento de fotocopiadoras preto-e-branco e coloridas com excelente padrão de reprodução a baixo custo, os projetistas podem transmitir suas idéias de projeto sob novos formatos, mais fáceis de criar.

Eles podem ser acompanhados de fotos que exibem condições existentes em projetos de reforma, bem como de fotocópias coloridas de livros e revistas que transmitem uma atmosfera semelhante àquela pretendida para um projeto. Esta abordagem pode ajudar o projetista em seu contato com o cliente confirmando a direção que se deve dar ao projeto sem investir muito tempo desenhando idéias que possam vir a ser rejeitadas.

As fotos também podem ser coladas sobre os desenhos de projeto sempre que isso aumentar sua capacidade de comunicação, para introduzir o nível desejado de qualidade, que, de outro modo, seria difícil de obter à mão, a fim de economizar uma quantidade significativa de tempo (7-70). Os painéis e letras são muitas vezes acrescentados aos desenhos por meio de fotocópias coloridas recortadas e coladas no local desejado, como na Figura 7-53, ou por computador, sendo o desenho e a imagem de letreiros escaneados e montados no desenho (7-71). Qualquer um desses sistemas é preferível a fazer tudo à mão, pois isso consome muito tempo e não é eficiente.

Fig. 7-70 Um esboço inicial que utiliza imagens fotocopiadas. Estas imagens são simplesmente coladas sobre a superfície do papel sulfite do esboço. (Desenho: Max Steele)

DESENHO A CORES | 325

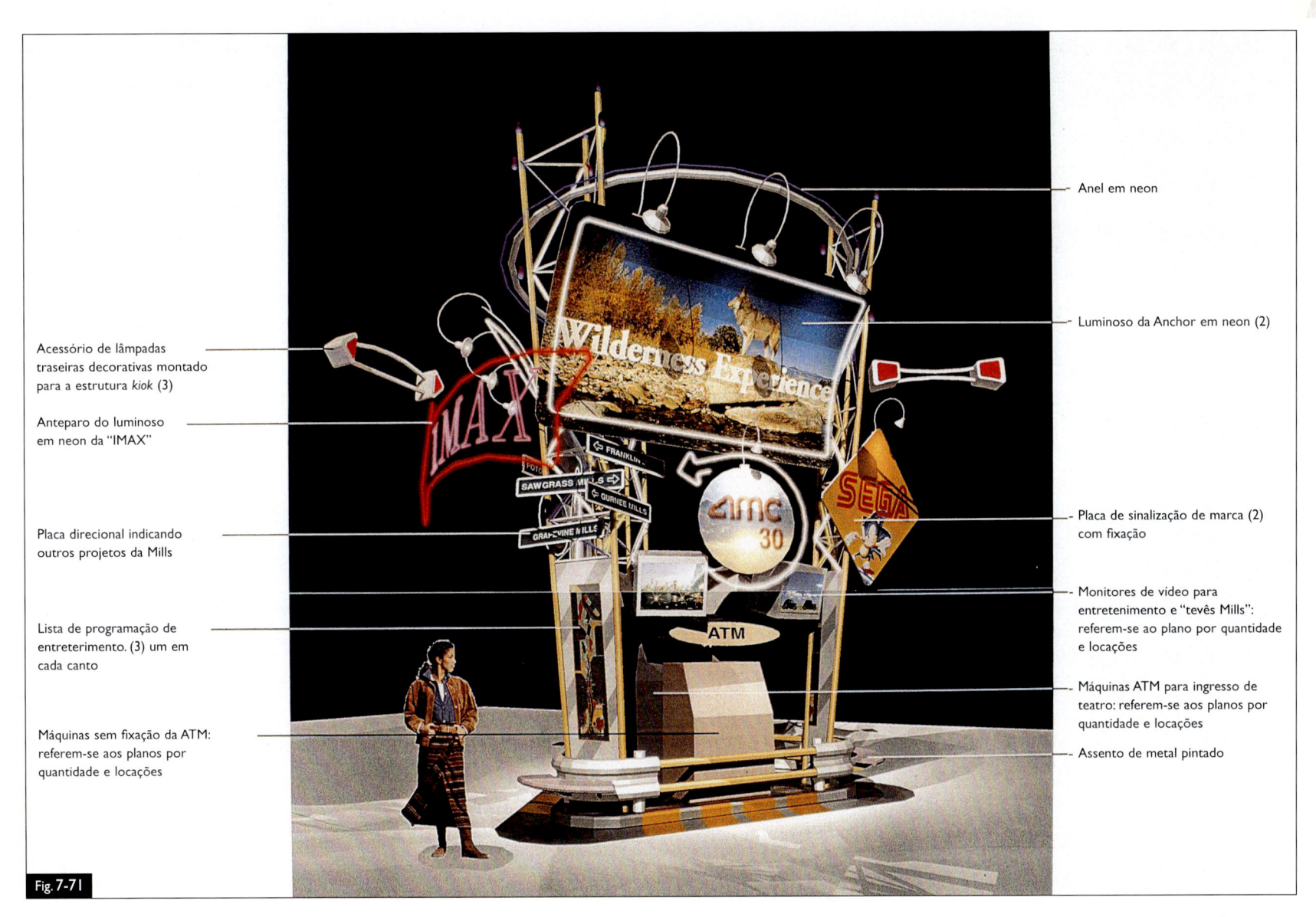

Anel em neon

Acessório de lâmpadas traseiras decorativas montado para a estrutura *kiok* (3)

Anteparo do luminoso em neon da "IMAX"

Luminoso da Anchor em neon (2)

Placa direcional indicando outros projetos da Mills

Placa de sinalização de marca (2) com fixação

Lista de programação de entretenimento. (3) um em cada canto

Monitores de vídeo para entretenimento e "tevês Mills": referem-se ao plano por quantidade e locações

Máquinas ATM para ingresso de teatro: referem-se aos planos por quantidade e locações

Máquinas sem fixação da ATM: referem-se aos planos por quantidade e locações

Assento de metal pintado

Fig. 7-71

Fig. 7-71 Este estudo de quiosque de informações foi totalmente feito por computador, mas os letreiros e as letras foram acrescentados importando-se as imagens das ilustrações e letreiros para um programa separado, do mesmo modo como estas imagens seriam acrescentadas a uma imagem feita à mão.

Esta ilustração em particular foi formatada pelo programa Point Line (da Point Line USA, Inc.), depois foi importada para o programa Studio Pro (da Strata, Inc.) para execução. Os letreiros, a cor e a iluminação foram acrescentados depois que a imagem foi importada para o Adobe Photoshop, e as luzes neon e a figura humana foram feitas com Adobe Illustrator. (Ilustração: Taku Shimizu)

Modificações e correções

Os desenhos a cores nas fases iniciais do processo de *design* são um trabalho bastante demorado. As idéias que os desenhos transmitem certamente vão evoluir e mudar ao longo do processo de criação, exigindo, obviamente, atualizações dos desenhos em si. Os desenhos são muitas vezes criados rapidamente, em um ambiente dinâmico e efervescente como o do estúdio de *design*. É natural que aconteçam erros. O processo de criação de *design* também é necessariamente repetitivo, devido a estas condições gerais. Muitas vezes, você terá vontade de fazer novos desenhos para incorporar novas idéias ou corrigir alguns erros. No entanto, há diversas maneiras de corrigir ou modificar os desenhos já existentes, ou fotocópias coloridas dos mesmos, sem ter que fazer tudo de novo.

A maior parte dos materiais para colorir, papéis e técnicas mostradas nesta obra são bastante complacentes e pequenas modificações ou correções podem ser feitas simplesmente apagando-se o traçado e a cor, normalmente com apagador elétrico e gabarito de apagar, e depois redesenhando onde preciso. Dada natureza e a vida útil destes desenhos, é bom não perder de vista o fato de que estas correções não precisam ser perfeitas, apenas suficientemente boas para permitir ao desenho manter sua uniformidade visual.

Raramente será preciso modificar ou corrigir grandes áreas de uma ilustração. Estas partes podem ser grandes demais para serem apagadas com precisão, mas muito pequenas para obrigar o projetista a redesenhar toda a ilustração. Nestes casos, costumamos aqui na CommArts usar três abordagens diferentes, e estas técnicas podem ser combinadas ou modificadas da maneira mais adequada para cada situação. O objetivo é fazer uma modificação ou correção eficaz com o menor esforço e no menor tempo possíveis.

O remendo

Um *remendo* é uma modificação de uma área de um desenho e que, depois de aplicado, funde-se com o resto da imagem. Os remendos são eficientes em desenhos feitos ou reproduzidos sobre papel *opaco*, como sulfite, Bristol, cópias heliográficas, fotocópias coloridas e cópias em jato de tinta (7-72 a 7-78).

Fig. 7-72 Esta é uma ampliação em jato de tinta de um desenho *retrocolor*, feita com uma folha de papel *kraft* marrom de fundo.

Apesar de o cliente haver gostado do projeto deste prédio, ele queria diminuir o tamanho da cobertura de vidro e substituir as flores por palmeirinhas nas floreiras grandes.

A área a ser remendada será, obviamente, um pouco maior que a área modificada, de modo que as linhas nas bordas do remendo possam casar com as linhas na ilustração já existente. A cor do remendo, principalmente nas bordas, deve combinar o mais possível com a da ilustração.

Sempre é bom fazer uma cópia extra de seu desenho a traço, seja fotocópia ou cópia heliográfica, no mesmo papel sobre o qual você pretende inicialmente criar o desenho colorido. Além disso, se você for desenhar sobre papel heliográfico e existe a possibilidade de ter que fazer modificações no projeto, talvez seja bom fazer uma cópia *em branco,* com a fotocopiadora ajustada na mesma velocidade que no início. Assim, você terá uma quantidade razoável de papel em branco, na mesma cor e valor que o original, para usar para fazer remendos.

Quando tiver que fazer alguma modificação, coloque o desenho a traço original por baixo da folha sobre a qual você vai traçar a alteração. Se necessário, use uma mesa de luz para facilitar o traçado.

Normalmente, é mais fácil colorir o remendo *antes* de cortá-lo e aplicá-lo sobre o desenho. Assim, você poderá colorir mais livremente, sem ter que cuidar muito com as bordas do remendo. Isso também cria um remendo mais uniforme.

Fig. 7-73 Colocou-se papel manteiga branco sobre o *desenho original*, e as imagens modificadas foram traçadas com os mesmos materiais de desenho.

Fig. 7-74 As imagens modificadas são mostradas aqui, com um papel branco forrando o papel manteiga. Observe como as linhas de recorte já foram incluídas na imagem e que elas, sempre que possível, acompanham as linhas do desenho. Recortes ao longo de linhas existentes ajudam a disfarçar as bordas do remendo.

Fig. 7-75 As imagens modificadas são mostradas aqui depois que os lápis de cor foram passados no verso da folha. Observe como a cor *ultrapassa* as linhas de recorte.

Fig. 7-76 A folha remendada foi ampliada com copiadora jato de tinta para ficar no mesmo tamanho da cópia jato de tinta "original" mostrada na Figura 7-72. Esta folha é bem menor e, assim, mais barata do que a cópia mostrada na Figura 7-72.

DESENHO A CORES | 329

Fig. 7-77 Os remendos foram recortados e receberam uma camada de cola em *spray* no verso, sendo depois colados diretamente sobre a cópia em jato de tinta "original".

Fig. 7-78 A imagem modificada pronta.

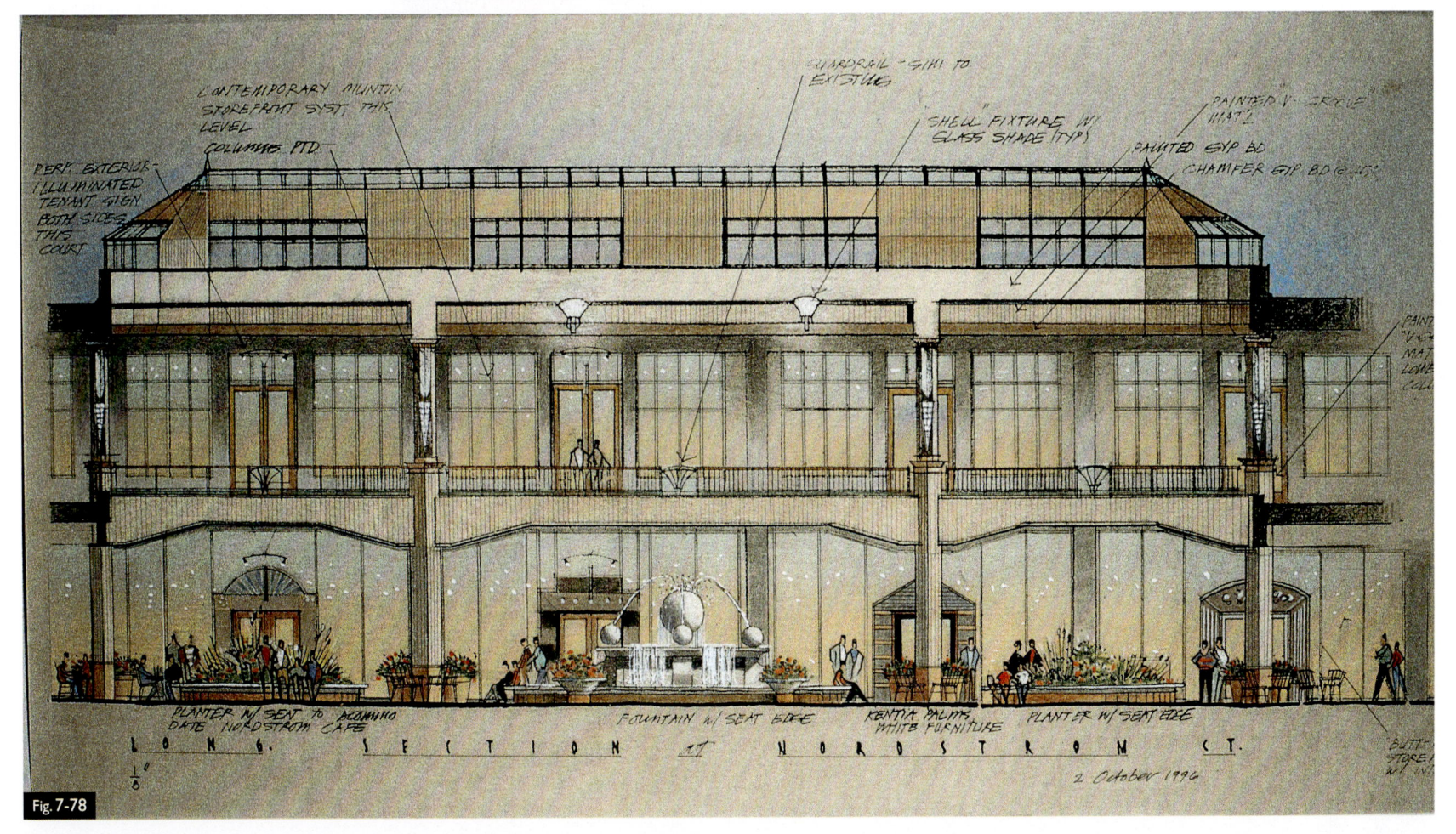

A emenda

Existem situações em que um remendo não é indicado para modificar ou corrigir um desenho colorido. Na maioria das vezes, estas situações surgem quando se trabalha com papel *translúcido* ao invés de opaco, pois um remendo sobre uma superfície translúcida resulta em áreas de maior densidade quando o desenho é reproduzido. Os desenhos a traço feitos sobre papel velino (a serem transformados em cópia heliográfica), e os desenhos em *retrocolor* sobre papel manteiga branco são dois tipos de desenhos usados com freqüência que deveriam ser emendados em vez de remendados.

As emendas diferem dos remendos pelo fato de que eles são colados *sobre* o original ou a cópia do desenho, enquanto a emenda significa unir com precisão a parte modificada do desenho com a parte original, sem sobreposições, e fixá-las com tira transparente branca "fosca" no verso (7-79 a 7-83).

Fig. 7-79 A imagem existente era um desenho *retrocolor* sobre papel manteiga branco.

DESENHO A CORES | 331

Fig. 7-80

Fig. 7-81

Fig. 7-80 A modificação foi desenhada sobre nova folha de papel manteiga, colocada sobre o desenho original. Observe que foi desenhada uma moldura bem leve e a lápis para a emenda, de modo que o projetista saiba até onde desenhar e onde recortar.

Fig. 7-81 O desenho original e a modificação foram fixados um ao outro com tira acima da superfície de desenho. Um estilete X-acto e régua de metal foram usados para cortar ao longo do limite da emenda. O recorte foi cuidadosamente feito através das folhas da modificação e do original.

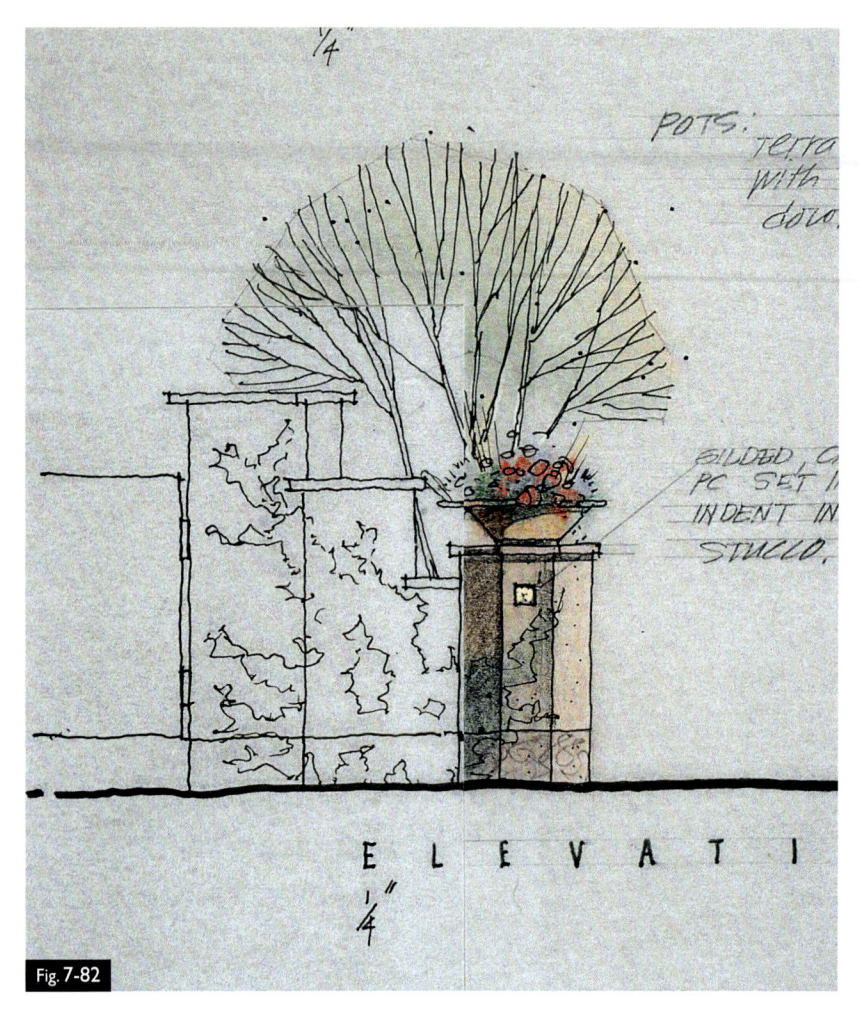

Fig. 7-82 A parte não-desejada do original foi removida e substituída pela parte modificada. As bordas da parte modificada e as partes restantes do original combinam perfeitamente. Aplicou-se a tira opaca sobre o verso, unindo as duas partes. É preciso cuidar para que a tira seja contínua ao longo da emenda.

Fig. 7-83 A modificação pronta. Aplicaram-se pastel e lápis de cor sobre o verso da modificação, inclusive sobre a tira opaca, combinando as cores com a parte original do desenho. Apesar de a tira fosca ter um acabamento diferente do que o papel manteiga, ela tem textura suficiente para aceitar cor e permitir uma combinação perfeita de cor com a parte original do desenho.

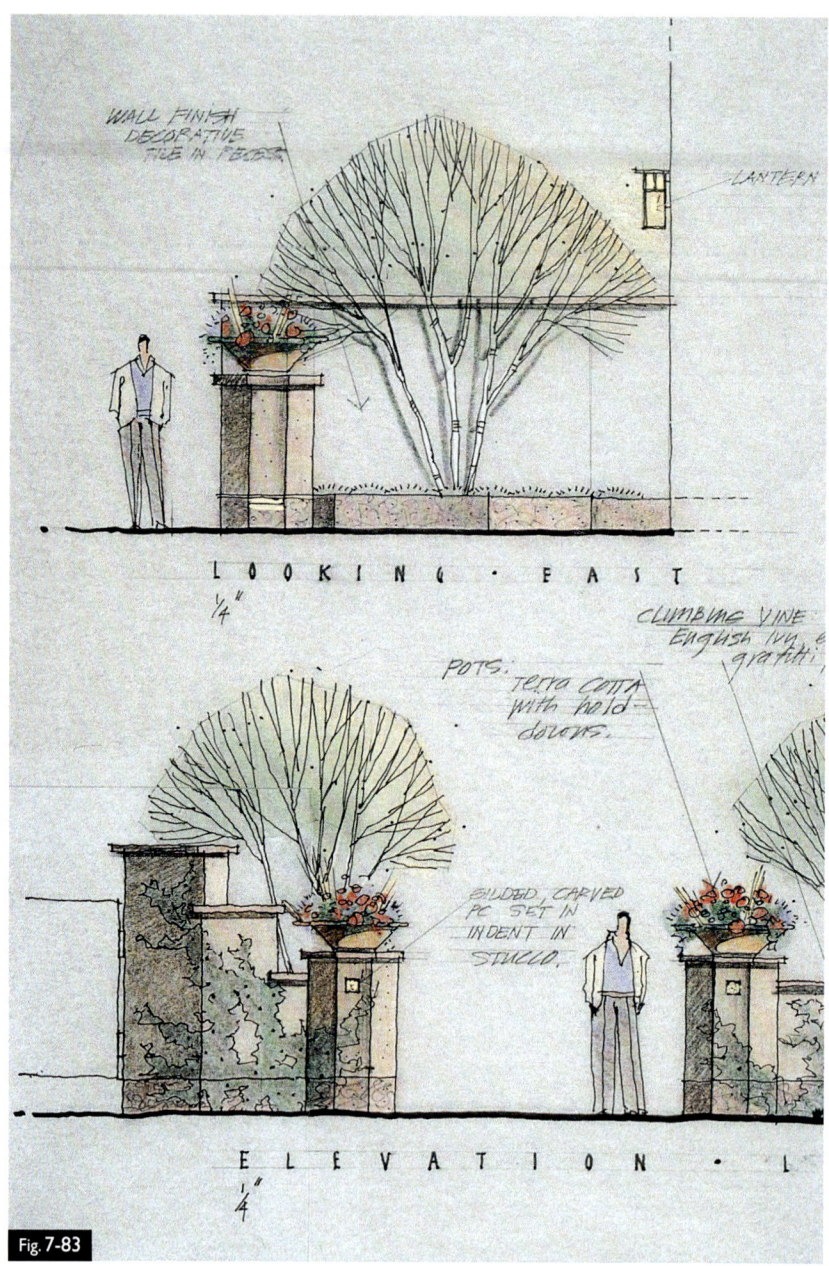

Modificações por computador

Às vezes, é mais fácil fazer as modificações necessárias com o computador. Os desenhos feitos à mão podem ser escaneados e digitalizados através de programas, como Adobe Photoshop ou Fractal Design's Painter, para serem modificados e depois impressos com impressora colorida, ou fotocopiadora colorida, ou ainda por uma copiadora/impressora jato de tinta de grande porte.

Entretanto, neste ponto, as modificações por computador de desenhos à mão prontos são mais eficientes para a *remoção de elementos não-desejados sobre um fundo relativamente uniforme*. Depois que o elemento não-desejado foi removido, a área vazia deve ser preenchida com qualquer outra coisa (7-84, 7-85, 7-86). Você obterá um resultado mais uniforme se preencher esta forma reproduzindo uma cor uniforme e já existente no fundo em vez de criar um remendo com o computador. Este tipo de remendo, ou mesmo aquele que procura reproduzir um desenho à mão, normalmente fica óbvio demais e não se funde discretamente com o resto do desenho.

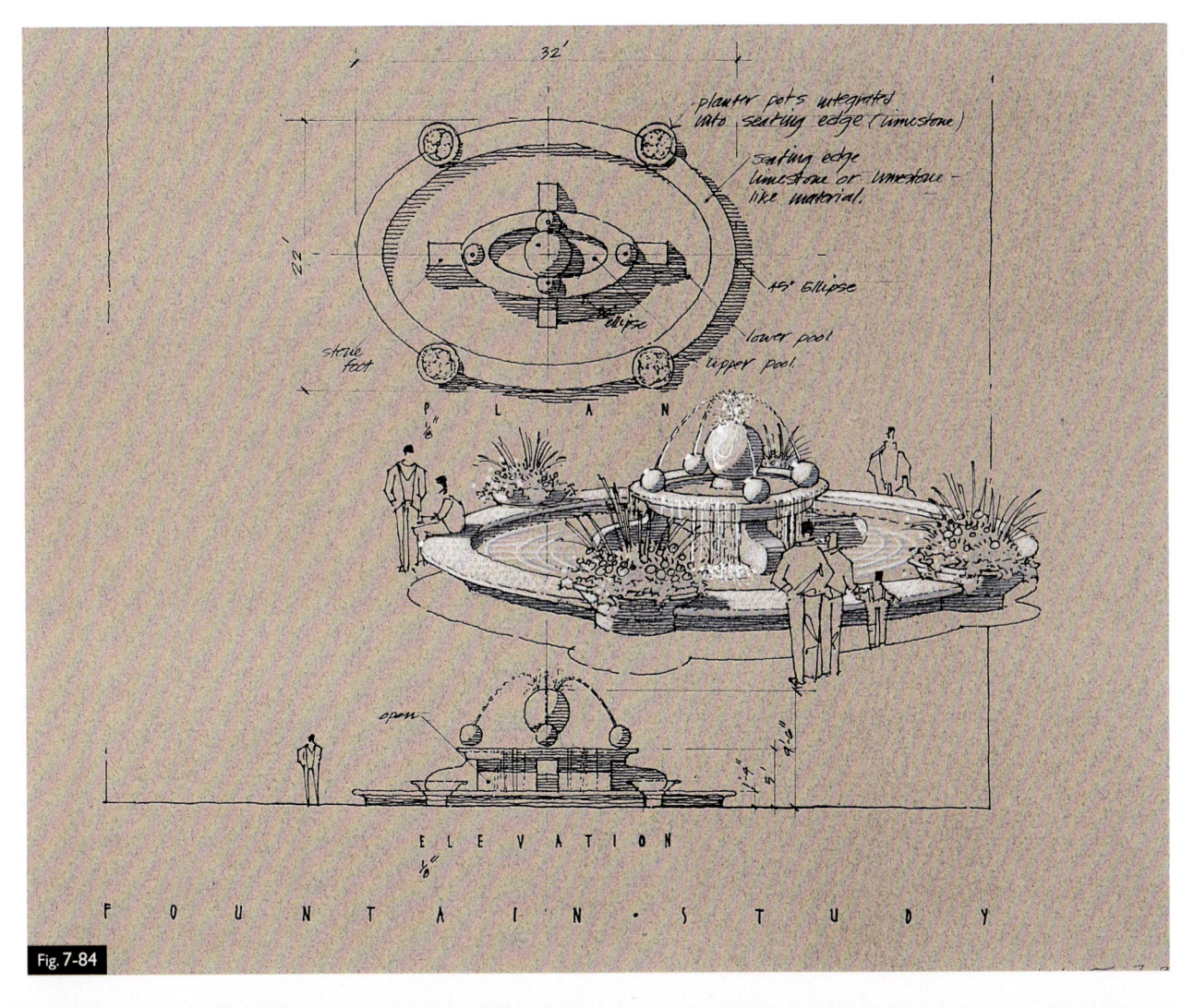

Fig. 7-84 Este estudo original de chafariz foi criado inicialmente como desenho a traço sobre papel manteiga e depois fotocopiado sobre papel Canson na cor "Moonstone". As cores são simples, tendo sido usados somente lápis *White* e *Blue Violet lake # 27* da Derwent.

O cliente pediu que a esfera no centro do chafariz fosse retirada, pois temia que pudesse bloquear certas vistas importantes dentro do projeto.

Fig. 7-85 O desenho foi escaneado e importado para o Adobe Photoshop para ser modificado, sendo ampliado na tela do computador para permitir ao projetista retirar todas as linhas indesejadas. Uma vantagem de trabalhar com uma ampliação de uma imagem digital na tela é que, depois que o desenho volta ao tamanho original, não se pode notar pequenos erros eventuais na remoção das linhas.

A "ferramenta de clonagem" (também chamada de "carimbo") foi bastante usada para substituir linhas removidas pela textura e cor de fundo, bem como puxar linhas.

A ferramenta "caneta" foi usada para reconstruir e completar linhas em falta, no ponto onde a esfera ocultava a borda posterior da bacia superior. Depois que a caneta gráfica localizou os pontos onde as linhas em falta deveriam ser desenhadas, o caminho da caneta gráfica foi tocado com a ferramenta "pincel" para desenhá-las. As ferramentas "pincel" e "aerógrafo" também foram usadas para inserir a água em queda e os respingos d'água causados pelos quatro jatos de água que se chocam no meio do chafariz.

Fig. 7-86 A modificação levou ao todo cerca de 40 minutos e resultou nesta cópia que você vê aqui. Apesar de a cor da cópia dificilmente ser igual ao original ou à imagem mostrada na tela do computador, o resultado normalmente vale a pena, quando um desenho não pode ser alterado de outra forma com facilidade. (Revisão: Jason Howard)

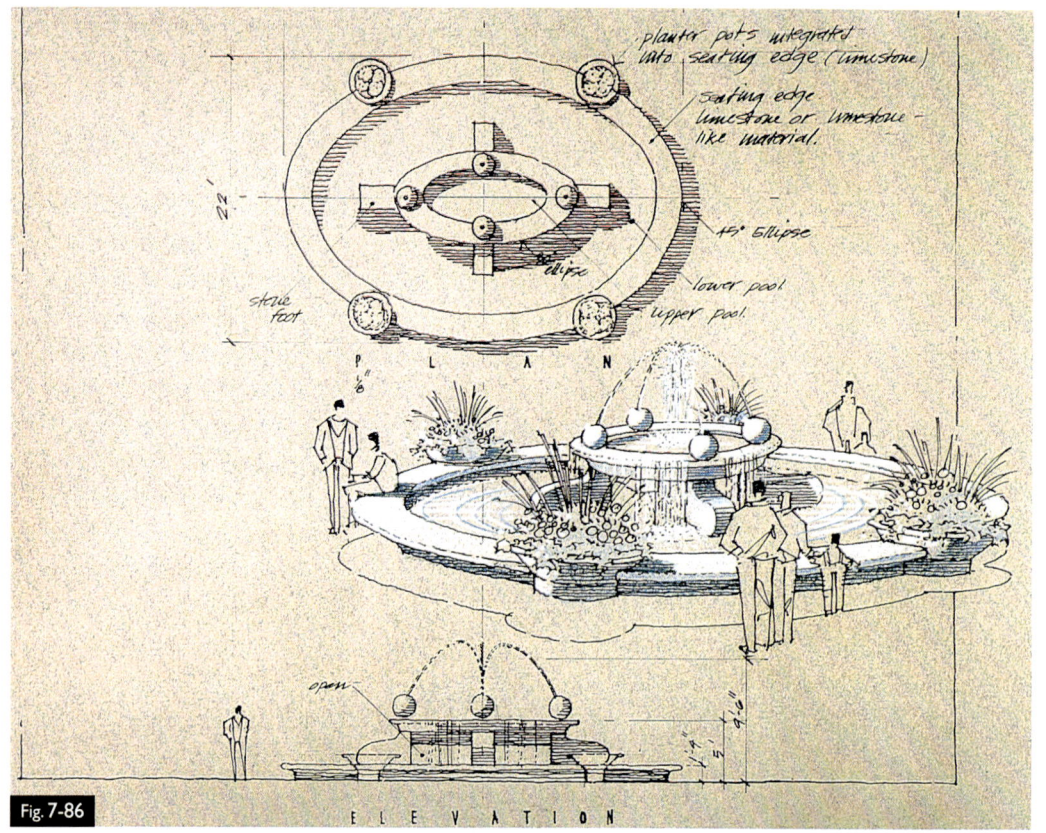

APRESENTAÇÃO E DISTRIBUIÇÃO DE DESENHOS DE PROJETO A CORES

Até pouco tempo atrás, quando o projetista queria apresentar um desenho de projeto a cores para um grupo de 5 a 20 pessoas, quer em reunião ou sala de aula, ele tinha que criar uma ilustração de pelo menos 18" x 24" (457 x 609 mm). Não é preciso dizer que esses desenhos levam horas, se não dias, para ficar prontos, bem mais tempo que levaria um desenho em tamanho 24" x 36" (609 x 914 mm) e com a mesma qualidade. Além do enorme tempo investido, os detalhes adicionais que precisam ser feitos em um desenho de grande porte normalmente pouco acrescentam para realçar a idéia que o desenho procura comunicar.

Com a evolução dos processos de cópias coloridas de alta qualidade, os projetistas podem criar ilustrações bem menores. Como você deve ter percebido ao longo desta obra, defendemos os desenhos de projeto a cores de pequeno porte ($8^1/_2$" x 11"[215 x 279 mm] a 11"x 17" [279 x 431 mm]). Eles podem ser criados mais rapidamente que os desenhos maiores e mantêm o projetista a uma maior "distância" da imagem. Este distanciamento permite ao projetista manter sua atenção focada no tema do projeto, ou o "panorama geral", evitando que seja prematuramente seduzido a criar os detalhes do mesmo.

Uma forma eficiente de trabalhar nas etapas iniciais do processo de *design* é criar desenhos em tamanho menor, para depois ampliá-los para apresentação. Apesar de o preço de uma ampliação colorida ser caro, seu custo é bem menor do que a diferença de custo salarial entre criar um desenho pequeno ou grande. Se você for um profissional, o custo da ampliação colorida normalmente é repassada para o cliente; porém, se for estudante, você mesmo terá que arcar com estes custos. De qualquer forma, é importante familiarizar-se com as possibilidades oferecidas por estes processos de reprodução. Não é preciso fazer cópias de todos os desenhos coloridos criados para um determinado projeto, mas às vezes será informativo apresentar seus desenhos a cores no formato de fotocópia colorida e cópia em jato de tinta.

Normalmente, a informação do projeto para apresentação deve ser *ampliada*, enquanto que, para a distribuição dessa informação, o tamanho tem que ser *reduzido*. Este capítulo vai mostrar algumas maneiras como apresentamos e distribuímos os desenhos de projeto a cores na CommArts. Fazemos apresentações tanto para grupos grandes como pequenos e, assim, tamanho é uma questão a considerar no momento dos preparativos finais de uma apresentação. Muitas vezes, reunimos a informação de *design* em uma pasta de croquis "*sketchpack*", que é distribuída aos clientes após cada fase de criação concluída do projeto de *design*.

APRESENTAÇÃO

Freqüentemente, os projetistas têm que preparar apresentações de grande e de pequeno porte. Sua familiaridade com as duas formas vai permitir-lhes planejar seus esforços de tal forma que os preparativos evoluam suavemente.

Apresentações em pequena escala

Na maioria das vezes, você estará envolvido com apresentações de pequeno porte, para umas 5 a 20 pessoas, em salas de reunião ou de aula. O grau de formalidade é variável, indo desde sessões "descontraídas", nas quais os desenhos são meramente fixados à parede, até apresentações muito bem planejadas e coordenadas. Em geral, nossos clientes preferem dispensar as apresentações formais e querem algo mais descontraído.

Fig. 8-1 Esta modesta ampliação em 150%, para ser usada durante uma apresentação, tornou o desenho original (*acima à esquerda*) mais visível. Antes de tirar uma cópia 11" x 17" (279 x 431 mm) do original, ele recebeu um fundo com papel *kraft* marrom, o que, juntamente com o ajuste correto da máquina, deixou a imagem mais rica e levemente mais pronunciada.

O desenho a traço original foi criado com lápis Prismacolor *Black* sobre papel manteiga branco. A cor foi aplicada com lápis de cor sobre o verso do desenho.

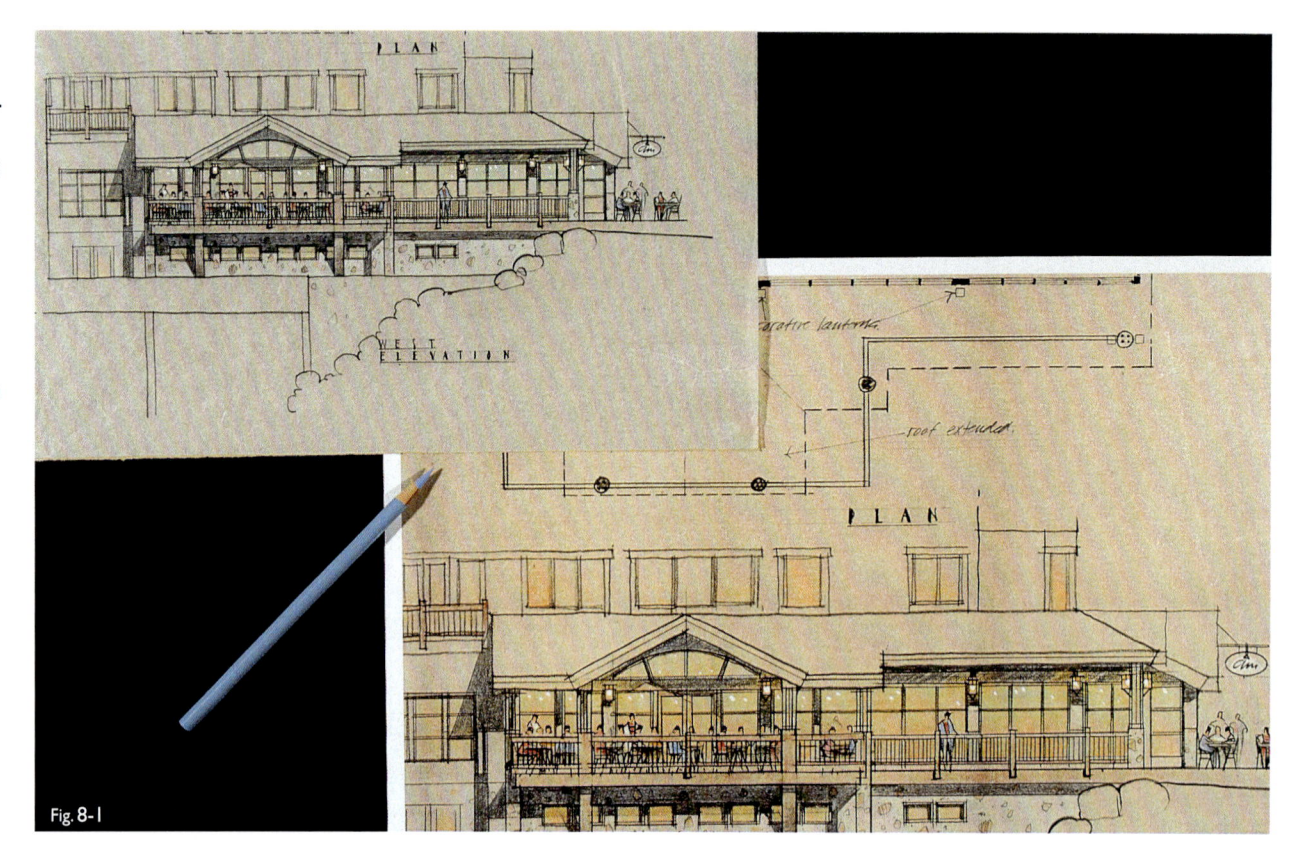

Para pequenas apresentações, as imagens mostradas devem ser suficientemente grandes para que todos os participantes possam enxergá-las bem. O tamanho varia de 11" x 17" (279 x 431 mm) a 24" x 36" (609 x 914 mm), ou mais, dependendo do conteúdo dos desenhos. A maioria das fotocopiadoras coloridas normais consegue ampliar uma imagem em até 400%, e 11" x 17" (279 x 431 mm) é o tamanho máximo que normalmente conseguem fazer. A cópia 11" x 17" (279 x 431 mm) tem tamanho adequado para um grupo pequeno. No entanto, caso precisar uma cópia maior, o desenho original pode ser ampliado por partes e depois ser emendado (8-2). Muitas fotocopiadoras coloridas têm a função "*tile*" (ladrilho) ou "pôster", que automaticamente imprime a imagem ampliada sobre folhas múltiplas de 8 1/2" x 11" (215 x 279 mm) ou 11" x 17" (279 x 431 mm), prontas para serem emendadas (8-3).

Se precisar tirar uma cópia colorida contígua maior, com alta resolução, de um desenho original a cores, use uma copiadora jato de tinta colorida (8-4). Atualmente, dentre todas tecnologias modernas de fotocópia colorida, esta é a que produz as melhores cópias (8-5). Com ela, podem-se fazer ampliações de até 1200% e reduções de até 35%, em um tamanho máximo de 24" (609 mm) e comprimento ilimitado, já que o papel de cópia vem em rolo de 24" (609 mm) de largura.

Fig. 8-2 O estudo do projeto foi ampliado 200%, sobre duas folhas (*acima*). Estas folhas foram emendadas, usando uma mesa de luz para alinhar as áreas de sobreposição das imagens. Ambas foram então cortadas com estilete **X-acto** e régua, ao longo da área sobreposta, e depois coladas no verso com uma tira contínua de fita adesiva, unindo as duas folhas (*embaixo*).

O desenho a traço original foi feito com caneta **Micron 005** sobre papel manteiga branco, aplicando-se a cor sobre o verso do desenho. O lápis de cor foi usado sobre a ponte, e o pastel, sobre as árvores e o céu ao fundo. Os realces em branco foram feitos com guache branco sobre o lado direito do desenho.

Fig. 8-3 Esta ampliação sobre quatro folhas foi feita usando-se a função "pôster" de uma fotocopiadora **Xerox**. As folhas 11" x 17" (279 x 431 mm) estão prontas para serem emendadas.

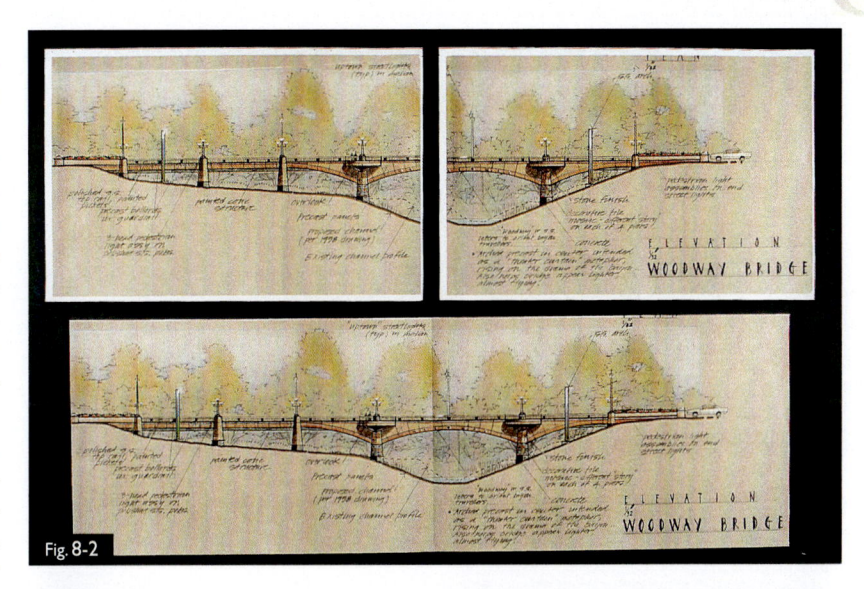

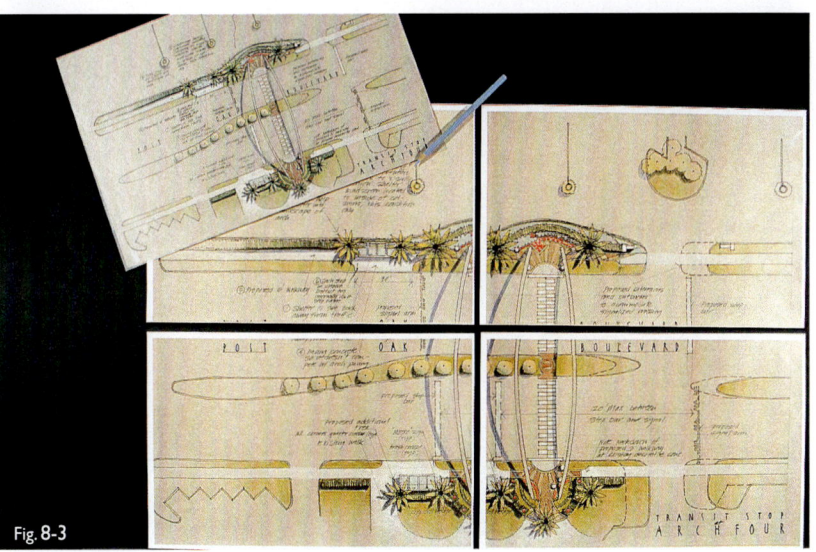

Fig. 8-4 Uma fotocopiadora jato de tinta 2436 da Canon. Ela tira excelentes cópias coloridas sobre papel opaco, que aceita bem hidrocor e lápis de cor quando são necessários retoques antes de alguma reunião.

Com uma altura praticamente igual à de uma fotocopiadora comum, ela, no entanto, é mais larga (aprox. 5' [1,5m]) e mais funda (aprox. 4' [1,2m]). (© 1995 Canon Inc./Canon U.S.A., Inc. Reprodução autorizada.)

Fig. 8-5 Este estudo para o jardim de um hotel foi ampliado em 400% com copiadora jato de tinta sobre uma única folha de papel. O desenho original, mostrado logo acima, tem 4" x 10" (101 x 254 mm).

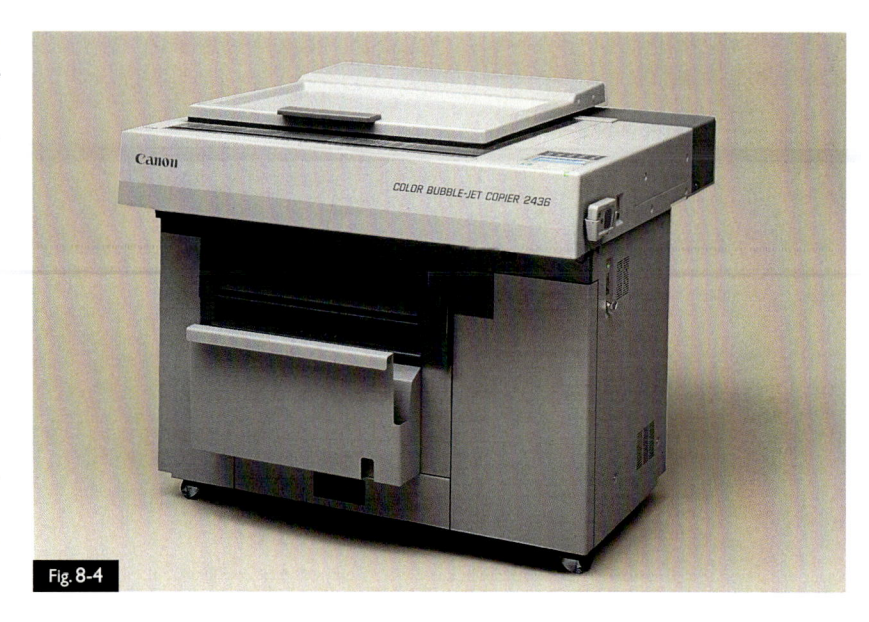

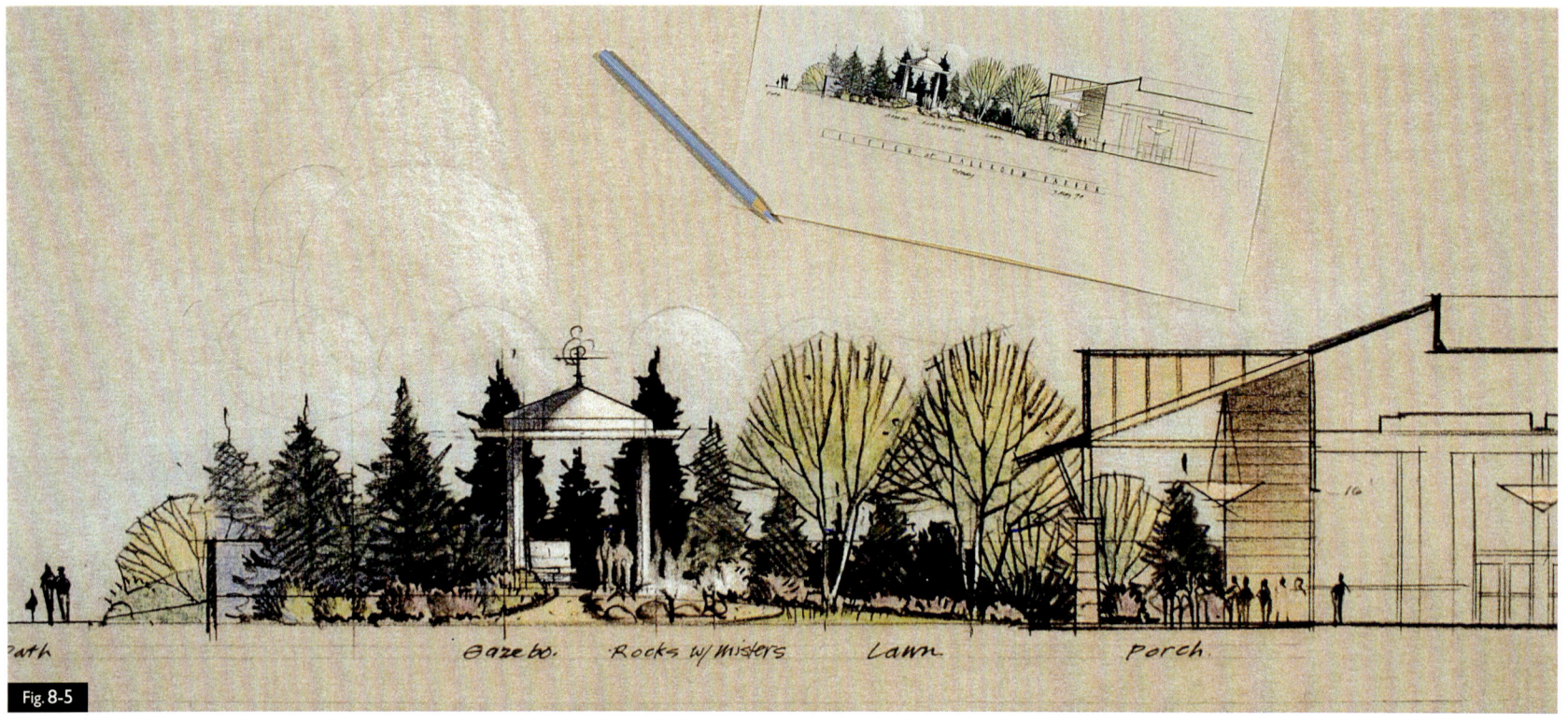

Às vezes, é preciso reunir as idéias de projeto de uma forma mais organizada, ainda durante as fases iniciais do processo do projeto de criação. Uma forma bem rápida e fácil é fixar todos os desenhos, dos mais diversos tamanhos, sobre uma folha em branco com cerca de 24" x 36" (609 x 914 mm), que chamamos de "folha de suporte". Em umas das laterais desta folha de suporte, imprimem-se o bloco de título, o nome do projeto, seu logotipo e outras informações relevantes (8-6). Estas folhas são normalmente cópias heliográficas ou fotocópias em preto-e-branco de formato grande. Os diversos tipos de informação de projeto, incluindo croquis, observações, fotocópias, fotografias e amostras de cores são fixados sobre as folhas de suporte com cola e fita adesiva transparente. O tamanho uniforme das folhas de suporte dá um aspecto organizado ao conjunto de informações de projeto, apesar dos tamanhos variados dos desenhos.

Outro modo eficiente de organizar a apresentação é formatar a informação gráfica e escrita com computador. Os desenhos podem ser escaneados e importados para programas como o Adobe Illustrator ou Macromedia Freehand, onde são formatados, recortados, organizados e sobrescritos com as letras e os caracteres desejados. Este sistema requer mais tempo do que a folha de suporte, mas o computador produz um resultado de maior qualidade, podendo-se, a partir daí, imprimir cópias com até 60" (1524 mm) de largura e em qualquer comprimento, se usarmos uma impressora jato de tinta, ou no menor formato possível, ou seja, 8$^{1}/_{2}$" x 11" (215 x 279 mm), se usarmos uma copiadora colorida comum (8-7).

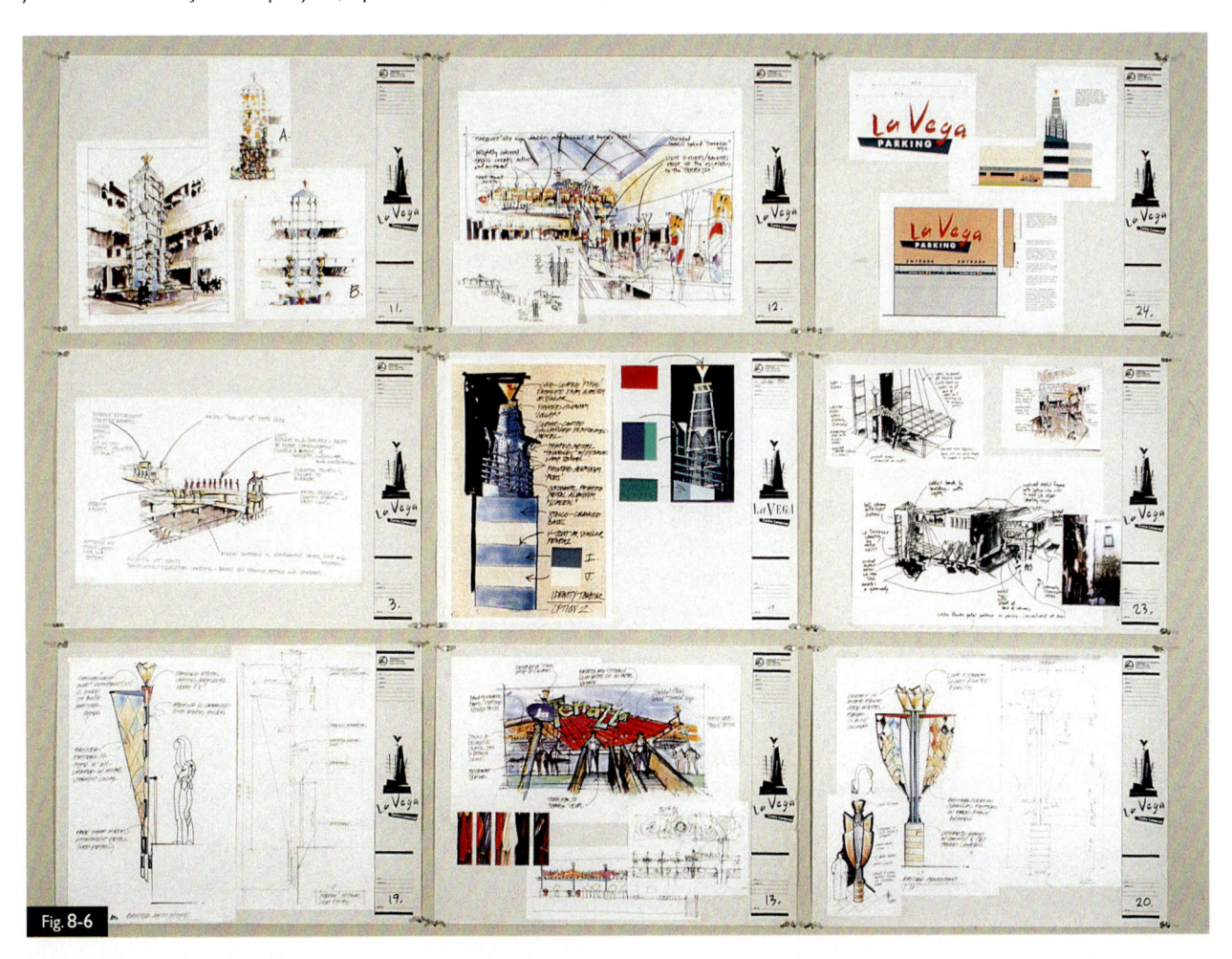

Fig. 8-6 Mostramos como os desenhos, as fotocópias e as amostras de cores, de diversos tamanhos, foram colados sobre folhas de suporte de tamanho-padrão, para serem mostradas em uma apresentação. (Desenhos por Jim Babinchak e Doug Stelling; imagens digitais por Patty Van Hook, Margaret Sewell e Keith Harley)

Fig. 8-7 Esta parte de uma imagem digital em 5' x 10' (1,5 x 3 m), produzida com copiadora jato de tinta de grande porte, foi usada em uma apresentação mais formal. Observe como os estudos do projeto feitos à mão foram inseridos na imagem digital, produzida com o Macromedia Freehand. (Desenhos por Bryan Gough; imagem digital por Patty Van Hook)

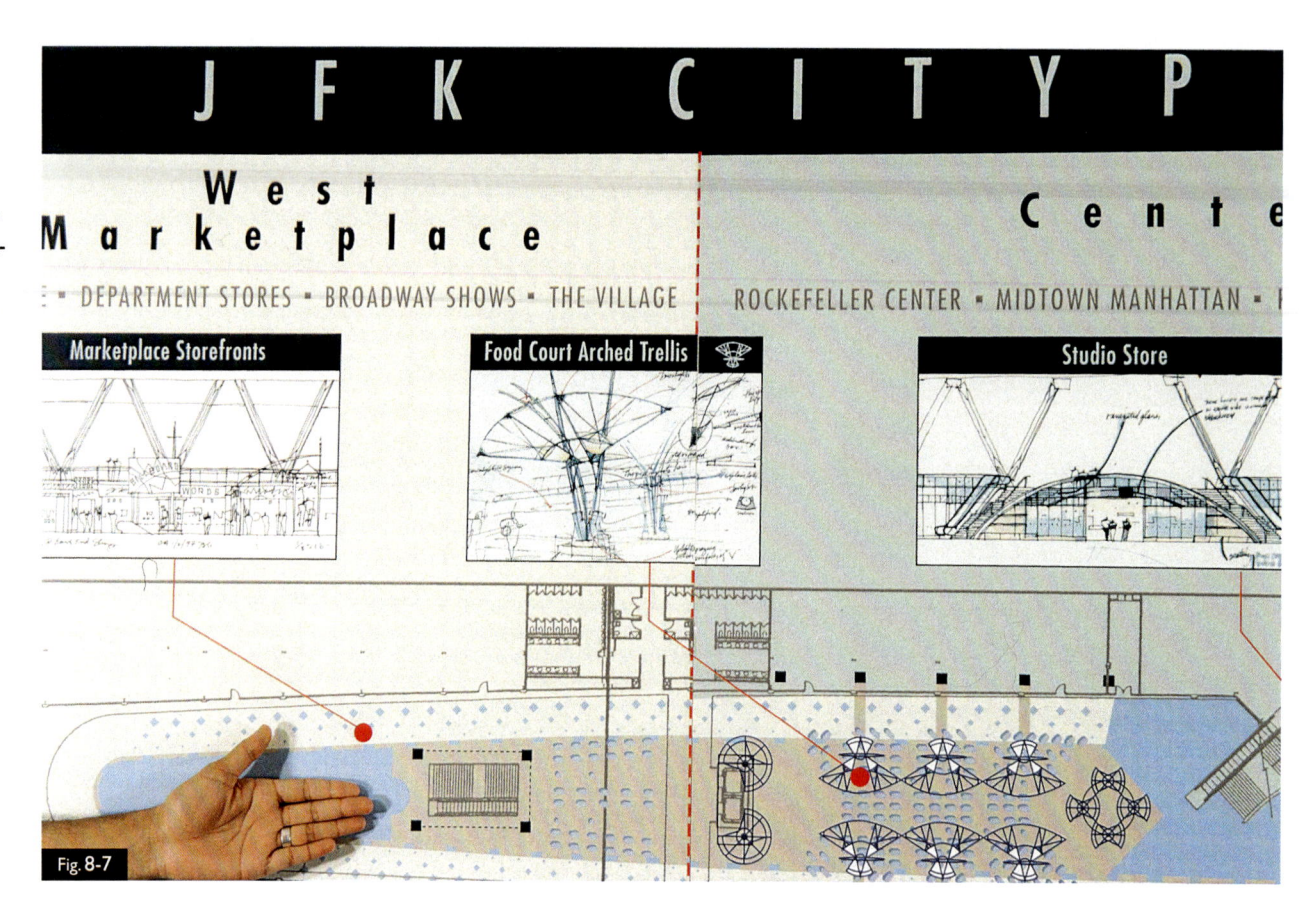

Apresentações de grande porte

Ao longo de sua carreira de projetista, você certamente terá que fazer apresentações para um público maior e terá que usar um sistema de projeção que lhe forneça imagens de alta definição em tamanho suficientemente grande para que todos os participantes no auditório ou sala de reuniões mais ampla possam enxergá-las. Existem duas maneiras práticas de fazer isso: com transparências coloridas ou com projetor LCD digital.

Transparências coloridas

Uma das formas de apresentar imagens coloridas, em tamanho grande e com alta definição, para uma grande audiência é a *transparência* colorida, normalmente chamada de e*slaide*. Ela também é uma forma bem conveniente de arquivar os trabalhos de projeto.

Você mesmo pode tirar eslaides de seus desenhos de projeto – ou de uma série de desenhos sobre folhas de suporte – seguindo os passos mostrados nas Figuras 8-8 a 8-16.

Os eslaides, como sistema de apresentação de grande formato, oferecem uma série de vantagens: baixo custo, já que você, através de seu escritório ou escola, provavelmente tem acesso à maioria dos equipamentos necessários. Depois de montado o equipamento, a tomada de eslaides é relativamente rápida, pois os ajustes de iluminação e de câmera usados para o primeiro eslaide são usados para todos eslaides seguintes. A revelação do filme Kodak Ektachrome, normalmente usado para eslaides, é rápida, não levando mais de um dia, pagando-se o preço normal, e uma hora, pagando-se a taxa de urgência.

Como fazer eslaides de seus desenhos coloridos

Os eslaides, também chamados de "transparências" em jargão fotográfico, são fáceis de fazer com o equipamento apropriado e um pouco de paciência. Você vai precisar de iluminação controlada, que ilumine os desenhos *de maneira uniforme* com uma fonte de luz adequada ao filme que você pretende usar. Além disso, é preciso medir a quantidade de luz que incide sobre o desenho, para poder ajustar a distância focal e a velocidade do obturador. Depois de definir estes parâmetros, recomendamos que faça *três* tomadas (isto se chama "enquadramento"): uma tomada nos parâmetros recomendados, uma tomada meio ponto *acima* e outra, meio ponto *abaixo* do ajuste da distância focal. Mantenha a velocidade do obturador igual durante as três tomadas.

A seguir, mostraremos como fazer os eslaides. A montagem mostrada mais adiante é indicada para fotografar desenhos com cerca de 8$^{1}/_{2}$" x 11" (215 x 279 mm) ou mais. Se usar uma lente grande angular teleobjetiva com zoom, 28 mm a 105 mm, poderá aproximar-se ou afastar-se dos desenhos, dependendo de seu tamanho. Você também pode usar uma lente comum de 50 mm, mas com ela terá que mudar a posição da câmera e do tripé com maior freqüência para fotografar desenhos de diversos tamanhos. Para fotografar desenhos menores, use uma lente "macro" para aproximação e um tubo de extensão, que é um dispositivo de mesa no qual a câmera é adaptada a um extensor ajustável, e as lâmpadas adaptadas a ele iluminam o desenho de ambos os lados. O princípio é exatamente o mesmo ao da montagem a seguir, exceto pelo fato de que não se usam os tripés da câmera e das luzes, o que permite que a câmera se aproxime mais dos desenhos menores.

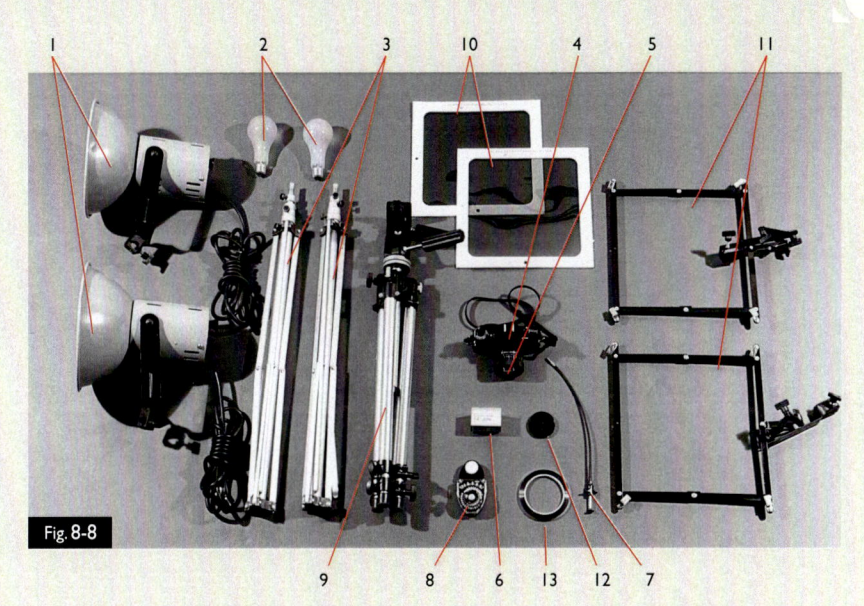

Fig. 8-8

Fig. 8-8 Aqui está o equipamento de que vai precisar. Mesmo não sendo muito sofisticado, ele dará ótimos resultados: (1) dois refletores *photoflood*, (2) duas lâmpadas *photoflood* tungstênio de 250 watts, 3200° K, (3) dois suportes para os refletores *photoflood*, (4) câmera 35 mm SLR de ajuste manual, (5) lente zoom (uma lente normal de 50 mm também serve), (6) filme de eslaides para iluminação a tungstênio; o filme Kodak Ektachrome 64T é o mais indicado, (7) cabo disparador (impede o balanço da câmera ao tirar fotos com velocidade de obturador baixa) (8) fotômetro, (9) tripé para câmera.

O restante do equipamento é opcional. Aqueles desenhos que, por exemplo, receberam uma grande quantidade de grafite ou hidrocor, ou aqueles sobre papel manteiga enrugado, ou ainda, aqueles com um fundo muito escuro ou preto, muitas vezes não fotografam bem porque sempre criam reflexos, independentemente de como você ajustar a iluminação. Usando filtros polarizadores (10), adaptados na frente da lâmpadas por meio de suportes para filtros (11) e um filtro polarizador (12) sobre a lente da câmera, você pode ajustar o filtro sobre a lente e eliminar os reflexos dos desenhos. Mas atenção: os filtros polarizadores são feitos de material plástico que pode carbonizar ou derreter devido ao calor das lâmpadas *photoflood*. Certifique-se de que, ao montar os suportes para os filtros em frente às lâmpadas, eles fiquem o mais longe possível delas. A fita de arremate (13) é uma fita *mylar* termorrefletiva que você pode usar para eliminar bordas indesejadas nos eslaides prontos.

Fig. 8-9 Esta é a montagem de luzes e câmera usada para tirar os *eslaides* do desenho fixado na parede. As luzes e a câmera estão praticamente alinhadas *horizontalmente*. As luzes devem apontar para o desenho em ângulo de aproximadamente 45°. A distância da câmera e das luzes até o desenho pode variar bastante, dependendo de quão perto você tem que chegar do desenho para preencher o visor da câmera totalmente com sua imagem. Aqui, as luzes e a câmera foram montadas para fotografar um desenho de 24" x 36" (609 x 914 mm).

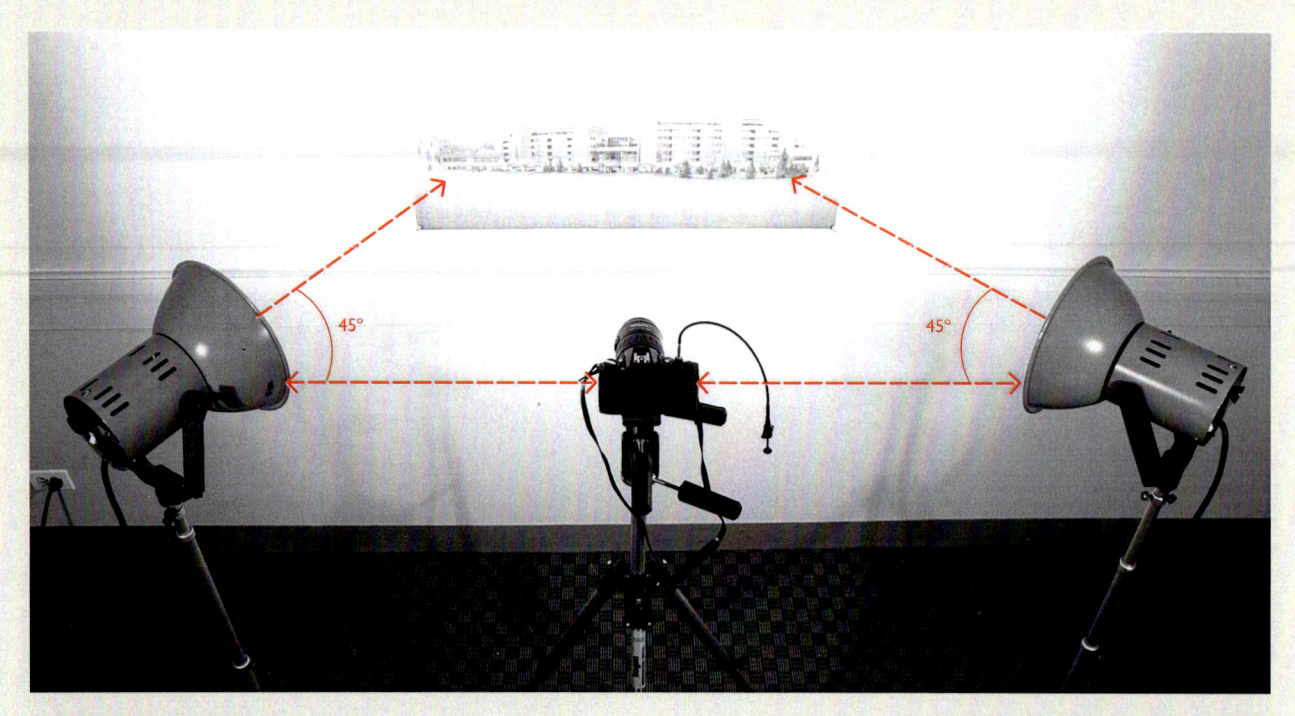

Fig. 8-10 Observe que as luzes e a câmera também estão alinhadas *verticalmente* entre si.

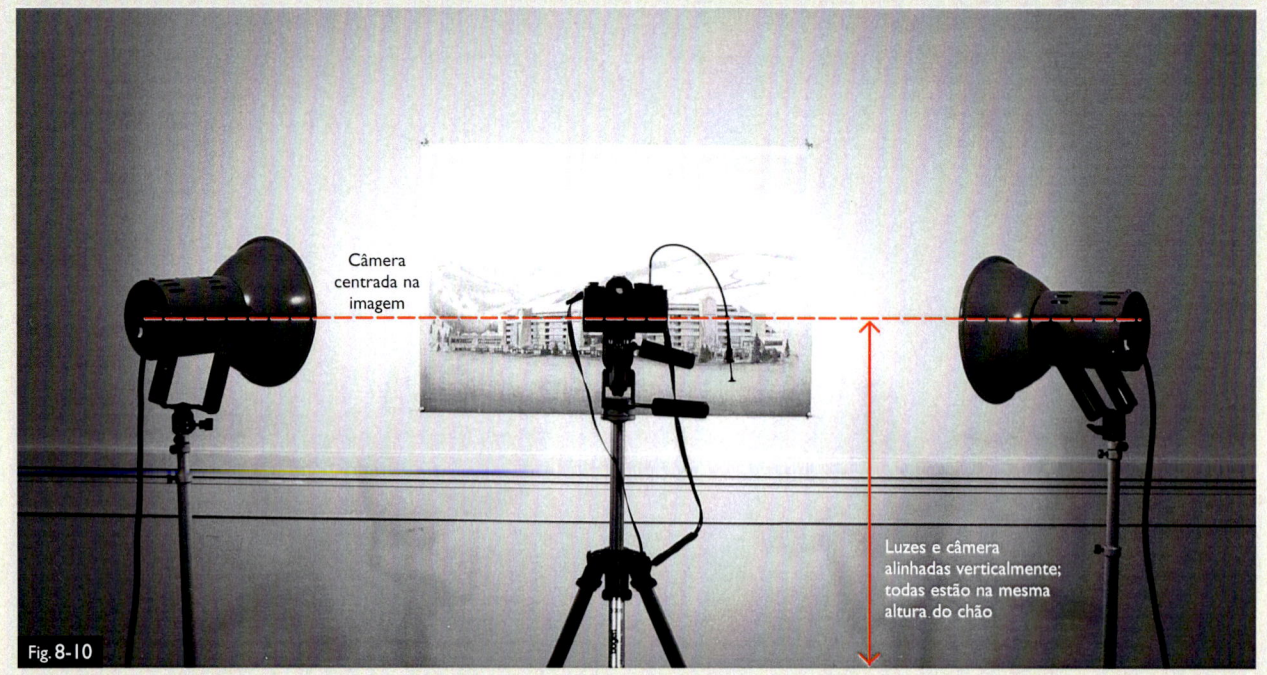

DESENHO A CORES 343

Fig. 8-11

Fig. 8-12

Fig. 8-11 Depois que as luzes e a câmera estiverem montadas, use um fotômetro para ajustar a distância focal e a velocidade do obturador indicadas pelo aparelho. Ele vai lhe mostrar uma série de possibilidades de ajuste entre as quais escolher. *Não utilize o sistema de medição através da lente da câmera*, pois poderá obter leituras incorretas. O fotômetro pode ser usado para fazer leituras *refletidas* de um "cartão cinza" padronizado, ou da luz *incidente* (entrante), como mostrado na Figura 8-12.

Fig. 8-12 Para medir o nível de luz que incide sobre o desenho, posicione o fotômetro acima do desenho, com o sensor para o lado de fora. Observe que o fotógrafo se abaixou para não lançar sombra sobre o desenho.

É preciso fazer medições em vários pontos do desenho, para ter certeza de que a luz é uniforme sobre toda a área do desenho. Também é conveniente fazer medições nas bordas do desenho e ao redor dele, nos pontos indicados pelas cruzes. *Se o fotômetro indicar que os níveis de luz variam mais que meio ponto entre o centro e as bordas do desenho,* ajuste a iluminação para evitar manchas de calor no eslaide depois de pronto. Talvez tenha que afastar um pouco as lâmpadas, para que iluminem o desenho de maneira mais uniforme, e repetir as leituras com o fotômetro. **A iluminação uniforme é essencial para obter eslaides perfeitos.**

Fig. 8-13 Ajuste a câmera para a distancia focal 8 ou um pouco maior, para obter uma boa profundidade de campo. Devido à potência das lâmpadas e à distância das luzes em relação ao desenho, o fotômetro irá recomendar uma velocidade de obturador em torno de $1/4$ de segundo a $1/8$ de segundo.

Depois de ajustadas a ditância focal e a velocidade do obturador, use o cabo disparador para tirar a foto. Faça então o *enquadramento* tirando mais duas fotos, uma a $1/2$ ponto *abaixo* e uma a $1/2$ ponto *acima* do ajuste recomendado pelo fotômetro para a distância focal. Esta câmera aqui foi ajustada para f8 e velocidade do obturador a $1/8$ seg. Para enquadrar para baixo, mova o anel f da lente até uma posição *entre* 8 e 5,6, e então tire a segunda foto. Para enquadrar para cima, mova o anel f da lente até uma posição *entre* 8 e 11, então tire a terceira foto. O ajuste da velocidade do obturador permanece inalterado. Depois de revelados, coloque os eslaides sobre uma mesa de luz e escolha o melhor entre os três.

Você pode fotografar quaisquer outros desenhos usando os *mesmos* ajustes de câmera, desde que as luzes permaneçam na mesma posição. Você pode aproximar ou afastar a câmera da parede. No entanto, *se você mudar as lâmpadas de posição, será preciso fazer novos ajustes na câmera.* Toda vez que você mover as lâmpadas, terá que fazer novas medições com o fotômetro.

Fig. 8-13

Fig. 8-14 Essa é uma imagem comum tirada durante uma sessão de eslaides. Embora seja uma boa idéia preencher a moldura com a imagem até o máximo possível, provavelmente você verá a superfície da parede, os grampos ou a fita nos cantos de uma imagem.

Fig. 8-14

DESENHO A CORES | 345

Fig. 8-15 Você pode colar fita de arremate para bloquear bordas indesejadas que aparecem nos eslaides prontos.

Fig. 8-16 A imagem pronta, depois que a fita de arremate foi aplicada. A versão colorida desta imagem pode ser vista na Figura 6-3.

O projetor LCD digital

O *projetor LCD digital* oferece uma outra maneira de apresentar os desenhos coloridos em formato grande. Este sistema projeta imagens a partir de um computador *laptop* sobre o mesmo tipo de tela usada para eslaides (8-17). Os desenhos podem ser escaneados e formatados com os mesmos programas mencionados anteriormente quando falamos da preparação dos desenhos para projeção e posterior distribuição. A nitidez da imagem mostrada em um projetor LCD digital depende de sua resolução, mas raramente nitidez e as cores vibrantes são iguais às de eslaides coloridos de boa qualidade. No entanto, tendo em vista a finalidade das imagens, bem como a facilidade em criar esse tipo de apresentação, essa diferença de nitidez não tem muita importância.

Fig. 8-17 O projetor LCD digital é uma outra forma bem conveniente em fazer grandes apresentações dos desenhos coloridos e de informação de projeto. (Cortesia: Sony Electronics, Inc.)

DISTRIBUIÇÃO DE DESENHOS DE PROJETO A CORES: PASTA DE CROQUIS *SKETCHPACK*

Às vezes, você terá que organizar suas idéias de projeto, apresentadas durante alguma reunião, em uma pasta para ser distribuída para seu cliente ou colegas de equipe. Na CommArts, chamamos essa pasta de croquis de *sketchpack*. O *sketchpack* é uma excelente ferramenta de coordenação durante os estágios iniciais do processo de *design*, pois representa um registro deste processo. Também é uma clara indicação para seu cliente de que a participação dele no processo é bem-vinda e, como tal, age como uma pequena, mas eficiente, maneira de fortalecer esta relação.

O *sketchpack* é exatamente isso – uma pasta de croquis, sem a pretensão de ser um livro, e sem ter um acabamento muito elaborado. É meramente um conjunto de idéias, desde aquelas criadas no início do processo do projeto até aquelas distribuídas durante a reunião. Você pode distribuir os *sketchpacks* antes de uma reunião para permitir que cada participante faça observações em seu próprio conjunto de desenhos. Também se podem distribuir os *sketchpacks* ao final da reunião para dar aos participantes um registro das idéias e imagens, de modo que possam refletir sobre elas.

Pequenas apresentações sobre a parede

Os *sketchpacks* são preparados de duas formas: à mão ou por computador, ou, então, por uma combinação dos dois.

O modo mais direto é simplesmente reduzir os desenhos originais (que foram ampliados para uma apresentação com montagem na parede) ou colá-los sobre uma pequena folha de suporte, geralmente 11" x 17" (279 x 431 mm), e depois reproduzir estas folhas na fotocopiadora colorida, tirando quantas cópias forem necessárias. Para economizar espaço, os desenhos a traço em preto-e-branco, que faziam parte da apresentação original, podem ser ainda mais reduzidos antes de serem colados sobre as folhas de suporte no *sketchpack*. É interessante incluir uma escala gráfica com desenhos ortográficos reduzidos para que o usuário do *sketchpack* possa ao menos fazer cálculos aproximados.

Uma outra forma de rapidamente criar um *sketchpack* é reduzir as ampliações usadas para uma apresentação de parede que utilizem folhas de suporte, como aquelas mostradas na Figura 8-6, usando uma copiadora jato de tinta, desta vez reduzindo as folhas para se adaptar ao formato 11" x 17" (279 x 431 mm). Depois de feitas as cópias reduzidas em jato de tinta para 11" x 17" (279 x 431 mm), elas se transformam nos novos "originais" de pequeno tamanho, dos quais podem ser tiradas inúmeras cópias. Isso é possível porque os "originais" em jato de tinta possuem um excelente padrão de imagem e de qualidade de cor que permite tirar boas cópias coloridas. Pode-se reduzir o custo das cópias múltiplas posteriores usando uma copiadora colorida comum. Apesar de as cópias resultantes serem cópias coloridas de segunda (e, em alguns casos, de terceira) geração, elas em geral são bastante boas para serem usadas como registro de uma apresentação (8-18). Se precisar apresentar cores mais reais no *sketchpack*, você pode incluir em cada um deles cópias de primeira geração ou mesmo pequenas amostras das cores reais.

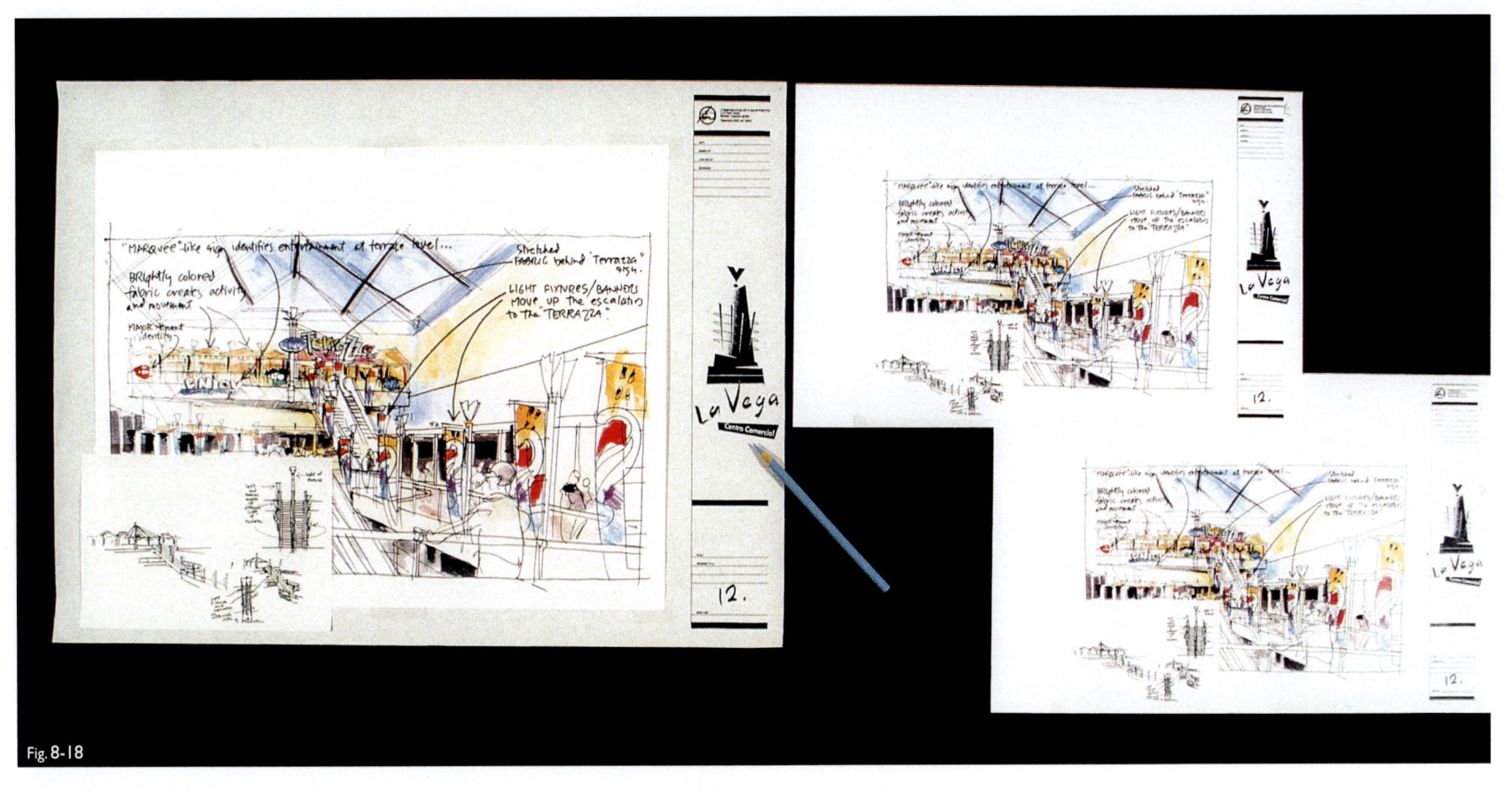

Fig. 8-18

Fig. 8-18 Aqui, a folha de suporte de 18" x 24" (457 x 609 mm) e suas imagens (*esquerda*) foram reduzidas com copiadora jato de tinta para o tamanho de 11" x 17" (279 x 431 mm) (*acima à esquerda*). Usou-se uma foto copiadora colorida para fazer as cópias posteriores (*embaixo à direita*) para serem distribuídas, usando uma cópia em jato de tinta como "original". (Desenhos: Doug Stelling)

O *sketchpack* gerado por computador

Se sua apresentação de parede for gerada por computador, como na Figura 8-7, ou se os desenhos coloridos originais e outros materiais de desenho forem suficientemente pequenos para caber sobre um *scanner* de mesa, eles poderão ser escaneados e importados para um programa de formatação de página, como o Pagemaker, para adaptar o tamanho e o estilo para o formato do *sketchpack*. Apesar de os *sketchpacks* digitais normalmente levarem um pouco mais de tempo para serem preparados, uma de suas vantagens é que, depois que os materiais foram escaneados, é mais fácil manipulá-los, compô-los e formatá-los do que trabalhar com cópias em papel. Além disso, as imagens geradas dessa forma são normalmente um pouco melhores, pois são de primeira geração, e não de segunda ou terceira. Estas imagens também podem ser impressas diretamente com impressora colorida (8-19).

No entanto, é preciso fazer um alerta em relação aos *sketchpacks* gerados por computador. Os programas de formatação de página dão aos projetistas ferramentas maravilhosas com as quais criar publicações com acabamento profissional. Porém, se você usar estes programas, certamente ficará tentado pelo fator "D+". O fator "D+" se manifesta quando um projetista gasta muito tempo fazendo o *sketchpack* parecer bem *demais*. O resultado tem dois lados: primeiro, o projetista gasta tempo e dinheiro com algo que tem a intenção de ser um simples registro das idéias *reais* de projeto – as idéias que o projetista está sendo pago para criar. Segundo, *sketchpacks* muito vistosos têm também um efeito, às vezes subliminar, de comunicar ao observador – principalmente ao cliente – que o processo de *design* já está terminado e que todas as decisões já foram tomadas. "Veja como ficou *bem acabado*!" Exerça seu bom senso ao preparar os *sketchpacks* e as apresentações. Pense duas vezes a respeito do acabamento que dará às pastas *sketchpack* e, caso *realmente* tiverem uma aparência bem acabada, se esta era sua intenção inicial.

Fig. 8-19 A imagem digital, mostrada na Figura 8-7, e impressa em tamanho grande com impressora jato de tinta, foi posteriormente produzida em tamanho 11" x 17" (279 x 431 mm) para ser distribuída dentro de um *sketchpack*. Na versão menor, o projetista modificou a cor de fundo da parte central.

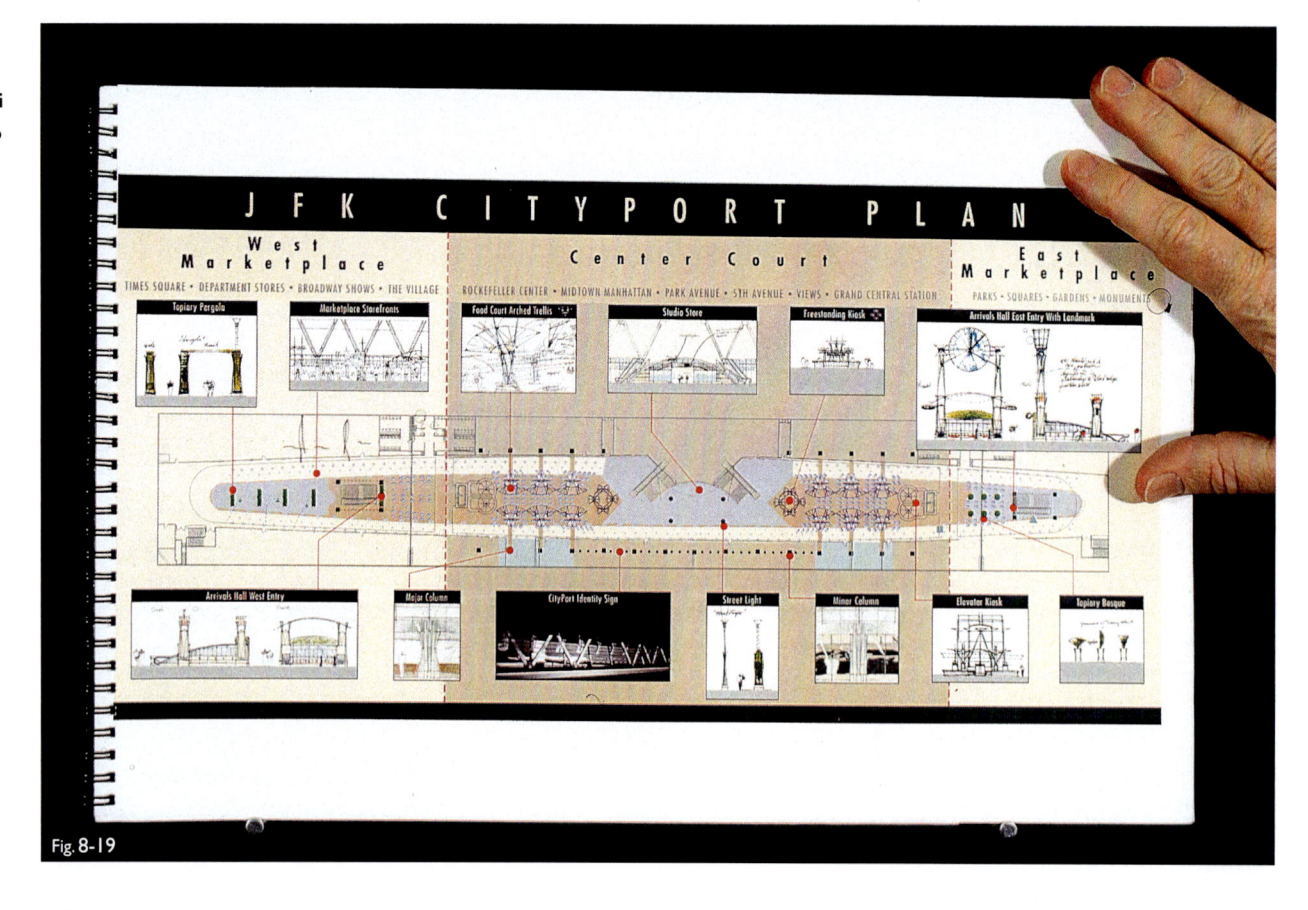

Montando o *sketchpack*

O *sketckpack* pode ter uma montagem bem simples, grampeando-se as folhas no canto superior esquerdo ou três grampos sobre uma tira de fixação, do mesmo modo como são montados os desenhos arquitetônicos (8-20). Isso requer um grampeador mais potente, caso a pasta for grossa demais para um grampeador comum.

Pode-se criar um livreto com acabamento melhorado (se for adequado), utilizando-se uma máquina de encadernação (8-21). Com a encadernação com espiral, o *sketchpack* pode se tornar um registro mais durável do processo de *design*.

Fig. 8-21 Pode-se dar um acabamento melhorado, usando uma encadernação em espiral. O aparelho de encadernação em espiral perfura diversos pontos através de um calhamaço e mantém as folhas unidas enquanto o operador monta o livreto.

Fig. 8-20 A encadernação do *sketchpack* pode variar desde um simples grampo no canto superior esquerdo (*acima*) até uma tira de fixação com três grampos (*embaixo*). As pastas mais grossas poderão exigir um grampeador mais potente, como o mostrado à esquerda na figura. (Desenhos: Taku Shimizu)

Bibliografia

Ackermann, Diane. 1091. *A Natural History of the Senses.* New York: Vintage.

Albers, Josef. 1963. *Interaction of Color.* New Haven, Conn.: Yale University Press.

American Society of Architectural Perspectivists. 1996. *Architecture in Perspective: 11th Annual International Competition of Architectural Illustration.* Rockport, N.Y.: Rockport Publishers.

Birren, Faber. 1965. *History of Color in Painting.* New York: Reinhold.

Birren, Faber. 1982. *Light, Color and Environment.* New York: Van Nostrand Reinhold.

Conran, Terence. 1993. *The Kitchen Book.* Woodstock, N.Y.: Overlook Press.

Doyle, Michael E. 1993. *Color Drawing.* Edição revisada. New York: John Wiley & Sons.

Drucker, Mindy e Pierre Finkelstein. 1990. *Recipes for Surfaces.* New York: Fireside.

Feldman, Edmund Burk. 1987. *Varieties of Visual Experience.* New York: Abrams.

Goldstein, Nathan. 1977. *The Art of Responsive Drawing.* 2d ed. Englewood Cliffs, N.J.: Prentice-Hall.

Graham, Donald W. 1970. *Composing Pictures.* New York: Van Nostrand Reinhold.

Grice, Gordon. ed. 1997. *The Art of Architectural Illustration.* New York: McGraw-Hill.

Hale, Jonathan. 1994. *The Old Way of Seeing.* Boston: Houghton Mifflin.

Hope, Augustine, e Margaret Walch. 1990. *The Color Compendium.* New York: John Wiley & Sons.

Itten, Johannes. 1973. *The Art of Color.* New York: John Wiley & Sons.

Kautzky, Theodore. 1947. *Pencil Pictures: A Guide to Their Pleasing Arrangement.* New York: Van Nostrand Reinhold.

Lockard, William Kirby. 1977. *Drawings As a Means to Architecture.* Edição revisada. Tucson, Ariz.: Pepper.

Macbeth. 1996. *Munsell Color: The Universal Language* (brochura). New Windsor, N.Y.: Macbeth.

Neumeier, Marty. "Secrets of Design: Draftsmanship." *Critique* 6 (Autumn 1997): 18-27.

Simon, Hilda. 1980. *Color in Reproduction.* New York: Viking.

Spies, Werner. 1970. *Albers.* New York: Abrams.

Street-Porter, Tim. 1989. *Casa Mexicana.* New York: Stewart, Tabori & Chang.

The Editors of *Réalités*. 1973. *Impressionism.* Secaucus, N.J.: Chartwell Books.

GLOSSÁRIO

acabamento velino Acabamento levemente texturizado, típico da cartolina. A cartolina também pode ser encontrada com um suave acabamento "folheado", mais indicado para alguns tipos de materiais, como lápis de grafite.

base, base a hidrocor Aplicação inicial de cor sobre o desenho; muitas vezes feita com hidrocor.

borda difusa de sombra Borda de sombra que muda gradativamente de sombra para luz e não forma limites nítidos.

borda não-nítida de sombra Veja *borda difusa de sombra*

borda nítida de sombra Borda de sombra com limite nítido entre a sombra e a luz.

brilho Outro termo utilizado para o croma de uma cor, também chamado de "intensidade", "saturação", ou "pureza".

cartolina (Bristol paper) Tipo de papel branco de alta qualidade, muito usado para desenhos coloridos de nível de apresentação. Este papel tem excelente textura e mostra muito bem as cores de hidrocor, lápis de cor e pastel. O acabamento "velino" de "duas camadas" é o mais adequado para os tipos de desenho mostrados neste livro e aceita bem imagem fotocopiada em preto-e-branco.

catálogo de modelos de referência Arquivo de fotografias ou recortes coloridos usado como referência para desenhar elementos, materiais e acabamentos.

chiaroscuro Sombreamento claro-escuro de uma forma ilustrada, usado para fazê-la parecer tridimensional.

cinza francês Cinza levemente amarelado ou vermelho-amarelado.

cinza frio Cinza com um tom azulado muito leve.

cinza quente Cinza levemente avermelhado.

círculo de matizes Disposição circular dos matizes, baseada na relação bilateral das cores vistas sob luz visível refratada. A disposição circular é útil aos projetistas e artistas porque torna mais evidentes as relações entre os matizes.

claridade Nível até o qual o valor de uma cor se aproxima do branco.

cobertura Camada de cor, normalmente feita com lápis de cor, mas que também pode ser feita com hidrocor ou pastel.

cobertura matizada Camada de cor, aplicada com hidrocor, lápis, ou pastel, cujos parâmetros são modificados sobre determinada superfície.

cobertura uniforme Camada de cor, feita normalmente com lápis de cor, que não varia sobre a área onde foi aplicada.

composição Disposição de elementos que se deseja que sejam vistos juntos, como um todo.

contraste Diferença perceptível entre duas partes de um mesmo parâmetro de cor. A diferença varia de sutil a forte.

contraste simultâneo Efeito criado ao colocar matizes complementares lado a lado. Cada matiz faz o outro parecer mais vivo. Também significa o fenômeno pelo qual o olhar cria a ilusão do complemento daquela cor para qual estamos olhando, mesmo que esta cor complementar não esteja presente.

cópia heliográfica (diazo print) Cópia de desenho, feita pelo processo de impressão heliográfica. A cópia é feita expondo-se o desenho, junto com o papel fotossensível, a uma luz especial e depois a um revelador, normalmente amônia. As cópias heliográficas são geralmente feitas em papel heliográfico azul, preto ou sépia, mas também existem outras cores.

cópia heliográfica em azul Cópia heliográfica de desenho feito sobre papel heliográfico azul. Ela possui fundo azulado e linhas azuis.

cópia heliográfica em preto Cópia heliográfica de desenho feito sobre papel heliográfico preto. Ela possui fundo cinza e suas linhas variam de cinza a preto.

cor neutra Cor que não tem matiz, nem croma; branco, preto e os cinzas.

corante anilina Pigmento usado como agente corante nas hidrocores. A anilina é sensível à luz ultravioleta e os desenhos que utilizam hidrocor devem ser arquivados sob forma de eslaides coloridos. Se um desenho a hidrocor for colocado em exposição, deve-se fazer uma cópia colorida em fotocopiadora jato de tinta para ser usado na exposição e guardar o original em local escuro.

croma Força de uma cor, podendo variar de fraco (quase cinza) até forte (puro). Outros termos para croma são: "saturação", "pureza", "brilho" e "intensidade".

croqui Desenho rápido e solto usado para retratar uma idéia, normalmente de natureza preliminar.

desenho de projeto Desenho exploratório usado para manifestar idéias de projeto iniciais para uso próprio ou para transmitir essas idéias a terceiros.

desenho invertido Imagem na qual o traço preto sobre fundo branco é invertido, mostrando linhas brancas sobre fundo preto. A maneira mais fácil de criar um desenho invertido é com fotocopiadora colorida (a maioria possui uma função que faz esse tipo de imagem). Para criar a área de desenho para as Figuras 4-76 até 4-78, a imagem invertida foi novamente fotocopiada com fotocopiadora em preto-e-branco para passá-la para papel sintético *mylar* fosco. Este desenho invertido, sobre papel sintético *mylar* opaco, foi posteriormente impresso sobre papel heliográfico em preto, com a fotocopiadora ajustada para a velocidade *normal*.

desenho para apresentação Desenho usado para transmitir idéias de projeto durante uma apresentação. Além de comunicar o conteúdo do projeto, os desenhos para apresentação também são preparadas como composições composições por si próprias.

desenho paralelo Desenho que utiliza linhas paralelas para criar imagens tridimensionais. Desenhos isométricos, dimétricos, axonométricos e oblíquos são tipos de desenhos paralelos.

dominante, dominância Refere-se àquilo que ocupa de forma perceptível a maior parte da superfície do desenho; termo normalmente usado em relação à presença de um parâmetro específico de cor em uma composição.

emenda Porção modificada de um desenho que é introduzida no desenho ou em uma reprodução do original.

equilíbrio Qualidade do desenho, pela qual as suas diversas partes parecem estar nas proporções adequadas em relação umas com as outras.

esboço Ver *croqui*.

esquema de matizes Conjunto de matizes selecionados para uma determinada composição, escolhidos por sua relação especial dentro do círculo de cores.

Estojos Munsell para Estudantes Série de 10 cartelas de matizes e um conjunto com o círculo de cores Munsell, uma escala de valores e uma escala de amostras de croma. Estas cartelas são boas referências para o trabalho de composição de cores e podem ser obtidas na livraria Fairchild Books, 7 West 34th Street, New York, NY 10001; tel. (1) 800-247-6622.

estratégia de valores Plano para dispor os valores principais de um desenho da forma mais adequada para as idéias contidas nele.

fixador Camada aplicada em *spray*, que evita que alguns materiais para colorir, como pastel, borrem. Os fixadores devem ser usados com cuidado, pois podem esmaecer um pouco o brilho das cores pastéis.

Fotocopiadora jato de tinta Fotoopiadora colorida, a qual, nessa obra, cria as melhores fotocópias coloridas de desenhos a cores originais.

fundo (de um desenho) Porção do desenho que ocorre atrás do centro de interesse.

Fundo (de um papel) papel opaco, branco ou colorido, colocado por baixo de um papel translúcido onde foi feito um desenho, para realçar, enfatizar, ou alterar intecionalmente certas caracteríscas do trabalho.

fundo (de uma cópia heliográfica) O valor geral do papel de cópia heliográfica que foi exposto. Quanto maior a velocidade de impressão de uma copiadora heliográfica, mais escuro se torna o fundo.

gradação Mudança gradual nos parâmetros de cor sobre uma determinada superfície. Uma gradação pode ocorrer simultaneamente em um, dois ou nos três parâmetros da superfície de uma cor.

granulação V. *textura do papel*.

guache Tinta líquida opaca.

hidrocor Objeto para aplicação de cor; a ponta, em forma de cinzel, é feita de plástico absorvente de marca registrada. O corante é composto de diluente e pigmento. O diluente pode ser álcool ou xileno, e o pigmento é corante anilina. As cores são transparentes e secam muito rapidamente depois da aplicação.

interesse espacial "A experiência antecipada de uma série de espaços e vistas [em um desenho] que [prometem] se tornar disponíveis à medida que nos movemos através do espaço" (do livro *Drawing as a Means to Architecture*, edição revisada, de William Kirby Lockard. 1977. Tucson: Pepper Publishing).

luminosidade Emissão aparente de luz.

massa de reflexo Grupo de objetos refletidos sobre janela, ou série de janelas, e que são tão escuros que, no reflexo, parecem formar uma massa única.

matiz Nome de uma cor e um dos três parâmetros da cor.

matiz frio, cor fria Matiz ou cor associado a temperaturas baixas. O azul esverdeado, o azul, o roxo azulado e o roxo são os matizes frios do círculo de cores Munsell (ver Figura 6-2). O verde e o vermelho arroxeado estão no limite entre as cores quentes e frias, e cada um pode ser transformado em cor quente ou fria.

matiz quente Matiz associado a temperaturas quentes. Os matizes vermelho, vermelho amarelado, amarelo e verde amarelado são os matizes quentes do círculo de cores Munsell (veja Figura 6-2). O verde e o vermelho arroxeado formam o limite entre os matizes quentes e frios, e cada um pode ser transformado em cor quente ou fria.

matizes análogos Matizes relacionados entre si por se situarem lado a lado dentro do círculo de cores.

matizes complementares Matizes diametralmente opostos um ao outro no círculo de cores. Quando colocados lado a lado, cada um faz o outro parecer mais intenso.

mesclar Criar uma mistura de cores diferentes, na qual cada cor mantém um pouco de sua identidade original. A mescla é muito usada em ilustrações em aquarela, e um efeito parecido pode ser obtido com hidrocor, lápis de cor e pastel.

mistura medial Cor obtida de uma mistura visual de diversas cores individuais.

mistura visual Cor resultante da mistura visual de diversas cores diferentes (veja também *mistura medial*).

modelos de referência Elementos que são acrescentados a um desenho de projeto, como figuras humanas e automóveis, e que ajudam a dar escala e contexto ao desenho.

modo Grupo de valores intimamente relacionados e que dominam as cores de uma composição. Os valores claros dominam em uma composição em "modo maior", e os valores escuros dominam em uma composição em "modo menor".

monocromático Algo que tem, ou consiste de, um único matiz. Em um esquema monocromático de matiz, os parâmetros valor e croma podem variar, mas só se utiliza um único matiz.

paleta Seleção de cores usadas para um objetivo específico ou uma série de finalidades semelhantes.

papel Canson Tipo de papel para desenho, texturizado, de alta qualidade, que mostra bem as cores de hidrocor, lápis de cor e pastel. Também pode ser usado em fotocopiadoras; no entanto, é preciso usar *spray* fixador; por exemplo, o *spray* acrílico Krylon Crystal Clear, já que o *toner* da fotocopiadora não adere bem a esse tipo de papel, devido à sua textura. O papel Canson faz parte da linha de papéis Mi-Tienes, fabricados por Canson-Talens.

papel colorido Papel não branco, com superfície cinza ou colorida. Os papéis coloridos mais comumente usados para desenhos de projeto a cores são papel cópia heliográfica (passado pela copiadora heliográfica a uma velocidade maior que a normal), papel Canson, e papel manteiga branco com um fundo de papel colorido ou papel *kraft* por baixo.

papel sulfite Tipo de papel branco, barato, usado na maioria das fotocopiadoras em preto-e-branco. Se possível, utilize papel sulfite de gramatura 90 ou mais espesso para fazer os desenhos coloridos.

papel velino Papel translúcido para desenho, mais pesado que o papel manteiga branco, indicado para impressão heliográfica. Um tipo bem comum é o Clearprint 1000H.

parâmetro de cor Qualidade perceptível, mensurável de uma cor. As cores têm três parâmetros: matiz, valor e croma. Cada um deles pode, em tese, ser modificado sem afetar os outros dois.

pastel Bastão de cor feito por uma combinação de pigmento seco com aglutinante metilcelulose.

pastel "rápido" Desenho colorido criado muito rapidamente com uso de pastel.

permanência retínica Imagem vista flutuando ante os olhos depois que o estímulo foi afastado.

perspectiva aérea Vista de cima, estando o desenho abaixo da linha do horizonte. Esse tipo de perspectiva é conhecido também por "perspectiva a olho de pássaro".

perspectiva atmosférica Forte ilusão de distância causada pelas mudanças gradativas nas cores à medida que se afastam do observador. Normalmente, as cores ficam mais fracas em croma, mais intensas em valor e mudam o matiz para a faixa do roxo e do azul arroxeado. No Brasil, os profissionais chamam este efeito de perspectiva aérea.

pontilhado Adição de pequenos pontos sobre um desenho, geralmente com caneta ou lápis, criando uma textura.

primeiro plano Porção do desenho que fica à frente do centro de interesse. Os elementos do primeiro plano são seguidamente utilizados em composição para fazer o plano intermediário parecer mais luminoso e para ajudar a "emoldurar" o centro de interesse.

projetor LCD digital Projetor que projeta uma imagem a partir do computador, normalmente um *laptop*, de forma semelhante ao projetor de eslaides. No Brasil, é mais conhecido como "projetor multimídia".

proporção Relação entre as diversas partes de um objeto.

Proporção Áurea Guia para as relações de proporção entre duas partes de determinado objeto; desenvolvida pelos gregos, segundo os quais, a relação da parte menor com a parte maior é a mesma que a parte maior tem com o todo.

realce Ponto ou área mais clara de uma superfície, em geral produzido por fonte de luz ou reflexo especular.

rebaixamentos Pequenas áreas de sombreados, sombras e reflexos muito escuros de um objeto que normalmente também possui realces.

reforçar a sombra Ato de tornar a sombra mais escura em direção a sua borda, de modo que a superfície iluminada próxima à sombra pareça mais clara devido ao contraste. Esta expressão também significa o contrário, ou seja, clarear uma área iluminada perto de uma sombra.

refratar Quebrar a luz branca nas cores que a compõem, normalmente através de prisma ou como se vê no arco-íris. As cores que compõem a luz branca são: vermelho, laranja, amarelo, verde, azul, anil e violeta.

remendo Porção do desenho que foi modificada e aplicada diretamente sobre o original ou sobre cópia do original.

repetição Forma de ritmo na qual uma característica é repetida por todo o desenho.

retrocolor Aplicação de cor sobre o verso de desenho em papel translúcido, como papel manteiga branco.

retrocolor híbrido Desenho em *retrocolor* cuja imagem no lado direito foi criada por computador e à mão livre.

ritmo Fluxo ou movimento aparente, caracterizado pela repetição, a intervalos regulares, de elementos ou características. No desenho colorido, o ritmo pode ser criado através de gradações e repetições.

saturação Croma da cor, seu grau de pureza, podendo variar de fraco, ou acinzentado, até forte ou vivo.

***setup* de um desenho** Imagem que fornece as diretrizes básicas para um desenho, em geral uma vista em perspectiva. Os *setup* de desenho podem ser croquis à mão, grade de computador, fotografias reais ou de maquetes.

sistema Munsell de cores Sistema no qual as cores são organizadas visualmente em vez de serem dispostas de acordo com as misturas de pigmentos ou corantes. Foi criado por Albert H. Munsell em 1898, e a empresa Munsell Color Company foi fundada logo após sua morte, em 1918. Este sistema, como todos os outros, originou-se da necessidade de descrever as cores em termos precisos.

sketchpack Coleção de desenhos preliminares, agrupados em um tamanho padrão e fácil de manusear, usado para modificações posteriores; normalmente tem 11" x 17" (280 x 432 mm). Este termo foi criado na CommArts.

sombra Ausência de luz direta sobre uma superfície, devido ao bloqueio exercido por algum objeto.

sombreado Diminuição de luz sobre uma superfície voltada para o lado oposto à fonte de luz.

subordinado Aquela parte de uma composição de cores que não possui as características dominantes da composição.

tabela de matizes Tabela de amostras de um matiz que mostra sua escala de valor e de saturação. A extensão desta escala depende do material para colorir utilizado.

temperar uma cor Leve cobertura que confere apenas uma sutil nuança de cor; normalmente, utiliza-se lápis de cor.

textura (do papel) Às vezes chamado de "grão" do papel. Um papel de textura fina, como cartolina, tem menos "granulação" aparente que um papel de textura áspera, como o Canson.

tom local Valor inerente a um objeto, independentemente de sua iluminação.

transferência Reprodução de um desenho a traço, normalmente em fotocopiadora em preto-e-branco, obtida do desenho acabado.

transparência Diapositivo transparente de filme a cores, cuja versão em 35 mm também é conhecida por "eslaide".

tríade Quaisquer três matizes que estão em pontos eqüidistantes do círculo de cores

união Característica de uma composição, na qual as diversas partes agem em conjunto para criar uma idéia única.

valor A claridade ou obscuridade de uma cor ou área sem cor.

valor espectral O valor de uma cor quando mostrada em seu croma mais forte.

valores principais Grandes áreas contínuas em um desenho, com valores similares.

vigor Impacto visual de um desenho, normalmente criado pelo contraste de valor.

xileno Solvente orgânico de secagem rápida, usado nas hidrocores como diluente para o corante anilina. As hidrocores à base de xileno devem ser usadas em locais com boa ventilação.

Créditos das Ilustrações

Fig. 1-2. Conforme fotografia na obra *Casa Mexicana*, de Tim Street-Porter. 1989. New York: Stewart, Tabori & Chang, Inc.

Fig. 1-3. Conforme fotografia na obra *The Kitchen Book*, de Terence Conran. 1993. Woodstock, New York: Overlook Press. A fotografia possui os seguintes créditos: "Rodney Hyett/Elizabeth Whiting and Associates (B. B. P. Architects, Melbourne, Austrália)."

Fig. 1-8. Modificações sugeridas para o centro Citywalk, Los Angeles. CommArts, projetistas, em colaboração com Houston Tyner, arquitetos, para Universal Studios, Hollywood.

Fig. 2-11. Park Meadows, Denver. CommArts, projetistas, em colaboração com Anthony Belluschi Architects, para TrizecHahn.

Fig. 2-12. *The American Queen* (o nome sugerido inicialmente foi *Belle of America*). CommArts, projetistas, para a Delta Queen Steamboat Company.

Fig. 2-13. Remodelação na Clark Street, St. Louis. CommArts, projetistas, para Judd Perkins.

Fig. 2-14. Plaza de Las Fuentes, Pasadena. CommArts, projetistas, projeto de reforma, para Maguire Thomas Partners. O arquiteto da construção original foi Moore Ruble Yudell.

Fig. 2-15. Bairro Uptown em Houston. CommArts, projetistas, em colaboração com Slaney Santana Group, arquitetos paisagistas, para Harris County Improvement District # 1.

Fig. 2-16. Estação Férrea de St. Louis. CommArts, projetistas, em colaboração com HOK, arquitetos, para a Rouse Company.

Fig. 3-15. Ontario Mills, Los Angeles, CommArts, projetistas, em colaboração com Feola Carli Archuleta, arquitetos, para a Mills Corporation.

Fig. 3-16. Southwest Plaza, Denver. CommArts, projetistas, para a Jordon Perlmutter Properties.

Fig. 3-17. Prestonwood, Dallas. CommArts, projetistas, em colaboração com Jerde Partnership, projetistas e arquitetos, para TrizecHahn.

Fig. 3-18. Complexo de Salas de Cinema Odeon Theater junto ao centro Citywalk, Los Angeles. CommArts, projetistas, em colaboração com Houston / Tyner, arquitetos, para a Universal Studios, Hollywood.

Fig. 3-22, 3-27 e 3-28. Centro de moda Fashion Place, Salt Lake City. CommArts, projetistas, em colaboração com Feola Carli Archuleta, arquitetos, para a Hahn Company.

Fig. 3-23. Restaurante The Harvest, Denver. CommArts, projetistas, para Jim e Paul Turley.

Fig. 3-24. Projeto de reforma para a escadaria na antiga estação do trem funicular Angel's Flight, Los Angeles. Escadaria criada por Lawrence Halprin and Associates. Projeto para Maguire Thomas Partners.

Fig. 3-25. O Edifício Maxim, Boulder, Colorado. CommArts, projetistas, em colaboração com The Hunter Group, arquitetos, para 901 Walnut Street, L.L.C.

Fig. 3-26. Projeto de reforma para o centro Citywalk, Los Angeles. CommArts, projetistas, em colaboração com Houston / Tyner, arquitetos, para Universal Studios, Hollywood.

Fig. 3-29. Estação Ferroviária de St. Louis. CommArts, projetistas, em colaboração com HOK, arquitetos, para a Rouse Company.

Fig. 3-30. Estação Férrea de St. Louis. CommArts, projetistas, em colaboração com HOK, arquitetos, para a Rouse Company.

Fig. 4-6. Centro comercial Pearlridge Mall, Honolulu. CommArts, projetistas, em colaboração com Feola Carli Archuleta, arquitetos, para a Northwestern Mutual Life e a E. Phillip Lyon Co.

Fig. 4-8. Centro Comercial The Prudential Center, Boston. CommArts, projetistas, em colaboração com Sikes, Jennings, Kelly and Brewer, arquitetos, para a Prudential Property Company.

Fig. 4-10. Cafeteria Brothers Coffee, Nova York. CommArts, projetistas, para a Gloria Jean Coffee Company.

Fig. 4-46. Centro comercial Perimeter Mall, Atlanta. CommArts, projetistas, em colaboração com D'Augustino, Izzo, Quirk, arquitetos, para a Rouse Company.

Fig. 4-78. Centro Comercial Pearlridge Mall, Honolulu. CommArts, projetistas, em colaboração com Feola Carli Archuleta, arquitetos, para a Northwestern Mutual Life e E. Phillip Lyon Co.

Fig. 4-91. Bairro Uptown de Houston. CommArts, projetistas, em colaboração com SlaneySantana Group, arquitetos paisagistas, para Harris County Improvement District #1.

Fig. 4-120. Projeto para o Gramado do Palácio da Justiça do Condado de Boulder, Colorado. CommArts, projetistas, para o Comissário Heath do Condado de Boulder.

Fig. 4-135. O Edifício Maxim, Boulder, Colorado. CommArts, projetistas, em colaboração com The Hunter Group, arquitetos, para 901 Walnut Street, L.L.C.

Fig. 4-137. A passagem Westminster Promenade, Westminster, Colorado. CommArts, projetistas, em colaboração com Martin and Martin Engineers, para a Prefeitura de Westminster.

Fig. 5-1. Projeto de reformas do centro Citywalk, Los Angeles. CommArts, projetistas, em colaboração com Houston / Tyner, arquitetos, para a Universal Studios, Hollywood.

Fig. 5-2. Projeto de reformas para o bairro Uptown em Houston. CommArts, projetistas, para o Metrô de Houston.

Fig. 5-3. Hollywood Athletic Club, Los Angeles. Projeto de reformas. CommArts, projetistas, para o Hollywood Athletic Club.

Fig. 5-6. Brothers Coffee, Nova York. CommArts, projetistas, para a Gloria Jean Coffee Company.

Fig. 5-16. O Edifício Maxim, Boulder, Colorado. CommArts, projetistas, em colaboração com The Hunter Group, arquitetos, para 901 Walnut Street, L.L.C.

Fig. 6-1. A Exposição de San Diego. Bertram Goodhue, arquiteto. Ilustração por Birch Burdette Long, do livro *Color in Sketching and Rendering*, de Arthur Guptill. 1935. New York: Reinhold Publishing.

Firg. 6-3. Complexo turístico The Seasons at Avon, em Avon, Colorado. CommArts, projetistas, em colaboração com Victor Mark Donaldson, arquitetos, para a Gart Companies.

Fig. 6-8. Concorrência para a Embaixada dos Estados Unidos em Berlim. Moore Ruble Yudell Architects. Aquarela sobre lápis, 18" x 24" (460 x 610 mm). Ilustração por Douglas E. Jamieson, 8271/2 Via de la Paz, Pacific Palisades, CA 90272 (tel. [310] 573-1155).

Fig. 6-9. Embaixada dos Estados Unidos no Cairo, Egito. The Architects Collaborative (TAC), arquitetos. Aquarela. Ilustrado por Frank M. Constantino. F.M. Constantino, Inc., 138 Pauline Street, Winthrop, MA 02152 (tel. [617] 846-4766).

Fig. 6-10. Projeto de Praça, Olimpíadas 2000, Istambul, Turquia. Thomas W. Schaller, AIA, em colaboração com Stang & Newdow / Atlanta. Aquarela, 36" x 24" (914 x 610 mm). Ilustração por Thomas W. Schaller, da Schaller Architectural Illustration, 2112 Broadway, Suite 407, New York, NY 10023 (-tel [212] 362-5524).

Fig. 6-12. The Flamingo, Kansas City. CommArts, projetistas, em colaboração com Gould Evans Goodmann Associates, arquitetos, para HHC / Development.

Fig. 6-13. O Edifício Maxim, Boulder, Colorado. CommArts, projetistas, em colaboração com The Hunter Group, arquitetos, para 901 Walnut Street, L.L.C.

Fig. 6-14. Plano de Urbanização de Teltow, Zeidler Roberts Partnership. Aquarela sobre lápis, $6^{1}/2$" x $8^{1}/2$" (165 x 216 mm). Ilustração de Douglas E. Jamieson, 8271/2 Via de la Paz, Pacific Palisades, CA 90272 (tel. [310] 573-1155).

Fig. 6-15. Museu de Arte. Materiais mistos. Ilustração por Ronald J. Love, da Ronald J. Love Architectural Illustration, 3891 Bayridge Avenue, West Vancouver, BC V7V3J3, Canadá (tel. [604] 922-3033).

Fig. 6-16. Da obra *The City*. Aquarela, 30" x 22" (762 x 559 mm). Ilustração por Thomas W. Schaller, da Schaller Architectural Illustration, 2112 Broadway, Suite 407, New York, NY 10023 (tel. [212] 362-5524).

Fig. 6-17. Estudo de vitrina de exposição para a torre da Gas Company, Los Angeles. CommArts, projetistas de vitrinas, para a Maguire Thomas Partners.

Fig. 6-18. Projeto do Centro de Pesquisa de Hidroponia, Uruguai. Thomas W. Schaller, AIA, arquiteto. Aquarela, 18" x 24" (460 x 610 mm). Ilustração por Thomas W. Schaller, da Schaller Architectural Illustration, 2112 Broadway, Suite 407, New York, NY 10023 (tel. [212] 362-5524).

Fig. 6-19. Estudo para The Old Orchard, Chicago. CommArts, projetistas, para a Equity Properties.

Fig. 6-20. Clube The Rattlesnake, Denver. CommArts, projetistas, para o Rattlesnake Club Associates.

Fig. 6-21. Condomínio Naples Beachfront Cottages, pelo Architectural Design Group, arquitetos. Ilustração por Curtis James Woodhouse, 3903 Loquat Avenue, Miami FL 33133 (tel. [305] 476-8098).

Fig. 6-22. Ilustração por Edward Dixon McDonald, da obra *Color in Sketching and Rendering*, de Arthur Guptill. 1935. New York: Reinhold Publishing.

Fig. 6-23. Park Meadows, Denver. CommArts, projetistas, em colaboração com a Anthony Belluschi Associates, arquitetos, para a TrizecHahn.

Fig. 7-12. Centro Santa Monica Place (reforma), Santa Monica. CommArts, projetistas, em colaboração com a Ray Bailey Architects, para a Rouse Company.

Figs. 7-14, 7-15. Bairro Uptwon de Houston. CommArts, projetistas, em colaboração com Slaney Santana, arquitetos paisagistas, para a Harris County Improvement District #1.

Fig. 7-16. Madison Square Garden, Nova York. CommArts, projetistas, em colaboração com Gensler, arquitetos, para a Madison Square Garden.

Fig. 7-23. Centro comercial Perimeter Mall, Atlanta. CommArts, projetistas, em colaboração com D'Augustino, Izzo, Quirk, arquitetos, para Rouse Company.

Fig. 7-30. Park Meadows, Denver. CommArts, projetistas, em colaboração com a Anthony Belluschi Architects, para a TrizecHahn.

Figs. 7-38, 7-39. Centro comercial Downtown Boulder Mall, Boulder, Colorado. CommArts, Everett / Zeigel Associates e Sasaki Associates, Inc., equipe de projeto, para a Prefeitura de Boulder.

Fig. 7-40. Projeto de reformas para o centro Citywalk, Los Angeles. CommArts, projetistas, em colaboração com Houston / Tyner, arquitetos, para a Universal Studios, Hollywood.

Fig. 4-47. Torre do World Trade Center, Nova York. Concorrência para Projeto de Reforma. CommArts, projetistas, em colaboração com HOK New York, arquitetos, para LCOR, Inc., e o Departamento de Portos de Nova York e New Jersey.

Fig. 7-53. Madison Square Garden, Nova York. CommArts, projetistas, em colaboração com Gensler, arquitetos, para a Madison Square Garden.

Figs. 7-60, 7-66. O Edifício Maxim, Boulder, Colorado. CommArts, projetistas, em colaboração com The Hunter Group, arquitetos, para a 901 Walnut Stree, L.L.C.

Fig. 7-67. O Mercado Faneuil Hall, Boston. Benjamin Thompson Associates para a Rouse Company.

Fig. 7-69. Projeto de reformas para o centro Citywalk, Los Angeles. CommArts, projetistas, em colaboração com Houston / Tyner, arquitetos, para a Universal Studios, Hollywood.

Fig. 7-70. Restaurante Mr. Steak, Denver. CommArts, projetistas, em colaboração com Archiventure, arquiteto, para a Omnivest, Inc.

Fig. 7-71. Ontario Mills, Los Angeles. CommArts, projetistas, em colaboração com Feola Carli Archuleta, arquitetos, para a Mills Corporation.

Figs. 7-72, 7-78. Centro comercial Perimeter Mall, Atlanta. CommArts, projetistas, em colaboração com D'Augustino, Izzy, Quirk, arquitetos, para a Rouse Company.

Fig. 7-79, 7-83. O Edifício Maxim, Boulder, Colorado. CommArts, projetistas, em colaboração com The Hunter Group, arquitetos, para a 901 Walnut Street, L.L.C.

Fig. 7-84, 7-86. Centro comercial Perimeter Mall, Atlanta. CommArts, projetistas, em colaboração com D'Augustino, Izzy, Quirk, arquitetos, para a Rouse Company.

Fig. 8-1. Centro One Beaver Creek, Avon, Colorado. CommArts, projetistas, em colaboração com Gwathmey Pratt Schultz, arquitetos, para a Vail Associates.

Fig. 8-2. Ponte para Buffalo Bayou, bairro Uptown de Houston. CommArts, projetistas, para o Metrô de Houston.

Fig. 8-3. Passagem para pedestres, bairro Uptwon de Houston. CommArts, projetistas, para o Metrô de Houston.

Fig. 8-5. Estudo para os jardins do Salão de Festas do Hotel Westin, Westminster, Colorado. CommArts, projetistas, para a Prefeitura de Westminster.

Fig. 8-6. La Vega, Barcelona, Espanha. CommArts, projetistas, em colaboração com INGECO, engenharia e coordenação, para Jean Louis Solal, JLSI.

Fig. 8-7. Terminal Internacional do Aeroporto JFK, Nova York. CommArts, projetistas, em colaboração com Skidmore, Owings and Merrill, arquitetos, para a LCOR, Inc., e o Departamento de Portos de Nova York e New Jersey.

Fig. 8-18. La Vega, Barcelona, Espanha. CommArts, projetistas, em colaboração com INGECO, engenharia e coordenação, para Jean Louis Solal, JLSI.

Fig. 8-19. Terminal Internacional do Aeroporto JFK, Nova York. CommArts, projetistas, em colaboração com Skidmore, Owings and Merrill, arquitetos, para a LCOR, Inc., e o Departamento de Portos de Nova York e New Jersey.

Fig. 8-20. Ontario Mills, Los Angeles (*acima*). CommArts, projetistas, em colaboração com Feola Carli Archuleta, arquitetos, para a Mills Corporation. Lake Forest, Lifestyle Cafe (*embaixo*). CommArts, projetistas, para a Taubman Company.

ÍNDICE

Abajur de mesa, iluminação, 122-125
Acabamento de piso em cerâmica, 85
Acabamento de piso em granilito, 82
Acabamento em lambris, 91
Acabamentos de pisos de pedra (talhada e polida), 83-84
Acabamentos de pisos, 79-87
    granilito, 82
    ladrilho, 85
    madeira, 79-80
    pedra (talhada e polida), 83-84
    planta baixa, interiores, 86-87
    tapetes, 80-81
Acabamentos em lambris de madeira, 91
Acabamentos para piso de madeira, 79-80
Acessórios de vidro, 110-111
Acessórios em metal, 112-114
Acessórios em pedra, 109-110
Acessórios para banheiros, 115-117
Acessórios, 128-132
    acessórios gerais, 130-131
    lareira, 132
    pinturas, gravuras e fotografias, 128-129
Acessórios. *Veja também* Móveis e acessórios
    metais, 112-114
    para banheiro, 115-117
Aglutinante metilcelulose, pastel, 41
Água agitada, 152-155
Água corrente, 152-155
Água tranqüila:
    primeiro plano, 146-149
    segundo plano, 150-151
Água, 146-155
    água agitada, 152-155
    água tranqüila (primeiro plano), 146-149
    água tranqüila (segundo plano), 150-151
Amanhecer, céu, 220-222
Anoitecer:
    céu ao, 220-222
    desenho sobre papel manteiga, 316-320
Aplicação dos materiais de colorir, 51-59
    coberturas
        cobertura matizada, 54
        cobertura uniforme, 52-53
        técnicas de modificação, 55-59
            hidrocor sobre hidrocor, 55-57
            lápis sobre hidrocor e pastel, 59
            pastel sobre hidrocor, 58
Apresentação em pequena escala, 336-340
Apresentação para grande público, 340-346
Apresentação pequena sobre parede, distribuição, 346-347
Apresentação, 335-346. *Veja também* Distribuição em grande escala, 340-346

em pequena escala, 336-340
    tamanho, 336
    tecnologia, 335
Arandela, iluminação, 122-125
Arbustos perenes, 144-145
Arbustos, 142-145
    de folhas caducas, 142-143
    perenes, 144-145
Área dominante, composição de imagem, 261-262
Área subordinada, composição de imagem, 261-262
Área, composição de imagem, 261-262
Arquivo de decalques para copiar, desenho de figuras humanas, 227
Árvores de folhas caducas. *Veja* Árvores
Árvores perenes, 204-208. *Veja também* Árvores
Árvores, 192-210
    de folhas caducas
        com folhas (primeiro plano), 198-199
        com folhas (segundo plano), 200-201
        com folhas (técnica abreviada), 202-203
        sem folhas (com fundo matizado), 197
        sem folhas (primeiro plano) 192-194
        sem folhas (segundo plano e fundo), 195-196
    palmeiras, 209
    perenes, 204-208
        primeiro plano, 204-206
        segundo plano e fundo, 207-208
    trepadeiras, 210
Assimetria, composição de imagem, 260-261
Automóveis, 236-240

Bauhaus, 244
Bloco de concreto, paredes de alvenaria, 168-169
Brilho, claro e escuro, arranjos de, 25
Brilhos, realces, 43
Calçamento de pedra, 135-136
Característica dominante, composição de imagem, 255, 257
Características subordinadas, composição de imagem, 255, 257
Cartolina:
    Copiadora jato de tinta, hidrocores, 36
    descrição, 49
    desenhando sobre, 281-285
    transferir para, 273
    Veja também Fotocópia
Cenário campestre, 213-214
Cenário urbano, 211-212
Cenário, 211-214
    campestre, 213-214
    urbano, 211-212

Céu diurno:
    aberto, 218-219
    com nuvens, 223
Céu, 218-223
    anoitecer ou amanhecer, 220-222
    diurno
        aberto, 218-219
        com nuvens, 223
Chafarizes, água agitada, 152-155
Chiaroscuro, luz, 16
Chrevreul, M. E., 17
Cinza francês, hidrocores, 36
Cinzas, hidrocores, 36
Círculo de cores, parâmetros de cor, 26, 27
Círculo de matizes, parâmetros de cor, 26, 27
Claridade, parâmetros de cor, 26
Cobertura matizada, descrição, 54
Cobertura uniforme, descrição, 52-53
Cobertura vegetal, 140-141
Cobertura, definição, 52. *Veja também* Aplicação de materiais para colorir
Composição em modo maior, contraste de valor, 250-251
Composição em modo menor, contraste de valor, 250-251
Composição, 243-265. *Veja também* Contraste
Contraste de cor. *Veja* Contraste
Contraste de croma forte, 252-254
Contraste de croma, médio a fraco, 252-254
Contraste de Matiz:
    escala de, 244-245
    quente-frio, 248-249
    simultâneo, 247
Contraste de valor, 250-251
Contraste frio-quente de matiz, 248-249
Contraste matiz quente-frio, 248-249
Contraste simultâneo:
    matiz, 247
    sombreado, 17
Contraste, 244-254
    composição, 255-265
        equilíbrio, 260-261
        imagem unificada, 255-259
        proporção, 261-264
        ritmo, 265
    contraste de croma, 252-254
    contraste de matiz, 244-249
        quente-frio, 248-249
        simultâneo, 247
        variação em, 244-245
    contraste de valor, 250-251
    poder do, 244-245
Controles por computador, parâmetros de cor, 29, 31

Cópias em preto, cópias heliográficas, 291-292
Cópias heliográficas:
    desenhando sobre, 291-298
    fundos coloridos, 70
    hidrocores, 36
    papel manteiga, *retrocolor*, 300
    papel, 45-46
    transferência, 273-274
Cor complementar:
    contraste de matiz, 247
    sombreado, 17
Cor, 15-31
    chiaroscuro, 16
    composição e, 243-265. *Veja também* Composição
    gradação, 18
    luminosidade, 22-23
    multiplicidade de, 19
    nível de luz e, 24
    perspectiva atmosférica, 20-21
    reflexo, 20-21
    sombreado, 17
    tom local, 16
Corante anilina, hidrocores, 35, 36
Cortinas de rolo, janelas, 97
Cortinas transparentes, janelas, 96
Cortinas, cortinas transparentes, janelas, 96
Cortinas, janelas, 95
Croma, contraste de, 252-254
Croma, parâmetros de cor, 28

Declives (paisagismo), 139
Delineamento, móveis, 101-102
Desenho a traço, 267-269
    croqui colorido, 268
    em geral, 267-268
    níveis de espaço, 268-269
Desenho de figuras humanas, 226-235
    arquivo de modelos para copiar, 227
    escala e animação, 226
    processo de desenho de projeto, 232-235
    simplicidade e credibilidade, 227-231
Desenho sobre papel branco, 275-285
    cartolina, 281-285
    papel sulfite, 275-280
Desenho sobre papel colorido, 286-298
    sobre cópias heliográficas, 291-298
    sobre papel Canson, 286-290
    vantagens do, 286
Desenho sobre papel manteiga:
    retrocolor híbrido, 305-308
    retrocolor, 299-304
    vantagens, 299-300
    vista ao anoitecer, 316-320

vista diurna, 309-315
Distribuição, 346-349. *Veja também* Apresentação
  encadernação do *sketchpack*, 349
  pequena apresentação sobre parede, 346-347
  sketckpack gerado via computador, 348

Efeitos de luz, técnicas, 62-67
Emenda, modificações e correções, 330-332
Encostas, 139
Equilíbrio, composição de imagem, 260-261
Escala:
  comparação de proporção, composição de imagem, 264
  desenho a traço, 267, 268
  desenho de figuras humanas e, 226, 229
Escuro:
  claro e, arranjos de, 24
  parâmetros de cor, 26
Eslaides, apresentação, 339-345
Espaço, camadas de, desenho linear, 268-269
Espelhos d'água, água agitada, 152-155
Estantes de livros, acessórios gerais, 130-131
Estojo Munsell para Estudantes, parâmetros de cor, 29, 30
Estratégia de valor, processo de desenho de projeto, 270-272
Estudo de valor, criação de, 270-272

Face externa da parede, 162-177. *Veja também* Plano da parede
  alvenaria, 168-174
    concreto pré-moldado, 174
    pedra (dimensionada em fiada contínua), 173
    pedra (contrafiada e esquadrejada de modo rudimentar), 171-172
    reboco e bloco de concreto, 168-169
    tijolo (plano intermediário), 170
  madeira, 162-167
    revestimento lateral, 164-165
    tábua com mata-juntas e tábuas sobrepostas, 166-167
    telhas *shingle*, 162-163
  metal, 175-177
Fator D+, *sketchpack* gerado via computador, 348
Flores, acessórios gerais, 130-131
Folhas de suporte, 339
Fotocópia:
  apresentação, 335, 337. *Veja também* Apresentação
  cópias heliográficas, 291-292
  desenho a traço, 268
  distribuição, 346-347. *Veja também* Distribuição
  hidrocores, 36
  papel Canson, 47
  papel manteiga, *retrocolor*, 300
  papel sulfite, 48, 275-276
  processo de desenho de projeto, 324
  reflexos metalizados, 43

transferência, 273-274
Fotografias:
  acessórios, 128-129
  papel sulfite, 278
  processo de desenho de projeto, 324-325
  transparências coloridas, apresentação, 339-345
Fundos coloridos, descrição, 70-76

Goldstein, Nathan, 16
Gradação, luz, 18
Grama, 138-139
Grau de cinza, parâmetro de cor, 28
Gravuras, 128-129
Grupos de móveis, 103-104
Guache, realces, 43

Harmonia, parâmetros de cor, 29
Hidrocor AD, 37
Hidrocor Prismacolor, 37
Hidrocores:
  hidrocor sobre hidrocor, técnicas de modificação, 55-57
  lápis sobre hidrocor e pastel, técnicas de modificação, 59
  materiais de cor, 35-38
  pastéis e, 43
  pastel sobre hidrocor, técnicas de modificação, 58
  recomendações para, 78
  transferência, 273-274

Iluminação especializada, 126-127
Iluminação fixa no teto, 119-121
Iluminação neon, 126-127
Iluminação sobre trilho, 119-121
Iluminação, 118-127
  especializada, 126-127
  fixa no teto, 119-121
  sobre a parede, 122-125
Iluminação, fundos coloridos, 70
Imagem tonal Form-Z, *retrocolor* híbrido, 305
Imagem unificada, contraste, 255-259
Impregnante, 108, 162
Impressões de materiais, técnica, 60-61
Impressoras:
  apresentação, 335, 337
  distribuição. 346-347. *Veja também* Distribuição
  papel sulfite, 275-276, 278
Itten, Johannes, 244

Janelas externas, 178-191. *Veja também* Janelas à luz do dia
  em primeiro plano, 178-181
  grandes edifícios, 190-191
  segundo plano, 182-187
  à noite, 188-189
Janelas, 92-98. *Veja também* Janelas externas
  cortina em rolo, 97
  cortinas transparentes, 96

cortinas, 95
venezianas, 98
vista diurna, 92-93
vista noturna, 94

Kautzky, Ted, 25

Lâmpadas, iluminação, 122-125
Lápis de grafite, desenho a traço, 268
Lápis sobre hidrocor e pastel, aplicação de materiais de colorir, técnicas de modificação, 59
Lápis:
  lápis sobre hidrocor e pastel, técnicas de modificação, 59
  materiais de colorir, 39-40
Lareira, acessórios, 132
Localização, móveis, 101-102
Lockard, William Kirby, 269
Luminária de pé, iluminação, 122-125
Luminosidade:
  claro e escuro, arranjos de, 25
  cor, 22-23
Luz:
  chiaroscuro, 20-21
  claro e escuro, arranjos de, 24
  gradação, 18
  luminosidade, 22-23
  multiplicidade de cor, 19
  nível de, cor e, 24
  parâmetros de cor, 26
  perspectiva atmosférica, 20-21
  reflexo, 20-21
  sombreado, 17
  tom local, 16

Madeira, face externa da parede, 162-167. *Veja também* Face externa da parede
Materiais de colorir, 35-43. *Veja também* Materiais
Materiais de desenho, 33-43. *Veja também* Papel
  materiais de cor, 35-43
    hidrocores, 35-38
    lápis, 39-40
    pastéis, 41-43
  materiais para traço, 33-35
  realces, 43
  tecnologia, 33-34
Material para traçado, descrição, 33-35
Matiz, parâmetros de cor, 26, 28
Meio de transporte, transferência, 273-274
Mescla:
  composição de imagem, 255, 257
  multiplicidade de cor, 19
Microlâmpadas, 126-127
Misturas mediais, multiplicidade de cor, 19
Modificações e correções, 326-334
  emenda, 330-332
  por computador, 333-334
  remendo, 326-329
Modificações via computador, 333-334
Móveis de couro, 105

Móveis de madeira, 108-109
Móveis de vime, 107
Móveis e acessórios, 101-114
  acessórios para banheiro, 115-117
  couro, 105
  esboço e localização, 101-102
  grupos de, 103-104
  madeira, 108-109
  metais, 112-114
  pedra, 109-110
  tecido, estampado, 106
  vidro, 110-111
  vime, *rattan* e cana-da-índia, 107
Móveis em cana-da-índia, 107
Móveis em *rattan*, 107
Multiplicidade de cor, 19

Níveis, desenho a traço, 268-269
Nuvens, céu diurno, 223

Observações à mão, processo de desenho de projeto, 321
Observações, processo de desenho de projeto, 321-323

Página gerada por computador, processo de desenho de um projeto, 322
Paletas:
  hidrocores, 36, 38
  lápis de cor, 39-40
Palmeiras, 209
Papel branco, 48-49
  cartolina, 49
  papel sulfite, 48
Papel Canson:
  descrição, 47
  desenhando sobre, 286-290
  fundo colorido, 71
  transferir para, 273
Papel colorido, 45, 47
  cópias heliográficas, 45-46
  papel Canson, 47
Papel *kraft*, fundos coloridos, 71
Papel manteiga:
  automóveis, 236
  descrição, 44
  desenho de figuras humanas, 232
  transferência, 273-275
Papel Pantone, fundo colorido, 71
Papel sulfite,
  descrição, 48
  desenhando sobre, 275-280
Papel velino, desenho linear, 268
Papel, 44-49, 275-320. *Veja também* Materiais
  desenho sobre papel branco, 275-285
    cartolina, 281-285
    papel sulfite, 275-285
  desenho sobre papel colorido, 286-298
    cópias heliográficas, 291-298
    papel Canson, 286-290
    vantagens do, 286

ÍNDICE

desenho sobre papel manteiga 299-320
   retrocolor híbrido, 305-308
   retrocolor, 299-304
   vantagens do, 299-300
   vista ao anoitecer, 316-320
   vista diurna, 309-315
escolha de, 275-276
fundo colorido, 70-71
papel branco, 48-49
   cartolina, 49
   papel sulfite, 48
papel colorido, 45-47
   cópias heliográficas, 45-46
   papel Canson, 47
papel manteiga, 44
transferência, 273-274
Parâmetros de cor, 26-31
   Estojo Munsell para Estudantes 29, 30
   terminologia, 26-28
Parede com pintura decorativa, acabamentos, 89
Parede pintada:
   acabamentos de parede, 89
   acabamentos, 88
Paredes com estampados, acabamentos, 90
Paredes de alvenaria, 168-174
   concreto pré-moldado, 174
   pedra (dimensionada em fiada contínua), 173
   pedra, contrafiada e esquadrejada de forma rudimentar, 171-172
   reboco e blocos de concreto, 168-169
   tijolo (plano intermediário), 170
Paredes de concreto, pré-moldadas, 174
Paredes de pedra:
   dimensionada em fiada contínua, 173
   contrafiada e esquadrejada de forma rudimentar, 171-172
Paredes em concreto pré-moldado, 174
Paredes externas em metal, 175-177
   painéis metálicos para arquitetura, 176-177
   revestimento de metal corrugado, 175
Pastel rápido, papel manteiga, *retrocolor*, 300
Pastel:
   lápis sobre hidrocor e pastel, técnicas de modificação, 58
   materiais para colorir, 41-43
   pastel sobre hidrocor, técnicas de modificação, 58
Pavimentação em tijolo, 134-135
Pedras, plano do chão, 156-158
Permanência retínica, contraste de matiz, 247
Persianas, janelas, 98
Perspectiva atmosférica, colorida, 20-21
Perspectiva, desenho a traço, 267-268
Piso decorativo em concreto, 137
Piso em concreto, 137
Pisos externos, 134-137
   calçamento de pedra, 135-136
   concreto, 137
   tijolo, 134-135

Plano da parede, 88-98. *Veja também* Face externa das paredes
   acabamentos, 88-91
      decorativo, 89
      estampado, 90
      lambris de madeira, 91
      parede pintada, 88
   iluminação, 122-125
   janelas, 92-98
      cortina de rolo, 96
      cortinas transparentes, 96
      cortinas, 95
      venezianas, 98
      vista diurna, 92-93
      vista noturna, 94
Plano do chão, 134-161
   água, 146-155
      água agitada, 152-155
      água tranqüila (primeiro plano), 146-149
      água tranqüila (segundo plano), 150-151
   arbustos, 142-145
      de folhas caducas, 142-143
      perenes, 144-145
   coberturas vegetais, 140-141
   grama, 138-139
   pavimentação, 134-137
      calçamento de pedra, 135-136
      concreto, 137
      tijolo, 134-135
   plantas paisagísticas, 159-161
   rochas, 156-158
Plano do chão, 86-87
Plano superior, 215-223. *Veja também* Telhados; Céu
Plantas baixas de interiores, 70
Plantas paisagísticas, 159-161
Plantas, acessórios gerais, 130-131
Plantas, trepadeiras, 210
Processo de desenho de projeto, 267-334
   desenho a traço, 267-269
      croqui colorido, 268
      em geral, 267-268
      níveis de espaço, 268-269
   desenho de figuras humanas, 232-235
   estratégia de valor, 270-272
   fotografias, 324-325
   modificações e consertos, 326-334
      emenda, 330-332
      remendo, 326-329
      via computador, 333-334
   observações, 321-323
   papel, 275-325. *Veja também* Papel
   transferência, 273-275
Processo de desenho. *Veja* Processo de desenho de projeto
Projetor LCD digital, apresentação, 346
Proporção Áurea, composição de imagem, 261-262
Proporção, composição de imagem, 261-264

Quadros, acessórios, 128-129

Realces, 43
Reboco, paredes de alvenaria, 168-169
Reflexo, cor, 20-21
Reflexos, materiais para criar, 43
Reflexos metalizados, 43
Refração, multiplicidade de cor, 19
Relações, desenho a traço, 268
Remendo, modificações e correções, 326-329
Repetição, composição de imagem, 265
Retrocolor híbrido, papel manteiga, 305-308
Retrocolor:
   descrição das técnicas, 68-69
   papel manteiga, 299-304
Revestimento externo:
   revestimento vertical em madeira, 164-165
   tábua com mata-juntas e tábuas sobrepostas, 166-167
Revestimento lateral em metal corrugado, 175
Revestimento vertical em madeira, face externa da parede, 164-165
Ritmo, composição de imagem, 265

Sensibilidade à luz, cópias heliográficas, 291-292
Sessão descontraída sobre parede, apresentação, 336
Simetria, composição de imagem, 260-261
Simplicidade, desenho de figuras humanas, 227-231
Sketchpack gerado por computador, 348
Sketchpack, Pasta de croquis. *Veja* Distribuição
Sombreado:
   efeitos de luz, 62
   luz, 17
Stain. Ver Impregnante
Stevenson, Paul, 299-300

Tábuas com mata-juntas e tábuas sobrepostas face externa da parede, 166-167
Tamanho:
   apresentação, 336
   composição de imagem, 261-264
   desenho a traço, 268
Tapetes, acabamento de piso, 80-81
Tapetes, acabamento de piso, 80-81
Tecido estampado, móveis e acessórios, 106
Tecido, estampado, móveis e acessórios, 106
Técnica, 51-76
   acabamento de pisos, 79-87. *Veja também* Acabamento de pisos
   acessórios, 128-132. *Veja também* Acessórios
   aplicação de materiais para colorir, 51-59. *Veja também* Aplicação de materiais para colorir
   efeitos de luz, 62-67
   fundos coloridos, 70-76
   iluminação, 118-127. *Veja também* Iluminação
   impressões de materiais, 60-61

   móveis e acessórios, 101-114. *Veja também* Móveis e acessórios
   plano da parede, 88-98. *Veja também* Plano da parede
   técnicas de *retrocolor*, 68-69
   tetos, 99-100
Técnicas de modificação, aplicação de materiais para colorir, 55-59. *Veja também* Aplicação de materiais para colorir
Tecnologia. *Veja também* Computador
   materiais, 33-34
   para apresentação, 335
Telhados cerâmicos, 217-218
Telhados de telha *shingle*, 215-216
Telhados metálicos, 216-217
Telhados, 215-218
   de metal, 216-217
   telhas cerâmicas, 217-218
   telhas *shingles*, 215-216
Telhas *shingle*, madeira, 162-163
Temperar, cobertura de cor, 52
Teto de chapas moduladas, 99
Teto(s), 99-100
   chapas moduladas, 99
   vigas, 100
Textura:
   papel para cópia heliográfica, 45, 291-292
   papel sulfite, 48
Tijolo, paredes de alvenaria, 170
Tom local, luz, 16
Tonalidades, claras e escuras, arranjos de, 24
Transferência, processo de desenho de projeto, 273-275. *Veja também* Papel
Transparências coloridas, apresentação, 339-345
Trepadeiras, 210

União, composição de imagem, 255-259

Valor, parâmetro de cor, 28
Valores principais:
   composição de imagem, 257-258
   processo de desenho de projeto, 270
Vasos em cerâmica, 130-131
Vinci, Leonardo da, 16
Vista diurna:
   janelas externas
      em primeiro plano, 178-181
      grandes edifícios, 190-191
      papel manteiga, 309-315
      plano intermediário, 92-93
   janelas interiores
      arbustos de folhas caducas, 142-143
Vigas no teto, 100
Vista noturna:
   janelas externas, 188-189
   janelas, 94
Vividez, parâmetro de cor, 28

Xileno, hidrocores, 36